Pédagogie pratique

CE2

W0473425

Réussir en orthographe

Caroline Cellier
Micheline Cellier

RETZ
editions-retz.com

REMERCIEMENTS

Tous nos remerciements aux enseignantes et enseignants
qui ont expérimenté la méthode, en particulier :
Claire Chapron, Anne Cros, Isabelle Feray et Caroline Lembrez.

Complément à la méthode, le cahier de l'élève (96 pages en couleur) contient toutes les activités de recherche et d'entrainement, les exercices d'application, les supports de travail pour les dictées hebdomadaires ainsi que les étiquettes de manipulation pour les jeux.

Ce livre est conforme à la nouvelle orthographe
www.orthographe-recommandee.info

Cet ouvrage suit l'orthographe recommandée par les rectifications de 1990 et les programmes scolaires.
Voir le site : www.orthographe-recommandee.info et son miniguide d'information.

Direction éditoriale : Céline Lorcher
Édition : Claire Cabaret
Conception de la maquette (intérieur et couverture) : Nicolas Piroux
Adaptation graphique et mise en page : STDI
Ressources numériques : Studit
Photographies : Istock (couverture), Caroline Cellier (intérieur)
Correction : Bérengère de Rivoire, Émeline Guibert

Dépôt légal : juin 2022 – Code 603744
© Retz, 2022
ISBN : 978-2-7256-3744-0

Conçu & fabriqué en France

FSC www.fsc.org
MIXTE
Papier issu de sources responsables
FSC® C022030

Sommaire

Présentation générale

Les séquences

Unité 4 – Les chaines d'accord : les pluriels réguliers et irréguliers dans la phrase

Unité 5 – Les chaines d'accord : les féminins singuliers – les féminins pluriels dans la phrase

BONUS

Présentation générale

Les textes officiels soulignent l'importance de l'étude de la langue ; celle-ci constitue « une **dimension essentielle** de l'enseignement du français. Elle conditionne l'aptitude à s'exprimer à l'écrit et à l'oral, la réussite dans toutes les disciplines, l'insertion sociale. Elle doit être l'objet d'un enseignement **spécifique**, **rigoureux** et **explicite**[1] ».

Le programme de 2020 détaille sa mise en œuvre : « Une approche **progressive**, fondée sur l'**observation** et la **manipulation** des énoncés et des formes, leur **classement** et leur **transformation**, conduit à une première **structuration** de connaissances qui seront consolidées au cycle suivant ; mises en œuvre dans des séances spécifiques et dans de nombreux exercices d'**entraînement**, ces connaissances sont également exploitées – vérifiées, consolidées, automatisées – en situation d'expression orale ou écrite et de lecture ».

Le programme souligne, par ailleurs, que la consolidation des acquis passe par « des dictées quotidiennes diversifiées[2] ».

La méthode *Réussir en orthographe CE2* s'appuie sur :

- **le programme de 2020 pour le cycle 2 et les repères annuels de progression pour le CE2, parus en 2019[3] ;**
- **une solide expérimentation dans les classes ;**
- **les dernières recherches en didactique de l'orthographe ;**
- **les apports des neurosciences** concernant, notamment, les quatre piliers de l'apprentissage, selon Stanislas Dehaene[4] : ❶ le développement de l'attention ; ❷ l'engagement actif, la curiosité ; ❸ le retour sur erreur ; ❹ la consolidation « qui automatise et fluidifie » les apprentissages.

La méthode *Réussir en orthographe CE2*, **complète** et **outillée**, accompagne pas à pas l'enseignant(e), tout au long de l'année.

---

1. *Bulletin officiel* n° 31, 30 juillet 2020, cycle 2, p. 8.
2. *Ibid.*, p. 12.
3. *Attendus de fin d'année de CE2* – Français, https://cache.media.eduscol.education.fr/file/Attendus_et_reperes_C2-3-4/60/3/05-Francais-CE2-attendus-eduscol_1115603.pdf
4. Dehaene S., *Apprendre ! Les talents du cerveau, le défi des machines*, Odile Jacob, 2018, p. 207-208. Sont consultables également, sous la direction de Dehaene S., *L'école éclairée par la science. Travaux du conseil scientifique de l'Éducation nationale*, Odile Jacob, 2021, ainsi que la conférence donnée en juin 2020 par Franck Ramus (professeur au laboratoire de sciences cognitives et Psycholinguistique à l'École normale supérieure), « Apports des sciences cognitives et des neurosciences aux pratiques pédagogiques » : https://www.youtube.com/watch?v=tvAsUvVnhAs

→ Elle favorise un **apprentissage structuré et efficace de l'orthographe**, fondé sur la motivation, la rigueur, l'explicitation et la progressivité.

→ Elle fournit l'**intégralité des documents** nécessaires à l'enseignant(e) et aux élèves : la programmation et le déroulement détaillé de 33 séances (+ 2 séances bonus sur les homophones *est/et*, *sont/son – a/à*, *ont/on*), avec des séquences développées, le plus souvent, sur 2 séances.

Pour chaque séquence, sont fournis la recherche, des éléments pour la mutualisation, la leçon, les entrainements, les exercices avec les corrigés et des gammes d'écriture, des révisions ; à ces séances s'ajoutent les outils récapitulatifs (fleurs et synthèses par unité) ainsi que les bilans. Des photographies de certaines productions d'élèves de CE2 sont présentées afin d'illustrer des activités.

→ Elle propose **toutes les dictées quotidiennes** qui, adaptées et progressives, sont en lien avec les apprentissages réalisés. Prévues en rituels quotidiens, elles ont des formes différentes et sont données avec **trois niveaux de différenciation**. Chaque dictée de fin de semaine est préparée par des dictées d'entrainement.

Pourquoi est-il aussi difficile de maitriser l'orthographe française ?

Les obstacles sont liés à la fois à la langue française et à la complexité des opérations mentales qu'elle exige.

L'orthographe du français relève de deux principes :

• **Un principe qui se réfère au son** : presque 85 % des lettres ou groupes de lettres transcrivent des sons ; on écrit ce que l'on entend, mais il peut y avoir plusieurs graphies en concurrence. Cet aspect est travaillé spécifiquement dans les unités 1 et 2 : l'orthographe des mots invariables (SQ 1), les graphies *an/am*, *en/em*, *on/om*, *in/im* (SQ 2), la lecture et l'écriture des lettres *s*, *c* et *g* (SQ 3, 4 et 5).

• **Un autre principe qui se réfère au sens** : certaines lettres ou groupes de lettres sont muettes ; elles ne transcrivent pas les sons. Ces lettres apportent des informations diverses :

– **d'ordre grammatical** sur le nombre, le genre, le temps, la personne d'un verbe (unités 3, 4 et 5 sur les accords en genre et en nombre) ;

– **d'ordre lexical** : elles relient le mot à d'autres mots de la famille par la dérivation : par exemple, le *p* de *galop* renvoie au verbe *galoper*. Parfois, la lettre témoigne de l'étymologie : le mot latin *lupus* explique le *p* de *loup*. Ces lettres seront plus spécifiquement étudiées au CM1.

– **d'ordre distinctif** : elles ont été introduites ou conservées pour différencier des homonymes entre eux : *chant/champ*, *conte/comte*. Ce dernier aspect, d'ordre lexical, n'est traité qu'au CM2, d'après les programmes de 2020. Cependant, les différents homonymes des verbes *être* et *avoir* sont abordés en supplément dans cet ouvrage pour des élèves de CE2, en raison de leur grande fréquence.

→ Le système est donc **complexe** ; pourtant, il est **cohérent**, **régulier** et **structuré** et doit être présenté en tant que tel.

Les opérations mentales entrant en jeu dans l'acquisition de l'orthographe relèvent :

- de la **mémorisation** car les formes doivent être stockées dans la mémoire à long terme pour être réactivées au moment adéquat ; il n'y a pas d'acquisition sans mémorisation ;
- du **raisonnement** pour appliquer certaines règles, opérer des manipulations syntaxiques et comprendre les codes liés aux marques du nombre et du genre.

→ **Il faut aider les élèves à acquérir et développer ces différentes stratégies. C'est ce que propose la méthode**.

Quels sont les quatre principes structurants de la méthode *Réussir en orthographe CE2* ?

1. Cibler les difficultés en fonction de la fréquence des termes ou des graphies et du taux de réussite en CE2

Afin d'optimiser l'apprentissage de l'orthographe, nous avons choisi de prendre appui sur deux outils statistiques fiables : *Manulex* et *ÉOLE*.

→ *Manulex*[5] est une **base de données** de près de 20 000 mots issus d'une cinquantaine de manuels scolaires. Elle permet de connaitre **la fréquence d'un mot** : par exemple, 277 pour *chemin* et 0,04 pour *chênaie*. Il est évidemment plus pertinent de faire mémoriser les termes les plus fréquents auxquels les élèves sont exposés.

Dans la méthode, la fréquence d'un mot est mentionnée par **la lettre F**. Ex. : *orthographe* = F : 95.

5. Ortega E. & Lete B., *Manulex, Electronic of Manulex and Manulex-infra databases*. Nous avons pris pour référence le niveau CE2-CM1-CM2 en utilisant la colonne U (fréquence d'un mot pour un million d'occurrences). Le logiciel est gratuit et téléchargeable.

→ *ÉOLE*[6] est une **échelle d'acquisition** des 12 000 mots les plus fréquents, classés par niveaux, du CP au CM2. Cet outil donne **le pourcentage de réussite pour l'écriture d'un mot**, dans une classe donnée. Un mot est considéré comme du niveau de la classe lorsqu'entre 75 et 100 % des élèves le connaissent. Dans la méthode, pour ajuster les exigences orthographiques aux compétences des élèves, les termes en dessous de 75 % de réussite en CE2 sont préparés.
Le pourcentage de réussite est mentionné par **la lettre R.**
Ex. : *orthographe* = R : 79 % au CE2.

Ces deux outils couplés renseignent sur les mots qu'il faut prioritairement faire travailler aux élèves.
Ex. : L'adverbe *maintenant*, d'un usage très fréquent (F : 375 dans *Manulex*) n'est maitrisé que par 71 % des élèves de CE2 (d'après *ÉOLE*). Il faut donc en consolider l'orthographe.
Par ailleurs, certaines leçons donnent explicitement la fréquence des graphies (ou leur nombre) pour que les élèves puissent faire un choix pertinent.
Ex. : Il y a 5 600 mots contenant la lettre *c* et une centaine contenant la lettre *ç* : la graphie très largement majoritaire à écrire en priorité est donc *c*. Mais à la centaine de mots écrits avec ç s'ajoutent 350 formes conjuguées au présent et à l'imparfait des verbes terminés par *-cer* : il faudra donc faire particulièrement attention aux verbes terminés par *-cer*.

En lien avec les neurosciences
« Apprendre, c'est raisonner en bon statisticien », dit S. Dehaene[7]. C'est « choisir parmi les hypothèses, celle qui a la plus forte probabilité d'être correcte, en tenant compte des données disponibles. » Pour orthographier une forme à bon escient, les élèves doivent considérer les règles mais aussi la notion de fréquence qui permet de choisir une graphie ayant des chances statistiquement plus élevées d'être celle qui est correcte.

Les élèves découvrent ainsi combien de mots fréquents à leur âge sont touchés par chaque nouvelle règle étudiée, ce qui permet :
– d'expliciter clairement les enjeux et de motiver ainsi les élèves à acquérir cet apprentissage ;
– d'objectiver la langue et de lui donner sa cohérence : les règles s'appliquent de manière identique à des ensembles de mots, ce qui amène à sérier les problèmes et à structurer l'enseignement.

6. Pothier B. & Pothier P., *ÉOLE Échelle d'acquisition en orthographe lexicale*, Retz, 2020.
7. Dehaene S., *Apprendre !*, *op. cit.*, p. 87.

→ Ces deux outils permettent de calibrer tous les supports proposés dans cette méthode (exercices, leçons, dictées) pour un apprentissage ciblé et efficace.

2. Prendre en compte la mémorisation orthographique

Pour développer une mémorisation réussie des règles orthographiques, la méthode s'appuie sur six éléments fondamentaux.

1. La focalisation sur l'essentiel, c'est-à-dire les régularités de la langue, comme le demande le programme de 2020. Sont systématiquement mises en avant les règles générales qui concernent des centaines, voire des milliers de mots, plutôt que les exceptions. Nous avons choisi de ne garder que les exceptions fréquentes pour rentabiliser l'effort de mémorisation.
Ex. : Dans la liste des exceptions des mots en *-ail* ayant un pluriel en *-aux*, ont seulement été conservés *travaux* et *coraux*.

2. Le regroupement des termes. Des mots reliés les uns aux autres par des **connexions morphologiques, orthographiques** ou **sémantiques** sont encodés et **retenus dans la mémoire de façon logique et structurée**, bien davantage que des termes sans aucun rapport entre eux (comme c'est souvent le cas dans les dictées de mots habituelles). Nous ne fournissons donc que des listes de mots constituées à partir d'une **particularité orthographique** afin de favoriser une meilleure mémorisation, y compris pour l'apprentissage des mots invariables. Ces regroupements correspondent à ce qui est demandé par les *Attendus de fin d'année de CE2* : un élève doit « être capable de regrouper des mots par séries (familles de mots, mots reliés par des analogies morphologiques) » mais aussi par « listes thématiques »[8].
Ex. : Dans l'unité 1, les mots invariables se terminant par *-ant* : *avant, pourtant, maintenant, pendant*... sont réunis dans la même série. Des listes thématiques en rapport avec l'univers scolaire et les émotions sont proposées autour des sons à orthographier.

3. Le choix d'un mot star ✪. Un mot **prototypique** illustre chaque règle d'orthographe. Chaque mot star ✪ est sélectionné en fonction de sa fréquence (vérifiée sur *Manulex*) et du degré de réussite en CE2 (attesté par *ÉOLE*). Les autres termes touchés par les mêmes contraintes orthographiques s'écrivent par **analogie**. Certains élèves mémorisent plus facilement un mot qui a valeur d'exemple qu'une définition ou la règle elle-même[9]. L'inconnu s'accroche ainsi à ce qui est connu.
Ex. : Mémoriser la règle du *m* devant *m, p, b* à partir du mot star *tomber* ✪. *Tomber*, d'une fréquence élevée (571), est orthographié correctement par 87 % des élèves de CE2. Cet exemple sera donc facilement retenu.

8. *Attendus de fin d'année de CE2 – Français*, *op. cit.*, p. 9.
9. Voir la vidéo de Philippe Monneret, professeur des universités en sciences du langage, « Enseigner la grammaire à l'école primaire », ESENESR, septembre 2018, https://www.youtube.com/watch?v=xpNPC6ooOdk

4. La répétition. Le programme de 2020 précise qu'au cycle 2, « la classe s'organise [...] autour de reprises constantes des connaissances en cours d'acquisition » (p. 2). Celles-ci favorisent **le stockage en mémoire**. Les dispositifs retenus mettent les élèves en situation de répéter de façon consciente et fréquente certains termes pour les intégrer durablement.

U1 Rituels – Liste orthographique n° 1

Orthographe : liste de mots à apprendre avec la fiche méthodologique

L01

Les mots invariables (1)

Série 1	Série 2	Série 3	Série 4
finissant par « tôt »	finissant par « ès »	finissant par « fois »	finissant par « ant »
tôt	dès (que)	parfois	avant
bientôt	très	autrefois	pourtant
plutôt	après	quelquefois	maintenant
aussitôt	près	toutefois	pendant

Ex. : Ainsi, dès le début de l'année, le rituel des « livreurs de pizzas », articulé avec les listes orthographiques, oblige à travailler plusieurs fois un même terme avant de le considérer comme acquis et mémorisé durablement.

RITUELS U1. Liste orthographique n° 1

5. La récapitulation des savoirs. Pour permettre une meilleure perception des apprentissages réalisés, les nouvelles connaissances étudiées dans les leçons d'une même unité d'apprentissage sont regroupées en fin de séquence, dans **une fiche de révision synthétique**. L'effort de mémoire est également soutenu par **des fleurs récapitulatives** qui constituent des **banques de mots pour la production d'écrits**, tout au long de l'année : fleurs des mots invariables, des lettres *c*, *s*, *g*, du pluriel, du féminin... Ex. : SQ1. Doc. 5

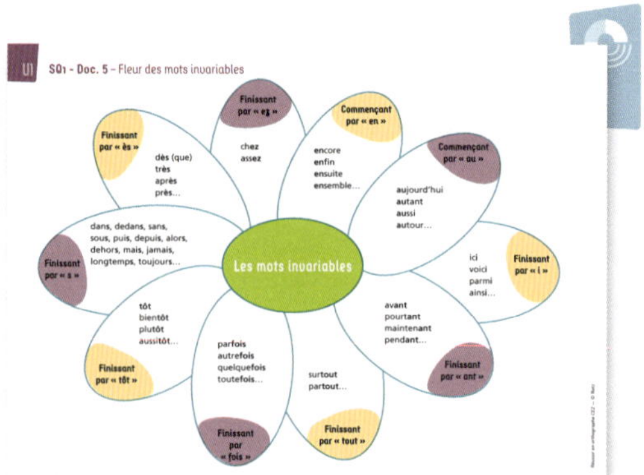

6. La continuité dans les apprentissages et l'aspect spiralaire. Outre les fleurs récapitulatives, les contenus des dictées qui se succèdent au fil des unités tiennent compte de tous les savoirs appris antérieurement, dans une logique spiralaire. Des exercices de révision sont également proposés au fil de l'année, pour réactiver régulièrement les savoirs.

Ex. : Les mots invariables qui sont appris dans la séquence 1 sont travaillés jusqu'à la fin de l'année, dans toutes les dictées. Ils sont pourvus d'une étoile* pour les exclure des chaines d'accord et ils sont repérés dans toutes les préparations orthographiques. De même, les codages pour le nombre et le genre sont maintenus jusqu'au bout de l'année.

En lien avec les neurosciences

Les six points qui viennent d'être exposés participent tous à des processus importants pour les apprentissages.

– **L'acquisition** d'un savoir dépend de sa **mémorisation** – les deux sont liées – et de sa **réactivation**. Des **tâches de récupération** des informations en mémoire, rapprochées et régulières dans un premier temps, sont nécessaires afin d'affermir leur ancrage et donner de l'autonomie aux élèves pour contrôler eux-mêmes l'exactitude de leurs réponses, comme c'est le cas avec les listes proposées.

Ces tâches peuvent, ensuite, être espacées dans le temps et s'éloigner peu à peu du moment de l'apprentissage. **Des exercices d'application, signalés par une spirale** ◎ et le titre « Je révise », correspondent à ces moments décalés qui permettent de solliciter la mémoire et de vérifier les savoirs antérieurs, sans rapport immédiat avec ceux qui sont traités sur le moment. **Il est prouvé que la rétention à long terme (celle qui est attendue des élèves) est facilitée par des exercices répétés, espacés et par des tests**[10]. Il faut donc remettre plusieurs fois à l'épreuve les connaissances avant d'être sûr de les maitriser totalement.

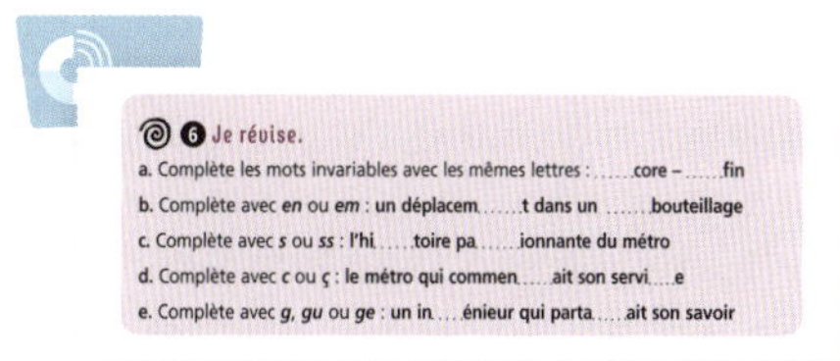
◎ 6 Je révise.
a. Complète les mots invariables avec les mêmes lettres : ......core – ......fin
b. Complète avec *en* ou *em* : un déplacem......t dans un ......bouteillage
c. Complète avec *s* ou *ss* : l'hi......toire pa......ionnante du métro
d. Complète avec *c* ou *ç* : le métro qui commen......ait son servi......e
e. Complète avec *g*, *gu* ou *ge* : un in......énieur qui parta......ait son savoir

– Seule, la **consolidation** des savoirs peut permettre leur **automatisation**. « La consolidation, c'est [...] passer d'un traitement lent, conscient, avec effort, à un fonctionnement rapide, inconscient, automatique » qui se met en place, progressivement. « La **répétition** joue un rôle essentiel dans cette consolidation.[11] » C'est elle qui « automatise nos opérations mentales jusqu'à les rendre inconscientes[12] ».

La récapitulation par les fleurs et autres supports facilite également la révision des savoirs et leur réitération.

→ Les six principes permettent de mettre en place des enseignements soutenus et réguliers pour renforcer les compétences des élèves.

3. Stimuler l'attention par la motivation et tenir compte de la différenciation

La méthode propose, tout au long de l'année, des activités et des outils motivants ainsi qu'une différenciation continue.

10. Dehaene S., *Apprendre !*, *op. cit.*, p. 283-284.
11. *Ibid.*, p. 293 et p. 33-34.
12. *Ibid.*, p. 289.

• **Les activités d'entrainement,** qui font travailler l'explicitation comme l'application des règles, sont **dynamiques, interactives, ludiques et réflexives**. Elles ont pour but de **capter l'attention des élèves** qui est une des conditions essentielles de l'apprentissage.
Ex. : Distinguer les règles des exceptions en utilisant des feux rouges, apprendre l'orthographe des mots pour faire partir des livreurs de pizzas, faire des numéros de magie en changeant le nombre ou le genre des noms indiqués, manipuler des dominos, se mesurer à un(e) camarade en duel pour sélectionner les réponses correctes le plus rapidement…

• **Les outils** et **les supports** sont également **attractifs**.
Ex. : l'emploi des pièces d'or pour signaler les pluriels audibles ou la découverte d'outils visuels (fleurs récapitulatives, cartes mentales).

En lien avec les neurosciences

« La motivation est une clé de l'apprentissage, car elle régule la disponibilité à s'engager dans l'effort.[13] » On sait que les jeux et les activités motivantes mobilisent l'attention des élèves. Or, éveiller leur vigilance est un des objectifs majeurs des enseignant(e)s. Dans le jeu souvent proposé du « duel », par exemple, tous les systèmes attentionnels sont convoqués : l'alerte indique *quand* il faut faire attention, *à quoi* faire attention et *comment* traiter l'information[14].

Cependant, les enfants doivent « apprendre à faire attention » : la concentration doit également s'étendre à des activités non ludiques. Plus les élèves sont motivés, plus **l'engagement** est **actif** et ce, d'autant plus que le **feedback** est immédiat : le retour instantané sur les erreurs renforce ou infirme les hypothèses privilégiées, favorisant la reprise ou la reconfiguration des savoirs.

• Quant aux **exercices d'écriture** (« les gammes »), ils servent non seulement à **contextualiser**, de manière ludique ces savoirs (transformations magiques, descriptions d'élèves…), mais aussi à permettre une première opération de **transfert**.

Par ailleurs, la motivation s'étiole quand les difficultés ne sont pas proportionnées au niveau de l'élève. Tous les élèves ne progressent pas à la même allure et il serait vain d'exiger d'eux les mêmes performances au même moment. Il faut mettre en place la **différenciation** qui permet aux élèves de fournir des efforts à leur portée, sans se décourager.

La différenciation proposée se matérialise par :

– **les supports** : par exemple, ajout de phrases pour les élèves les plus performants avec des « pumas », animaux réputés pour leur rapidité ; il est important de demander davantage d'efforts aux élèves ayant des compétences solides. Certains autres élèves doivent, au contraire, concentrer leur attention sur des corpus d'analyse plus restreints ;

13. Dehaene S., *L'école éclairée par la science*, *op. cit.*, p. 76.
14. Dehaene S., *Apprendre !*, *op. cit.*, p. 213.

– **les aides proposées :** par exemple, les leçons et les fleurs peuvent rester disponibles visuellement pour les élèves qui en ont besoin, afin que la phase d'application puisse se dérouler au mieux et qu'ils puissent prendre confiance en eux ;
– **les dispositifs :** l'enseignant(e) peut mettre en place des groupes de besoins pour assurer des étayages plus appuyés et des conduites de tutorat entre pairs.

De même, lors des rituels, toutes les **dictées** sont systématiquement **différenciées en trois niveaux** (niveau expert***, niveau intermédiaire**, niveau Coup de pouce*) afin d'accompagner chaque élève sur le chemin de la réussite. Certains d'entre eux doivent écrire moins de mots ou des mots partiellement complétés pour les dictées grignotées du début d'année, par exemple.

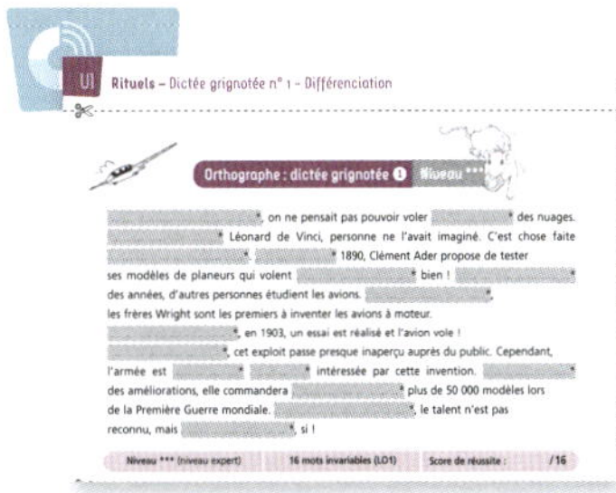
U1 Rituels – Dictée grignotée n° 1 – Différenciation

Orthographe : dictée grignotée 1 Niveau ***

______*, on ne pensait pas pouvoir voler ______* des nuages. ______* Léonard de Vinci, personne ne l'avait imaginé. C'est chose faite ______*. ______* 1890, Clément Ader propose de tester ses modèles de planeurs qui volent ______* bien ! ______* des années, d'autres personnes étudient les avions. ______*, les frères Wright sont les premiers à inventer les avions à moteur. ______*, en 1903, un essai est réalisé et l'avion vole ! ______*, cet exploit passe presque inaperçu auprès du public. Cependant, l'armée est ______* ______* intéressée par cette invention. ______* des améliorations, elle commandera ______* plus de 50 000 modèles lors de la Première Guerre mondiale. ______*, le talent n'est pas reconnu, mais ______*, si !

Niveau *** (niveau expert) | 16 mots invariables (LO1) | Score de réussite : /16

→ Ces éléments réunis permettent ainsi de déclencher l'implication des élèves et de les soutenir sereinement et durablement dans leur apprentissage de l'orthographe.

4. Expliciter les apprentissages et mettre l'accent sur la méthodologie

L'année commence par une séance de présentation comportant :
– le **recueil des représentations** des élèves sur l'orthographe (« Qu'est-ce que l'orthographe ? ») pour clarifier ensuite ses fonctions (« À quoi sert-elle ? ») ;
– la distribution du **sommaire du travail de l'année** pour que les élèves aient conscience du travail à accomplir.
Les objectifs de chaque séance seront toujours clairement énoncés et la programmation affichée.

En lien avec les neurosciences
Une des treize maximes données par S. Dehaene est la suivante : « **Fixons des objectifs clairs à l'apprentissage**. Les élèves apprennent mieux quand on leur énonce clairement le but de l'apprentissage et qu'ils peuvent constater que tout ce qui leur est proposé converge vers ce but. Expliquons-leur clairement ce que l'on attend d'eux, et restons concentrés sur ce but[15]. »

15. Dehaene S., *Apprendre*, *op. cit.*, p. 317.

L'explicitation des objectifs d'apprentissage, des connaissances en jeu et des procédures à acquérir se décline dans l'ensemble des supports, dispositifs et dictées proposés.

Ex. : Chaque fiche d'application démarre par un exercice intitulé « Je comprends ce que je fais » pour faire reformuler les apprentissages ; il entre en résonance avec l'activité « Le jeu du piston », préalablement proposé en phase d'entrainement de manière ludique. Les dictées quotidiennes s'appuient également sur l'explicitation, notamment dans les dictées discutées qui sont proposées dans trois unités.

• Des outils particuliers accompagnent les élèves dans le raisonnement explicite et contribuent à stimuler leur **attention** dont on a vu l'importance dans l'apprentissage : des **codages** concrétisent clairement les éléments difficiles à repérer et mettent en évidence le fonctionnement de la langue.

C'est le cas, en particulier, pour la **difficile question des accords** qui constitue un problème épineux car les marques du nombre et du genre sont souvent muettes.

Les pièces :

Pour matérialiser **la chaine d'accord dans le GN ou entre le GN sujet et le verbe**, on place au-dessous des mots :

– une pièce jaune (la pièce d'or !) quand le pluriel est entendu et écrit ;

– une pièce blanche quand il est écrit mais pas marqué oralement.

Dans les pièces, sont indiquées progressivement les terminaisons spécifiques (*-s*, *-x*, *-nt*) et les distorsions entre les marques orales et écrites sont comptabilisées.

Ex. : leçon SQ 8

Des policier**s** monte**nt** sur* **ces** beau**x** chev**aux**.

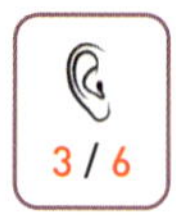

Les triangles :

De même, quand la marque du féminin est audible, est placé en dessous du terme un triangle jaune (un triangle d'or !).

Ex. : Recherche SQ 11

Ce directeur pose une bouteille pleine sur* sa table.

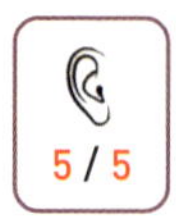

Les étoiles :

Une étoile (*) distingue les mots invariables qui n'entrent pas dans la chaine des accords.

→ **Une fois intégrés, ces codages sont des aides efficaces pour l'acquisition de l'apprentissage de l'orthographe grammaticale au CE2 et au CM1.**

N.B. : Quand l'automatisation sera en place – à partir du CM2 pour certains élèves – ces « béquilles » pourront progressivement être retirées ; pour la plupart des élèves, elles sont nécessaires au CE2 et au CM1.

Comment utiliser la méthode *Réussir en orthographe CE2* ?

La méthode, **structurée et hiérarchisée**, propose un **ensemble complet** avec les séquences, les dictées quotidiennes en rituels, les préparations de bilans (fiches de synthèse et activités de révision) et les bilans (liés aux séquences et aux dictées).

La programmation annuelle est établie sur 33 semaines (et 2 semaines en bonus) réparties en 13 séquences d'apprentissage ; elle est fractionnée en 5 unités distinctes. **Elle comprend les séquences d'apprentissage et toutes les dictées quotidiennes de l'année.**

13 séquences d'orthographe lexicale (U1 et U2) et grammaticale (U3-U4-U5) = 33 séances + 2 séances bonus

Unité 1 : les mots invariables ; *an/am*, *en/em*, *on/om*, *in/im* ; *s* ou *ss* ?

Unité 2 : *c* ou *ç* ? ; *g*, *gu* ou *ge* ?

Unités 3 et 4 : les chaines d'accord : les pluriels réguliers et irréguliers dans une phrase + le rebrassage des compétences lexicales

Unité 5 : les chaines d'accord : les féminins singuliers et les féminins pluriels dans une phrase + le rebrassage des compétences lexicales

<u>Séances bonus</u> : écrire *est/et*, *sont/son* – *a/à*, *ont/on*

Toutes les dictées quotidiennes de l'année : « rituels orthographiques »

Unité 1 : dictées de mots et dictées grignotées

Unité 2 : dictées grignotées et dictées discutées

Unité 3 : codages de chaines d'accord, transformations de phrases et dictées de pluriels

Unité 4 : transformations de phrases, dictées de pluriels et dictées discutées

Unité 5 : dictées boomerang et dictées discutées

Ces deux volets :

- **sont articulés** l'un avec l'autre. Les textes des dictées sont établis en fonction des notions étudiées dans les séquences de l'unité ;
- **se succèdent dans la semaine :**

Jour 1 (si possible, le lundi), une séance longue, de 45 à 60 minutes ;

Jours 2 3 4 : les trois jours qui suivent (si possible, mardi, jeudi, vendredi), trois rituels orthographiques courts d'une quinzaine de minutes chacun.

Cette méthode est **modulable** : l'enseignant(e) peut choisir d'utiliser les séquences mais ne mettre en place que certains rituels ou il/elle peut n'exploiter que les rituels. **Mais dans ce cas, il faut que la programmation soit respectée.** Par exemple, les rituels orthographiques de l'unité 4 travaillent spécifiquement les accords en nombre.

Cependant, il est évident que la plus grande efficacité sera atteinte si l'ensemble des activités est mené conjointement : les allers-retours permanents entre les séquences et les rituels renforcent et structurent de façon notable les savoirs à acquérir.

Les codages utilisés dans les dictées sont expliqués et mis en œuvre dans les séquences.

La **dictée bilan finale** qui reprend la **dictée diagnostique** du début de l'année permet de mesurer les progrès accomplis.

Important : Il est souhaitable de réunir tous les documents d'orthographe dans un porte-vues ou un classeur spécifiquement consacré à l'orthographe, car celui-ci sera quotidiennement utilisé par les élèves. De plus, ils peuvent s'en servir pour des activités de production écrite. Au sein de ce porte-vues, il peut être plus clair de différencier les deux entrées : une pour les leçons et les outils, une autre pour les rituels (dictées et entrainements).

Comment se déroule chaque séance d'apprentissage ?

Une notion est étudiée, généralement, en deux séances. Celles-ci sont bâties sur **une structure claire et répétitive afin de donner aux élèves des repères stables.** Chaque séquence comprend systématiquement plusieurs phases, ritualisées, avec le plus souvent, la répartition suivante :

Séance 1 :

1. La recherche pour découvrir les connaissances en jeu et l'explicitation des objectifs, avec des activités de manipulation ou d'observation ; cette recherche débute par une réflexion individuelle, puis par un travail à 2 ou 4 afin de développer le raisonnement[16].

2. La mutualisation collective à partir des productions des élèves pour faire émerger les nouveaux apprentissages et formaliser les connaissances, avec la classe.

3. L'institutionnalisation collective avec, le plus souvent, une leçon proposée sous deux formes, l'une plus visuelle, sous forme de carte mentale, et l'autre plus textuelle (« Je retiens ») pour que chaque élève puisse se saisir de la forme qui lui convient le mieux.

4. L'entrainement, ludique et dynamique, permet aux élèves d'expliciter les connaissances (« Le jeu du piston »). Parfois, d'autres activités sont proposées en supplément.

16. Deux écueils doivent être évités : un constructivisme excessif et la simple transmission des connaissances : la bonne démarche « consiste à garder toujours en tête le concept d'engagement actif » (S. Dehaene, *Apprendre*, *op. cit.*, p. 263). C'est pourquoi la méthode propose des recherches motivantes suscitant un engagement de la part des élèves mais bien contrôlées par l'enseignant(e) qui fournit des étapes progressives d'observation et de réflexion, sans perte de temps.

Séance 2 :

1. Le rappel : les savoirs sont réactivés. C'est aussi l'occasion de découvrir une fleur récapitulative pour soutenir certains apprentissages.

2. L'entrainement, ludique et actif, permet aux élèves de préciser et d'automatiser les savoirs, et à l'enseignant(e) de traiter collectivement les erreurs potentielles. Certaines activités individuelles ou par binômes reviennent régulièrement ; les règles de fonctionnement sont connues, ce qui facilite leur mise en place : le duel avec les étiquettes, l'activité avec les pièces d'or, etc.

3. L'application : plusieurs exercices sont proposés ; ils doivent être réalisés individuellement. Cette phase commence toujours par une activité d'explicitation de la notion « Je comprends ce que je fais ». Les exercices qui suivent se concluent généralement par une gamme d'écriture afin de contextualiser les savoirs et, souvent, par un exercice de révision (signalé par une spirale) pour la réactivation des savoirs. C'est la phase où est proposée une différenciation (voir p. 12).

> **Important :** Quand une leçon a été distribuée dans une séance d'apprentissage, demander systématiquement aux élèves de l'apprendre en travail personnel pour la semaine suivante et de relire la fleur récapitulative associée. **Ce travail personnel est indispensable**.

Tous les documents relatifs à la séquence sont numérotés ; ils sont fournis en ressources numériques, avec des fac-similés visibles dans l'ouvrage : ils sont tous photocopiables et projetables. Tous les exercices, dictées et bilans comprennent des **corrigés projetables.**

Quels sont les types de dictées quotidiennes proposées dans les rituels orthographiques ?

Des dictées de différentes formes, progressives et en phase avec les notions enseignées, sont proposées tout au long de l'année : dans chaque unité, **la forme des rituels et le mode de préparation varient afin de diversifier les approches et de développer au mieux les compétences de tous les élèves.**

Des dictées préparées par des dictées d'entrainement : chaque dictée de fin de semaine (dictée complète, évaluée) est préparée par deux dictées d'entrainement, les jours précédents.

Des dictées différenciées en trois niveaux distincts : toutes les dictées sont fournies avec trois niveaux de différenciation :

- niveau *** (les élèves les plus performants) ;
- niveau ** (les élèves de niveau intermédiaire) ;
- niveau * Coup de pouce (les élèves les plus fragiles).

Des dictées accompagnées d'outils méthodologiques : les dictées grignotées sont assorties d'une fiche méthodologique pour aider les élèves dans leur travail personnel. La révision des dictées boomerang s'appuie aussi sur une fiche d'entrainement.

Des dictées finalisées par une dictée bilan par unité : les unités 1, 2 et 4 sont finalisées par une dictée bilan, afin de mesurer les compétences de chaque élève.

L'année commence par une **dictée diagnostique** proposée exactement dans les mêmes termes à la fin de l'année **(dictée bilan finale)** pour mesurer les progrès accomplis par chacun.

Important : À partir de l'unité 3, chaque dictée réalisée est ensuite donnée en correction ; demander systématiquement aux élèves de la relire pour la semaine suivante et de s'acquitter sérieusement du travail de préparation des dictées quotidiennes à l'aide des fiches méthodologiques. **Ce travail personnel est indispensable.**

Unité 1 - Les dictées de mots et les dictées grignotées, p. 28

→ Les dictées grignotées sont des textes à trous à compléter avec les mots des listes orthographiques étudiés en rituels. Préparées par des dictées de mots, elles permettent l'acquisition progressive et la stabilisation des savoirs abordés en orthographe lexicale. Les bases sont posées, y compris pour les mots invariables qui seront rebrassés toute l'année. Ces dictées sont accompagnées d'une fiche méthodologique pour favoriser un apprentissage explicite, pas à pas. Elles s'articulent avec le rituel « Les livreurs de pizzas ».

Unité 2 - Les dictées grignotées et les dictées discutées, p. 78

→ Pour continuer à travailler l'orthographe lexicale et réactiver les listes orthographiques, plusieurs types de dictées sont mélangés : les dictées grignotées employées dans l'unité 1 ; les dictées discutées qui font intervenir la discussion en binômes sur les problèmes orthographiques ; les dictées croisées qui s'appuient sur la coopération entre deux élèves se dictant mutuellement des mots pour en vérifier l'appropriation : les parcours sont ainsi individualisés.

Unités 3 et 4 - Codages de chaines d'accord, transformations de phrases, dictées de pluriels, dictées discutées, p. 116 et 166

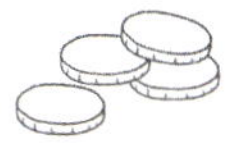

→ Au cœur de ces deux unités, en continuité l'une de l'autre, les dictées de pluriels sont fondées sur la transposition de phrases du singulier au pluriel. Elles sont préparées :

– dans l'unité 3, par des entrainements sur des phrases données directement au pluriel : il s'agit d'abord d'aider les élèves à repérer les marques de pluriels en faisant les codages des chaines d'accord, et ce, d'une façon guidée dans un premier temps (J2 et J3), puis en autonomie, lors de la dictée de la semaine (J4) ;

– dans les unités 3 et 4, par des entrainements consistant à transformer des phrases du singulier au pluriel (J2 et J3), phrases qui sont ensuite reprises directement dans les dictées de pluriels (J4).

Les dictées discutées, réalisées en fin d'unité 4, permettent de remobiliser et d'expliciter les éléments qui seront repris dans la dictée bilan.

Unité 5 - Les dictées boomerang et les dictées discutées, p. 214

→ Le nom « boomerang » provient des allers-retours effectués tout au long de la préparation : chacune des 5 dictées est préparée sous plusieurs angles car elle rebrasse les éléments étudiés dans les unités précédentes : les accords en nombre, en genre, puis en genre et en nombre cumulés, avec les codages qui s'intensifient au fur et à mesure des apprentissages, les mots invariables et les différentes règles relatives à l'orthographe lexicale.

Les dictées discutées permettent enfin de remobiliser et d'expliciter les éléments étudiés au cours de l'année avant la dictée bilan.

	PROGRAMMATION GÉNÉRALE DE *RÉUSSIR EN ORTHOGRAPHE CE2*				
	ORTHOGRAPHE LEXICALE		ORTHOGRAPHE GRAMMATICALE ET LEXICALE		
	Unité 1 **8 semaines**	**Unité 2** **5 semaines**	**Unité 3** **6 semaines**	**Unité 4** **7 semaines**	**Unité 5** **7 semaines** **(+ 2 semaines bonus)**
SÉQUENCES : 1 séance par semaine	**SQ1.** Écrire les mots invariables. 2 séances **SQ2.** Écrire *an/am* ; *en/em* ; *on/om* ; *in/im*. 2 séances **SQ3.** Lire et écrire la lettre *s* : *s* ou *ss* ? 2 séances **BILAN n° 1 :** • *Fiche récapitulative des notions de l'unité 1* • *Préparation au bilan* • *Passation du bilan* 1 séance	**SQ4.** Lire et écrire la lettre *c* : *c* ou *ç* ? 2 séances **SQ5.** Lire et écrire la lettre *g* : *g*, *gu* ou *ge* ? 2 séances **BILAN n° 2 :** • *Fiche récapitulative des notions de l'unité 2* • *Préparation au bilan* • *Passation du bilan* 1 séance	**SQ6.** Repérer les marques orales et écrites du pluriel dans une phrase. 2 séances **SQ7.** Écrire les pluriels réguliers en *-s* et *-nt* dans une phrase. 3 séances **BILAN n° 3 :** • *Fiche récapitulative des notions de l'unité 3* • *Préparation au bilan* • *Passation du bilan* 1 séance	**SQ8.** Écrire les pluriels des noms et des adjectifs, dont ceux en *-eu*, *-au*, *-eau* et *-al*. 2 séances **SQ9.** Écrire les pluriels des noms et des adjectifs, dont ceux en *-ou* et *-ail*. 2 séances **SQ10.** Accorder le verbe avec son sujet aux temps simples (à la 3e personne du pluriel). 2 séances **BILAN n° 4 :** • *Fiche récapitulative des notions de l'unité 4* • *Préparation au bilan* • *Passation du bilan* 1 séance	**SQ11.** Repérer les marques orales et écrites du féminin. 1 séance **SQ12.** Écrire les féminins (qui s'entendent) des noms et des adjectifs. 2 séances **SQ13.** Écrire les féminins pluriels dans une phrase. 3 séances **BILAN n° 5 :** • *Fiche récapitulative des notions de l'unité 5* • *Préparation au bilan* • *Passation du bilan* 1 séance **BONUS** Écrire *est/et*, *sont/son*, *a/à*, *ont/on* dans une phrase. 2 séances
RITUELS quotidiens	DICTÉE DIAGNOSTIQUE (début d'année) 10 dictées de mots d'entrainement → **5 dictées grignotées** Dictée grignotée BILAN n° 1	8 dictées de mots d'entrainement → **2 dictées grignotées** → **2 dictées discutées** **+ 2 dictées croisées** Dictée grignotée BILAN n° 2	Pour les unités 3 et 4 **3 dictées croisées** + 6 codages guidés de phrases au pluriel → **3 codages en autonomie** + 14 transformations de phrases → **7 dictées de pluriels** **+ 3 dictées discutées** Dictée de pluriels – BILAN		10 préparations de dictées boomerang → **5 dictées boomerang** **+ 3 dictées discutées** DICTÉE BILAN FINALE (fin d'année)

Introduction

Comprendre à quoi sert l'orthographe

MISE AU POINT DIDACTIQUE ET PÉDAGOGIQUE

Pour partir sur des bases claires, il est souhaitable de commencer l'année par cette interrogation : « Qu'est-ce que l'orthographe ? » Le recueil des représentations est intéressant car il renseigne sur les connotations liées à l'orthographe (dictées, règles...), sur sa définition qu'il est nécessaire de clarifier auprès des élèves, et sur ses fonctions (à quoi sert-elle ?).

Cette première séance doit être également l'occasion de présenter aux élèves l'année d'orthographe, avec les lignes directrices de cette méthode, en lien avec les neurosciences : l'insistance sur l'aide à la mémorisation, le soutien de l'attention par la motivation, la fréquence des mots étudiés, la reprise spiralaire des notions étudiées. Le sommaire de l'année pourra également être distribué aux élèves afin d'en présenter le contenu.

Suite à cette séance introductive, **une dictée diagnostique** est proposée. Pour faciliter la concentration des élèves, il est souhaitable de la fractionner en trois temps. Elle sera repassée dans les mêmes conditions en fin d'année, afin d'évaluer les progrès réalisés par chaque élève. Elle comprend les différentes notions abordées durant l'année de CE2 en matière d'orthographe lexicale et grammaticale.

Objectifs
- Définir l'orthographe et comprendre sa fonction.
- Découvrir le programme d'orthographe de l'année et prendre connaissance des principes de la méthode utilisée.

Documents
- Recherche : *Le texte du pirate* Intro. Doc. 1
- Le sommaire des leçons d'orthographe Intro. Doc. 2

1. Recueil des représentations (oral, collectif)

Demander aux élèves d'expliquer ce qu'évoque pour eux l'orthographe. Les laisser s'exprimer librement. Représenter les mots donnés par les élèves sous la forme d'un « nuage de mots » (écrire les mots les plus fréquents en gros au tableau).

2. Découverte et recherche (individuel/collectif)

→ Expliciter l'objectif de la séance : définir ce qu'est l'orthographe et comprendre à quoi elle sert.

• Expliquer aux élèves qu'un pirate leur a adressé un message. Le distribuer en le posant à l'envers sur chaque bureau, puis le faire retourner et lire individuellement au signal indiqué. Intro. Doc. 1

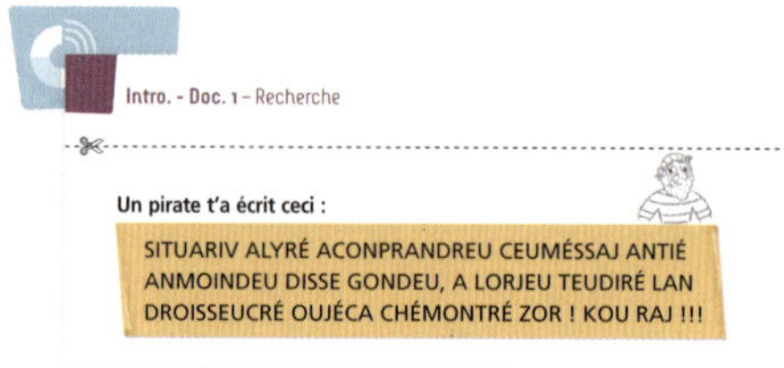
Intro. - Doc. 1 – Recherche

Un pirate t'a écrit ceci :

SITUARIV ALYRÉ ACONPRANDREU CEUMÉSSAJ ANTIÉ ANMOINDEU DISSE GONDEU, A LORJEU TEUDIRÉ LAN DROISSEUCRÉ OUJÉCA CHÉMONTRÉ ZOR ! KOU RAJ !!!

• Recueillir les impressions libres des élèves (lenteur pour déchiffrer le texte, difficulté à le comprendre, mauvaise segmentation des mots...). Leur demander alors de lire le message à haute voix et d'expliquer collectivement son contenu. À partir de cette activité, faire définir la fonction essentielle de l'orthographe : la communication. L'orthographe permet de se faire comprendre facilement à l'écrit.

→ Il est donc important de savoir comment s'écrivent les mots car il n'y a compréhension que si tout le monde les écrit de la même façon et partage le même code : il faut connaitre et respecter certaines règles.

• Demander à un ou deux élèves de chercher le mot *orthographe* dans le dictionnaire et noter sa définition au tableau : c'est l'ensemble des règles qui permettent d'écrire correctement les mots d'une langue.

3. Présentation de l'année d'orthographe (oral, collectif)

• Expliquer aux élèves ce qu'ils vont faire pendant cette année de CE2 et comment l'apprentissage de l'orthographe va se dérouler. Leur signaler que des chercheurs ont montré comment fonctionne un cerveau qui apprend. Les leçons s'appuient sur leurs travaux : elles permettront ainsi à chacun de bien apprendre l'orthographe en gardant toute son attention.

– L'apprentissage s'appuiera sur la **manipulation** et les **jeux** qui entretiennent la **motivation** ainsi que sur l'**entrainement** qui, comme avant un match, optimise les performances. La **mémorisation** des règles sera facilitée par des **activités régulières et répétées** (les notions seront reprises tout au long de l'année) et des **outils récapitulatifs**.

– L'apprentissage sera également en lien avec la **fréquence** : il est important de travailler avant tout sur les mots les plus importants et les plus fréquents à leur âge, parce que ce sont ceux qu'ils rencontrent dans les livres et dont ils ont besoin dans leur vie quotidienne. Les élèves retrouveront la fréquence des mots dans certaines leçons.

• Distribuer le sommaire, le faire lire. Intro. Doc. 2

• Expliquer l'organisation des leçons d'orthographe pendant l'année : chaque unité regroupe plusieurs leçons. Chacune d'entre elles est étudiée, le plus souvent, en 2 séances. À la fin de l'unité, une fiche récapitulative sera distribuée et des révisions seront faites avant le bilan.

• Faire ranger le document, si possible dans un porte-vues : la première partie comportera les leçons ; la seconde, qui se trouve du côté opposé une fois ce support retourné, rassemblera les dictées de l'année. Expliquer que ce porte-vues sera toujours placé dans le cartable à la fin de la journée pour renforcer les apprentissages, lors du travail personnel.

• Conclure la séance en encourageant les élèves et en leur disant qu'ils progresseront à coup sûr cette année.

Intro. - Doc. 2 – Sommaire des leçons d'orthographe CE2

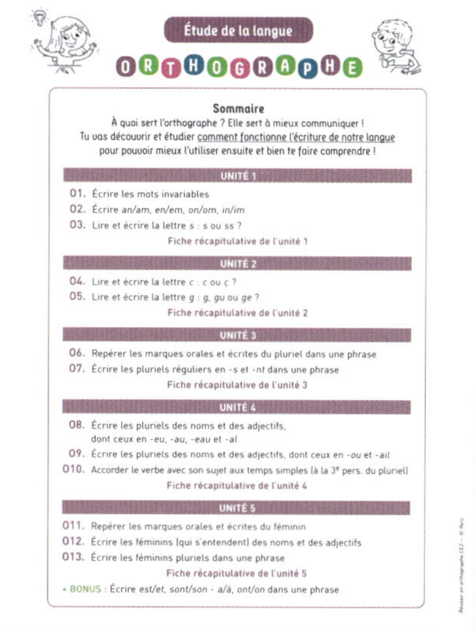

Étude de la langue

ORTHOGRAPHE

Sommaire

À quoi sert l'orthographe ? Elle sert à mieux communiquer !
Tu vas découvrir et étudier comment fonctionne l'écriture de notre langue pour pouvoir mieux l'utiliser ensuite et bien te faire comprendre !

UNITÉ 1

O1. Écrire les mots invariables
O2. Écrire *an/am, en/em, on/om, in/im*
O3. Lire et écrire la lettre *s* : s ou ss ?
Fiche récapitulative de l'unité 1

UNITÉ 2

O4. Lire et écrire la lettre *c* : *c* ou *ç* ?
O5. Lire et écrire la lettre *g* : *g*, *gu* ou *ge* ?
Fiche récapitulative de l'unité 2

UNITÉ 3

O6. Repérer les marques orales et écrites du pluriel dans une phrase
O7. Écrire les pluriels réguliers en *-s* et *-nt* dans une phrase
Fiche récapitulative de l'unité 3

UNITÉ 4

O8. Écrire les pluriels des noms et des adjectifs, dont ceux en *-eu*, *-au*, *-eau* et *-al*
O9. Écrire les pluriels des noms et des adjectifs, dont ceux en *-ou* et *-ail*
O10. Accorder le verbe avec son sujet aux temps simples (à la 3e pers. du pluriel)
Fiche récapitulative de l'unité 4

UNITÉ 5

O11. Repérer les marques orales et écrites du féminin
O12. Écrire les féminins (qui s'entendent) des noms et des adjectifs
O13. Écrire les féminins pluriels dans une phrase
Fiche récapitulative de l'unité 5

+ BONUS : Écrire *est/et*, *sont/son* - *a/à*, *ont/on* dans une phrase

Réussir en orthographe CE2 – © Retz

Les 3 rituels de la semaine 1 Dictées

(Voir *Présentation des rituels de l'unité 1*, p. 28)

• **Rituel Jour 2** (feuille à carreaux)

Dictée diagnostique de référence (1re partie)

(voir *Présentation des rituels de l'unité 1*, p. 28)

• **Rituel Jour 3** (même feuille à carreaux)

Dictée diagnostique de référence (2e partie)

• **Rituel Jour 4** (même feuille à carreaux)

Dictée diagnostique de référence (3e partie)

RITUEL JOUR 2 Dictée diagnostique de référence (1re partie)

• Distribuer une feuille à carreaux à chaque élève. Expliquer aux élèves qu'ils vont faire une dictée en trois parties au cours de la semaine et qu'ils réaliseront exactement la même dictée au mois de juin, afin de leur permettre de mesurer tous les progrès réalisés au cours de l'année.

• Dicter les trois premières phrases.

Une écolière brésilienne arrive dans ma classe, avec des beaux bijoux.
Cette fillette vive donne des détails sur sa famille nombreuse.
« Mes cousines danseuses gagnaient des sous avec des leçons. »

RITUEL JOUR 3 **Dictée diagnostique de référence (2e partie)**

Dicter les quatre phrases suivantes.

« Pendant les carnavals, les ouvriers terminaient les travaux.
Alors, mes cousins jouaient de la guitare et du tambour.
Les pigeons volaient partout ! Les passants admiraient les musiciens géniaux. »

RITUEL JOUR 4 **Dictée diagnostique de référence (3e partie)**

Dicter les trois dernières phrases.

« Au Brésil, mes grandes sœurs sont des actrices talentueuses.
Les journaux proposent parfois un article sur ces femmes souriantes.
Bientôt, les Françaises découvriront aussi ces charmantes étrangères. »

Remarques : • Cette dictée est un support intéressant qui permettra de retracer le parcours orthographique de chaque élève en fin d'année. Elle n'est pas à restituer aux parents à ce stade, puisqu'elle comporte les notions à acquérir au cours du CE2.

• L'enseignant(e) s'appuiera sur cette dictée pour indiquer à chaque élève son groupe, mais celui-ci pourra changer au cours des semaines, en fonction des réussites et des difficultés. Trois groupes seront constitués : groupe expert***, groupe intermédiaire** et groupe Coup de pouce* pour les élèves en grande difficulté (mauvaise segmentation des mots, etc.). Les élèves seront ainsi placés en position de réussite dès le début de l'année.

Les relations oral/écrit (1)

PROGRAMMATION DE L'UNITÉ 1 : LES RELATIONS ORAL/ÉCRIT (1)

	Leçons – Jour 1	Dictées – Rituels quotidiens des trois autres jours
Semaine 1 p. 21	Introduction : **Comprendre à quoi sert l'orthographe**	• J2 : **Dictée diagnostique de référence** (1re partie) • J3 : **Dictée diagnostique de référence** (2e partie) • J4 : **Dictée diagnostique de référence** (3e partie)
		SÉQUENCE 1
Semaine 2 p. 34	**Écrire les mots invariables (1)**	• J2 : Activités d'entrainement sur les mots invariables • J3 : Mêmes activités en variant les mots invariables • J4 : Mêmes activités en variant les mots invariables
Semaine 3 p. 40	**Écrire les mots invariables (2)**	• J2 : Découverte du rituel « Les livreurs de pizzas » et de la LO1 + dictées des mots des séries 1 et 2 de la LO1 • J3 : Dictées des mots des séries 3 et 4 de la LO1 • J4 : **Dictée grignotée n° 1** sur la LO1 *Distribuer la LO2 à étudier.*
		SÉQUENCE 2
Semaine 4 p. 47	**Lire et écrire *an/am, en/em, on/om, in/im* (1)**	• J2 : Dictée des mots des séries 1 et 2 de la LO2 • J3 : Dictée des mots des séries 3 et 4 de la LO2 • J4 : **Dictée grignotée n° 2** sur la LO2 *Distribuer la LO3 à étudier.*
Semaine 5 p. 53	**Lire et écrire *an/am, en/em, on/om, in/im* (2)**	• J2 : Dictée des mots des séries 1 et 2 de la LO3 • J3 : Dictée des mots des séries 3 et 4 de la LO3 • J4 : **Dictée grignotée n° 3** sur la LO3 *Distribuer la LO4 à étudier.*

SÉQUENCE 3		
Semaine **6** p. 59	**Lire et écrire la lettre *s* :** ***s* ou *ss* ?** **(1)**	• J2 : Dictée des mots des séries 1 et 2 de la LO4 • J3 : Dictée des mots des séries 3 et 4 de la LO4 • J4 : **Dictée grignotée n° 4** sur la LO4 *Distribuer la LO5 à étudier.*
Semaine **7** p. 65	**Lire et écrire la lettre *s* :** ***s* ou *ss* ?** **(2)**	• J2 : Dictée des mots des séries 1 et 2 de la LO5 • J3 : Dictée des mots des séries 3 et 4 de la LO5 • J4 : **Dictée grignotée n° 5** sur la LO5 *Pour préparer la dictée bilan n° 1, faire réviser les mots invariables complexes (ceux avec 3 cartons à pizza) des listes LO1 à LO3.*
Semaine **8** p. 70	**Préparation et passation du bilan n° 1**	• J2 : Dictée des mots invariables complexes des LO1 et LO2 • J3 : Dictée des mots invariables complexes de la LO3 • J4 : **Dictée grignotée bilan n° 1** intégrant les mots invariables des LO1 à LO3 *Faire réviser les séries 1 et 2 de la LO4.*

Présentation de l'unité 1

Les séquences d'apprentissage de l'unité 1

Les unités 1 et 2 portent sur l'orthographe lexicale. Selon le programme du cycle 2, « la maitrise de l'ensemble des correspondances graphèmes-phonèmes, qui va des lettres ou groupes de lettres vers les sons et réciproquement, est un enjeu essentiel de l'apprentissage du français ».[1]

L'unité 1 commence par une séquence portant sur l'étude **des mots invariables** dont l'emploi sera d'une extrême fréquence dans les dictées et les productions écrites, tout au long de l'année. Il est donc nécessaire d'en stabiliser l'orthographe au plus vite.

La 2ᵉ séquence est focalisée sur **les graphèmes très fréquents, *an/am, en/em, on/om, in/im*,** qui permettent de poser un principe orthographique récurrent : **la prise en compte des lois de position**. La graphie d'une lettre peut être modifiée par l'environnement dans lequel elle se trouve et particulièrement par la lettre qui suit.

C'est aussi le cas pour **la lettre *s*** qui fait l'objet de la 3ᵉ séquence : de la position dans le mot et des lettres environnantes, dépendent non seulement la graphie (*s* ou *ss*) mais également le phonème produit ([s] ou [z]). À ces valeurs s'ajoute la valeur zéro (lettre muette).

Il est nécessaire d'étudier les lois de position concernant des graphèmes simples en début d'année pour les transférer à des graphèmes plus complexes dans l'unité 2.

Un point détaillé sur chaque notion orthographique est développé au début de la séquence correspondante.

Les rituels orthographiques de l'unité 1

• Il est important de commencer l'année par **une dictée diagnostique** pour :

– évaluer les besoins des élèves et faire un premier repérage des compétences afin de pouvoir proposer à chacun le niveau de dictée le plus approprié ;

– mesurer les progrès accomplis pendant l'année, puisque la même dictée sera proposée au mois de juin.

Le texte peut être dicté en trois parties fractionnées, sur trois temps différents, afin de permettre aux élèves de garder une bonne concentration.

---

1. « Programme d'enseignement du cycle des apprentissages fondamentaux (cycle 2) », *B.O.* n° 21, 30 juillet 2020, p. 2.

Le rituel « Les livreurs de pizzas »

U1 Rituels – Les livreurs de pizzas

Orthographe

Objectif du rituel : acquérir l'orthographe des mots fréquents

Principe du rituel des livreurs de pizzas : une course de livreurs de pizzas se prépare.

Il y a des livreurs avec deux pizzas et d'autres avec trois pizzas. Chaque fois qu'un mot est bien orthographié (lors de la dictée du rituel), tu peux colorier un carton à pizza.

Chaque livreur ne peut démarrer sa course que lorsque les cartons des deux ou trois pizzas sont tous coloriés.

La livraison avec les trois pizzas correspond aux mots les plus difficiles à écrire : il faut davantage d'entrainement.

Une course est gagnée quand tous les livreurs de pizzas d'une même liste sont partis.

À toi de faire partir rapidement le plus de livreurs de pizzas possible sur cette période et de devenir ainsi un champion ou une championne en orthographe !

• La méthode met l'accent sur **l'explicitation des éléments à apprendre** et sur **l'aide à la mémorisation**.

Les dictées de l'unité 1 s'articulent avec le dispositif « **Les livreurs de pizzas** » qui permet à chaque élève de rebrasser plusieurs fois les mots à apprendre, dans les trois rituels quotidiens qui suivent la leçon, afin d'en permettre une appropriation pérenne. Chaque fois qu'un mot est écrit correctement, l'élève colorie l'un des cartons se trouvant à l'arrière du vélo du livreur de pizzas. Quand tous les cartons sont coloriés, le mot est considéré comme mémorisé : le livreur peut alors partir. Le nombre de cartons (2 ou 3) correspond à la difficulté du mot référencé dans *ÉOLE*.

• Les mots à apprendre dans le dispositif des livreurs de pizzas sont répartis en **sept listes orthographiques** ; **cinq d'entre elles sont distribuées et étudiées dans l'unité 1 :**

– trois, de type analogique, concernent les mots invariables ;

– deux, d'ordre thématique (les sentiments et les activités scolaires), sont centrées sur les graphies étudiées : *an/am*, *en/em*, *on/om*, *in/im* et la lettre *s*.

Cette étude est en conformité avec les attendus de fin d'année de CE2 : l'élève est capable de « mémoriser l'orthographe du lexique le plus couramment employé : • vocabulaire des activités scolaires et des domaines disciplinaires ; • vocabulaire de l'univers familier à l'élève : maison, famille, jeu, vie quotidienne, sensations, sentiments » et de « mémoriser les principaux mots invariables ».[2]

• **L'apprentissage d'une liste orthographique** s'effectue pendant une semaine mais les listes sont reprises de façon spiralaire dans l'unité 1 et même, ultérieurement, dans l'unité 2. Pour guider les élèves dans l'apprentissage et la mémorisation de ces termes, est proposée, dès la semaine 2, **une fiche méthodologique** à découvrir avec l'enseignant(e), avant d'être utilisée en autonomie. Les élèves doivent utiliser systématiquement cette fiche méthodologique, en travail personnel, pour réviser les mots avant chaque dictée.

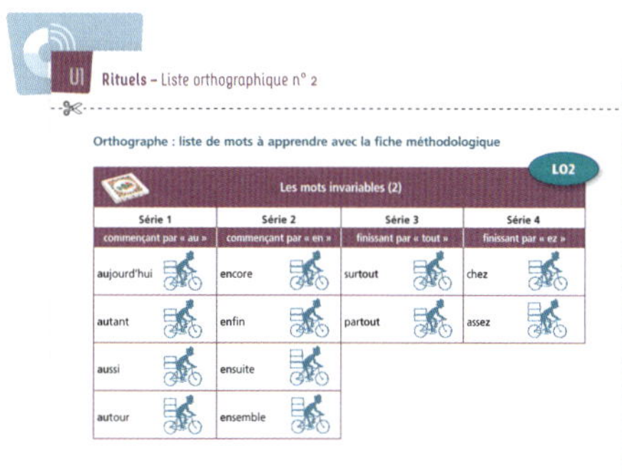
U1 Rituels – Liste orthographique n° 2

Orthographe : liste de mots à apprendre avec la fiche méthodologique

LO2 – Les mots invariables (2)

Série 1	Série 2	Série 3	Série 4
commençant par « au »	commençant par « en »	finissant par « tout »	finissant par « ez »
aujourd'hui	encore	surtout	chez
autant	enfin	partout	assez
aussi	ensuite		
autour	ensemble		

2. *Attendus de fin d'année de CE2*, 2019, p. 9. (Cf. eduscol.education.fr)

Les dictées grignotées

• La forme des dictées choisie est propre à aider les élèves en ce début d'année. **Les dictées grignotées** sont des textes à trous (grignotés par une petite souris) pour rester dans une logique narrative et intéresser les élèves : il s'agit de les compléter avec les mots appris dans les listes orthographiques.

Déroulement de la dictée grignotée

• RITUELS JOURS 2 et 3 – Les dictées d'entrainement (dictées de mots)

Chaque dictée concerne les deux séries de la liste orthographique en cours d'étude. Elle est réalisée en suivant l'un des deux dispositifs suivants :

1. L'enseignant(e) dicte chaque mot ; les élèves l'écrivent sur l'ardoise. Après correction collective, ceux qui l'ont orthographié correctement colorient rapidement le carton à pizza correspondant au terme dicté ; ainsi de suite jusqu'à la fin des deux séries. Cette phase doit être menée de façon dynamique.

Remarque : L'enseignant(e) doit être particulièrement attentif(ve) aux élèves les plus en difficulté et valider leurs réponses.

2. L'enseignant(e) dicte les mots des deux séries à faire noter sur le cahier du jour, puis corrige chaque dictée individuellement. Les élèves colorient les cartons à pizza en fonction des mots correctement écrits.

Remarque : Ce 2e dispositif permet d'avoir une trace des dictées de mots intermédiaires sur le cahier du jour et les parents peuvent ainsi voir la progression des apprentissages.

Les autres listes orthographiques seront données à l'avance pour révision en travail personnel.

Exemple du déroulement du jour 2 :

RITUEL JOUR 2 Découverte du rituel *Les livreurs de pizzas* et dictée de LO1, séries 1 et 2

• Distribuer la fiche contenant le descriptif du rituel ainsi que la première liste orthographique (LO1) ; la faire lire.
• Expliquer le fonctionnement du rituel, le faire reformuler.
• À l'aide de la fiche méthodologique et d'un feutre effaçable, demander aux élèves de s'entrainer sur les séries 1 et 2 de la LO1.
• Commencer la dictée avec les séries 1 et 2 de la liste LO1, en choisissant l'un des deux dispositifs exposés précédemment (voir « Présentation des rituels », p. XX).
• Suite à la correction et selon le dispositif choisi, faire colorier les cartons de pizzas correspondant aux mots correctement orthographiés.

– série 1 : ***tôt**, bien**tôt**, plu**tôt**, aussi**tôt***
– série 2 : ***dès** (que), **très**, ap**rès**, **près***

→ **Travail personnel à donner :** faire apprendre les séries 3 et 4 de la liste LO1.

• RITUEL JOUR 4 - La dictée finale (dictée grignotée)

Après avoir fourni le support correspondant à chaque élève (niveau expert***, niveau intermédiaire**, niveau Coup de pouce*), l'enseignant(e) lit le texte de la dictée à voix haute et laisse les élèves échanger librement à son propos. Puis, il ou elle dicte les mots étudiés. L'enseignant(e) corrige individuellement les dictées des élèves.

Après correction, ceux-ci colorient les cartons à pizza correspondant aux mots correctement orthographiés.

*Exemple : dictée grignotée n° 1, niveau expert*** (sans aide)*

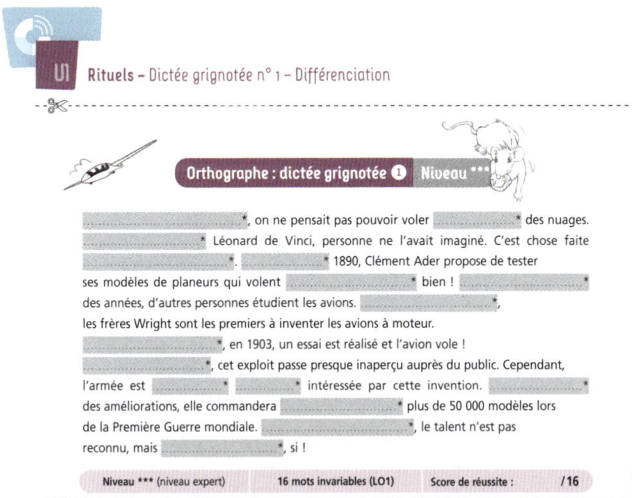
U1 **Rituels –** Dictée grignotée n° 1 – Différenciation

Orthographe : dictée grignotée 1 **Niveau *****

..............................*, on ne pensait pas pouvoir voler ....* des nuages. ....* Léonard de Vinci, personne ne l'avait imaginé. C'est chose faite ....*. ....* 1890, Clément Ader propose de tester ses modèles de planeurs qui volent ....* bien ! ....* des années, d'autres personnes étudient les avions. ....*, les frères Wright sont les premiers à inventer les avions à moteur. ....*, en 1903, un essai est réalisé et l'avion vole ! ....*, cet exploit passe presque inaperçu auprès du public. Cependant, l'armée est ....* ....* intéressée par cette invention. ....* des améliorations, elle commandera ....* plus de 50 000 modèles lors de la Première Guerre mondiale. ....*, le talent n'est pas reconnu, mais ....*, si !

Niveau *** (niveau expert)	16 mots invariables (LO1)	Score de réussite : /16

• La dictée grignotée bilan n° 1, proposée en fin d'unité, rebrasse les trois listes de mots invariables. Ceux-ci seront repris toute l'année car seule la réitération peut permettre une mémorisation à long terme.

Remarque : Les mots invariables dont les élèves commencent l'étude dans cette unité mais qui seront révisés tout au long de l'année sont codés par une étoile.

→ L'unité 1 comprend :

- **12 dictées de mots pour l'entrainement, à partir des documents suivants** :

RITUELS U1. Les livreurs de pizzas
RITUELS U1. L01
RITUELS U1. L02
RITUELS U1. L03
RITUELS U1. L04
RITUELS U1. L05

- **5 dictées grignotées suivies d'une dictée grignotée bilan** :

RITUELS U1. Dictée grignotée n° 1
RITUELS U1. Dictée grignotée n° 2
RITUELS U1. Dictée grignotée n° 3
RITUELS U1. Dictée grignotée n° 4
RITUELS U1. Dictée grignotée n° 5
RITUELS U1. Dictée grignotée bilan n° 1

Pour chaque dictée grignotée, sont fournis trois niveaux de différenciation et la correction.

Trois niveaux de différenciation concernant les dictées grignotées

Afin que chaque élève soit placé en situation de réussite, **chaque dictée est différenciée en trois niveaux** : le niveau expert (***), le niveau intermédiaire (**), le niveau Coup de pouce (*) pour les élèves très fragiles ou à profil dyslexique. La quantité et la difficulté des mots demandés sont adaptées aux compétences de chacun. L'enseignant(e) s'appuiera sur la dictée diagnostique pour indiquer à chaque élève son groupe, mais celui-ci pourra en changer au cours des semaines, en fonction des réussites ou des difficultés ; l'enseignant(e) devra y être vigilant(e) afin que chaque élève reste motivé et engagé dans ces rituels.

*Exemple : dictée grignotée n° 1 – différenciation pour le groupe expert****

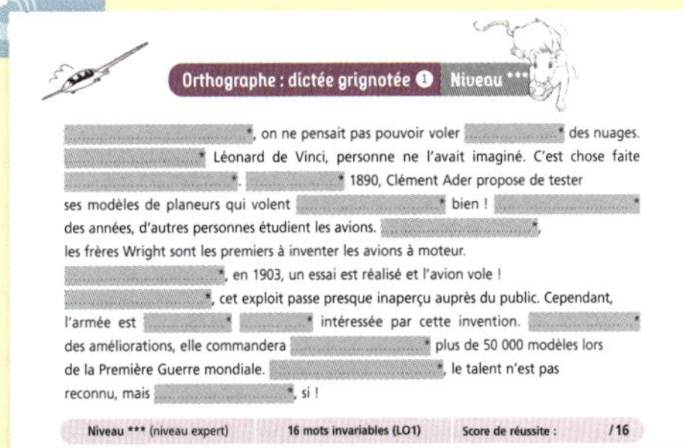
Orthographe : dictée grignotée 1 Niveau ***

……*, on ne pensait pas pouvoir voler ……* des nuages. ……* Léonard de Vinci, personne ne l'avait imaginé. C'est chose faite ……*. ……* 1890, Clément Ader propose de tester ses modèles de planeurs qui volent ……* bien ! ……* des années, d'autres personnes étudient les avions. ……*, les frères Wright sont les premiers à inventer les avions à moteur.
……*, en 1903, un essai est réalisé et l'avion vole !
……*, cet exploit passe presque inaperçu auprès du public. Cependant, l'armée est ……* ……* intéressée par cette invention. ……* des améliorations, elle commandera ……* plus de 50 000 modèles lors de la Première Guerre mondiale. ……*, le talent n'est pas reconnu, mais ……*, si !

Niveau *** (niveau expert)	16 mots invariables (LO1)	Score de réussite : /16

*Exemple : dictée grignotée n° 1 – différenciation pour le groupe intermédiaire***

→ Certaines aides sont apportées sur des mots plus complexes.

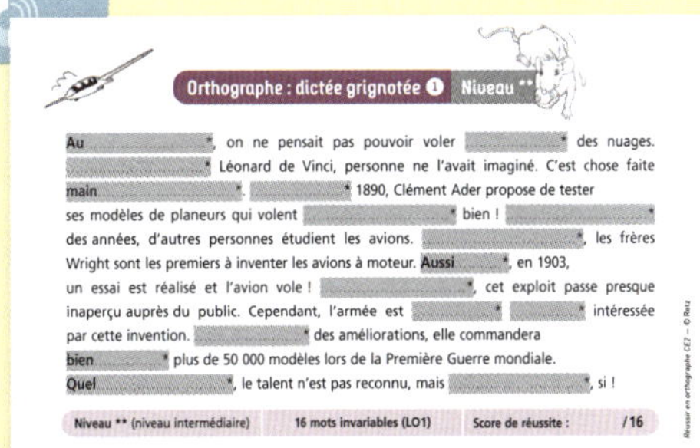
Orthographe : dictée grignotée 1 Niveau **

Au……*, on ne pensait pas pouvoir voler ……* des nuages. ……* Léonard de Vinci, personne ne l'avait imaginé. C'est chose faite main……*. ……* 1890, Clément Ader propose de tester ses modèles de planeurs qui volent ……* bien ! ……* des années, d'autres personnes étudient les avions. ……*, les frères Wright sont les premiers à inventer les avions à moteur. Aussi……*, en 1903, un essai est réalisé et l'avion vole ! ……*, cet exploit passe presque inaperçu auprès du public. Cependant, l'armée est ……* ……* intéressée par cette invention. ……* des améliorations, elle commandera bien……* plus de 50 000 modèles lors de la Première Guerre mondiale. Quel……*, le talent n'est pas reconnu, mais ……*, si !

Niveau ** (niveau intermédiaire)	16 mots invariables (LO1)	Score de réussite : /16

Réussir en orthographe CE2 – © Retz

*Exemple : dictée grignotée n° 1 – différenciation pour le groupe Coup de pouce**

→ Des aides importantes sont fournies et la typographie est agrandie.

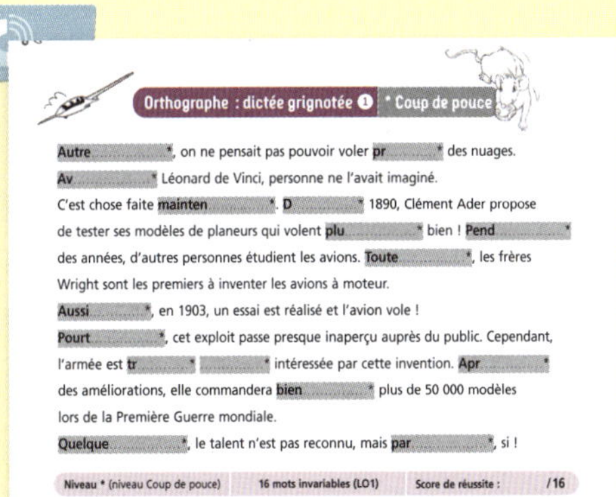
Orthographe : dictée grignotée 1 * Coup de pouce

Autre……*, on ne pensait pas pouvoir voler pr……* des nuages.
Av……* Léonard de Vinci, personne ne l'avait imaginé.
C'est chose faite mainten……*. D……* 1890, Clément Ader propose de tester ses modèles de planeurs qui volent plu……* bien ! Pend……* des années, d'autres personnes étudient les avions. Toute……*, les frères Wright sont les premiers à inventer les avions à moteur.
Aussi……*, en 1903, un essai est réalisé et l'avion vole !
Pourt……*, cet exploit passe presque inaperçu auprès du public. Cependant, l'armée est tr……* ……* intéressée par cette invention. Apr……* des améliorations, elle commandera bien……* plus de 50 000 modèles lors de la Première Guerre mondiale.
Quelque……*, le talent n'est pas reconnu, mais par……*, si !

Niveau * (niveau Coup de pouce)	16 mots invariables (LO1)	Score de réussite : /16

Les rituels orthographiques sont décrits précisément dans la méthode, pour chaque jour, et la totalité des documents photocopiables ou projetables se trouvent en version numérique avec une référence commençant par RITUELS U1.

Écrire les mots invariables

MISE AU POINT DIDACTIQUE ET PÉDAGOGIQUE

Les mots invariables sont très nombreux dans la langue : près de 800 sont répertoriés dans *Manulex*[1]. Ces mots, quel que soit leur environnement, ne varient jamais, ni en nombre, ni en genre, ce qui est une particularité orthographique particulièrement intéressante quand on connait les problèmes générés par les accords. Ils peuvent être regroupés ; pour autant, ils ne constituent pas une classe grammaticale en soi.

Les mots invariables peuvent être :

• **des mots grammaticaux** qui jouent un rôle syntaxique dans la phrase comme les prépositions et les conjonctions ;

• **des adverbes** qui ont un sens et qui sont dix fois plus nombreux que les mots grammaticaux : *Manulex* en dénombre 725, dont 500 terminés par *-ment*.

Le programme de 2020[2] ainsi que les attendus de fin d'année pour le CE2 de 2019 insistent sur l'acquisition des mots invariables et la mémorisation de leur orthographe car ils sont d'une haute fréquence dans la langue et donc très présents dans les productions écrites des élèves.

Leur apprentissage doit être :

• **précoce** et **continu** : il commence dès la première séquence et il est réactivé, de façon spiralaire, tout au long des périodes suivantes, dans les dictées proposées ;

• **ritualisé** et **méthodique**, grâce au rituel des livreurs de pizzas ;

• **structuré** : les 3 listes de mots invariables à apprendre qui regroupent plus d'une quarantaine de termes sont organisées par similitudes orthographiques, ce qui facilite leur mémorisation. De plus, la rétention en mémoire des lettres muettes est optimisée par un procédé mnémotechnique qui consiste à les oraliser, à les faire « sonner » en les prononçant.

Dans cette méthode, la façon dont est menée l'acquisition des mots invariables revient à appliquer tous les principes mis en exergue par les neurosciences et développés dans l'introduction. Spiralaire, fondé sur la répétition et la réactivation, **ce type d'apprentissage permet la consolidation des savoirs dans la mémoire à long terme et l'automatisation progressive de l'orthographe**.

1. Ortéga E. & Lété B., *Manulex, Electronic of Manulex and Manulex-infra databases*. Nous avons pris pour référence le niveau CE2 en utilisant la colonne U (fréquence d'un mot pour un million d'occurrences). Le logiciel est gratuit et téléchargeable.
2. *Programme du cycle 2, op. cit.*

Attendus de fin d'année de CE2 (2019, p. 9)
« S'initier à l'orthographe lexicale
Ce que sait faire l'élève :
Mémoriser les principaux mots invariables.
Exemples de réussite :
Il mémorise et restitue (grâce à des pratiques variées : épellation, copie, mise en mémoire...) un corpus organisé de mots invariables (listes analogiques : *tôt, aussitôt, plutôt* [...]). »

Séance 1 | Écrire les mots invariables (1)

Objectifs
- Définir ce que sont des mots invariables et comprendre la notion de fréquence.
- Appliquer des stratégies afin de favoriser la mémorisation des mots invariables : effectuer des groupements en fonction de leurs similitudes orthographiques ; faire sonner les lettres muettes.
- Mémoriser les mots invariables en s'appuyant sur des outils variés et ludiques.

Documents
- Recherche SQ1. Doc. 1
- Entrainement : *M'entends-tu ?* SQ1. Doc. 2 ; *Puzzle de lettres* SQ1. Doc. 3

1. Rappel / découverte (oral, collectif)

• Faire rappeler rapidement à l'oral ce qu'est l'orthographe et quelle est sa fonction : bien communiquer à l'écrit.

• Demander aux élèves de définir oralement ce qu'est un mot invariable. S'appuyer sur leurs propositions pour expliquer le terme « invariable » et écrire sa définition (au tableau ou sur une affiche). *Invariable* : dont l'orthographe ne change pas (= reste la même). En parallèle, faire chercher le terme dans un dictionnaire par un ou deux élèves pour en vérifier le sens.

• Préciser que les mots invariables sont **extrêmement fréquents** et définir la notion de fréquence. Expliquer aux élèves qu'ils ont besoin de connaitre leur orthographe puisqu'ils les utiliseront très souvent quand ils écriront.

→ Expliciter l'objectif de la séance : réussir à trouver des moyens pour apprendre plus facilement l'orthographe des mots invariables. Faire reformuler les enjeux.

2. Recherche (individuel, par 2)

• Distribuer la fiche de recherche. SQ1. Doc. 1 Demander aux élèves de la lire silencieusement et individuellement. La projeter simultanément.

• Segmenter la recherche en 3 étapes :

– Lire, puis faire reformuler la 1re consigne. Demander d'exécuter individuellement cette tâche, puis la corriger.

– Lire, puis expliciter l'exemple fourni dans la 2e consigne (groupe 1). Demander de poursuivre le travail dans les trois autres colonnes, par binômes, pour verbaliser le raisonnement suivi.

– Lire la 3e consigne et la faire réaliser individuellement. Préciser qu'une seule réponse est attendue par ligne.

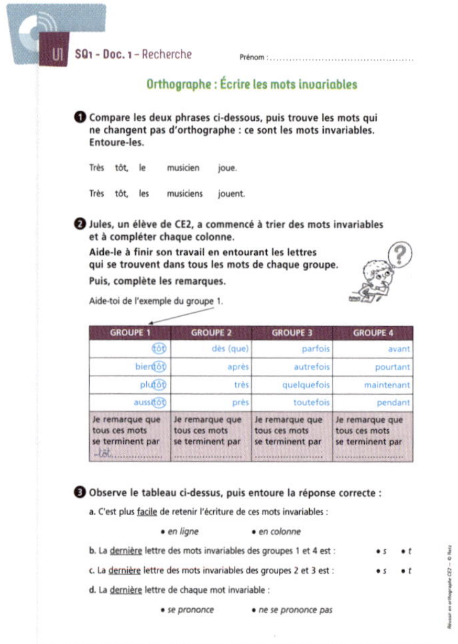

U1 SQ1 - Doc. 1 – Recherche Prénom : ....

Orthographe : Écrire les mots invariables

❶ Compare les deux phrases ci-dessous, puis trouve les mots qui ne changent pas d'orthographe : ce sont les mots invariables. Entoure-les.

Très tôt, le musicien joue.

Très tôt, les musiciens jouent.

❷ Jules, un élève de CE2, a commencé à trier des mots invariables et à compléter chaque colonne.
Aide-le à finir son travail en entourant les lettres qui se trouvent dans tous les mots de chaque groupe.
Puis, complète les remarques.

Aide-toi de l'exemple du groupe 1.

GROUPE 1	GROUPE 2	GROUPE 3	GROUPE 4
tôt	dès (que)	parfois	avant
bientôt	après	autrefois	pourtant
plutôt	très	quelquefois	maintenant
aussitôt	près	toutefois	pendant
Je remarque que tous ces mots se terminent par -tôt..........	Je remarque que tous ces mots se terminent par	Je remarque que tous ces mots se terminent par	Je remarque que tous ces mots se terminent par ....

❸ Observe le tableau ci-dessus, puis entoure la réponse correcte :

a. C'est plus facile de retenir l'écriture de ces mots invariables :

• *en ligne* • *en colonne*

b. La dernière lettre des mots invariables des groupes 1 et 4 est : • *s* • *t*

c. La dernière lettre des mots invariables des groupes 2 et 3 est : • *s* • *t*

d. La dernière lettre de chaque mot invariable :

• *se prononce* • *ne se prononce pas*

Réussir en orthographe CE2 – © Retz

3. Mutualisation (collectif)

À partir des réponses des élèves et en prenant appui sur la recherche projetée, faire relever les éléments suivants :

• 1re consigne : Les mots *très* et *tôt* s'écrivent de la même manière dans les deux phrases, contrairement aux autres termes qui varient en fonction du nombre (singulier/pluriel).

• 2e consigne : Les mots invariables du groupe 2 se terminent tous par *-ès*, ceux du groupe 3 par *-fois* et ceux du groupe 4 par *-ant*. Faire remarquer que ces lettres communes sont ici systématiquement situées à la fin des mots.

• 3e consigne :

→ **a)** Les mots sont plus faciles à mémoriser en colonne qu'en ligne grâce aux ressemblances. Expliquer aux élèves le fonctionnement du cerveau : la mémorisation de termes est plus aisée lorsqu'ils sont regroupés de façon cohérente. Ils sont plus difficiles à retenir quand ils sont isolés, sans rapport les uns avec les autres. C'est pourquoi il est important d'apprendre des mots qui ont des points communs entre eux : ils restent groupés en réseau dans la mémoire et activer l'un amène à réactiver les autres.

→ **b) c) d)** : Les termes des groupes 1 et 4 se terminent par *-t*, et ceux des groupes 2 et 3 par *-s*. Dans tous les cas, ces lettres sont « muettes », c'est-à-dire qu'elles s'écrivent mais ne se prononcent pas. Faire découvrir un moyen mnémotechnique pour s'en souvenir : oraliser ces lettres muettes, les faire « sonner », les prononcer. Ainsi, lorsque les élèves seront en situation d'écriture, ils se souviendront aisément de la lettre à écrire, puisqu'elle « sonnera » dans leur tête. Demander à un élève de faire sonner les lettres muettes à partir des mots du groupe 1. Puis, faire lire collectivement les termes de la première colonne en demandant d'accentuer volontairement la dernière lettre. Procéder de même pour les trois autres colonnes.

Remarque : Cette activité plait aux élèves ; il ne faut pas hésiter à exagérer la prononciation pour bien marquer la lettre finale.

4. Institutionnalisation (collectif)

Réaliser une affiche synthétique, qui sera complétée la séance suivante, puis la faire reformuler.

LES MOTS INVARIABLES

→ s'écrivent toujours pareil ;
→ sont très fréquents.

→ peuvent être mémorisés en :
1) les groupant par ressemblances ;
2) faisant sonner leurs lettres muettes.

5. Entrainement (individuel/collectif, par 2)

ACTIVITÉ 1 – M'entends-tu ?

Objectif : s'aider de la méthode orale pour retenir les lettres muettes des mots invariables. SQ1. Doc. 2 – (*1 jeu de 2 étiquettes par binôme*).

Consigne : « Pioche l'étiquette S ou T qui correspond à la lettre muette correcte le plus rapidement possible. »

Déroulement : laisser au préalable un temps aux élèves pour oraliser les lettres muettes et les mémoriser. Ensuite, l'enseignant(e) prononce un mot invariable étudié sans faire sonner la lettre muette. Les élèves doivent trouver la lettre muette correspondante. Ils sont en binômes. L'élève qui prend l'étiquette correcte en premier a marqué le point. Attention : une étiquette touchée ne peut être reposée. Enfin, l'enseignant(e) procède à la correction en faisant sonner la lettre finale.

Variante : faire noter ***-s*** d'un côté de l'ardoise (ou d'une feuille), ***-t*** de l'autre. À un signal précis, demander aux élèves de montrer le côté de l'ardoise qui convient.

Corpus : des mots invariables étudiés issus des quatre groupes. SQ1. Doc. 1

Remarque : Pour cette activité, former de préférence des binômes homogènes afin de conserver la motivation des élèves.

SQ1 - Doc. 3 - Entraînement

Puzzle de lettres
1 jeu par élève

T	Ô	S	B	U	
E	N	P	L	I	
T	A	T	S	R	
È	D	F	O	O	E
Q	U	Q	L	V	N
A	O	D	C	M	N

ACTIVITÉ 2 – Puzzle de lettres

Objectif : se souvenir des ressemblances pour orthographier correctement un mot invariable. SQ1. Doc. 3 *(1 jeu par élève)*

Consigne : « Reconstitue le mot invariable à partir des indices. »

Déroulement : il est préférable de faire découper les étiquettes au préalable. L'enseignant(e) note au tableau le nombre de lettres formant le mot invariable à écrire, trace les tirets correspondants, puis dit ce mot à voix haute. L'élève doit assembler les lettres pour trouver l'orthographe correcte du mot indiqué. Inciter les élèves à se souvenir de l'élément caractéristique final du groupe *(-tôt, -ès, -fois, -ant)*, à assembler les lettres manquantes, puis à les compter. Enfin, leur conseiller de faire sonner la lettre muette dans leur tête pour valider la réponse.

Après correction et rappel de la procédure, les lettres peuvent être réutilisées pour les mots suivants.

Variante : afin d'éviter de faire découper les lettres, projeter l'activité et demander aux élèves d'écrire sur l'ardoise ou sur le cahier de brouillon le mot invariable en s'aidant des lettres visibles, mais la manipulation des lettres peut être aidante pour certains élèves.

Corpus : proposer des mots invariables étudiés issus des 4 groupes (à moduler en fonction du temps restant). *Exemple : mot en 7 lettres : _ _ _ _ _ _ _ ; prononcer « bientôt ».* SQ1. Doc. 1

Remarques :
- Les deux activités sont présentées lors de la séance mais elles sont automatisées lors des rituels. Les élèves apprenant à écrire ces mots, le tâtonnement est nécessaire. Il est intéressant de valider progressivement leur travail : ceux qui ont réussi la tâche deviennent à leur tour des « assistants » pour vérifier le travail de leurs camarades.
- D'un point de vue pratique, penser à conserver les lettres découpées et le jeu car ils seront utilisés les jours suivants, lors des rituels. Les placer ensuite dans une pochette ou une enveloppe fermée. Les cases vierges supplémentaires serviront, en cas de besoin, à écrire d'éventuelles lettres perdues.

Féliciter les élèves pour le travail fourni et leur expliquer qu'ils s'entraineront à réaliser les deux activités présentées lors des deux jours suivants. Puis, ils découvriront de nouvelles méthodes complémentaires afin de mémoriser efficacement les mots invariables.

Les 3 rituels de la semaine 2 Dictées

(Voir *Présentation des rituels de l'unité* 1, p. 28)

• Rituel Jour 2

Acquisition de l'orthographe des mots invariables

M'entends-tu ? SQ1. Doc. 2 ; *Puzzle de lettres* SQ1. Doc. 3

• Rituel Jour 3

Acquisition de l'orthographe des mots invariables

SQ1. Doc. 2 SQ1. Doc. 3

• Rituel Jour 4

Acquisition de l'orthographe des mots invariables

SQ1. Doc. 2 SQ1. Doc. 3

RITUEL JOUR 2 Acquisition de l'orthographe des mots invariables

Faire réaliser les deux activités découvertes précédemment (« M'entends-tu ? », « Puzzle de lettres ») en variant les mots invariables issus des 4 groupes étudiés.

- Groupe 1 : tôt – bientôt – plutôt – aussitôt
- Groupe 2 : dès – après – très – près
- Groupe 3 : parfois – autrefois – quelquefois – toutefois
- Groupe 4 : avant – pourtant – maintenant – pendant

RITUEL JOUR 3 Acquisition de l'orthographe des mots invariables

Même déroulement.

RITUEL JOUR 4 Acquisition de l'orthographe des mots invariables

Même déroulement.

Séance 2 | Écrire les mots invariables (2)

Objectifs

- Appliquer des stratégies afin de favoriser la mémorisation des mots invariables : effectuer des groupements en fonction de leurs similitudes orthographiques ; faire sonner les lettres muettes.
- Découvrir et utiliser une méthode structurée pour mieux mémoriser les mots invariables.

Documents

- Fiche méthodologique RITUELS U1. Fiche méthodologique
- Leçon SQ1. Doc. 4
- Fleur des mots invariables SQ1. Doc. 5
- Application SQ1. Doc. 6
- Correction de l'application SQ1. Doc. 6 bis

1. Rappel / découverte (collectif)

En s'appuyant sur l'affiche réalisée lors de la séance précédente, faire rapidement rappeler le contenu de la leçon étudiée, dont les deux moyens évoqués pour favoriser la mémorisation des mots invariables (groupement par ressemblances, prononciation des lettres muettes), avec des exemples à l'appui.

→ Expliciter l'objectif de la séance : acquérir une méthode pour apprendre plus facilement l'orthographe des mots invariables. Faire reformuler les enjeux.

2. Découverte d'un outil méthodologique (individuel/collectif)

• Distribuer la fiche méthodologique RITUELS U1. Fiche méthodologique ; la projeter simultanément.

• La faire lire, puis laisser les élèves s'exprimer sur le contenu. Leur expliquer qu'ils utiliseront cette fiche chaque fois qu'ils auront des mots à mémoriser. Leur demander de placer la fiche dans une pochette transparente (dans le porte-vues, du côté des dictées, par exemple) et d'utiliser un feutre effaçable pour s'entrainer.

• Accompagner pas à pas les élèves en suivant successivement les différentes étapes à partir des 2 mots suivants à écrire au tableau : *tôt – bientôt*.

Remarque : Il est conseillé de photocopier la fiche méthodologique sur une feuille de couleur pour la différencier des leçons. Le temps pris pour découvrir les étapes est indispensable et permettra ensuite de développer l'autonomie des élèves lors des moments de travail personnel. Ce document sera à placer dans la partie dédiée aux dictées (et non aux leçons).

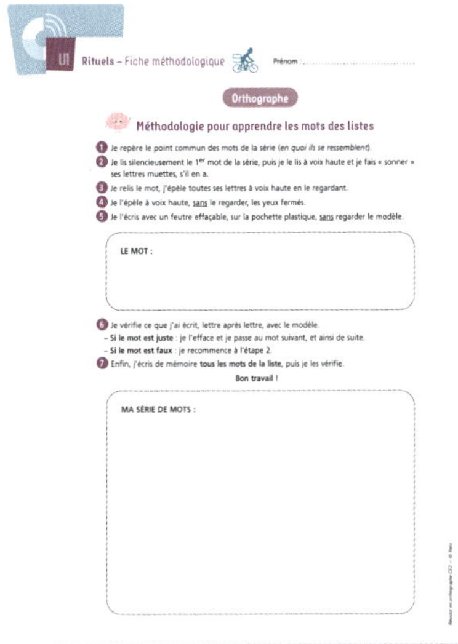
UT Rituels – Fiche méthodologique Prénom : ....

Orthographe

Méthodologie pour apprendre les mots des listes

1. Je repère le point commun des mots de la série (*en quoi ils se ressemblent*).
2. Je lis silencieusement le 1er mot de la série, puis je le lis à voix haute et je fais « sonner » ses lettres muettes, s'il en a.
3. Je relis le mot, j'épèle toutes ses lettres à voix haute en le regardant.
4. Je l'épèle à voix haute, sans le regarder, les yeux fermés.
5. Je l'écris avec un feutre effaçable, sur la pochette plastique, sans regarder le modèle.

LE MOT :

6. Je vérifie ce que j'ai écrit, lettre après lettre, avec le modèle.
   - **Si le mot est juste** : je l'efface et je passe au mot suivant, et ainsi de suite.
   - **Si le mot est faux** : je recommence à l'étape 2.
7. Enfin, j'écris de mémoire **tous les mots de la liste**, puis je les vérifie.

Bon travail !

MA SÉRIE DE MOTS :

3. Institutionnalisation (collectif)

• Compléter le troisième bloc de l'affiche synthétique avec le nouvel élément, puis faire reformuler l'ensemble.

LES MOTS INVARIABLES	→ s'écrivent toujours pareil ; → sont très fréquents.	→ peuvent être mémorisés en : 1) les groupant par ressemblances ; 2) faisant sonner leurs lettres muettes ; 3) **s'aidant d'une méthode.**

• Distribuer la leçon SQ1. Doc. 4 ; la projeter simultanément. La faire lire et amener les élèves à observer que les mêmes éléments sont notés de deux manières différentes : d'abord, sous une forme « visuelle » avec des bulles, puis, en bas, sous une forme de texte, en résumé. Préciser que certains élèves apprendront ou retiendront plus facilement une forme que l'autre. Expliquer qu'il leur appartient, lors de leur travail personnel, de choisir celle qui leur convient.

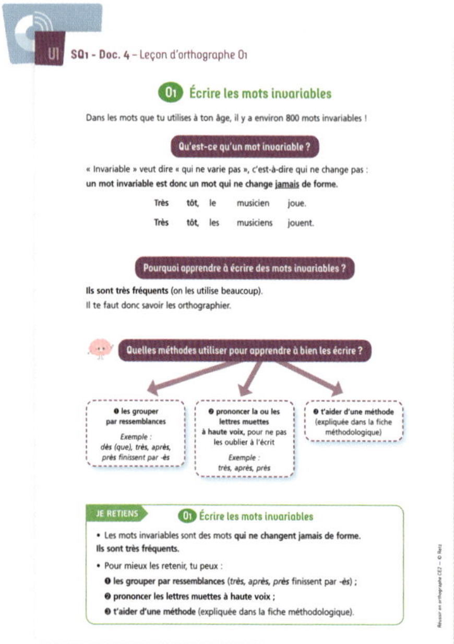
U1 **SQ1 - Doc. 4** – Leçon d'orthographe O1

O1 Écrire les mots invariables

Dans les mots que tu utilises à ton âge, il y a environ 800 mots invariables !

Qu'est-ce qu'un mot invariable ?

« Invariable » veut dire « qui ne varie pas », c'est-à-dire qui ne change pas :
un mot invariable est donc un mot qui ne change jamais de forme.

Très **tôt,** le musicien joue.
Très **tôt,** les musiciens jouent.

Pourquoi apprendre à écrire des mots invariables ?

Ils sont très fréquents (on les utilise beaucoup).
Il te faut donc savoir les orthographier.

Quelles méthodes utiliser pour apprendre à bien les écrire ?

❶ **les grouper par ressemblances**
Exemple : dès (que), très, après, près finissent par -ès

❷ **prononcer la ou les lettres muettes à haute voix,** pour ne pas les oublier à l'écrit
Exemple : très, après, près

❸ **t'aider d'une méthode** (expliquée dans la fiche méthodologique)

JE RETIENS **O1 Écrire les mots invariables**

- Les mots invariables sont des mots **qui ne changent jamais de forme. Ils sont très fréquents.**
- Pour mieux les retenir, tu peux :
  ❶ **les grouper par ressemblances** (*très, après, près* finissent par **-ès**) ;
  ❷ **prononcer les lettres muettes à haute voix ;**
  ❸ **t'aider d'une méthode** (expliquée dans la fiche méthodologique).

Réussir en orthographe CE2 — © Retz

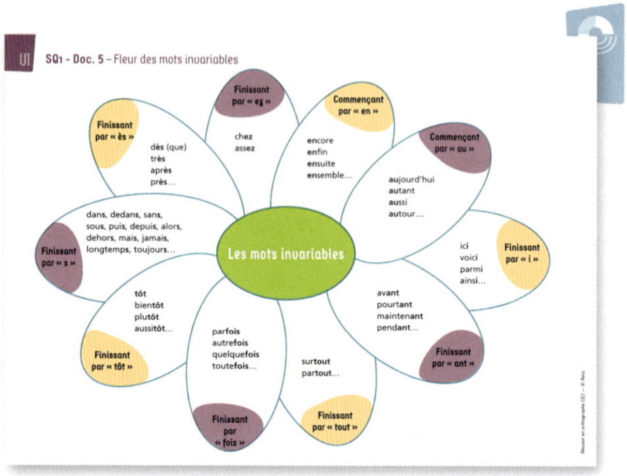

• Faire découvrir et lire l'outil récapitulatif : « La fleur des mots invariables » SQ1. Doc. 5. Préciser que cet outil regroupe de manière visuelle les mots invariables étudiés au CE2. Les élèves pourront se servir de cette fleur tout au long de l'année, en cas de besoin, comme en production écrite, par exemple.

Remarque : Afin d'économiser les photocopies, la leçon et la fleur récapitulative peuvent être photocopiées en recto-verso.

4. Application (individuel)

• Distribuer la fiche d'application SQ1. Doc. 6. Faire lire les consignes 1 à 4, puis les expliciter en cas de difficultés.

• Préciser que le personnage du cerveau apparaitra au début de chaque fiche d'application : cet exercice permet à l'élève de mesurer ce qu'il a compris.

• Expliquer que les pumas ne concernent que les élèves performants. Ces différents items ne peuvent être réalisés qu'après tous les autres et en fonction du temps restant.

• Faire réaliser les activités 1 à 4 individuellement, en suivant le scénario de différenciation préconisé (cf. *Présentation générale*, p. 12).

U1 **SQ1 - Doc. 6 bis** – Application – Correction

Orthographe : Écrire les mots invariables

❶ Je comprends ce que je fais.
Entoure *Vrai* ou *Faux* pour chaque affirmation.

a. Des mots invariables peuvent changer de forme. • Vrai • Faux

b. *Avant* est un mot invariable. • Vrai • Faux

c. Pour retenir l'orthographe de mots invariables, je peux faire sonner les lettres muettes. • Vrai • Faux

d. J'apprends mieux les mots invariables sans les classer. • Vrai • Faux

❷ **En t'aidant des indices en gras, complète chaque liste de mots avec les mêmes lettres manquantes.**

a. **tôt** – bientôt...... – plutôt...... – aussitôt......

b. **très** – près..... – après..... – dès..... (que)

c. par**fois** – autrefois..... – toutefois..... – quelquefois.......

d. **avant** – pourtant...... – maintenant...... – pendant.......

❸ **Les lettres d'un mot invariable de chaque groupe ont été mélangées ! Écris-le correctement au-dessous de chaque étiquette en t'aidant des lettres proposées.**

USASI — A U S S I TÔT

RPA — A P R ÈS

AETUR — A U T R E FOIS

DEPN — P E N D ANT

Réussir en orthographe CE2 – © Retz

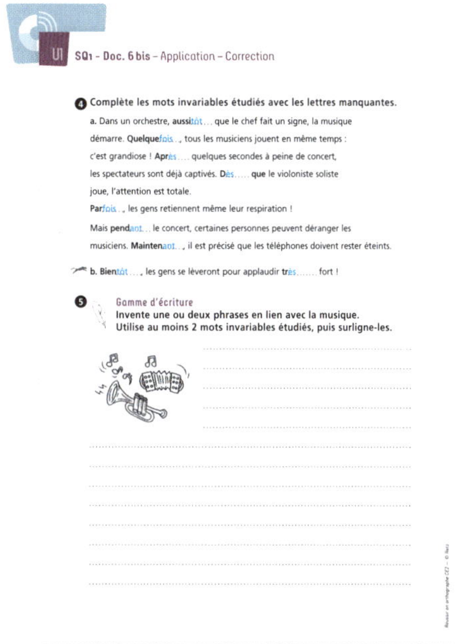

U1 **SQ1 - Doc. 6 bis** – Application – Correction

❹ **Complète les mots invariables étudiés avec les lettres manquantes.**

a. Dans un orchestre, **aussi**tôt... que le chef fait un signe, la musique démarre. **Quelque**fois..., tous les musiciens jouent en même temps : c'est grandiose ! **Apr**ès.... quelques secondes à peine de concert, les spectateurs sont déjà captivés. **D**ès..... **que** le violoniste soliste joue, l'attention est totale.

Parfois..., les gens retiennent même leur respiration !

Mais **pend**ant... le concert, certaines personnes peuvent déranger les musiciens. **Mainten**ant..., il est précisé que les téléphones doivent rester éteints.

b. **Bien**tôt...., les gens se lèveront pour applaudir **tr**ès...... fort !

❺ Gamme d'écriture
Invente une ou deux phrases en lien avec la musique.
Utilise au moins 2 mots invariables étudiés, puis surligne-les.

Réussir en orthographe CE2 – © Retz

• Ensuite, lire la consigne 5 de la *gamme d'écriture* : expliquer le principe d'une gamme (= pratique ritualisée pour progresser). Celle-ci sera présente régulièrement. Ici, il s'agit d'utiliser, au choix, des mots invariables étudiés avec une thématique : la musique. Pour guider les élèves dans cette première activité rituelle, les inciter à faire des propositions à l'oral, à valider collectivement. Ensuite, demander à chaque élève de rédiger sa propre gamme d'écriture et de surligner les deux mots choisis, qui doivent être différents (leur préciser que le chiffre 2 correspond au minimum imposé). La ou les phrases peuvent être fantaisistes mais doivent avoir du sens. Les élèves ont la possibilité d'utiliser un mot ou plusieurs mots invariables par phrase.

Exemple de production d'un élève de CE2 (avant correction) :

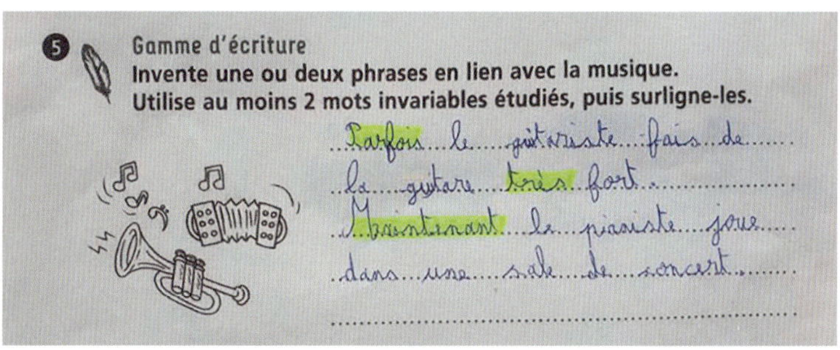

• En fonction du temps restant, corriger la fiche d'application en la projetant SQ1. Doc. 6 bis. Faire lire les phrases de la gamme par les élèves volontaires et valoriser les propositions.

Remarque : Les gammes d'écriture seront proposées très régulièrement. Ne pas hésiter à accompagner les élèves en début d'année : ceux-ci prendront ensuite l'habitude de les réaliser et auront plaisir à les écrire comme à les dire. Penser à garder un temps de partage et de lecture de certaines gammes afin de conserver de la motivation à long terme.

Les 3 rituels de la semaine 3 Dictées

(Voir *Présentation des rituels de l'unité 1*, p. 28)

• **Rituel Jour 2** (fiche *Les livreurs de pizzas* + ardoise ou cahier du jour)

Découverte du rituel *Les livreurs de pizzas* et distribution de la liste orthographique n° 1 (abréviation : LO1)

RITUELS U1. Fiche méthodologique

RITUELS U1. Les livreurs de pizzas

RITUELS U1. LO1

Entrainement : dictée des mots des séries 1 et 2 de la liste LO1

• **Rituel Jour 3** (fiche *Les livreurs de pizzas* + ardoise ou cahier du jour)

RITUELS U1. Les livreurs de pizzas

RITUELS U1. LO1

Entrainement : dictée des mots des séries 3 et 4 de la liste LO1

• **Rituel Jour 4**

Dictée grignotée n° 1 RITUELS U1. Dictée grignotée n° 1
(3 versions différenciées)

Distribution de la LO2 RITUELS U1. LO2

RITUEL JOUR 2 Découverte du rituel *Les livreurs de pizzas* et dictée de LO1, séries 1 et 2

• Distribuer la fiche contenant le descriptif du rituel ainsi que la première liste orthographique (LO1) ; la faire lire.
• Expliquer le fonctionnement du rituel, le faire reformuler.
• À l'aide de la fiche méthodologique et d'un feutre effaçable, demander aux élèves de s'entrainer sur les séries 1 et 2 de la LO1.
• Dicter les mots des séries 1 et 2 de la liste LO1, en choisissant l'un des deux dispositifs exposés précédemment (voir *Les dictées d'entrainement*, p. 30).
• Suite à la correction et selon le dispositif choisi, faire colorier les cartons à pizza correspondant aux mots correctement orthographiés.

– série 1 : **tôt**, bien**tôt**, plu**tôt**, aussi**tôt**
– série 2 : d**ès** (que), tr**ès**, apr**ès**, pr**ès**

→ **Travail personnel à donner :** faire apprendre les séries 3 et 4 de la liste LO1.

RITUEL JOUR 3 Dictée de LO1, séries 3 et 4

• Faire réaliser la dictée avec les mots des séries 3 et 4, en choisissant l'un des deux dispositifs exposés précédemment :

– série 3 : par**fois**, autre**fois**, quelque**fois**, toute**fois**
– série 4 : av**ant**, pourt**ant**, mainten**ant**, pend**ant**

• Demander de surligner ou de colorier le point commun orthographique de chaque liste.
• Suite à la correction et selon le dispositif choisi, faire colorier les cartons à pizza correspondant aux mots correctement orthographiés.
→ **Travail personnel à donner :** faire réviser les séries 1 à 4 de la liste LO1.

RITUEL JOUR 4 Dictée grignotée n° 1

• En s'aidant de l'observation de la dictée diagnostique, fournir le support correspondant à chaque élève *(niveau expert***, niveau intermédiaire**, niveau Coup de pouce*)*.
• Lire le texte à voix haute, laisser les élèves échanger librement sur son contenu.
• Dicter le texte. La correction est disponible. RITUELS U1. Dictée grignotée n° 1 – Correction

Autrefois*, on ne pensait pas pouvoir voler près* des nuages. Avant* Léonard de Vinci, personne ne l'avait imaginé. C'est chose faite maintenant*. Dès* 1890, Clément Ader propose de tester ses modèles de planeurs qui volent plutôt* bien ! Pendant* des années, d'autres personnes étudient les avions. Toutefois*, les frères Wright sont les premiers à inventer les avions à moteur. Aussitôt*, en 1903, un essai est réalisé et l'avion vole ! Pourtant*, cet exploit passe presque inaperçu auprès du public. Cependant, l'armée est très* tôt* intéressée par cette invention. Après* des améliorations, elle commandera bientôt* plus de 50 000 modèles lors de la Première Guerre mondiale. Quelquefois*, le talent n'est pas reconnu, mais parfois*, si !

Remarques : • Préciser aux élèves que le niveau attribué n'est pas figé, et que chacun pourra en changer en fonction des progrès réalisés.
• Après correction par l'enseignant(e) de la dictée, les élèves pourront colorier les cartons à pizza correspondants.

- Distribuer la LO2 et demander de la lire en faisant « sonner » les lettres muettes.
  → **Travail personnel à donner :** faire apprendre les séries 1 et 2 de la liste LO2.

Exemple de dictée grignotée n° 1 réalisée par un élève de CE2 :

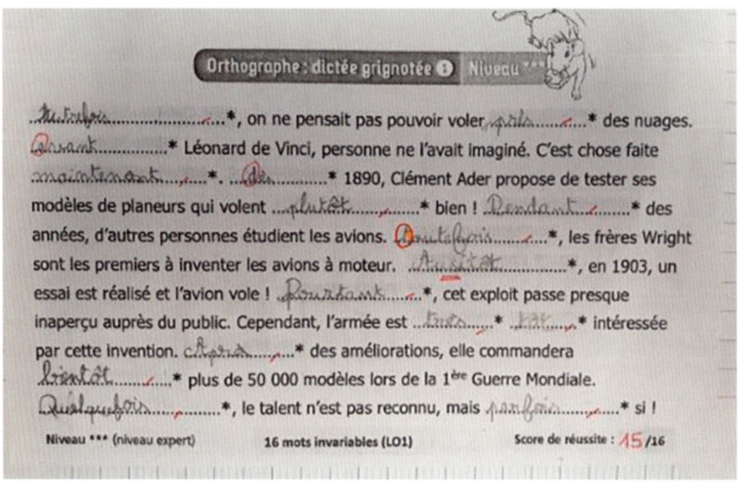
Orthographe : dictée grignotée 1 Niveau ***

........................*, on ne pensait pas pouvoir voler ....* des nuages. ....* Léonard de Vinci, personne ne l'avait imaginé. C'est chose faite ....*. ....* 1890, Clément Ader propose de tester ses modèles de planeurs qui volent ....* bien ! ....* des années, d'autres personnes étudient les avions. ....*, les frères Wright sont les premiers à inventer les avions à moteur. ....*, en 1903, un essai est réalisé et l'avion vole ! ....*, cet exploit passe presque inaperçu auprès du public. Cependant, l'armée est ....* ....* intéressée par cette invention. ....* des améliorations, elle commandera ....* plus de 50 000 modèles lors de la 1ère Guerre Mondiale. ....*, le talent n'est pas reconnu, mais ....* si !

Niveau *** (niveau expert) | 16 mots invariables (LO1) | Score de réussite : 15 /16

Écrire *an/am, en/em, on/om, in/im*

MISE AU POINT DIDACTIQUE ET PÉDAGOGIQUE

• Les graphèmes *an/am* ou *en/em*, *on/om*, *in/im*, qui sont des digrammes, correspondent respectivement aux phonèmes [ɑ̃], [ɔ̃] et [ɛ̃]. **Ils concernent près de 8 000 mots dans la base de fréquence *Manulex*** (dans la tranche d'âge des élèves de CE2). **Il est donc nécessaire de les étudier et de les mettre en lien avec une loi de position : devant *m*, *p*, *b*, il faut écrire *m* à la place de *n*.**

• Concernant les séries *an/am* et *en/em*, la séquence ne porte pas sur l'alternance *a/e* (les deux graphies se répartissent de façon égale sur plusieurs milliers de mots et les règles d'emploi sont difficiles) mais elle conduit les élèves à utiliser la loi de position pour savoir employer à bon escient *n* ou *m* : *an* ou *am*, *en* ou *em*.

• Les graphèmes *yn/ym* ne sont pas abordés dans la leçon, en raison de leur faible fréquence et de la complexité orthographique des termes concernés (*symphonie*...).

• Concernant les exceptions, seules celles adaptées à l'âge des élèves sont présentées, soit, ici, *bonbon* et un mot dérivé, *bonbonnière*. Dans l'ouvrage, les exceptions sont figurées par le personnage d'un policier, assorti d'un feu rouge ●, « le policier de l'orthographe ». Ce codage facilite le repérage et, par son côté ludique, suscite la motivation. Ce personnage est présenté pour la première fois dans cette séquence.

Cette leçon introduit également des *mots stars* ✪ : **ce sont des mots prototypiques, aides à la mémorisation de la règle étudiée**[1]. L'apprentissage prendra ainsi une double voie : une leçon énonçant la règle ainsi qu'un exemple accessible l'illustrant.

***Attendus de fin d'année de CE2* (2019, p. 8)**

« Passer de l'oral à l'écrit

Ce que sait faire l'élève :

Connaître la composition de certains graphèmes selon la lettre qui suit (*an/am*, *en/em*, *on/om*, *in/im*). »

1. Certains chercheurs insistent sur les avantages de phrases ou de mots prototypiques qui, le plus souvent, fixent davantage les savoirs que de longues définitions. Voir *Présentation générale*, p. 9.

Séance 1 I Écrire *an/am, en/em, on/om, in/im* (1)

Objectifs
- Repérer et utiliser à bon escient la loi de position afin de choisir les graphèmes *an/am, en/em, on/om, in/im* pour écrire un mot.
- Identifier et mémoriser un mot star ✪ pour illustrer chaque règle.

Documents
- Recherche SQ2. Doc. 1
- Leçon SQ2. Doc. 2

1. Découverte (alternance individuel/collectif)

• Écrire la phrase suivante au tableau : **Ce s...ge gr...pe aux arbres mais il ne t...be pas.**

• Faire épeler les différentes graphies proposées spontanément par les élèves pour chaque mot incomplet et les noter en colonne au-dessous. Laisser les différentes possibilités écrites au tableau sans apporter la correction, qui sera faite ultérieurement.

→ Expliciter l'objectif de la séance : savoir utiliser la règle pour choisir s'il faut écrire *an/am, en/em, on/om, in/im* dans un mot lorsqu'on entend [ɑ̃], [ɔ̃] ou [ɛ̃].

Remarque : Cette partie doit être menée à un rythme soutenu ; elle sert à lancer la réflexion des élèves mais ne doit pas « alourdir » la séance.

2. Recherche (individuel, par 2) / mutualisation (collectif)

• Distribuer la recherche SQ2. Doc. 1. La projeter simultanément.

• Lire collectivement la 1re consigne ainsi que les listes de mots. Faire identifier les sons concernés, [ɑ̃], [ɔ̃] ou [ɛ̃], en lien avec la phrase précédente notée au tableau.

• Ensuite, découvrir la 2e consigne et l'expliciter. Faire réaliser cette tâche individuellement et la corriger collectivement. Faire apparaitre que, pour un même son, **deux écritures apparaissent dans chaque liste de mots** : *an/am, en/em, on/om, in/im*.

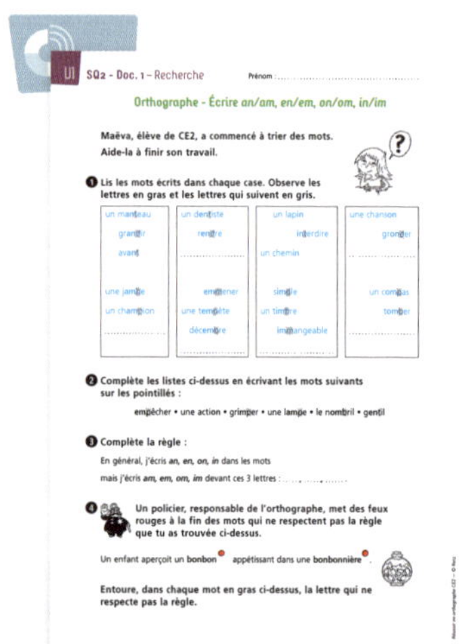
U1 SQ2 - Doc. 1 – Recherche Prénom : ....

Orthographe - Écrire *an/am, en/em, on/om, in/im*

Maëva, élève de CE2, a commencé à trier des mots. Aide-la à finir son travail.

❶ Lis les mots écrits dans chaque case. Observe les lettres en gras et les lettres qui suivent en gris.

un manteau grandir avant une jambe un champion	un dentiste rendre .... emmener une tempête décembre	un lapin interdire un chemin simple un timbre immangeable	une chanson gronder .... un compas tomber ....

❷ Complète les listes ci-dessus en écrivant les mots suivants sur les pointillés :

empêcher • une action • grimper • une lampe • le nombril • gentil

❸ Complète la règle :

En général, j'écris *an, en, on, in* dans les mots

mais j'écris *am, em, om, im* devant ces 3 lettres : ....

❹ Un policier, responsable de l'orthographe, met des feux rouges à la fin des mots qui ne respectent pas la règle que tu as trouvée ci-dessus.

Un enfant aperçoit un **bonbon** appétissant dans une **bonbonnière**.

Entoure, dans chaque mot en gras ci-dessus, la lettre qui ne respecte pas la règle.

• Découvrir la 3e consigne collectivement. Préciser qu'il y a 3 lettres « magiques » qui provoquent la transformation de la lettre qui les précède. Proposer de mener la réflexion en binômes. Corriger. Montrer que **l'environnement compte** : c'est la lettre qui suit ces graphèmes qui conditionne leur choix ; il faut donc toujours la regarder pour connaitre l'écriture à choisir, *n* ou *m*. Faire identifier, exemples à l'appui, les **trois lettres « magiques » *m*, *p*, *b*** qui entrainent la modification du *n* en *m* et la création des graphèmes *am*, *em*, *om*, *im*.

• Lire collectivement la 4e consigne. Préciser que le policier surveille l'orthographe des mots et signale toujours ceux qui ne respectent pas les règles précédentes avec un feu rouge : ce sont des exceptions. Demander aux élèves, en binômes, d'entourer la lettre de chaque mot qui n'obéit pas à la règle formulée précédemment. Corriger.

3. Institutionnalisation (collectif)

• Préciser aux élèves que des mots stars ✪, c'est-à-dire des mots qui sont généralement bien orthographiés à leur âge et fréquents, permettront d'illustrer chaque règle et de mieux la retenir. Ils seront présents dans chaque leçon pour optimiser l'appropriation des notions.

• À partir d'indices, faire trouver les mots stars ✪ (meilleur taux de fréquence et de pourcentage de réussite dans l'écriture des mots au CE2, selon *ÉOLE*), soit à l'oral, soit à l'écrit (écrire la première lettre du mot, un nombre de tirets correspondant au nombre de lettres du terme et donner les indices suivants) :

Mots Stars ✪

– ***am*** : mot en 5 lettres qui désigne un objet qui sert à éclairer :
lampe ✪ (F : 64 ; R : 86 %)
– ***em*** : mot en 8 lettres qui désigne le mois de l'année où il y a Noël :
décembre ✪ (F : 29 ; R : 88 %)
– ***om*** : mot en 6 lettres qui désigne l'action de faire une chute à terre :
tomber ✪ (F : 571 ; R : 87 %)
– ***im*** : mot en 6 lettres qui désigne quelque chose de facile :
simple ✪ (F : 234 ; R : 78 %)

• Distribuer la leçon, la projeter et commenter collectivement les éléments principaux. SQ2. Doc. 2

Remarque : Il est possible, afin d'économiser les photocopies, de placer au verso de cette leçon la fleur récapitulative, qui sera étudiée lors de la séance suivante SQ2. Doc. 3.

• Faire rapidement corriger la phrase proposée au début de la séquence (découverte) à l'aide des nouveaux savoirs et amener les élèves à remarquer qu'elle est facile à écrire quand on connait et que l'on applique les règles :

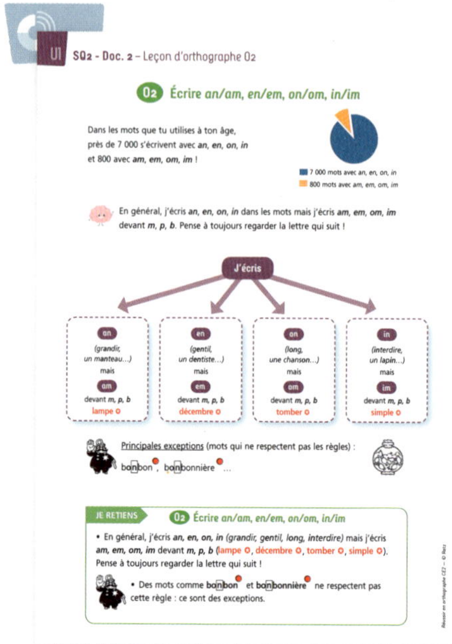
U1 SQ2 - Doc. 2 – Leçon d'orthographe 02

02 Écrire an/am, en/em, on/om, in/im

Dans les mots que tu utilises à ton âge, près de 7 000 s'écrivent avec *an, en, on, in* et 800 avec *am, em, om, im* !

En général, j'écris ***an, en, on, in*** dans les mots mais j'écris ***am, em, om, im*** devant ***m, p, b***. Pense à toujours regarder la lettre qui suit !

Principales exceptions (mots qui ne respectent pas les règles) : bonbon, bonbonnière…

JE RETIENS 02 Écrire an/am, en/em, on/om, in/im

• En général, j'écris ***an, en, on, in (grandir, gentil, long, interdire)*** mais j'écris ***am, em, om, im*** devant ***m, p, b*** (lampe, décembre, tomber, simple). Pense à toujours regarder la lettre qui suit !

• Des mots comme **bonbon** et **bonbonnière** ne respectent pas cette règle : ce sont des exceptions.

Réussir en orthographe CE2 – © Retz

Ce singe grimpe aux arbres mais il ne tombe pas.

4. Entrainement (individuel/collectif)

ACTIVITÉ 1 – Jeu du piston : Vrai ou Faux ? (oral)

Objectif : comprendre si la phrase est juste ou fausse (= être capable de restituer les apprentissages).

Consigne : « Reste assis si la phrase est juste. Lève-toi si la phrase est fausse. »

Phrases proposées (correction orale après chaque phrase avec explicitation et exemple à l'appui) :

1) *Devant* m, p, b, *il faut écrire* an, en, on, in (à épeler). (Faux : il faut écrire *am, em, om, im.*)

2) *Il faut regarder la lettre après les sons* [ɑ̃], [ɔ̃] ou [ɛ̃] *pour savoir s'il faut écrire* n *ou* m. (Vrai)

3) *Tous les mots respectent cette règle avec* m, p, b. (Faux : il y a des exceptions.)

4) *Dans le mot* tomber, *le son* [ɔ̃] *s'écrit* o-m *(à épeler).* (Vrai)

5) *Le mot* bonbon *respecte la règle avec* m, p, b. (Faux : c'est une exception.)

Remarque : Concernant le travail personnel, il est important de rappeler aux élèves qu'ils doivent revoir chaque leçon avant la séance d'orthographe suivante. Il s'agit donc pour chacun de se reporter, sur la fiche leçon, à la partie qui lui semble la plus compréhensible (partie schématique ou textuelle, au choix) et d'apprendre également les mots stars ✪ correspondants.
Afin de développer la motivation, préciser aux élèves qu'ils feront un jeu la séance suivante, un duel (un élève contre un autre) et qu'il leur faudra être prêts pour gagner.

Les 3 rituels de la semaine 4 Dictées

(Voir *Présentation des rituels de l'unité 1*, p. 28)

- **Rituel Jour 2** (ardoise ou cahier du jour)

Entrainement : dictée des mots des séries 1 et 2 de la liste LO2
RITUELS U1. LO2

- **Rituel Jour 3** (ardoise ou cahier du jour)

Entrainement : dictée des mots des séries 3 et 4 de la liste LO2
RITUELS U1. LO2

- **Rituel Jour 4**

Dictée grignotée n° 2 intégrant des mots invariables de la liste LO2
RITUELS U1. Dictée grignotée n° 2 (3 versions différenciées)
+ distribution de la LO3 RITUELS U1. LO3

Remarque : Après correction, chaque jour, par l'enseignant(e) de la dictée (dictée de mots en J2 et J3 ou dictée grignotée en J4), les élèves pourront colorier les cartons à pizza correspondant aux mots correctement orthographiés.

RITUEL JOUR 2 Dictée des mots de la LO2

Dicter les mots des séries 1 et 2 de la liste LO2, en choisissant l'un des deux dispositifs exposés précédemment (Voir *Les dictées d'entrainement*, p. 30).

– série 1 : **au**jourd'hui, **au**tant, **au**ssi, **au**tour
– série 2 : **en**core, **en**fin, **en**suite, **en**semble

→ **Travail personnel à donner :** faire apprendre les séries 3 et 4 de la liste LO2.

RITUEL JOUR 3 Dictée des mots de la LO2

Dicter les mots des séries 3 et 4 de la liste LO2, en choisissant l'un des deux dispositifs exposés précédemment.

- série 3 : sur**tout**, par**tout**
- série 4 : ch**ez**, ass**ez**

→ **Travail personnel à donner :** faire réviser les séries 1 à 4 de la liste LO2.

RITUEL JOUR 4 Dictée grignotée n° 2

- Fournir le support correspondant à chaque élève *(niveau expert***, niveau intermédiaire**, niveau Coup de pouce*)*.
- Lire le texte à voix haute, laisser les élèves échanger librement sur son contenu.
- Dicter le texte. La correction est disponible. RITUELS U1. Dictée grignotée n° 2 – Correction

Autour* des années 1980, le premier téléphone portable est **enfin*** vendu aux États-Unis. Il pèse **aussi*** lourd qu'une grosse bouteille d'eau et il a **surtout*** un prix très élevé ! Il est **ensuite*** amélioré, **autant*** dans son apparence que dans ses fonctions. Les entreprises ont **assez*** d'idées pour le faire **encore*** évoluer, chaque année. **Chez*** les jeunes comme les moins jeunes, il est devenu indispensable. **Aujourd'hui***, des milliards de personnes en possèdent un, **partout*** dans le monde ! Mais sa fabrication pollue beaucoup. **Ensemble***, il faut penser à notre planète.

- Distribuer la liste LO3 RITUELS U1. LO3, demander aux élèves de la lire et de prononcer les lettres muettes des mots. Préciser que c'est la dernière liste orthographique contenant des mots invariables.

→ **Travail personnel à donner :** faire apprendre les séries 1 et 2 de la liste LO3.

Séance 2 | Écrire *an/am, en/em, on/om, in/im* (2)

Objectifs
- Repérer et utiliser à bon escient la loi de position afin de choisir les graphèmes *an/am, en/em, on/om, in/im* pour écrire un mot.
- Utiliser un mot star ✪ pour illustrer chaque règle.

Documents
- Fleur des mots en *an/am, en/em, on/om, in/im* SQ2. Doc. 3
- Entrainement : *Duel* : n ou m ? SQ2. Doc. 4
- Application SQ2. Doc. 5
- Correction de l'application SQ2. Doc. 5 bis

1. Rappel (collectif)

Faire rapidement rappeler le contenu de la leçon précédente, dont la règle et les mots stars ✪ correspondants SQ2. Doc. 2.

→ Expliciter l'objectif de la séance : savoir utiliser la règle pour choisir s'il faut écrire *an/am, en/em, on/om, in/im* dans un mot lorsqu'on entend [ɑ̃], [ɔ̃] ou [ɛ̃].

2. Découverte d'un outil récapitulatif (collectif)

Distribuer la fleur récapitulative SQ2. Doc. 3 et la projeter simultanément. Faire observer son organisation, l'expliciter, puis lire oralement le contenu des pétales.

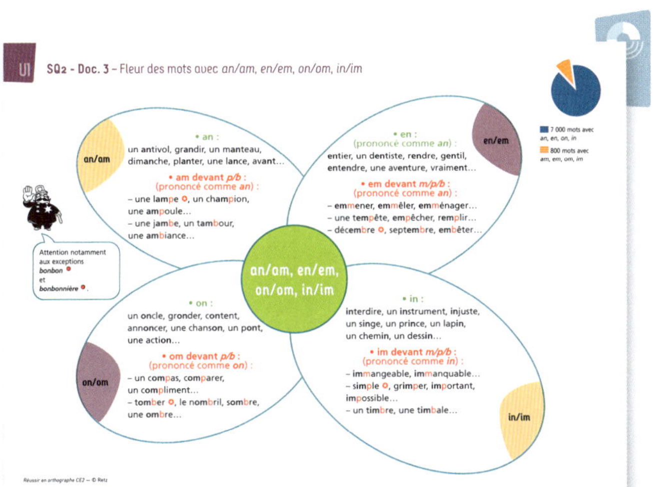

3. Entrainement (individuel/collectif, par 2)

ACTIVITÉ 1 – Duel : *n* ou *m* ? SQ2. Doc. 4

Objectif : savoir utiliser la loi de position pour choisir la lettre adéquate : *n* ou *m* dans les graphèmes *an/am, en/em, on/om, in/im.*

Consigne : « Attrape le plus rapidement possible l'étiquette qui convient. »

Déroulement : les élèves sont en binômes, de niveau homogène, un jeu pour deux disposé devant eux, à leur faire découper préalablement. L'enseignant(e) écrit au dos du tableau le mot incomplet. Ensuite, lorsque celui-ci est dévoilé, l'élève de chaque binôme doit attraper le plus rapidement possible l'étiquette qui correspond. Proposer d'abord un exemple pour mettre en situation les élèves. Corriger après chaque item et faire identifier la lettre « magique », quand il y en a une. L'élève qui a attrapé en premier l'étiquette correcte marque un point. Attention : une étiquette touchée ne peut être changée. Le jeu démarre les mains derrière le dos.

Corpus : pla...ter ; gri...per ; marro... ; ca...per ; innoce...t ; un i...strument ; so...bre ; i...mangeable.

Variante : faire réaliser l'activité sur l'ardoise, avec la lettre *n* notée sur une face et *m* sur l'autre. À un signal précis, les élèves doivent montrer la face correspondante.

ACTIVITÉ 2 – Le bon choix (ardoise ou cahier de brouillon)

Objectif : savoir utiliser la loi de position pour choisir le graphème adéquat (*an/am, en/em, on/om, in/im*).

Consigne : « Complète chaque mot avec les lettres qui conviennent. »

Déroulement : l'enseignant(e) donne d'abord un exemple, en écrivant au tableau les deux graphies possibles et les mots incomplets. Exemple : ***an* ou *am* ?** un b...bou - un ab...don.

Les élèves doivent les noter sur l'ardoise ou le cahier de brouillon et entourer la lettre « magique » qui suit, quand il y en a une, pour expliciter le choix réalisé. Corriger entre chaque série d'items en pensant à accentuer oralement les [p], [b] ou [m] qui suivent.

Corpus : ***an* ou *am* ?** dim...che – une r...pe ; ***en* ou *em* ?** ...mener – un changem...t ; ***on* ou *om* ?** une t...be – une faç... – un b...b... ● ; ***in* ou *im* ?** ...prévu – un dess...

Remarque : Rappeler que le feu rouge ● sert à signaler un mot qui ne respecte pas la règle.

4. Application (individuel)

• Distribuer la fiche d'application SQ2. Doc. 5. Faire lire les quatre premières consignes, puis les expliciter en cas de difficultés. Lire à voix haute les textes des activités 3 et 4, en intégrant les sons attendus et expliquer rapidement le sens de l'histoire.

• Rappeler que les exercices précédés d'un puma ne concernent que les élèves les plus performants. Ils ne peuvent être réalisés qu'après tous les autres et en fonction du temps restant.

• Faire réaliser les quatre premières activités individuellement, en suivant le scénario de différenciation préconisé (p. 12).

U1 **SQ2 - Doc. 5 bis** – Application – Correction

Orthographe - Écrire an/am, en/em, on/om, in/im

1 Je comprends ce que je fais. **Entoure la réponse correcte.**

a. En général, devant *m, p, b,* il faut écrire : • (*am, em, om, im*) • *an, en, on, in*

b. Dans le mot *e…lever*, il faut écrire : • (*n*) • *m*

c. Dans le mot *ta…bour*, il faut écrire : • *n* • (*m*)

d. Dans le mot *co…co…bre*, il faut écrire : • (*n* puis *m*) • *m* puis *n*

2 **Complète les mots stars pour illustrer la règle étudiée.**

UNE L A M P E — D É C E M B R E — T O M B E R — S I M P L E

3 **Écris les lettres qui conviennent dans chaque mot.**

• en ou em : En **septembre**, c'est la **rentrée**. Dans leur classe, les élèves posent les cartables **remplis** de fournitures scolaires. Ils **semblent** heureux de retrouver les autres **enfants** après tout ce **temps** !

• an ou am : **Pendant** la récréation, les élèves jouent : il y a une bonne **ambiance** ! En un **instant**, dès que la sonnerie retentit, les **enfants** forment un **rang** par classe. À la **campagne** ou en ville, c'est toujours le même fonctionnement !

• in ou im : En classe, les élèves de CE2 écoutent avec **intérêt** les **informations importantes** données par leur nouvelle maitresse, Mme Crosière. Celle-ci a l'**impression** que ses **vingt**-cinq écoliers sont attentifs. Aucun n'est **impoli** avec elle !

on ou om : Mme Crosière **annonce** à ses élèves une année pleine de surprises. Ils **sont** très **contents** ! Ils **comparent** cette rentrée avec les autres et ils **font** des **compliments** à leur nouvelle maitresse qui leur semble formidable !

Réussir en orthographe CE2 – © Retz

U1 **SQ2 - Doc. 5 bis** – Application – Correction

4 **Complète chaque mot avec n ou m :**

a. Dès le **matin** du **second** jour de classe, les élèves du CE2 **comprennent** que leur maitresse est **étonnante**. D'un **claquement** de doigts de sa part, la **lampe** s'allume, la craie **s'envole** et note la date au tableau, en **silence**. Sur la porte, les lettres du nom de la maitresse se **mélangent** et forment alors Mme Sorcière ! Les affaires ne **tombent** plus sur le sol, les chaises sont devenues **confortables** pour les **jambes**. De belles **plantes** et des fleurs apparaissent **dans** la pièce.

b. L'après-midi, lors d'un cours sur la préhistoire, Mme Crosière, **imprévisible**, fait apparaitre au **centre** de la classe une bulle. Celle-ci **grandit**. Soudain, les enfants se retrouvent à l'**intérieur** ! La maitresse **emmène** alors ses élèves, tous **ensemble**, vivre une première **aventure incroyable**.

5 Gamme d'écriture. **La maitresse magicienne peut faire apparaitre ce qu'elle veut dans la classe ! Et pourquoi pas des animaux ?**

Complète la phrase avec 3 animaux au choix en t'aidant de la liste suivante :

une panthère, un lion, un singe, un chimpanzé, un éléphant, un serpent

Soudain, la maitresse magicienne fait apparaitre en classe ……………………………

……………………………………………………………

……………………………………………………………

6 Je révise. **Entoure la réponse correcte.**

a. À la fin de **tr…**, **apr…**, j'écris :	• é	• è	• (ès)
b. À la fin de **par…**, **autre…**, j'écris :	• (fois)	• foit	• foi
c. À la fin de **plu…**, **aussi…**, j'écris :	• tos	• tot	• (tôt)
d. À la fin de **pourt…**, **pend…**, j'écris :	• an	• (ant)	• ans

Réussir en orthographe CE2 – © Retz

Remarque : Inciter les élèves à entourer ou à surligner les lettres « magiques » *m, p, b* après les sons [ɑ̃], [ɔ̃] ou [ɛ̃] pour penser à écrire *m* dans les graphèmes *am, em, om, im*.

• Ensuite (ou le lendemain), lire la consigne 5 de la *gamme d'écriture*. Il s'agit d'utiliser, au choix, des mots étudiés en lien avec un sujet imposé : les pouvoirs d'une maitresse magicienne. Pour guider les élèves dans cette activité rituelle, les inciter à faire des propositions à l'oral ; les valider collectivement. Puis, demander à chaque élève de rédiger sa propre gamme d'écriture et de surligner les deux mots choisis, qui doivent être différents (préciser que le chiffre 2 correspond au minimum imposé). Les élèves ont la possibilité d'utiliser un ou plusieurs mots étudiés par phrase.

Préciser enfin que l'exercice 6 est un exercice de révision qui permet de revenir sur des savoirs précédents, afin de les garder en mémoire, d'où le dessin de spirale. Ce type d'activité sera proposé toute l'année pour réviser constamment les apprentissages et les intégrer durablement. Faire réaliser l'exercice de révision.

• En fonction du temps restant ou ultérieurement, corriger (SQ2. Doc. 5 bis, projetable). Faire lire les phrases de la gamme d'écriture par les élèves volontaires et valoriser les propositions.

Remarque : **Ne pas hésiter à accompagner les élèves pour faire les gammes en début d'année : ceux-ci prendront ensuite l'habitude de les réaliser et auront du plaisir à les écrire comme à les dire.**

Exemples de productions d'élèves de CE2 (gammes d'écriture) :

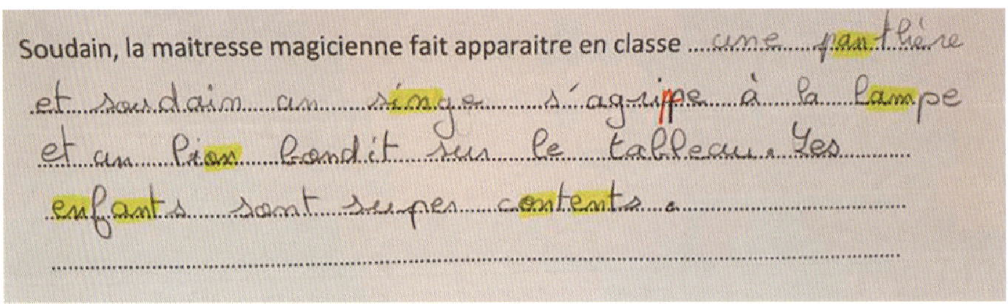
Soudain, la maitresse magicienne fait apparaitre en classe une panthère et soudain un singe s'agrippe à la lampe et un lion bondit sur le tableau. Les enfants sont super contents.

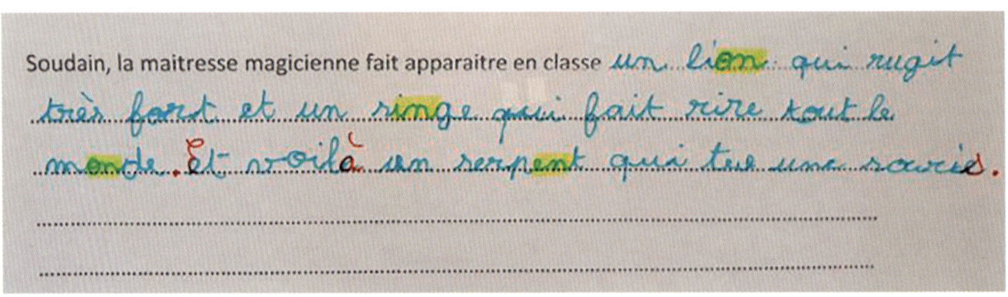
Soudain, la maitresse magicienne fait apparaitre en classe un lion qui rugit très fort et un singe qui fait rire tout le monde. Et voilà un serpent qui tue une souris.

Les 3 rituels de la semaine 5 Dictées

(Voir *Présentation des rituels de l'unité 1*, p. 28)

- **Rituel Jour 2** (ardoise ou cahier du jour)

Entrainement : dictée des mots des séries 1 et 2 de la liste LO3

RITUELS U1. LO3

- **Rituel Jour 3** (ardoise ou cahier du jour)

Entrainement : dictée des mots des séries 3 et 4 de la liste LO3

RITUELS U1. LO3

- **Rituel Jour 4**

Dictée grignotée n° 3 intégrant des mots invariables de la liste LO3

RITUELS U1. Dictée grignotée n° 3 (3 versions différenciées)

+ distribution de la LO4 RITUELS U1. LO4

Remarque : Après correction, chaque jour, par l'enseignant(e) de la dictée (dictée de mots en J2 et J3 ou dictée grignotée en J4), les élèves pourront colorier les cartons à pizza correspondant aux mots correctement orthographiés.

RITUEL JOUR 2 Dictée des mots de la LO3

Dicter les mots des séries 1 et 2 de la liste LO3, en choisissant l'un des deux dispositifs exposés précédemment (voir *Les dictées d'entrainement*, p. 30).

– série 1 : ic**i**, voic**i**, parm**i**, ains**i**
– série 2 : dan**s**, dedan**s**, san**s**, sou**s**

→ **Travail personnel à donner :** faire apprendre les séries 3 et 4 de la liste LO3.

RITUEL JOUR 3 Dictée des mots de la LO3

Dicter les mots des séries 3 et 4 de la liste LO3, en choisissant l'un des deux dispositifs exposés précédemment.

– série 3 : pui**s**, depui**s**, alor**s**, dehor**s**
– série 4 : mai**s**, jamai**s**, longtemp**s**, toujour**s**

→ **Travail personnel à donner :** faire réviser les séries 1 à 4 de la liste LO3.

RITUEL JOUR 4 Dictée grignotée n° 3

- Fournir le support correspondant à chaque élève (niveau expert ***, niveau intermédiaire**, niveau Coup de pouce*).
- Lire le texte à voix haute, laisser les élèves échanger librement sur son contenu.
- Dicter le texte. La correction est disponible. RITUELS U1. Dictée grignotée n° 3 – Correction

Depuis* **longtemps***, les humains cherchent à se déplacer, **toujours*** plus rapidement. **Voici*** la définition d'une automobile : c'est un véhicule à quatre roues qui se déplace grâce à un moteur. **Dedans***, il y a un conducteur et parfois des passagers. Joseph Cugnot, ingénieur français, a compté **parmi*** les inventeurs de l'automobile. **Ainsi***, au 18e siècle, il a conçu un modèle avec des roues placées **sous*** un banc, **sans*** carrosserie extérieure **mais*** avec un moteur à vapeur. Il parait que cette machine a défoncé un mur, **dehors***, lors du premier essai ! **Puis***, d'autres ingénieurs ont amélioré le modèle. **Dans*** l'histoire de l'automobile, **jamais*** les voitures ne se sont autant vendues que de nos jours, **ici*** comme ailleurs : **alors***, on peut dire que cette invention est un vrai succès !

- Distribuer la L04 RITUELS U1. L04, la faire lire à voix haute en oralisant les lettres muettes.

→ **Travail personnel à donner :** faire apprendre les séries 1 et 2 de la liste L04.

Lire et écrire la lettre *s* : *s* ou *ss* ?

MISE AU POINT DIDACTIQUE ET PÉDAGOGIQUE

• La lettre *s*, d'une extrême fréquence dans la langue française, est plurifonctionnelle en orthographe :

– c'est un phonogramme car elle correspond à des sons ;

– c'est un morphogramme :

- grammatical : marque du pluriel des noms et des adjectifs (*grande**s** fille**s***) ainsi que marque morphologique de la 2e personne du singulier en conjugaison (*tu chante**s***) ;
- lexical : lien avec la famille du mot (*épai**s** / épai**ss**eur*).

Les élèves la rencontrent donc beaucoup, en lecture comme en écriture.

Au début du CE2, dans le cadre des compétences exigées par le programme, il s'agit de travailler sur les **correspondances graphophonologiques** et sur ses **valeurs sonores**.

• En tant que phonogramme, la lettre *s* transcrit **deux sons : [s] ou [z].** Quand la lettre correspond au son [s], en début de mot ou en présence d'au moins une consonne, un seul *s* est nécessaire (*soir* ✪, *liste* ✪) ; entre deux voyelles, il en faut deux (*classe* ✪) ; sinon, le son produit est [z] (*rose* ✪). Il s'agit donc de faire repérer et apprendre les **lois de position** car la graphie dépend de l'environnement de la lettre *s*.

• Le *s* peut avoir une **valeur zéro (lettre muette)**, en fin de mot (*héros, cas, corps*) : il n'est pas prononcé. Dans certains cas, il est un morphogramme lexical et renvoie à d'autres mots de la famille (*gris* ✪/ *grisaille, bras / embrasser*). Ce point sera revu lors de la leçon sur les lettres finales muettes, au CM1.

• Cette séquence n'aborde pas :

– le graphème *sc* qui ne concerne que peu de mots (environ 80 dans la base *Manulex)*, généralement d'origine latine ou grecque, principalement placé en début de mot (*science, scintiller*...) ;

– le graphème *sch* qui produit le son [ʃ], très peu représenté (une dizaine de mots dont *schéma* et sa famille).

Le but de cette séquence est de centrer l'étude sur les milliers de cas les plus fréquents afin d'aider les élèves à les écrire correctement.

Attendus de fin d'année de CE2 **(2019, p. 8)**
« Passer de l'oral à l'écrit
Ce que sait faire l'élève :
Connaître :
- les correspondances graphophonologiques ;
- la valeur sonore de certaines lettres (s – c – g) selon le contexte. »

Séance 1 | Lire et écrire la lettre *s* : *s* ou *ss* ? (1)

Objectifs
- Identifier les valeurs sonores de la lettre *s* : son [s], son [z], valeur zéro (lettre muette).
- Repérer et utiliser à bon escient les lois de position afin de choisir les graphèmes *s/ss* pour écrire un mot selon le son produit.
- Identifier et mémoriser des mots stars ✪ pour illustrer les règles.

Documents
- Recherche SQ3. Doc. 1
- Leçon SQ3. Doc. 2

1. Découverte / recherche (individuel/collectif, par 2)

• Écrire au tableau : *une frai...e – dan... – le ...oir.* Demander aux élèves de trouver la lettre mystère, présente dans ces trois termes et concernant plus de 5 500 mots utilisés à leur âge. Après les propositions des élèves, annoncer qu'il s'agit de la lettre **s**.

→ Expliciter l'objectif de la séance : étudier la lettre **s**, car elle est très fréquente. Il s'agit de comprendre comment la lire et comment l'écrire correctement en fonction du son produit.

• Distribuer la recherche SQ3. Doc. 1. La projeter simultanément.

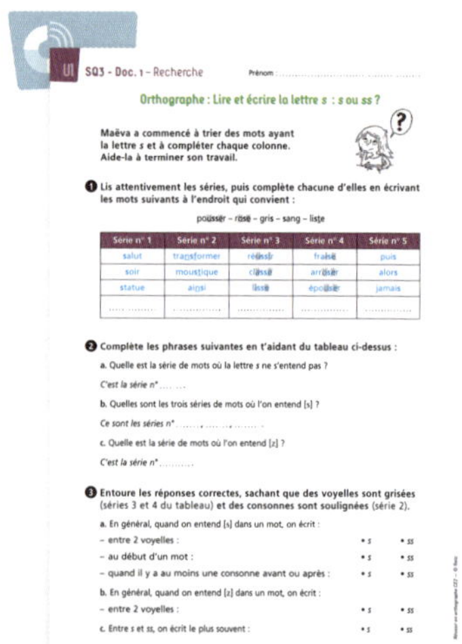
UI SQ3 - Doc. 1 – Recherche Prénom : ....

Orthographe : Lire et écrire la lettre *s* : *s* ou *ss* ?

Maëva a commencé à trier des mots ayant la lettre *s* et à compléter chaque colonne. Aide-la à terminer son travail.

❶ Lis attentivement les séries, puis complète chacune d'elles en écrivant les mots suivants à l'endroit qui convient :

pousser – rose – gris – sang – liste

Série n° 1	Série n° 2	Série n° 3	Série n° 4	Série n° 5
salut	transformer	réussir	fraise	puis
soir	moustique	classe	arroser	alors
statue	ainsi	lisse	épouser	jamais
....	....	....	....	....

❷ Complète les phrases suivantes en t'aidant du tableau ci-dessus :

a. Quelle est la série de mots où la lettre *s* ne s'entend pas ?

C'est la série n° ....

b. Quelles sont les trois séries de mots où l'on entend [s] ?

Ce sont les séries n° ...., ..., ...

c. Quelle est la série de mots où l'on entend [z] ?

C'est la série n° ....

❸ Entoure les réponses correctes, sachant que des voyelles sont grisées (séries 3 et 4 du tableau) **et des consonnes sont soulignées** (série 2).

a. En général, quand on entend [s] dans un mot, on écrit :
- entre 2 voyelles : • s • ss
- au début d'un mot : • s • ss
- quand il y a au moins une consonne avant ou après : • s • ss

b. En général, quand on entend [z] dans un mot, on écrit :
- entre 2 voyelles : • s • ss

c. Entre s et ss, on écrit le plus souvent : • s • ss

• Lire collectivement la 1re consigne ainsi que les séries de mots. Amener les élèves à repérer la lettre ***s*** dans les différents termes. Ensuite, leur demander de réaliser cette tâche individuellement, puis corriger collectivement en faisant identifier les lettres qui suivent ou qui précèdent.

• Faire découvrir la 2e consigne collectivement, puis l'expliquer. Prononcer les deux sons notés entre crochets ; inciter les élèves à les répéter à voix haute. Leur demander de réaliser individuellement l'activité, puis la corriger.

• Enfin, faire découvrir la 3e consigne collectivement et proposer de mener la réflexion en binômes.

2. Mutualisation (collectif)

• À partir des productions des élèves, faire apparaitre que :

– **la lettre *s* transcrit des sons différents :** le plus souvent [s], parfois [z]. Lorsqu'elle est située en fin de mot, elle peut n'avoir **aucune valeur sonore (lettre muette).** Moduler cependant le propos en rappelant que le ***s*** peut aussi s'entendre à la fin de certains mots (*un bus*) ;

– **deux graphies apparaissent : *s*** ou ***ss.*** Il faut choisir l'une des deux en fonction du son produit et de l'environnement *(les lettres situées autour)*. Expliquer que, majoritairement, dans 4 500 mots employés à leur âge, c'est la graphie ***s*** qui l'emporte, contre 1 000 mots avec **ss**. Il s'agit donc de comprendre à quoi correspond chacune de ces graphies. Expliquer qu'il est important de repérer les voyelles pour y parvenir. Faire réciter la liste des voyelles plusieurs fois à haute voix (*a*, *e*, *i*, *o*, *u*, *y*), puis l'écrire au tableau.

• En s'appuyant sur la recherche, faire alors énoncer les principales règles concernant l'utilisation de ***s*** ou ***ss*** dans les mots :

– **Quand on entend [s] :**
  - il faut écrire ***s*** en début de mot ou quand il y a au moins une consonne avant ou après ;
  - il faut écrire ***ss*** entre 2 voyelles. Faire répéter cette règle avec le geste des doigts pour appuyer la mémorisation : « 2 *s* entre 2 voyelles pour former le son [s] » *(faire simultanément 2 fois le signe V avec les doigts : V de Voyelle associé à 2 doigts pour les 2 s).*

– **Quand on entend [z] :** il faut écrire ***s*** entre 2 voyelles.

– Parfois, **la lettre *s* ne s'entend pas** lorsqu'elle est en fin de mot : elle est alors **muette**.

• Conclure que **dans tous les cas, c'est la lettre *s* qu'il faut choisir sauf entre 2 voyelles, où il faut écrire *ss* pour former le son [s].**

Remarque : L'engagement physique aidant à optimiser la mémorisation, ne pas hésiter à faire répéter plusieurs fois le geste proposé associé au son [s] pour ancrer durablement la règle étudiée.

3. Institutionnalisation (collectif)

• Rappeler aux élèves que des mots stars ✪, c'est-à-dire des mots qui sont très bien orthographiés à leur âge et fréquents, permettront d'illustrer les règles et ainsi de mieux les retenir.

• À partir d'indices, faire trouver les mots stars ✪, soit à l'oral, soit à l'écrit : écrire la première lettre du mot, un nombre de tirets correspondant au nombre de lettres du terme et donner les indices ci-dessous.

Mots Stars ✪

• son [s] :

– ***s* en début de mot** : mot en 4 lettres qui désigne l'inverse du matin : **soir** ✪ (F : 481 ; R : 94 %)

– ***s* avec au moins une consonne** : mot en 5 lettres qui désigne une série de mots, de nombres, de choses… : **liste** ✪ (F : 220 ; R : 95 %)

– ***ss* entre 2 voyelles** : mot en 6 lettres qui désigne un endroit où vous êtes avec moi : **classe** ✪ (F : 313 ; R : 100 %)

• son [z] :

– ***s* entre 2 voyelles** : mot en 4 lettres qui désigne à la fois une couleur et une fleur : **rose** ✪ (F : 149 ; R : 100 %)

• lettre muette :

– ***s* en fin de mot** : mot en 4 lettres qui désigne une teinte entre le noir et le blanc : **gris** ✪ (F : 168 ; R : 93 %)

• Distribuer la leçon, la projeter et commenter collectivement les éléments principaux. SQ3. Doc. 2

Remarque : Il est possible, afin d'économiser les photocopies, de placer au verso de cette leçon la fleur récapitulative qui sera étudiée la séance suivante SQ3. Doc. 3.

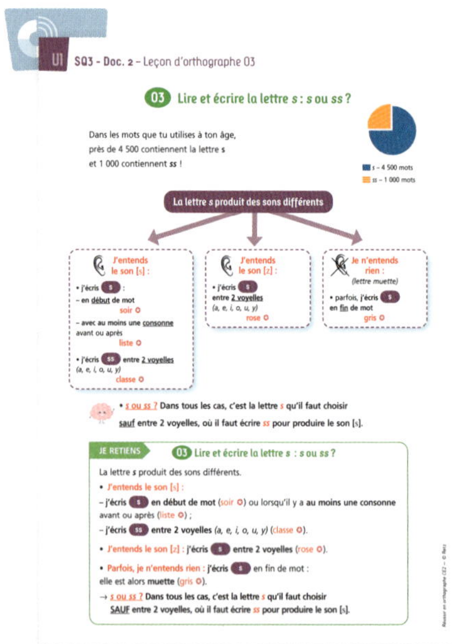
U1 SQ3 - Doc. 2 – Leçon d'orthographe 03

03 Lire et écrire la lettre *s* : *s* ou *ss* ?

Dans les mots que tu utilises à ton âge, près de 4 500 contiennent la lettre *s* et 1 000 contiennent *ss* !

s – 4 500 mots
ss – 1 000 mots

La lettre *s* produit des sons différents

J'entends le son [s] :
• j'écris s :
– en début de mot
soir ✪
– avec au moins une consonne avant ou après
liste ✪
• j'écris ss entre 2 voyelles (a, e, i, o, u, y)
classe ✪

J'entends le son [z] :
• j'écris s entre 2 voyelles (a, e, i, o, u, y)
rose ✪

Je n'entends rien : (lettre muette)
• parfois, j'écris s en fin de mot
gris ✪

• *s* ou *ss* ? Dans tous les cas, c'est la lettre *s* qu'il faut choisir sauf entre 2 voyelles, où il faut écrire *ss* pour produire le son [s].

JE RETIENS 03 Lire et écrire la lettre *s* : *s* ou *ss* ?

La lettre *s* produit des sons différents.
• J'entends le son [s] :
– j'écris s **en début de mot** (soir ✪) ou lorsqu'il y a **au moins une consonne** avant ou après (liste ✪) ;
– j'écris ss **entre 2 voyelles** (a, e, i, o, u, y) (classe ✪).
• J'entends le son [z] : j'écris s **entre 2 voyelles** (rose ✪).
• Parfois, je n'entends rien : j'écris s en fin de mot : elle est alors **muette** (gris ✪).
→ *s* ou *ss* ? Dans tous les cas, c'est la lettre *s* qu'il faut choisir SAUF entre 2 voyelles, où il faut écrire *ss* pour produire le son [s].

Réussir en orthographe CE2 – © Retz

4. Entrainement (individuel/collectif)

ACTIVITÉ 1 – Jeu du piston : Vrai ou Faux ? (oral)

Objectif : comprendre si la phrase est juste ou fausse (être capable de restituer les apprentissages).

Consigne : « Reste assis si la phrase est juste. Lève-toi si la phrase est fausse. »

Phrases proposées (correction orale après chaque phrase avec explicitation et exemple à l'appui) :

1) *On n'écrit jamais* **ss** *en début de mot.* (Vrai)

2) *Pour faire le son* [s], *entre 2 voyelles, il faut écrire* **s**. (Faux : il faut écrire *ss*.)

3) *Pour faire le son* [s], *en début de mot, il faut écrire* **s**. (Vrai)

4) *Pour faire le son* [z], *il faut écrire* **ss**. (Faux : il faut écrire *s*.)

5) *La lettre* **s** *se prononce <u>toujours</u> dans les mots.* (Faux : parfois c'est une lettre muette.)

6) *Pour faire le son* [s], *quand il y a au moins une consonne avant ou après, il faut écrire* **s**. (Vrai)

Les 3 rituels de la semaine 6 Dictées

(Voir *Présentation des rituels de l'unité* 1, p. 28)

• **Rituel Jour 2** (ardoise ou cahier du jour)

Entrainement : dictée des mots des séries 1 et 2 de la liste L04

RITUELS U1. L04

• **Rituel Jour 3** (ardoise ou cahier du jour)

Entrainement : dictée des mots des séries 3 et 4 de la liste L04

RITUELS U1. L04

• **Rituel Jour 4**

Dictée grignotée n° 4 intégrant des mots de la liste L04

RITUELS U1. Dictée grignotée n° 4 (3 versions différenciées)

+ distribution de la L05 RITUELS U1. L05

Remarque : Après correction, chaque jour, par l'enseignant(e) de la dictée (dictée de mots en J2 et J3 ou dictée grignotée en J4), les élèves pourront colorier les cartons à pizza correspondant aux mots correctement orthographiés.

RITUEL JOUR 2 Dictée des mots de la LO4

Dicter les mots des séries 1 et 2 de la liste LO4, en choisissant l'un des deux dispositifs exposés précédemment (voir *Les dictées d'entrainement*, p. 30).

– série 1 : souri**an**t, méfi**an**t, la confi**an**ce, l'**am**bition
– série 2 : une s**en**sation, un s**en**timent, cont**en**t, tr**em**bler

→ **Travail personnel à donner :** faire apprendre les séries 3 et 4 de la liste LO4.

RITUEL JOUR 3 Dictée des mots de la LO4

Dicter les mots des séries 3 et 4 de la liste LO4, en choisissant l'un des deux dispositifs exposés précédemment.

– série 3 : la h**on**te, une émoti**on**, un friss**on**, un c**om**pliment
– série 4 : le chagr**in**, une **in**quiétude, **in**juste, **im**prudent

→ **Travail personnel à donner :** faire réviser les séries 1 à 4 de la liste LO4.

RITUEL JOUR 4 Dictée grignotée n° 4

• Fournir le support correspondant à chaque élève (*niveau expert***, niveau intermédiaire**, niveau Coup de pouce**).

Remarque : Comme le taux de réussite orthographique concernant les mots de cette liste est plus faible, des aides ciblées sont proposées dès le support du niveau *** pour faciliter les apprentissages.

• Lire le texte à voix haute, laisser les élèves échanger librement sur son contenu.
• Dicter le texte. La correction est disponible. RITUELS U1. Dictée grignotée n° 4 – Correction

Parfois, un **sentiment** fort nous envahit et nous vivons des moments de joie. Par exemple, notre visage est **souriant** car un **compliment** nous donne **confiance**. Avec de l'**ambition**, on peut réussir des projets et être **content** ou fier de soi ! Parfois, nous ressentons un trouble ou une **sensation** négative : de la **honte**, du **chagrin** qui rend **méfiant**, de l'**inquiétude** ou même de la peur qui donne des **frisson**s. À cause d'une décision **injuste**, on peut aussi **trembler** de colère et devenir **imprudent**. Mais chaque **émotion** est importante : elle nous permet de mieux vivre dans le monde qui nous entoure et ainsi de mieux nous adapter !

• Distribuer la LO5 RITUELS U1. LO5 en oralisant les lettres muettes pour les mots concernés.

→ **Travail personnel à donner** : faire apprendre les séries 1 et 2 de la LO5.

Séance 2 | Lire et écrire la lettre *s* : *s* ou *ss* ? (2)

Objectifs

- Identifier les valeurs sonores de la lettre *s* : son [s], son [z], valeur zéro (lettre muette).
- Repérer et utiliser à bon escient les lois de position afin de choisir les graphèmes *s*/*ss* pour écrire un mot selon le son produit.
- Utiliser des mots stars ✪ pour illustrer les règles.

Documents

- Fleur des mots avec la lettre *s* SQ3. Doc. 3
- Entrainement : *Duel : s ou ss ?* SQ3. Doc. 4
- Application SQ3. Doc. 5
- Correction de l'application SQ3. Doc. 5 bis

1. Rappel (collectif)

Faire rapidement rappeler le contenu de la leçon précédente, dont la règle, les mots stars ✪ correspondants et le geste mnémotechnique (*2* ***s*** *entre 2 voyelles* pour faire le son [s]). Rappeler que c'est la lettre ***s*** qu'il faut choisir en général avec les sons [z], [s] ou en tant que lettre muette ; la graphie ***ss*** n'est à utiliser que pour former le son [s] entre 2 voyelles.

→ Expliciter l'objectif de la séance : étudier la lettre ***s***, avec ses deux formes courantes, ***s*** et ***ss***. Il s'agit de s'entrainer à les lire et à les écrire correctement en fonction du son produit.

2. Découverte d'un outil récapitulatif (collectif)

- Distribuer la fleur récapitulative SQ3. Doc. 3 et la projeter simultanément. Faire observer son organisation, l'expliciter, puis lire oralement le contenu des pétales.
- Demander aux élèves de repérer les mots stars ✪.

3. Entrainement (individuel/collectif, par 2)

ACTIVITÉ 1 – Duel : *s* ou *ss* ? SQ3. Doc. 4

Objectif : savoir utiliser la loi de position pour choisir la lettre adéquate : *s* ou *ss* pour former le son [s].

Consigne : « Attrape le plus rapidement possible l'étiquette qui convient pour former le son [s] : ***s*** ou ***ss***. »

Déroulement : les élèves sont en binômes de niveau homogène, un jeu pour deux disposé devant eux, à leur faire découper préalablement. L'enseignant(e) écrit au dos du tableau le mot incomplet. Lorsque celui-ci est dévoilé, l'élève de chaque binôme doit attraper le plus rapidement possible l'étiquette qui correspond. Proposer d'abord un exemple pour mettre en situation les élèves. Corriger après chaque item. L'élève qui a attrapé en premier l'étiquette correcte marque un point. Attention : une étiquette touchée ne peut être changée. Le jeu démarre les mains derrière le dos.

Corpus : ...urprise – héri...on – re...pirer – cha...eur – ...amedi – polite...e – pa...tèque

Variante : faire réaliser l'activité sur l'ardoise, avec la lettre ***s*** notée sur une face et les lettres ***ss*** sur l'autre. À un signal précis, les élèves doivent montrer la face correspondante.

ACTIVITÉ 2 – Le bon choix (ardoise ou brouillon)

Objectif : en fonction du son produit, [s] ou [z], ou de la valeur zéro, savoir examiner l'environnement pour choisir la graphie adéquate : *s* ou *ss*.

Consigne : « Complète chaque mot avec les lettres qui conviennent : ***s*** ou ***ss***. »

Déroulement : l'enseignant(e) donne d'abord un exemple, en écrivant le son souhaité entre crochets : [s], puis en notant au tableau : *une ble...ure*. Les élèves doivent écrire la réponse sur l'ardoise ou au brouillon. Corriger après chaque item en faisant reformuler les règles étudiées et en donnant oralement le mot star correspondant.

Corpus :
- [s] : une ...onnerie – un dan...eur – une prome...e
- [z] : une poé...ie – une noi...ette
- lettre muette : aprè... – le boi...

Remarque : Entre *s* et *ss*, montrer que c'est la lettre *s* qu'il faut choisir en général ; la graphie *ss* n'est à utiliser que pour produire le son [s] entre 2 voyelles.

4. Application (individuel)

- Distribuer la fiche d'application SQ3. Doc. 5. Faire lire les sept premières consignes, puis les expliciter en cas de difficultés. Faire lire le texte de l'exercice 7.
- Rappeler que les exercices précédés d'un puma ne concernent que les élèves performants. Ils ne peuvent être réalisés qu'après tous les autres et en fonction du temps restant.
- Faire réaliser les exercices 1 à 7 individuellement, en suivant le scénario de différenciation préconisé (p. 12).
- Ensuite (ou le lendemain), lire la consigne 8 sur la *gamme d'écriture*. Puis, demander à chaque élève de rédiger sa propre gamme d'écriture et de réaliser le dernier exercice de révision.

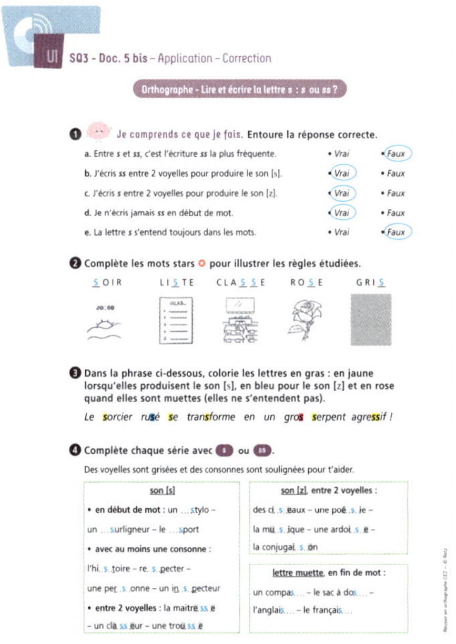

UI SQ3 - Doc. 5 bis – Application – Correction

Orthographe - Lire et écrire la lettre s : s ou ss ?

❶ Je comprends ce que je fais. Entoure la réponse correcte.

a. Entre s et ss, c'est l'écriture ss la plus fréquente.	• Vrai	• (Faux)
b. J'écris ss entre 2 voyelles pour produire le son [s].	• (Vrai)	• Faux
c. J'écris s entre 2 voyelles pour produire le son [z].	• (Vrai)	• Faux
d. Je n'écris jamais ss en début de mot.	• (Vrai)	• Faux
e. La lettre s s'entend toujours dans les mots.	• Vrai	• (Faux)

❷ Complète les mots stars pour illustrer les règles étudiées.

S O I R – L I S T E – C L A S S E – R O S E – G R I S

❸ Dans la phrase ci-dessous, colorie les lettres en gras : en jaune lorsqu'elles produisent le son [s], en bleu pour le son [z] et en rose quand elles sont muettes (elles ne s'entendent pas).

*Le **s**orcier ru**s**é **s**e tran**s**forme en un gro**s** **s**erpent agre**ss**if !*

❹ Complète chaque série avec s ou ss.

Des voyelles sont grisées et des consonnes sont soulignées pour t'aider.

son [s]
- **en début de mot** : un …stylo – un …surligneur – le …sport
- **avec au moins une consonne** : l'hi.s.toire – re.s.pecter – une per.s.onne – un in.s.pecteur
- **entre 2 voyelles** : la maitre.ss.e – un cla.ss.eur – une trou.ss.e

son [z], entre 2 voyelles : des ci.s.eaux – une poé.s.ie – la mu.s.ique – une ardoi.s.e – la conjugai.s.on

lettre muette, en fin de mot : un compas… – le sac à dos… – l'anglais… – le français…

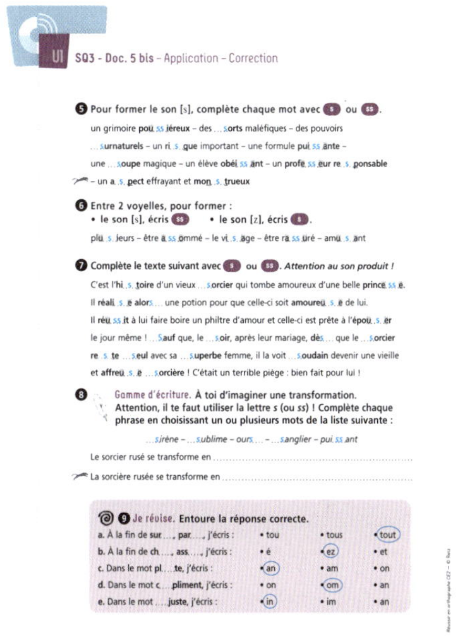

UI SQ3 - Doc. 5 bis – Application – Correction

❺ Pour former le son [s], complète chaque mot avec s ou ss.

un grimoire pou.ss.iéreux – des …sorts maléfiques – des pouvoirs …surnaturels – un ri.s.que important – une formule pui.ss.ante – une …soupe magique – un élève obéi.ss.ant – un profe.ss.eur re.s.ponsable – un a.s.pect effrayant et mon.s.trueux

❻ Entre 2 voyelles, pour former :
- le son [s], écris ss
- le son [z], écris s.

plu.s.ieurs – être a.ss.ommé – le vi.s.age – être ra.ss.uré – amu.s.ant

❼ Complète le texte suivant avec s ou ss. *Attention au son produit !*

C'est l'hi.s.toire d'un vieux …sorcier qui tombe amoureux d'une belle prince.ss.e. Il réali.s.e alors… une potion pour que celle-ci soit amoureu.s.e de lui. Il réu.ss.it à lui faire boire un philtre d'amour et celle-ci est prête à l'épou.s.er le jour même ! …Sauf que, le …soir, après leur mariage, dès… que le …sorcier re.s.te …seul avec sa …superbe femme, il la voit …soudain devenir une vieille et affreu.s.e …sorcière ! C'était un terrible piège : bien fait pour lui !

❽ Gamme d'écriture. À toi d'imaginer une transformation. Attention, il te faut utiliser la lettre s (ou ss) ! Complète chaque phrase en choisissant un ou plusieurs mots de la liste suivante :

…sirène – …sublime – ours… – …sanglier – pui.ss.ant

Le sorcier rusé se transforme en ……

La sorcière rusée se transforme en ……

❾ Je révise. Entoure la réponse correcte.

a. À la fin de sur…, par…, j'écris :	• tou	• tous	• (tout)
b. À la fin de ch…, ass…, j'écris :	• é	• (ez)	• et
c. Dans le mot pl…te, j'écris :	• (an)	• am	• on
d. Dans le mot c…pliment, j'écris :	• on	• (om)	• an
e. Dans le mot …juste, j'écris :	• (in)	• im	• an

- En fonction du temps restant ou ultérieurement, corriger. SQ3. Doc. 5 bis Faire lire les phrases de la gamme d'écriture par les élèves volontaires et valoriser les propositions.

Production d'un élève de CE2 :

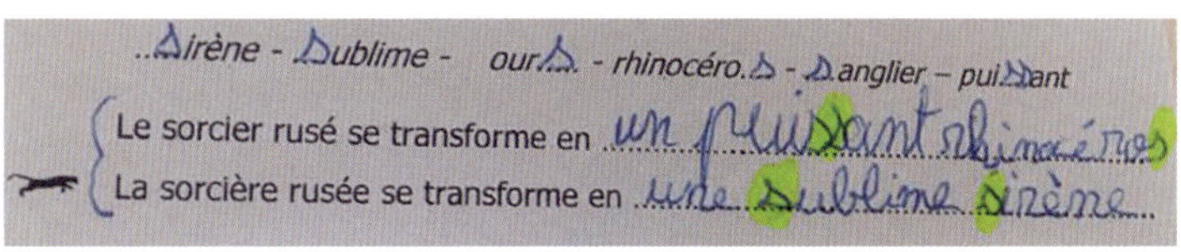

..Sirène - Sublime - ourS - rhinocéroS - Sanglier - puiSSant

Le sorcier rusé se transforme en un puissant rhinocéros

La sorcière rusée se transforme en une sublime sirène

Les 3 rituels de la semaine 7 Dictées

(Voir *Présentation des rituels de l'unité 1*, p. 28)

- **Rituel Jour 2** (ardoise ou cahier du jour)

Entrainement : dictée des mots des séries 1 et 2 de la liste LO5

RITUELS U1. LO5

- **Rituel Jour 3** (ardoise ou cahier du jour)

Entrainement : dictée des mots des séries 3 et 4 de la liste LO5

RITUELS U1. LO5

- **Rituel Jour 4**

Dictée grignotée n° 5 intégrant des mots de la liste LO5

RITUELS U1. Dictée grignotée n° 5 (3 versions différenciées)

+ faire réviser les mots invariables complexes (3 cartons à pizza) des listes LO1 à LO3

RITUELS U1. LO1 à LO3

Remarque : Après correction, chaque jour, par l'enseignant(e) de la dictée (dictée de mots en J2 et J3 ou dictée grignotée en J4), les élèves pourront colorier les cartons à pizza correspondant aux mots correctement orthographiés.

RITUEL JOUR 2 Dictée des mots de la LO5

Dicter les mots des séries 1 et 2 de la liste LO5, en choisissant l'un des deux dispositifs exposés précédemment (voir *Les dictées d'entrainement*, p. 30).

- série 1 : le **s**port, l'hi**s**toire, un **s**tylo, un in**s**pecteur
- série 2 : la maitre**ss**e, une trou**ss**e, un cla**ss**eur, un profe**ss**eur

→ **Travail personnel à donner :** faire apprendre les séries 3 et 4 de la liste LO5.

RITUEL JOUR 3 Dictée des mots de la LO5

Dicter les mots des séries 3 et 4 de la liste LO5, en choisissant l'un des deux dispositifs exposés précédemment.

– série 3 : une ardoi**s**e, la poé**s**ie, la mu**s**ique, des ci**s**eaux
– série 4 : le françai**s**, l'anglai**s**, un compa**s**, un sac à do**s**

→ **Travail personnel à donner :** faire réviser les séries 1 à 4 de la liste LO5.

RITUEL JOUR 4 Dictée grignotée n° 5

- Fournir le support correspondant à chaque élève (niveau expert ***, niveau intermédiaire**, niveau Coup de pouce*).
- Lire le texte à voix haute, laisser les élèves échanger librement sur son contenu.
- Dicter le texte. La correction est disponible. RITUELS U1. Dictée grignotée n° 5 – Correction

Aujourd'hui, un **inspecteur** vient observer le travail de notre **maitresse**, Mme Timide. Nous démarrons par du **français**, avec la découverte d'une **poésie**, puis nous chantons en **anglais** avec de la **musique** avant de faire de l'**histoire**. Mais Mme Timide rougit de plus en plus ! Il parait qu'un **professeur** peut être stressé quand il reçoit de la visite. Alors, je sors un **compas** de ma **trousse** qui se trouve dans mon **sac à dos**. J'ouvre mon **classeur**, je prends une feuille et je dessine une rosace. Puis, je la découpe avec des **ciseaux** et j'écris avec un **stylo**, à l'intérieur : « On t'aime ! 20/20 ». Je la place sur mon **ardoise** et quand elle l'aperçoit, Mme Timide rougit encore plus. Décidément ! Après, il y a **sport** : elle devrait courir avec nous, ça lui ferait du bien !

→ **Travail personnel à donner** : faire réviser les listes LO1 à LO3 (mots invariables complexes ayant 3 cartons à pizza) pour préparer la dictée grignotée bilan n° 1. RITUELS U1. Dictée grignotée – bilan n° 1

Préparation et passation du bilan n° 1

MISE AU POINT DIDACTIQUE ET PÉDAGOGIQUE

• **La semaine complète est réservée aux bilans :**
– J1 : préparation du bilan des apprentissages n° 1 et passation du bilan ;
– J2 et J3 : préparation de la dictée bilan n° 1 ;
– J4 : réalisation de la dictée bilan n° 1.

• Cependant, le bilan des apprentissages et sa préparation peuvent être aménagés de différentes façons : le bilan peut être réalisé de **manière groupée** en reprenant ensemble les séquences de l'unité 1 (comme la programmation l'indique, p. 26), ou de **manière fractionnée**, après chacune des séquences travaillées, à la convenance de l'enseignant(e).

• Qu'il soit synthétique ou progressif, le bilan doit être précédé d'une phase de **révision** sur les différents aspects étudiés :
– l'explicitation des règles avec le rappel des mots stars ✪ à l'appui ;
– la réalisation de courts exercices pour se remémorer ces règles et renforcer les automatismes.

Ces révisions peuvent être placées **juste avant** la réalisation du bilan ou être décalées dans le temps, **en amont** du bilan.

• Il est souhaitable d'avoir recours aux affiches produites lors des séquences ou aux traces écrites individuelles afin d'avoir un renfort visuel. Une fiche récapitulative des apprentissages U1 BILAN. Fiche récapitulative de l'unité 1 est fournie : elle peut être donnée le **jour de l'évaluation**, mais il est préférable de la distribuer **avant l'évaluation** afin de préparer celle-ci : elle servira d'appui au travail personnel des élèves.

Remarque : Il est conseillé de photocopier la fiche récapitulative sur une feuille colorée, afin de lui donner un statut différent et pour signaler la fin d'une unité.

Documents
- Fiche récapitulative de l'unité 1 U1 BILAN. Fiche récapitulative
- Évaluation de l'unité 1 U1 BILAN. Fiche évaluation
- Correction de l'évaluation U1 BILAN. Fiche évaluation – Correction (projetable)

1 | Préparation du bilan n° 1 (individuel/collectif, oral/écrit)

1. Révisions sur les mots invariables

En oral collectif :

• Distribuer la fiche récapitulative. U1 BILAN. Fiche récapitulative Faire lire la leçon relative aux mots invariables ; la faire reformuler.

• Faire parcourir la fleur des mots invariables SQ1. Doc. 5 pour demander d'énoncer les points communs des mots de chaque série (mots qui commencent par *au-*, se terminent par *-fois*, etc.).

En écrit individuel (à réaliser sur l'ardoise ou au brouillon) :

Sur le tableau, noter un mot invariable incomplet, prononcer le mot attendu entier et ne faire écrire que les lettres manquantes sur l'ardoise ou le cahier de brouillon, puis corriger.

1. pourt... (*pourt**ant***) ; **2.** plu... (*plu**tôt***) ; **3.** toujour...(*toujour**s***) ; **4.** voic... (*voic**i***) ;
5. ...tant (***au**tant*) ; **6.** ch... (*ch**ez***) ; **7.** d... que (*d**ès** que*)

2. Révisions sur l'écriture des mots avec *an/am, en/em, on/om, in/im*

En oral collectif :

Faire lire la leçon relative à l'écriture des mots avec *an/am, en/em, on/om, in/im* sur la fiche récapitulative ; la faire reformuler.

En écrit individuel (à réaliser sur l'ardoise ou au brouillon) :

Sur le tableau, noter les deux graphies possibles et écrire le mot incomplet ; ne faire inscrire que les lettres manquantes sur l'ardoise ou le cahier de brouillon, puis corriger en demandant d'identifier les lettres « magiques » : *m, p, b.*

1. *an/am* ? pl......ter — **2.** *en/em* ? ......mener
3. *on/om* ? gr......der – b......b...... — **4.** *in/im* ? gr......per

3. Révisions sur les valeurs de la lettre *s*

En oral collectif :

Procéder de même. Rappeler chaque règle ainsi que la règle finale : entre *s* ou *ss*, c'est la lettre *s* qu'il faut choisir sauf entre 2 voyelles, où il faut écrire *ss* pour former le son [s].

En écrit individuel (à réaliser sur l'ardoise ou au brouillon) :

Faire écrire *s* d'un côté de l'ardoise, *ss* de l'autre côté. Sur le tableau, noter un mot incomplet ; puis, à un signal précis, demander de montrer la face correspondante. Corriger en explicitant chaque cas.

1. une pri...on – **2.** une terra...e – **3.** re...pirer – **4.** une ...ouri... – **5.** la tendre...e – **6.** plu...ieurs

Remarque : Les révisions ne doivent pas dépasser 30 minutes afin de laisser un temps convenable aux élèves pour découvrir et réaliser le bilan écrit, si celui-ci est fait dans la continuité des révisions.

2 I Passation du bilan n° 1 (individuel, écrit)

• Distribuer le bilan n° 1 aux élèves. U1 BILAN. Fiche évaluation Leur préciser que les exercices sont en lien avec le thème d'Halloween. Faire découvrir les deux premières consignes, puis lire le texte de l'exercice 2 à voix haute, avec les mots invariables complets attendus, afin de faciliter la tâche des élèves. Enfin, présenter rapidement les différents exercices.

• Faire réaliser le bilan individuellement.

U1 **BILAN** - Fiche évaluation – Correction

ORTHOGRAPHE – BILAN N° 1

Je sais apprendre à orthographier les mots invariables.

1 Je comprends ce que je fais. **Entoure les réponses correctes et complète la dernière phrase.**

a. Les mots invariables :
• *peuvent changer de forme.* • *ne changent jamais de forme.*

b. J'apprends mieux les mots invariables :
• *en les classant.* • *sans les classer.*

c. Il faut prononcer à haute voix les lettres muettes............... de certains mots invariables pour mieux les retenir.

2 **Complète les mots invariables étudiés avec la ou les lettres manquantes.**

.Au**jourd'hui**, la préparation d'Halloween est prévue **pend**ant....... plusieurs heures ! Il y a de l'excitation et **sur**tout...... beaucoup de joie. **Bien**tôt....., les enfants seront déguisés en monstres, en sorcières, en vampires. **Aussi**tôt...... **apr**ès...., ils iront sonner chez des voisins. **Quelque**fois......, les portes resteront fermées. **Toute**fois....., beaucoup de gens offriront des bonbons aux enfants ravis. ..En**suite**, ce sera atelier cuisine pour des préparations **ass**ez.. effrayantes ! **Voic**i.... une fête qui existe **depui**s... **longtemp**s.... mais qui est de plus en plus répandue dans le monde.

Je sais orthographier *an/am, en/em, on/om, in/im* dans un mot.

3 Je comprends ce que je fais. **Entoure la réponse correcte.**

a. En général, devant *m, p, b,* il faut écrire :
• *an, en, on, in.* • *am, em, om, im.*

b. Le mot **lampe** :
• *respecte la règle.* • *ne respecte pas la règle.*

c. Le mot **bonbonnière** :
• *respecte la règle.* • *ne respecte pas la règle.*

Réussir en orthographe CE2 – © Retz

U1 **BILAN** - Fiche évaluation – Correction

4 **Écris les lettres qui conviennent dans chaque mot.**

• en ou em : Dans les rues, les **g**en**s** circulent **souv**en**t** : certains ont des **déguisem**en**ts** qui font **tr**em**bler**. Sur les rebords des fenêtres, des citrouilles allumées **s**em**blent** inquiétantes.

• an ou am : Il y a une bonne am**biance** dans les rues ! Les **enf**an**ts** font des **plais**an**teries**, rient mais crient aussi parfois **dev**an**t** des masques **terrifi**an**ts** !

• in ou im : Dans des **jard**in**s**, certains objets in**croyables** donnent l'im**pression** d'être vrais ! Mais chacun sait que ce sont de **s**im**ples** jouets.

• on ou om : Les gens **c**om**parent** leur tenue avec celle des autres et ils leur **f**on**t** des **c**om**pliments** ! À la **t**om**bée** de la nuit, tout le monde est **c**on**tent** : grands **friss**on**s** au programme et de **n**om**breux** **b**on**b**on**s** à dévorer !

Je sais lire et écrire la lettre *s* dans un mot : *s* ou *ss* ?

5 Je comprends ce que je fais. **Entoure la réponse correcte.**

a. Entre *s* et *ss*, l'écriture la plus fréquente est : • *s* • *ss*

b. En début de mot, je n'écris jamais : • *s* • *ss*

c. Entre 2 voyelles, pour obtenir le son [s], j'écris : • *s* • *ss*

d. Entre 2 voyelles, pour obtenir le son [z], j'écris : • *s* • *ss*

e. La lettre *s* : • *s'entend toujours.* • *est parfois muette.*

6 **Complète le texte suivant avec s ou ss.** ***Attention au son produit !***

Il y a des recettes **délicieu**.s.**es** avec pourtant un **a**.s.**pect a**ss**ez** dégoutant ! Certains **de**ss**erts** pour Halloween **repré**.s.**entent** des araignées **affreu**.s.**es**, des balais de ...s**orcières**, des yeux. C'est parfois difficile d'imaginer que la ...s**auce** rouge est **ju**.s.**te** un **très**... bon **ju**s... de **frambo**i.s.**es** avec des fruits **au-de**ss**us** ! Si tu aimes la **pât**i**ss**erie, tu peux toi aussi **réal**i.s.**er** des ...s**ucreries** qui vont ...s**urprendre** ton entourage !

Réussir en orthographe CE2 – © Retz

Les 3 rituels de la semaine 8 Dictée bilan
(Voir *Présentation des rituels de l'unité 1*, p. 28)

• **Rituel Jour 2** (ardoise ou cahier du jour)
Entrainement : dictée de mots des listes L01 et L02
RITUELS U1. L01 et L02

• **Rituel Jour 3** (ardoise ou cahier du jour)
Entrainement : dictée de mots de la liste L03
RITUELS U1. L03

• **Rituel Jour 4**
Dictée grignotée bilan n° 1 intégrant des mots invariables des listes L01 à L03
RITUELS U1. Dictée grignotée – bilan 1
+ faire réviser les séries 1 et 2 de la liste L04 RITUELS U1. L04

Remarque : Après correction, chaque jour, par l'enseignant(e) de la dictée (dictée de mots en J2 et J3 ou dictée grignotée bilan en J4), les élèves pourront colorier les cartons à pizza correspondant aux mots correctement orthographiés.

RITUEL JOUR 2 Dictée des mots des listes L01 et L02

Expliquer aux élèves le fonctionnement de la semaine : il s'agit de faire partir des livreurs de pizzas. Seront dictés les mots invariables complexes qui correspondent à 3 cartons à pizza des différentes séries de mots de L01 à L03.
Dicter les mots correspondant à 3 cartons des listes L01 et L02, en choisissant l'un des deux dispositifs exposés précédemment (voir *Les dictées d'entrainement*, p. 30).

- L01 : plu**tôt**, aussi**tôt** / pr**ès** / quelque**fois**, toute**fois**
- L02 : **au**tour / **en**suite, **en**semble / ass**ez**

→ **Travail personnel à donner :** faire réviser les mots avec 3 cartons à pizza de la liste L03.

RITUEL JOUR 3 Dictée des mots de la liste L03

Dicter les mots correspondant à 3 cartons de la liste L03, en choisissant l'un des deux dispositifs exposés précédemment.

- L03, série 1 : parm**i**, ains**i**
- L03, série 2 : sou**s**
- L03, série 3 : dehor**s**
- L03, série 4 : longtemp**s**, toujour**s**

→ **Travail personnel à donner :** faire réviser tous les mots des listes L01 à L03 pour la dictée grignotée bilan sur les mots invariables : Seize termes seront choisis.

RITUEL JOUR 4 Dictée grignotée bilan n° 1 sur les mots invariables

• Distribuer le texte à trous, support de la dictée grignotée bilan ; c'est le même support pour tous les élèves qui servira de base d'évaluation. Cependant, l'enseignant(e) peut apporter une aide supplémentaire, de son choix, aux groupes ** et Coup de pouce*, en fonction des besoins des élèves.

• Lire le texte à voix haute, laisser les élèves échanger librement sur son contenu.

• Dicter le texte. La correction est disponible.

RITUELS U1. Dictée grignotée bilan n° 1 – Correction

La montgolfière existe depuis **longtemps***. **Voici*** l'histoire de son invention : en 1782, les frères Montgolfier l'inventent par hasard, **chez*** eux. En voulant sécher sa chemise au-dessus du feu, l'aîné s'aperçoit que celle-ci gonfle ! **Aussitôt***, les frères réalisent des expériences secrètes, jusqu'à ce qu'ils réussissent à faire s'élever une petite montgolfière **dehors***. **Dès*** que celle-ci atterrit dans un champ voisin, elle met le feu tout **autour*** ! La première expérience publique, le 4 juin 1783, se déroule **très*** bien, **mais*** la nacelle est vide : il n'y a personne **dedans***. Trois mois **après***, un coq, un mouton et un canard sont mis **ensemble*** pour effectuer le premier vol habité : départ de Versailles **sous*** les yeux de Louis XVI, ravi ! Les animaux, vivants, deviennent de véritables héros. **Ensuite***, le premier vol humain a lieu le 19 octobre à Paris. **Alors***, connais-tu **maintenant*** l'histoire de la montgolfière ?

→ **Travail personnel à donner** : faire réviser les séries 1 et 2 de la liste L04.

Les relations oral/écrit (2)

PROGRAMMATION DE L'UNITÉ 2 : LES RELATIONS ORAL/ÉCRIT (2)

	Leçons – Jour 1	Dictées – Rituels quotidiens des trois autres jours
		SÉQUENCE 4
Semaine 9 p. 84	Lire et écrire la lettre *c* : *c* ou *ç* ? (1)	• J2 : Dictées des mots des séries 1 et 2 de la LO4 • J3 : Dictées des mots des séries 3 et 4 de la LO4 *Faire réviser les leçons O2 et O3.* • J4 : **Dictée discutée A** sur les leçons O2 et O3 *Distribuer la LO6 à étudier.*
Semaine 10 p. 89	Lire et écrire la lettre *c* : *c* ou *ç* ? (2)	• J2 : Dictées des mots des séries 1 et 2 de la LO6 • J3 : Dictées des mots des séries 3 et 4 de la LO6 • J4 : **Dictée grignotée n° 6** sur la LO6 *Faire réviser les mots complexes (3 cartons à pizza) de la LO5.*
		SÉQUENCE 5
Semaine 11 p. 96	Lire et écrire la lettre *g* : *g*, *gu* ou *ge* ? (1)	• J2 : Dictées des mots des séries 1 et 4 de la LO5 *Faire réviser les mots complexes (3 cartons à pizza) de la LO6.* • J3 : Dictées des mots des séries 1 et 4 de la LO6 *Faire réviser les leçons O2, O3 et O4.* • J4 : **Dictée discutée B** sur les leçons O2, O3 et O4 *Distribuer la LO7 à étudier.*
Semaine 12 p. 102	Lire et écrire la lettre *g* : *g*, *gu* ou *ge* ? (2)	• J2 : Dictées des mots des séries 1 et 2 de la LO7 • J3 : Dictées des mots des séries 3 et 4 de la LO7 • J4 : **Dictée grignotée n° 7** sur la LO7 *Pour préparer la dictée grignotée bilan n° 2, faire réviser progressivement les mots avec les cartons non entièrement coloriés des listes LO4 à LO7.*

Semaine 13 p. 108	**Préparation et passation du bilan n° 2**	• J2 : « Grand départ » des livreurs de pizzas : **dictées croisées en binômes** *Faire réviser progressivement les mots avec les cartons non entièrement coloriés des listes L04 à L07.* • J3 : « Grand départ » des livreurs de pizzas : **dictées croisées en binômes** *Faire réviser les mots des listes L04 à L07 en vue de la dictée grignotée bilan n° 2.* • J4 : **Dictée grignotée bilan n° 2** intégrant les mots des listes L04 à L07

Présentation de l'unité 2

Les séquences d'apprentissage de l'unité 2

Cette unité relève, comme la précédente, de l'orthographe lexicale. Il s'agit, dans les deux séquences qui la composent, de continuer à étudier les correspondances graphophonologiques et la valeur sonore de certaines lettres. Après le *s*, abordé dans l'unité 1, **c'est le tour des lettres *c* et *g* qui sont plus complexes** :

• pour le ***c***, il faut choisir entre deux graphies (*c* et *ç*) et trois phonèmes : [k], [s], [ʃ] (*calculer*, *ceci*, *garçon*, chat) ; il peut être aussi muet en fin de mot (valeur zéro) : *blanc* ;

• pour le ***g***, il faut choisir entre trois graphies (*g*, *gu*, *ge*) et trois phonèmes : [g], [ʒ], [ɲ] (*gomme*, *guide*, *genou*, *pigeon*, *ligne*) ; il peut être aussi muet en fin de mot, parfois avec la valeur d'un morphogramme lexical (renvoi à d'autres mots de la famille : *long*/ *longueur...*).

Les élèves continuent à explorer la notion de **loi de position** qui a émergé dans l'unité 1 : le choix de la graphie correcte s'opère encore à partir des **lettres environnantes** et du **son produit**. En effet, si en lecture l'élève choisit la prononciation ([g] ou [ʒ] ?), à partir de la graphie (et souvent de la connaissance qu'il a du mot), en orthographe, il lui faut sélectionner le graphème à écrire (*c* ou *ç* ? *g*, *gu* ou *ge* ?) à partir du son produit. Comme la tâche est plus complexe, il est nécessaire de faire découvrir aux élèves des **procédures adaptées** pour les aider à faire face aux différents cas. Certaines procédures seront reprises et automatisées au CM1 (notamment concernant la lettre *g*, plus compliquée).

Un développement détaille chaque graphème au début de chacune des deux séquences.

Les rituels orthographiques de l'unité 2

Les rituels orthographiques de l'unité 2 sont dans la continuité de ceux de l'unité 1 car :

• ils s'articulent toujours sur le dispositif des « livreurs de pizzas » ;

• ils rebrassent les listes orthographiques (LO1 à LO5) et les leçons de l'unité 1 pour mieux ancrer les apprentissages ;

• ils achèvent l'étude des listes orthographiques avec les LO6 et LO7 qui sont d'ordre thématique (sur la maison ainsi que sur les activités et les loisirs) et centrées respectivement sur les graphies *c/ç* et *g/gu/ge* ;

• ils reprennent le dispositif des **dictées grignotées**, présent dans l'unité 1 : les dictées grignotées n°s 6 et 7.

En revanche, l'unité 2 permet la mise en place de deux nouveaux dispositifs : les dictées discutées et les dictées croisées.

Les dictées grignotées

Le déroulement et les modalités de différenciation sont les mêmes que dans l'unité 1 (voir *Présentation*, p. 30).

Les dictées discutées

• **Les dictées discutées, dans la perspective des révisions spiralaires à effectuer, servent à ancrer durablement les apprentissages dans la mémoire.** Elles ont pour contenu les notions abordées préalablement dans les leçons 2, 3 et 4 de l'unité 1. La dictée discutée A se trouve dans la séquence 4 et la B dans la séquence 5.

Un extrait de la dictée discutée A :

> Léonard de Vinci, né en Italie, est un homme **étonn.......t** (an/am) qui a vécu à la période de la **Renai......ance** (s/ss). Il est **con.....idéré** (s/ss) comme l'un des plus **gr........ds** (an/am) génies de tous les **t.........ps** (en/em) ! Tout au **l.......g** (on/om) de **.....a** (s/ss) vie,

La dictée discutée a trois particularités :

• il s'agit d'une dictée à trous à compléter → c'est une dictée « grignotée » ;

• deux solutions sont proposées pour chaque cas → c'est une dictée à choix multiples ;

• au lieu d'être strictement individuelle, elle est « discutée » : après le premier temps de choix individuel, les solutions sont négociées en binômes. **Cette forme de dictée permet ainsi l'explicitation et la verbalisation des règles appliquées, ce qui facilite grandement leur mémorisation.**

Déroulement de la dictée discutée

• Après la découverte du texte de la dictée et son explication, chaque élève choisit, individuellement, l'une des deux réponses proposées et l'entoure au crayon gris.
• Placés en binômes, les élèves comparent les dictées, puis discutent et s'expliquent mutuellement les choix orthographiques effectués, en argumentant leur point de vue.
• À l'issue de l'échange, chaque élève écrit au stylo bleu sa réponse définitive sur sa propre dictée, en complétant les mots.

• **Les dictées discutées sont différenciées en 3 niveaux** par le nombre d'items à traiter, de plus en plus réduit. Les élèves du groupe Coup de pouce*, en plus de la réduction de la tâche, peuvent s'aider des leçons.

Remarques : • Il est préférable de former des binômes de **niveau homogène**, puisque chaque groupe a un support spécifique.
• Lors de l'activité, insister auprès des élèves sur la nécessité de donner des arguments pour valider chaque choix.

Les dictées croisées

• **Les dictées croisées permettent de finaliser la mémorisation des termes proposés dans les listes orthographiques.** Lors de la semaine du bilan, il s'agit, dans les rituels des jours 2 et 3, de faire partir les derniers livreurs : ce sont les jours du « grand départ ». Certains mots sont restés bloqués : tous les cartons à pizza ne sont pas coloriés car l'orthographe des termes correspondants n'est pas encore mémorisée. Le dispositif des dictées croisées permet aux élèves placés en binômes de se dicter mutuellement les mots pour en vérifier l'appropriation. Les parcours sont ainsi individualisés, l'apprentissage est optimisé.
• Ce dispositif suppose une préparation en amont de chaque dictée croisée. En travail personnel, chaque élève reprend ses listes orthographiques et met une croix au crayon gris devant les cartons non entièrement coloriés, c'est-à-dire devant les mots dont l'orthographe n'est pas encore complètement stabilisée et qui sont à réviser. Leur nombre est à déterminer par l'enseignant(e), en fonction des avancées.

Déroulement des dictées croisées, pour le « grand départ » des livreurs de pizzas :

• Chaque élève confie ses listes orthographiques à son binôme qui lui dicte les mots marqués d'une croix, sans lui montrer les réponses et sans l'aider.

• Les rôles sont ensuite inversés.

• L'enseignant(e) procède à la correction en suivant le fonctionnement habituel (correction différée sur le cahier du jour ou le fichier de l'élève ou correction simultanée sur l'ardoise ou le cahier de brouillon).

• Une fois la correction faite, chaque élève colorie les cartons correspondant aux mots écrits correctement et marque d'une croix les cartons des mots suivants à mémoriser (selon le nombre indiqué). L'objectif est de s'approprier le plus de termes possible.

Remarques : • Afin de réduire la durée de l'activité, il vaut mieux éviter de placer dans le binôme deux élèves au rythme lent.

• En fonction des réussites individuelles, certains élèves finiront ce rituel bien avant les autres. Il est important de les féliciter lorsque leur course est finie. Ils peuvent alors s'entrainer en contextualisant leurs savoirs (gammes d'écriture à réaliser avec les lettres étudiées), ou être valorisés par des activités de tutorat (aide pour dicter les mots aux camarades...). L'enseignant(e) veillera à encourager les élèves qui n'ont pas terminé la course à faire partir le maximum de livreurs.

→ L'unité 2 comprend :

- **8 dictées de mots pour l'entrainement et 2 dictées croisées à partir des listes orthographiques suivantes :**

RITUELS U1. L04
RITUELS U1. L05
RITUELS U2. L06
RITUELS U2. L07

- **2 dictées grignotées :**

RITUELS U2. Dictée grignotée n° 6
RITUELS U2. Dictée grignotée n° 7

- **2 dictées discutées :**

RITUELS U2. Dictée discutée A
RITUELS U2. Dictée discutée B

- **la dictée grignotée bilan n° 2** (sur les listes L04 à L07) :

RITUELS U2. Dictée grignotée bilan n° 2

Pour chaque dictée grignotée et discutée, sont fournis trois niveaux de différenciation ainsi que la correction.

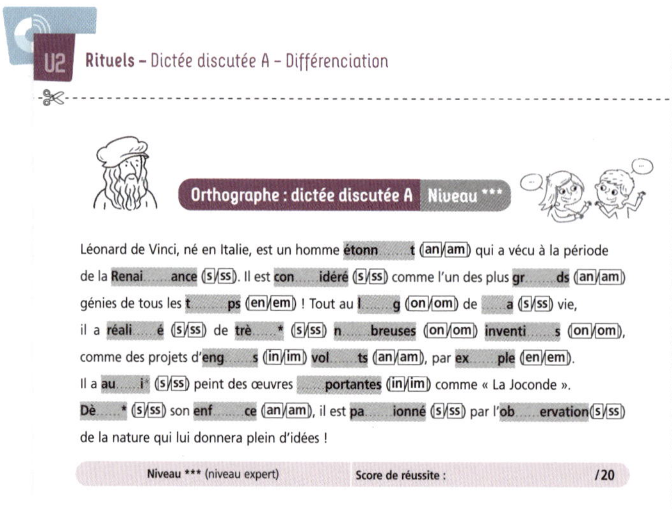
U2 Rituels – Dictée discutée A – Différenciation

Orthographe : dictée discutée A Niveau ***

Léonard de Vinci, né en Italie, est un homme étonn......t (an/am) qui a vécu à la période de la Renai......ance (s/ss). Il est con......idéré (s/ss) comme l'un des plus gr......ds (an/am) génies de tous les t......ps (en/em) ! Tout au l......g (on/om) de ......a (s/ss) vie, il a réali......é (s/ss) de trè......* (s/ss) n......breuses (on/om) inventi......s (on/om), comme des projets d'eng......s (in/im) vol......ts (an/am), par ex......ple (en/em). Il a au......i* (s/ss) peint des œuvres ......portantes (in/im) comme « La Joconde ». Dè......* (s/ss) son enf......ce (an/am), il est pa......ionné (s/ss) par l'ob......ervation (s/ss) de la nature qui lui donnera plein d'idées !

Niveau *** (niveau expert) Score de réussite : /20

- Les rituels orthographiques sont décrits précisément à la fin de chaque séance, pour chaque jour, et la totalité des documents photocopiables ou projetables sont en version numérique, avec une référence commençant par RITUELS U2.

Lire et écrire la lettre *c* : *c* ou *ç* ?

MISE AU POINT DIDACTIQUE ET PÉDAGOGIQUE

La lettre *c*, d'une extrême fréquence dans la langue française, est plurifonctionnelle en orthographe. C'est un phonogramme car elle correspond à des sons ; c'est également un morphogramme lexical (lien avec la famille du mot). Les élèves la rencontrent donc régulièrement, en lecture comme en écriture.

Au début du CE2, dans le cadre des compétences exigées par le programme, il s'agit de travailler sur les **correspondances graphophonologiques** et sur les **valeurs sonores** de la lettre *c*.

• La **lettre *c*** correspond :

– au **son [k]** devant les lettres *a, o, u, r, l*, assemblées en *r, o, u, l, a* pour mieux les mémoriser *(calculer ✪, coffre, creuser, clou...)* ;

– au **son [s]** devant *e, i, y (ceci ✪, cygne...)* ;

– au **son [ʃ]** quand elle se joint au *h (chat ✪)* ;

– à une **valeur zéro**, en fin de mot : elle n'est pas prononcée. Dans certains cas, elle est un morphogramme lexical et renvoie à d'autres mots de la famille (*blanc* ✪). Ce point sera revu lors de la leçon sur les lettres finales muettes, au CM1.

• La **lettre *ç*** ne correspond qu'au **son [s]**, devant *a, o, u* (*français, garçon* ✪, *reçu*...). Attention cependant à cette graphie qui, même si elle ne concerne que peu de mots dans la base *Manulex*, touche les formes conjuguées au présent et à l'imparfait de plus de 70 verbes du 1er groupe en *–cer (nous lançons ; je lançais, tu lançais, il/elle lançait, ils/elles lançaient)*, ce qui augmente le nombre d'occurrences de façon significative (plus de 350 formes au CE2) !

Il s'agit donc de faire repérer et apprendre les **lois de position** car la graphie dépend de l'environnement de la lettre *c*.

• Ont été éliminés :

– le graphème *cc* qui concerne plus d'une centaine de mots dans la base *Manulex*, mais qui pose le problème de la prononciation (*un succès* mais *un accord*) ;

– le graphème *sc* qui ne touche que peu de mots (environ 80 dans la base *Manulex)*, généralement d'origine latine ou grecque, principalement à l'initiale (*science, scintiller*...) ;

– le graphème *sch*, qui produit le son [ʃ], très peu représenté (une dizaine de mots dont *schéma* et sa famille).

Le but est de centrer l'étude sur les milliers de cas les plus fréquents afin d'aider les élèves à les écrire correctement.

Attendus de fin d'année de CE2 (2019, p. 8)
« Passer de l'oral à l'écrit
Ce que sait faire l'élève :
Connaître :
– les correspondances graphophonologiques ;
– la valeur sonore de certaines lettres (s – c – g) selon le contexte. »

Séance 1 | Lire et écrire la lettre *c* : *c* ou *ç* ? (1)

Objectifs
- Identifier les valeurs sonores de la lettre *c* : son [k], son [s], son [ʃ], valeur zéro (lettre muette).
- Repérer les lois de position afin de choisir les graphèmes *c*/*ç* pour écrire un mot selon le son produit.
- Identifier et mémoriser des mots stars ✪ pour illustrer les règles.

Documents
- Recherche SQ4. Doc. 1
- Leçon SQ4. Doc. 2

1. Découverte / recherche (individuel/collectif, par 2)

• Écrire au tableau : *un ...offre – blan... – un ...heval.* Demander aux élèves de trouver la lettre mystère, présente dans ces trois termes et concernant plus de 5 600 mots utilisés à leur âge. Après les propositions des élèves, annoncer qu'il s'agit de la lettre ***c***.

→ Expliciter l'objectif de la séance : étudier la lettre ***c***, car elle est très fréquente. Il s'agit de comprendre comment la lire et comment l'écrire correctement en fonction du son produit.

• Distribuer la recherche SQ4. Doc. 1. La projeter simultanément.

• Lire collectivement la 1re consigne ainsi que les séries de mots. Amener les élèves à repérer la lettre ***c*** dans les différents termes. Ensuite, leur

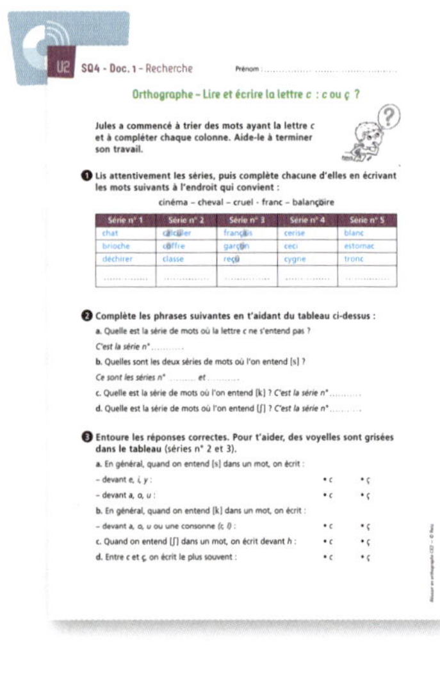
U2 SQ4 - Doc. 1 - Recherche Prénom : ....

Orthographe – Lire et écrire la lettre *c* : *c* ou *ç* ?

Jules a commencé à trier des mots ayant la lettre *c* et à compléter chaque colonne. Aide-le à terminer son travail.

1 Lis attentivement les séries, puis complète chacune d'elles en écrivant les mots suivants à l'endroit qui convient :

cinéma – cheval – cruel - franc – balançoire

Série n° 1	Série n° 2	Série n° 3	Série n° 4	Série n° 5
chat	calculer	français	cerise	blanc
brioche	coffre	garçon	ceci	estomac
déchirer	classe	reçu	cygne	tronc
....	....	....	....	....

2 Complète les phrases suivantes en t'aidant du tableau ci-dessus :
a. Quelle est la série de mots où la lettre *c* ne s'entend pas ?
C'est la série n° ....
b. Quelles sont les deux séries de mots où l'on entend [s] ?
Ce sont les séries n° .... *et* ....
c. Quelle est la série de mots où l'on entend [k] ? *C'est la série n°* ....
d. Quelle est la série de mots où l'on entend [ʃ] ? *C'est la série n°* ....

3 Entoure les réponses correctes. Pour t'aider, des voyelles sont grisées dans le tableau (séries n° 2 et 3).
a. En général, quand on entend [s] dans un mot, on écrit :
– devant e, *i*, *y* : • c • ç
– devant a, o, *u* : • c • ç
b. En général, quand on entend [k] dans un mot, on écrit :
– devant a, o, *u* ou une consonne (*r*, *l*) : • c • ç
c. Quand on entend [ʃ] dans un mot, on écrit devant *h* : • c • ç
d. Entre c et ç, on écrit le plus souvent : • c • ç

demander de réaliser cette tâche individuellement, puis corriger collectivement en faisant identifier les lettres qui suivent.

• Faire découvrir la 2e consigne collectivement, puis l'expliquer. Prononcer les trois sons notés entre crochets ; inciter les élèves à les répéter à voix haute. Leur demander de réaliser individuellement l'activité, puis la corriger.

• Enfin, faire découvrir la 3e consigne collectivement, puis proposer de mener la réflexion en binômes.

2. Mutualisation (collectif)

• À partir des productions des élèves, faire apparaitre que :

– **la lettre *c* transcrit des sons différents :** le plus souvent **[k]** *(plus de 3 000 mots)*, puis **[s]** et **[ʃ]** *(plus de 1 100 termes pour chacun de ces sons)*. Lorsque la lettre ***c*** est située en fin de mot, elle peut n'avoir **aucune valeur sonore (lettre muette)** *(moins de 20 termes concernés)*. Moduler cependant le propos, en rappelant que le ***c*** peut aussi s'entendre à la fin de certains mots (*un tru**c**, le tra**c***) ;

– **deux graphies apparaissent : *c* ou *ç*.** Il faut choisir l'une des deux en fonction du son produit et de l'environnement *(les lettres situées autour)*. Expliquer que, majoritairement, dans plus de 5 600 mots employés à leur âge, c'est la graphie ***c*** qui l'emporte, contre moins de 100 mots avec ***ç***. Préciser cependant qu'il faut ajouter les formes conjuguées au présent et à l'imparfait de plus de 70 verbes en *-cer (lancer : je lançais, nous lançons…)* ! Cette règle d'orthographe servira donc aussi en conjugaison.

• En s'appuyant sur la recherche, faire alors énoncer les principales règles concernant l'utilisation de ***c*** ou ***ç*** dans les mots :

– **Quand on entend [k] :** il faut écrire ***c*** devant les 3 voyelles *a, o, u* et 2 consonnes, principalement : *r* et *l*. Demander aux élèves de réorganiser ces 5 lettres pour composer un mot, afin de mieux s'en souvenir (→ *r, o, u, l, a*).

– **Quand on entend [s] :** il faut écrire ***c*** devant *e, i, y* mais ***ç*** devant *a, o, u*.

– **Quand on entend [ʃ] :** il faut écrire ***c*** devant *h*.

– Parfois, la lettre ***c* ne s'entend pas** lorsqu'elle est en fin de mot : elle est alors **muette**.

• Conclure en montrant qu'entre ***c*** ou ***ç***, **dans tous les cas, c'est la lettre *c* qu'il faut choisir sauf devant *a, o, u* pour produire le son [s] : dans ce cas, il faut écrire *ç*.** Préciser aux élèves que les lettres *a, o, u* seront grisées dans les exercices pour les aider : il leur faudra alors faire le choix entre ***c*** et ***ç***, selon le son produit.

3. Institutionnalisation (collectif)

• À partir d'indices, faire trouver les mots stars ✪ (meilleur taux de fréquence et de pourcentage de réussite dans l'écriture des mots au CE2), soit à l'oral, soit à l'écrit : écrire la première lettre du mot, le nombre de lettres et donner les indices ci-dessous.

Mots Stars ✪

- **son [k] :**

– ***c* devant *r, o, u, l, a* :** mot en 8 lettres qui désigne une action que l'on fait en maths quand on pose un calcul : **calculer** ✪ (F : 81 ; R : 90 %)

- **son [s] :**

– ***c* devant *e, i, y* :** mot en 4 lettres qui est l'ami de *cela* : **ceci** ✪ (F : 40 ; R : 96 %)

– ***ç* devant *a, o, u* :** mot en 6 lettres qui désigne un homme dans son enfance : **garçon** ✪ (F : 423 ; R : 94 %)

- **son [ʃ] :**

– ***c* devant *h* :** mot en 4 lettres qui désigne un animal domestique de la race des félins : **chat** ✪ (F : 666 ; R : 98 %)

- **lettre muette :**

– ***c* en fin de mot** : mot en 5 lettres qui désigne la couleur du lait : **blanc** ✪ (F : 518 ; R : 83 %)

- Distribuer la leçon, la projeter et la lire collectivement de manière ciblée. SQ4. Doc. 2

Remarque : Il est possible, afin d'économiser les photocopies, de placer au verso de cette leçon la fleur récapitulative, qui sera étudiée la séance suivante. SQ4. Doc. 3

+ distribuer L06

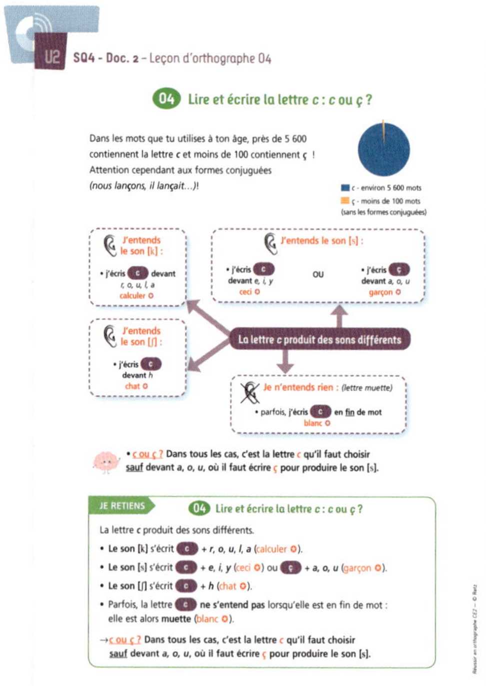

U2 SQ4 - Doc. 2 – Leçon d'orthographe 04

04 Lire et écrire la lettre *c* : *c* ou *ç* ?

Dans les mots que tu utilises à ton âge, près de 5 600 contiennent la lettre **c** et moins de 100 contiennent **ç** ! Attention cependant aux formes conjuguées *(nous lançons, il lançait…)*!

J'entends le son [k] :
- j'écris c devant *r, o, u, l, a*
calculer ✪

J'entends le son [s] :
- j'écris c devant *e, i, y*
ceci ✪
ou
- j'écris ç devant *a, o, u*
garçon ✪

J'entends le son [ʃ] :
- j'écris c devant *h*
chat ✪

La lettre *c* produit des sons différents

Je n'entends rien : *(lettre muette)*
- parfois, j'écris c en fin de mot
blanc ✪

- c ou ç ? Dans tous les cas, c'est la lettre c qu'il faut choisir sauf devant *a, o, u*, où il faut écrire ç pour produire le son [s].

JE RETIENS

04 Lire et écrire la lettre *c* : *c* ou *ç* ?

La lettre *c* produit des sons différents.
- Le son [k] s'écrit c + *r, o, u, l, a* (calculer ✪).
- Le son [s] s'écrit c + *e, i, y* (ceci ✪) ou ç + *a, o, u* (garçon ✪).
- Le son [ʃ] s'écrit c + *h* (chat ✪).
- Parfois, la lettre c ne s'entend pas lorsqu'elle est en fin de mot : elle est alors muette (blanc ✪).

→ c ou ç ? Dans tous les cas, c'est la lettre c qu'il faut choisir sauf devant *a, o, u*, où il faut écrire ç pour produire le son [s].

Réussir en orthographe CE2 – © Retz

Sem. du 28/11

4. Entrainement (individuel/collectif)

ACTIVITÉ 1 – Jeu du piston : Vrai ou Faux ? (oral)

Objectif : comprendre si la phrase est juste ou fausse (être capable de restituer les apprentissages).

Consigne : « Reste assis si la phrase est juste. Lève-toi si la phrase est fausse. »

Phrases proposées (correction orale après chaque phrase avec explicitation et exemple à l'appui) :

1) *Pour faire le son [s], j'écris* **ç** *devant* e, i *ou* y. (Faux, devant *e*, *i* ou *y*, il faut écrire *c*.)

2) *Pour faire le son [k], il faut écrire* **c** *devant* r, o, u, l, a *(prononcer : roula)*. (Vrai)

3) *La lettre* **c** *se prononce* <u>*toujours*</u> *dans les mots.* (Faux, parfois c'est une lettre muette.)

4) *Pour faire le son [ʃ], il faut écrire la lettre* **c** *devant* h. (Vrai)

5) *Pour faire le son [s] devant* a, o, u, *j'écris* **c**. (Faux, il faut écrire *ç* pour produire le son [s] devant *a*, *o*, *u*.)

Les 3 rituels de la semaine 9 Dictées

(Voir *Présentation des rituels de l'unité 2*, p. 78)

• **Rituel Jour 2** (ardoise ou cahier du jour)

Entrainement : dictée des mots des séries 1 et 2 de la liste L04

RITUELS U1. L04

• **Rituel Jour 3** (ardoise ou cahier du jour)

Entrainement : dictée des mots des séries 3 et 4 de la liste L04

RITUELS U1. L04

• **Rituel Jour 4**

Dictée discutée A RITUELS U2. Dictée discutée A (3 versions différenciées)

+ distribution de la liste L06 RITUELS U2. L06

RITUEL JOUR 2 Dictée des mots de L04

• Expliquer aux élèves le fonctionnement de la semaine : il s'agit de faire partir des livreurs de pizzas. Il faut reprendre la liste L04 déjà étudiée car beaucoup de mots qu'elle contient ont 3 cartons à pizza : certains livreurs sont donc « bloqués ». Il s'agit de stabiliser leur orthographe car ces mots comportant *am/an*, *en/em*, *on/om*, *in/im* seront réinvestis dans la dictée discutée du jour 4.

• Dicter les mots des séries 1 et 2 de la liste L04, en choisissant l'un des deux dispositifs exposés précédemment (voir *Les dictées d'entrainement*, p. 30).

> – série 1 : souri**an**t, méfi**an**t, la confi**an**ce, l'**am**bition
> – série 2 : une s**en**sation, un s**en**tim**en**t, cont**en**t, tr**em**bler

→ **Travail personnel à donner :** faire réviser les séries 3 et 4 de la liste L04.

RITUEL JOUR 3 Dictée des mots de L04

Dicter les mots des séries 3 et 4 de la liste L04, en choisissant l'un des deux dispositifs exposés précédemment.

> – série 3 : la h**on**te, une émoti**on**, un friss**on**, un c**om**pliment
> – série 4 : le chagr**in**, une **in**quiétude, **in**juste, **im**prudent

→ **Travail personnel à donner** : faire relire la leçon 02 (sur *an/am, en/em, on/om, in/im*) et la leçon 03 (sur *s* ou ss) pour la première dictée discutée prévue en jour 4.

RITUEL JOUR 4 Dictée discutée A

• Il s'agit de la **première dictée discutée** de l'unité 2 (voir le descriptif précis de ses modalités, *Présentation de l'unité 2*, p. 79).

Elle portera sur des mots avec *an/am, en/em, on/om, in/im* et la lettre *s*. L'objectif pour les élèves est de transférer les règles apprises pendant l'unité 1 sur des termes qui n'ont pas forcément été étudiés précédemment, en mobilisant leurs connaissances et les mots stars ✪. Placés en binômes homogènes, ils doivent discuter sur chaque item et expliciter leur choix orthographique.

Préciser que cette dictée discutée aura lieu une semaine sur deux, en alternance avec la dictée grignotée et qu'elle permettra de réviser les notions étudiées pour les mémoriser plus durablement.

• Fournir le support correspondant à chaque élève (niveau expert***, niveau intermédiaire**, niveau Coup de pouce*).

• Lire le texte à voix haute, laisser les élèves échanger librement sur son contenu.

> Léonard de Vinci, né en Italie, est un homme étonnant qui a vécu à la période de la Renaissance. Il est considéré comme l'un des plus grands génies de tous les temps ! Tout au long de sa vie, il a réalisé de très* nombreuses inventions, comme des projets d'engins volants, par exemple. Il a aussi* peint des œuvres importantes comme « La Joconde ». Dès* son enfance, il est passionné par l'observation de la nature qui lui donnera plein d'idées !

• Faire réaliser la dictée discutée A, en suivant les différentes étapes. La correction est disponible. RITUELS U2. Dictée discutée A – Correction

Remarque : En passant dans les groupes, insister auprès des élèves sur la nécessité de donner des arguments pour valider chaque choix.

• Distribuer la liste L06, la faire lire.

→ **Travail personnel à donner** : faire apprendre les mots des séries 1 et 2 de L06.

Séance 2 I Lire et écrire la lettre *c* : *c* ou *ç* ? (2)

Objectifs

- Identifier les valeurs sonores de la lettre *c* : son [k], son [s], son [ʃ], valeur zéro (lettre muette).
- Repérer et utiliser à bon escient les lois de position afin de choisir les graphèmes *c/ç* pour écrire un mot selon le son produit.
- Utiliser des mots stars ✪ pour illustrer les règles.

Documents

- Fleur des mots avec *c* ou *ç* SQ4. Doc. 3
- Entrainement : *Duel : c ou ç ?* SQ4. Doc. 4
- Application SQ4. Doc. 5
- Correction de l'application SQ4. Doc. 5 bis

1. Rappel (collectif)

Faire rapidement réactiver le contenu de la séance précédente, dont les règles et les mots stars ✪ correspondants. Rappeler qu'entre ***c*** et ***ç***, dans tous les cas, c'est la lettre ***c*** qu'il faut choisir sauf devant *a, o, u* où il faut écrire ***ç*** pour produire le son [s]. Préciser aux élèves que les lettres *a, o, u* seront grisées dans les exercices pour les aider : il leur faudra alors faire le choix entre ***c*** et ***ç***, **selon le son produit.**

→ Expliciter l'objectif de la séance : étudier la lettre ***c***, avec ses deux formes courantes, ***c*** et ***ç***. Il s'agit de s'entrainer à les lire et à les écrire correctement en fonction du son produit.

2. Découverte d'un outil récapitulatif (collectif)

- Distribuer la fleur récapitulative SQ4. Doc. 3 et la projeter simultanément. Faire observer son organisation, l'expliciter, puis lire oralement le contenu des pétales.
- Demander aux élèves de repérer les mots stars ✪.

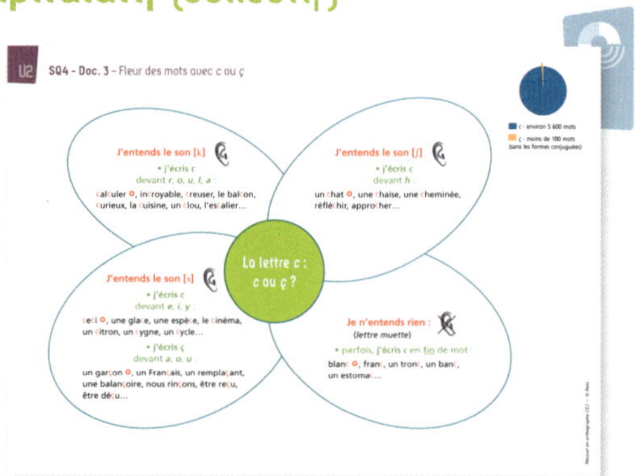

3. Entrainement (par 2, individuel / collectif)

ACTIVITÉ 1 – Duel : *c* ou *ç* ? SQ4. Doc. 4

Objectif : savoir utiliser la loi de position pour choisir la lettre adéquate : *c* ou *ç* devant *a, o, u*.

Consigne : « Attrape le plus rapidement possible l'étiquette qui convient pour former le son [k] ou [s] devant *a, o, u* avec les lettres *c* ou *ç*. »

Déroulement : les élèves sont en binômes de niveau homogène, un jeu pour deux disposé devant eux, à leur faire découper préalablement. L'enseignant(e) écrit au dos du tableau le mot incomplet. Lorsque celui-ci est dévoilé, l'élève de chaque binôme doit attraper le plus rapidement possible l'étiquette qui correspond. Proposer d'abord un exemple pour mettre en situation les élèves : *la le…on*.

Corriger après chaque item en rappelant que l'on n'écrit *ç* devant *a, o, u* que si le son produit est [s]. L'élève qui a attrapé en premier l'étiquette correcte marque un point. Attention : une étiquette touchée ne peut être changée. Le jeu démarre les mains derrière le dos.

Corpus : es…alader - il avan…ait – un aper…u – du cho…olat - nous lan…ons - un …adre

Variante : faire réaliser l'activité sur l'ardoise, avec la lettre **c** notée sur une face et **ç** sur l'autre. À un signal précis, les élèves doivent montrer la face correspondante.

ACTIVITÉ 2 – Le bon choix (ardoise ou brouillon)

Objectif : en fonction du son produit, [k], [s], [ʃ] ou de la valeur zéro, savoir examiner l'environnement pour choisir la graphie adéquate : *c* ou *ç*.

Consigne : « Complète chaque mot avec la lettre qui convient : **c** ou **ç**. »

Déroulement : l'enseignant(e) donne d'abord un exemple, en écrivant le son souhaité entre crochets : [k], puis en notant au tableau : *la ...apitale*. Les élèves doivent écrire la réponse sur l'ardoise ou au brouillon. Corriger après chaque item en faisant reformuler les règles étudiées et en donnant oralement le mot star ✪ correspondant.

Corpus : [k] : une bis...otte – une ...lé ; [s] : un commer...ant - annon...er ; [ʃ] : un ...hoc ; lettre muette : un tron...

Remarque : Entre *c* et *ç*, montrer que c'est la lettre *c* qu'il faut choisir en général ; la graphie *ç* n'est à utiliser que pour produire le son [s] devant *a*, *o*, *u*.

4. Application (individuel)

• Distribuer la fiche d'application SQ4. Doc. 5. Faire lire les consignes 1 à 6, puis les expliciter en cas de difficultés. Faire lire le texte de l'exercice 6.

U2 SQ4 - Doc. 5 bis – Application – Correction

Orthographe – Lire et écrire la lettre c : c ou ç ?

❶ Je comprends ce que je fais. **Entoure la réponse correcte.**

a. Entre *c* et *ç*, c'est l'écriture *ç* la plus fréquente.	• Vrai	• (Faux)
b. La lettre *c* peut produire les sons [k] et [s].	• (Vrai)	• Faux
c. La lettre *c* s'entend toujours dans les mots.	• Vrai	• (Faux)
d. Je n'écris *ç* que devant **a**, **o**, **u** pour produire le son [s].	• (Vrai)	• Faux

❷ **Complète les mots stars ✪ pour illustrer les règles étudiées.**

CALCULER CECI UN GARÇON UN CHAT BLANC

❸ **Dans les phrases ci-dessous, colorie les lettres en gras : en jaune lorsqu'elles produisent le son [k], en bleu, le son [s], en orange, le son [ʃ] et en rose quand elles sont muettes.**

On apercevait un charmant colibri posé sur un tronc.
Soudain, j'avançai pour l'observer.

❹ **Complète chaque série avec c ou ç.**

Des voyelles sont grisées pour t'aider à vérifier s'il faut écrire *c* ou *ç*.

- **son [k]** : un escalier – le balcon – la cuisine – un clou – creuser
- **son [ʃ]** : une chambre – une chaise – une cheminée
- **lettre muette, en fin de mot** : être franc – un banc – un estomac
- **son [s]** : • une pièce – le citron – le cygne
  • un Français – une balançoire – être reçu

Réussir en orthographe CE2 – © Retz

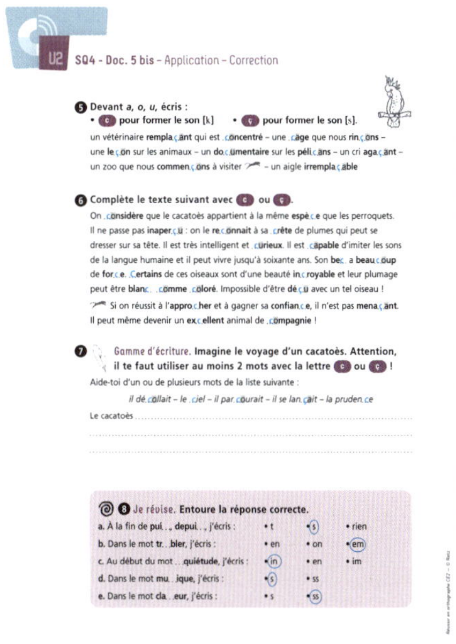

U2 SQ4 - Doc. 5 bis – Application – Correction

❺ **Devant *a*, *o*, *u*, écris :**
• **c pour former le son [k]** • **ç pour former le son [s].**

un vétérinaire **remplaçant** qui est **concentré** – une **cage** que nous **rinçons** – une **leçon** sur les animaux – un **documentaire** sur les **pélicans** – un cri **agaçant** – un zoo que nous **commençons** à visiter – un aigle **irremplaçable**

❻ **Complète le texte suivant avec c ou ç.**

On **considère** que le cacatoès appartient à la même **espèce** que les perroquets. Il ne passe pas **inaperçu** : on le **reconnait** à sa **crête** de plumes qui peut se dresser sur sa tête. Il est très intelligent et **curieux**. Il est **capable** d'imiter les sons de la langue humaine et il peut vivre jusqu'à soixante ans. Son **bec** a **beaucoup** de **force**. **Certains** de ces oiseaux sont d'une beauté **incroyable** et leur plumage peut être **blanc** **comme** **coloré**. Impossible d'être **déçu** avec un tel oiseau !
Si on réussit à l'**approcher** et à gagner sa **confiance**, il n'est pas **menaçant**. Il peut même devenir un **excellent** animal de **compagnie** !

❼ Gamme d'écriture. **Imagine le voyage d'un cacatoès. Attention, il te faut utiliser au moins 2 mots avec la lettre c ou ç !**

Aide-toi d'un ou de plusieurs mots de la liste suivante :

il décollait – le ciel – il parcourait – il se lançait – la prudence

Le cacatoès ....

❽ Je révise. **Entoure la réponse correcte.**

a. À la fin de **pui..**, **depui..**, j'écris :	• t	• (s)	• rien
b. Dans le mot **tr..bler**, j'écris :	• en	• on	• (em)
c. Au début du mot **..quiétude**, j'écris :	• (in)	• en	• im
d. Dans le mot **mu..ique**, j'écris :	• (s)	• ss	
e. Dans le mot **cla..eur**, j'écris :	• s	• (ss)	

Réussir en orthographe CE2 – © Retz

• Rappeler que les parties des exercices précédées d'un puma ne concernent que les élèves performants. Elles ne peuvent être réalisées qu'après toutes les autres et ce, uniquement, en fonction du temps restant.

• Faire réaliser les exercices 1 à 6 individuellement, en suivant le scénario de différenciation préconisé (*cf. Présentation générale*, p. 12).

• Ensuite (ou le lendemain), lire la consigne 7 de la *gamme d'écriture*. Puis, demander à chaque élève de rédiger sa propre gamme d'écriture.

• Rappeler que le dernier exercice est un exercice de révision qui permet de revenir sur des savoirs précédents, afin de les garder en mémoire, d'où le dessin de spirale.

• En fonction du temps restant ou ultérieurement, corriger SQ4. Doc. 5 bis. Faire lire les phrases de la gamme d'écriture par les élèves volontaires et valoriser les propositions.

Productions d'élèves de CE2 :

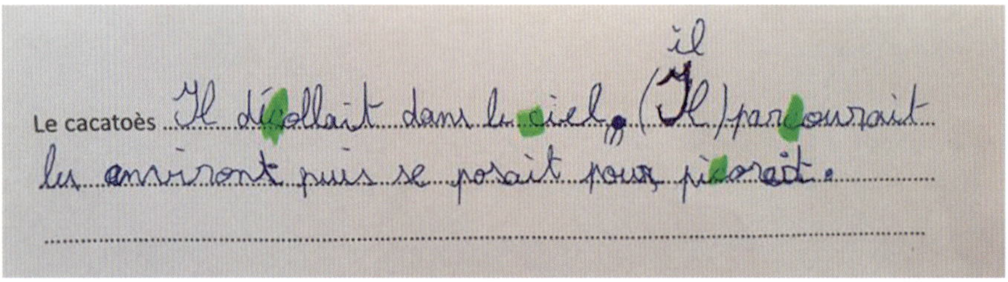
Le cacatoès Il décollait dans le ciel. (Il) parcourait les environt puis se posait pour picorait.

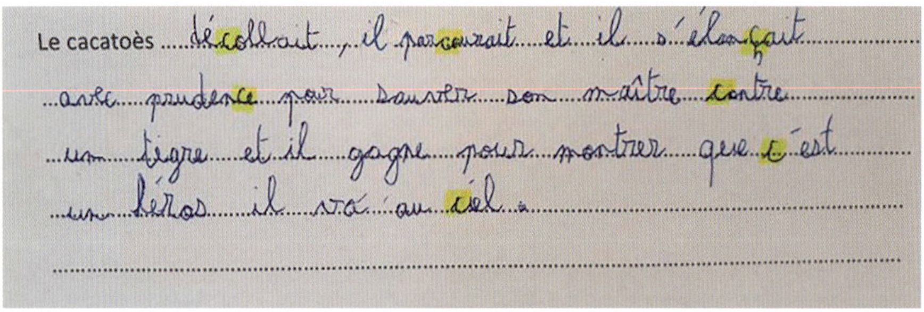
Le cacatoès décollait, il parcourait et il s'élançait avec prudence pour sauver son maître contre un tigre et il gagne pour montrer que c'est un héros il va au ciel.

Les 3 rituels de la semaine 10 Dictées

(Voir *Présentation des rituels de l'unité* 1, p. 30)

• **Rituel Jour 2** (ardoise ou cahier du jour)

Entrainement : dictée des mots des séries 1 et 2 de la liste L06

RITUELS U2. L06

• **Rituel Jour 3** (ardoise ou cahier du jour)

Entrainement : dictée des mots des séries 3 et 4 de la liste L06

RITUELS U2. L06

• **Rituel Jour 4**

Dictée grignotée n° 6 intégrant des mots de L06

RITUELS U2. Dictée grignotée n° 6 (3 versions différenciées)

+ faire réviser les mots complexes de la liste L05 RITUELS U1. L05

RITUEL JOUR 2 Dictée des mots de L06

Dicter les mots des séries 1 et 2 de la liste L06, en choisissant l'un des deux dispositifs exposés précédemment (voir *Les dictées d'entrainement*, p. 30).

- série 1 : la **c**uisine, un **c**anapé, un es**c**alier, un bal**c**on
- série 2 : une gla**c**e, une piè**c**e, un espa**c**e, le domi**c**ile

→ **Travail personnel à donner :** faire réviser les séries 3 et 4 de la liste L06.

RITUEL JOUR 3 Dictée des mots de L06

Dicter les mots des séries 3 et 4 de la liste L06, en choisissant l'un des deux dispositifs exposés précédemment.

- série 3 : un ma**ç**on, il per**ç**ait, la fa**ç**ade, une balan**ç**oire
- série 4 : la **c**hambre, une **c**haise, la **c**heminée, un **c**halet

→ **Travail personnel à donner :** faire réviser les séries 1 à 4 de la liste L06.

RITUEL JOUR 4 Dictée grignotée n° 6

- Fournir le support correspondant à chaque élève (niveau expert***, niveau intermédiaire**, niveau Coup de pouce*).
- Lire le texte à voix haute, laisser les élèves échanger librement sur le contenu.
- Dicter le texte. La correction est disponible. RITUELS U2. Dictée grignotée n° 6 – Correction

Pour nous changer de notre **domicile** en travaux où le **maçon** **perçait** encore les murs la semaine dernière, mes parents ont décidé de louer un **chalet** à la montagne pour les vacances d'hiver. Sur les photos, nous admirons sa **façade** en bois et son jardin avec une **balançoire**. Dans la **pièce** principale, il y a beaucoup d'**espace** et un **canapé** placé devant la **cheminée** semble parfait pour se reposer après une journée de ski ! Je nous imagine en train de manger de la raclette dans la grande **cuisine**, miam ! Un **escalier** mène à ma future **chambre**. Celle-ci a un bureau avec une **chaise** roulante, face à une **glace**, et il y a même un **balcon** avec vue sur le Mont-Blanc, grand luxe ! J'ai hâte d'y aller !

→ **Travail personnel à donner :** faire réviser les mots ayant 3 cartons à pizza de la liste LO5.

Lire et écrire la lettre *g* : *g*, *gu* ou *ge* ?

MISE AU POINT DIDACTIQUE ET PÉDAGOGIQUE

La lettre *g* a plusieurs valeurs, ce qui la rend complexe à employer.

- Elle transcrit des **phonèmes** :

– soit **[g]** : elle s'écrit ***g*** avec *a, o, u* (*ga, go, gu*) ou *r, l* (*gr, gl*) ;
gu avec *e, i, y* (*gue, gui, guy*) ;

– soit **[ʒ]** : elle s'écrit ***g*** avec *e, i, y* (*ge, gi, gy*) ;
ge avec *a, o, u* (*gea, geo, geu*).

- Elle fait partie d'un **digramme** avec *n* et produit le son [ɲ] *(gn)*.
- En fin de mot, elle est parfois :

– **muette** et porte alors une valeur lexicale : elle relie le mot à sa famille (*long/longueur* ; *rang/ranger*, etc.). Elle a également une valeur distinctive : *poin**g** /poin**t***. Ces deux valeurs seront essentiellement développées au CM1.

– **prononcée [g]** dans des mots empruntés à l'anglais (*parkin**g***).

La production des sons [g] et [ʒ] tient aux lettres (et surtout aux voyelles) qui suivent la lettre *g*. Il s'agit donc d'éveiller l'attention des élèves sur son environnement et mettre en avant, une fois de plus, les **lois de position**.

Les signes API pour transcrire les trois phonèmes ne sont pas nécessairement clairs pour des élèves de CE2 ; il parait donc utile de fournir un mot très connu qui puisse servir de référence pour chaque son. C'est pourquoi, tout au long de la séquence, il est précisé [g] comme dans *gare*, [ʒ] comme dans *géant*, [ɲ] comme dans *montagne*, en accentuant chaque fois le phonème concerné.

La base *Manulex* répertorie 2 800 mots environ contenant la lettre *g* (toutes classes grammaticales confondues, en excluant les noms propres) et sans la graphie peu fréquente *gg* que l'on trouve dans *aggraver*. Mais le nombre est bien plus élevé quand on considère les formes conjuguées : 104 verbes en *-ger* sont relevés dans la base. Le pourcentage de mots contenant *geo*, *gea* est donc sous-évalué. Ces verbes constituent une des difficultés de la conjugaison avec des formes en *-geons* (pour le présent : *nous mangeons*), en *-geais/t* et *-geaient* (pour l'imparfait : *je mangeais, tu mangeais, il/elle mangeait, ils/elles mangeaient*). **Il est donc important de travailler la lettre *g* dont l'orthographe impacte non seulement les mots lexicaux mais aussi la conjugaison.**

Cette séquence permet aux élèves de CE2 de prendre des repères concernant les différentes graphies de *g*. Elle les amène essentiellement à identifier la lettre qui suit pour faire le choix orthographique pertinent mais les règles doivent toujours rester consultables, en raison de la complexité de l'emploi de cette lettre. L'étude de celle-ci sera revue de façon plus approfondie au CM1 (dans *Réussir en orthographe CM1*), en 3 séances, afin d'automatiser son emploi et d'intérioriser la règle.

Attendus de fin d'année de CE2 **(2019, p. 8)**
« Passer de l'oral à l'écrit
Ce que sait faire l'élève :
Connaître :
– les correspondances graphophonologiques ;
– la valeur sonore de certaines lettres (s – c – g) selon le contexte. »

Séance 1 | Lire et écrire la lettre *g* : *g*, *gu* ou *ge* ? (1)

Objectifs

- Identifier les valeurs sonores de la lettre *g* : son [g], son [ʒ], son [ɲ], valeur zéro (lettre muette).
- Repérer les lois de position afin de choisir les graphèmes *g*/*gu*/*ge* pour écrire un mot selon le son produit.
- Identifier et mémoriser des mots stars ✪ pour illustrer les règles.

Documents

- Recherche SQ5. Doc. 1
- Leçon SQ5. Doc. 2

1. Découverte/recherche (individuel/collectif, par 2)

• Écrire au tableau : *un …éant – une …are – la monta…ne.* Demander aux élèves de trouver la lettre mystère, présente dans ces trois termes et concernant près de 2 800 mots utilisés à leur âge. Après les propositions des élèves, annoncer qu'il s'agit de la lettre ***g***.

→ Expliciter l'objectif de la séance : étudier la lettre ***g***, car elle est très fréquente. Il s'agit de comprendre comment la lire et comment l'écrire correctement en fonction du son produit.

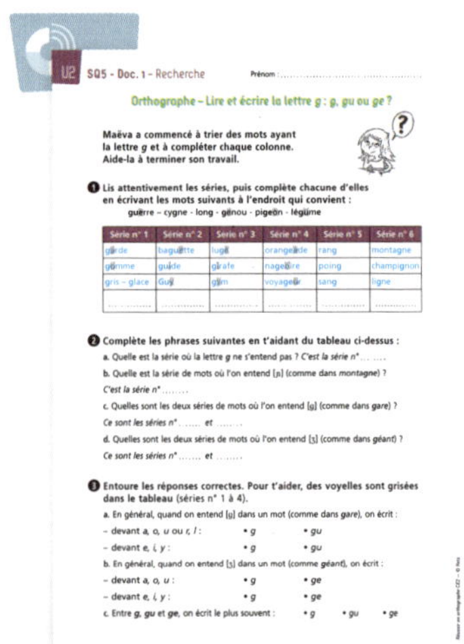
U2 SQ5 - Doc. 1 - Recherche Prénom : ……………

Orthographe – Lire et écrire la lettre *g* : *g*, *gu* ou *ge* ?

Maëva a commencé à trier des mots ayant la lettre *g* et à compléter chaque colonne. Aide-la à terminer son travail.

1 Lis attentivement les séries, puis complète chacune d'elles en écrivant les mots suivants à l'endroit qui convient :
guerre – cygne - long - genou - pigeon - légume

Série n° 1	Série n° 2	Série n° 3	Série n° 4	Série n° 5	Série n° 6
garde	baguette	luge	orangeade	rang	montagne
gomme	guide	girafe	nageoire	poing	champignon
gris – glace	Guy	gym	voyageur	sang	ligne
…………	…………	…………	…………	…………	…………

2 Complète les phrases suivantes en t'aidant du tableau ci-dessus :
a. Quelle est la série où la lettre *g* ne s'entend pas ? *C'est la série n°* ……
b. Quelle est la série de mots où l'on entend [ɲ] (comme dans *montagne*) ? *C'est la série n°* ……
c. Quelles sont les deux séries de mots où l'on entend [g] (comme dans *gare*) ? *Ce sont les séries n°* …… *et* ……
d. Quelles sont les deux séries de mots où l'on entend [ʒ] (comme dans *géant*) ? *Ce sont les séries n°* …… *et* ……

3 Entoure les réponses correctes. Pour t'aider, des voyelles sont grisées dans le tableau (séries n° 1 à 4).
a. En général, quand on entend [g] dans un mot (comme dans *gare*), on écrit :
– devant *a*, *o*, *u* ou *r*, *l* : • *g* • *gu*
– devant *e*, *i*, *y* : • *g* • *gu*
b. En général, quand on entend [ʒ] dans un mot (comme *géant*), on écrit :
– devant *a*, *o*, *u* : • *g* • *ge*
– devant *e*, *i*, *y* : • *g* • *ge*
c. Entre *g*, *gu* et *ge*, on écrit le plus souvent : • *g* • *gu* • *ge*

• Distribuer la recherche. SQ5. Doc. 1 La projeter simultanément.

• Lire collectivement la 1re consigne ainsi que les séries de mots. Amener les élèves à repérer la lettre ***g*** dans les différents termes. Ensuite, leur demander de réaliser cette tâche individuellement, puis corriger collectivement en faisant identifier les lettres qui suivent.

• Faire découvrir la 2e consigne collectivement, puis l'expliquer. Prononcer les trois sons notés entre crochets avec les exemples associés pour aider les élèves à les identifier ; inciter les élèves à les répéter à voix haute. Leur demander de réaliser individuellement l'activité, puis la corriger.

• Enfin, faire découvrir la 3e consigne collectivement, puis proposer de mener la réflexion en binômes.

2. Mutualisation (collectif)

• À partir des productions des élèves, faire apparaitre que :

– **la lettre *g*, selon la lettre qui suit, transcrit des sons différents :**

  • le plus souvent [g] *(près de 1 400 mots);*

  • [ʒ] *(plus de 1 150 mots)*[1];

  • [ɲ] *(environ 240 mots);*

  • lorsqu'elle est située en fin de mot, elle peut n'avoir **aucune valeur sonore (lettre muette)** *(moins de 15 termes concernés).* Moduler cependant le propos en rappelant que le ***g*** peut aussi s'entendre à la fin de certains mots, notamment d'origine anglaise (comme *parkin**g***, *campin**g***...) ;

– **Trois graphies apparaissent : *g, gu*** et ***ge.*** Il faut choisir l'une des trois en fonction du son produit et de l'environnement *(les lettres situées autour).* Expliquer que, majoritairement, c'est la graphie ***g*** qui l'emporte, puis ***gu*** et ***ge***. Préciser cependant qu'il faut ajouter les formes conjuguées au présent et à l'imparfait de plus de 100 verbes en *-ger* (comme *nager, manger*...) ! Cette règle d'orthographe sera donc aussi révisée en conjugaison.

• En s'appuyant sur la recherche, faire alors énoncer les principales règles concernant l'utilisation de ***g, gu*** ou ***ge*** dans les mots :

– **Quand on entend [g] : *g* ou *gu* ?** Il faut écrire ***g*** devant les 3 voyelles *a, o, u* et 2 consonnes, principalement : *r* et *l* (rappeler aux élèves comment réorganiser ces 5 lettres pour composer un mot, afin de mieux s'en souvenir → *r, o, u, l, a*) mais il faut écrire ***gu*** devant *e* (et ses formes accentuées *é, è, ê), i, y.*

– **Quand on entend [ʒ] : *g* ou *ge* ?** Il faut écrire ***g*** devant *e* (et ses formes accentuées *é, è, ê), i, y* mais ***ge*** devant *a, o, u.*

– **Quand on entend le son [ɲ] :** il faut écrire ***g*** devant *n.*

1. Aux nombreux mots comportant *g + e, i, y* (ainsi que le *e* accentué), s'ajoutent les termes ayant *ge + a, o, u*. Par exemple, près de 280 noms se terminent par *-age*.

– Parfois, la lettre ***g* ne s'entend pas** lorsqu'elle est en fin de mot : elle est alors **muette**.

• Conclure en montrant qu'**entre *g*, *gu* et *ge*, c'est la lettre *g* qu'il faut écrire devant une consonne (*r*, *l* et *n*) ou en fin de mot. Devant une voyelle, il faut choisir entre *g* et *gu* pour produire le son [g] et entre *g* et *ge* pour produire le son [ʒ]. Le choix dépend du son produit et de la lettre qui suit.** Faire reformuler cette conclusion.

Remarque : Les termes contenant *ge* + *a, o, u* sont peu nombreux (90 mots environ) mais s'y ajoutent toutes les formes conjuguées des 104 verbes terminés par *-ger*, soit 5 formes rien qu'en comptant la première personne du pluriel du présent (*nous mangeons*) et les 4 de l'imparfait (*je mangeais, tu mangeais, il/elle mangeait, ils/elles mangeaient*), à savoir 520 mots !

3. Institutionnalisation (collectif)

• À partir d'indices, faire trouver les mots stars ✪ (meilleur taux de fréquence et de pourcentage de réussite dans l'écriture des mots au CE2), soit à l'oral, soit à l'écrit : écrire la première lettre du mot, le nombre de lettres et donner les indices ci-dessous.

Mots Stars ✪

• **son [g] :**
– ***g* devant *r, o, u, l, a* :** mot en 5 lettres, qui désigne un objet qui efface le crayon à papier : **gomme** ✪ (F : 15 ; R : 91 %)
– ***gu* devant *e, i, y* :** mot en 5 lettres qui désigne une personne qui accompagne pour montrer le chemin ou qui fait la visite d'un endroit : **guide** ✪ (F : 29 ; R : 71 %)

• **son [ʒ] :**
– ***g* devant *e, i, y* :** mot en 5 lettres qui désigne la partie du corps humain où la jambe s'articule avec la cuisse : **genou** ✪ (F : 90 ; R : 89 %)
– ***ge* devant *a, o, u* :** mot en 6 lettres qui désigne un oiseau souvent gris, que l'on retrouve beaucoup dans les villes : **pigeon** ✪ (F : 26 ; R : 43 %)

• **son [ɲ] :**
– ***g* devant *n* :** mot en 5 lettres qui désigne un trait : **ligne** ✪ (F : 313 ; R : 94 %)

• **lettre muette :**
– ***g* en fin de mot** : mot en 4 lettres qui désigne l'inverse de *court* : **long** ✪ (F : 635 ; R : 100 %)

• Distribuer la leçon, la projeter, la lire et commenter collectivement les principaux points. SQ5. Doc. 2

Remarque : Il est possible, afin d'économiser les photocopies, de placer au verso de cette leçon la fleur récapitulative, qui sera étudiée la séance suivante. SQ5. Doc. 3

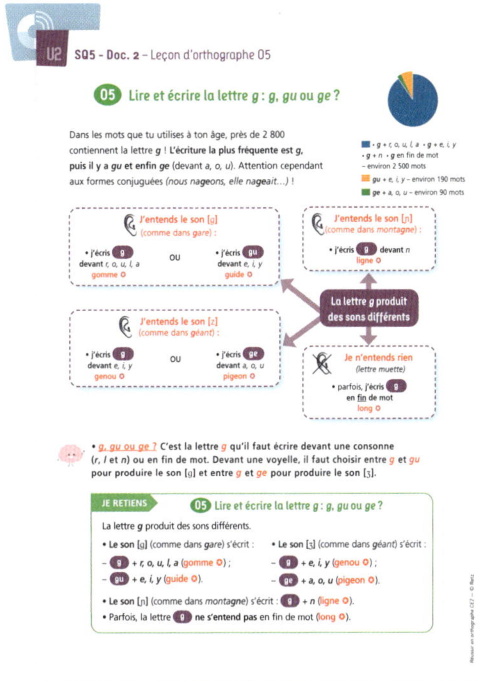

U2 **SQ5 - Doc. 2** – Leçon d'orthographe 05

05 Lire et écrire la lettre *g* : *g*, *gu* ou *ge* ?

Dans les mots que tu utilises à ton âge, près de 2 800 contiennent la lettre *g* ! **L'écriture la plus fréquente est *g*, puis il y a *gu* et enfin *ge*** (devant *a, o, u*). Attention cependant aux formes conjuguées *(nous nageons, elle nageait...)* !

• *g, gu ou ge ?* **C'est la lettre *g* qu'il faut écrire devant une consonne (*r*, *l* et *n*) ou en fin de mot. Devant une voyelle, il faut choisir entre *g* et *gu* pour produire le son [g] et entre *g* et *ge* pour produire le son [ʒ].**

JE RETIENS — **05 Lire et écrire la lettre *g* : *g*, *gu* ou *ge* ?**

La lettre *g* produit des sons différents.

• **Le son** [g] (comme dans *gare*) s'écrit :
– g + *r, o, u, l, a* (gomme) ;
– gu + *e, i, y* (guide).

• **Le son** [ʒ] (comme dans *géant*) s'écrit :
– g + *e, i, y* (genou) ;
– ge + *a, o, u* (pigeon).

• **Le son** [ɲ] (comme dans *montagne*) s'écrit : g + *n* (ligne).
• Parfois, la lettre g **ne s'entend pas** en fin de mot (long).

Réussir en orthographe CE1 – © Retz

4. Entrainement (individuel/collectif)

ACTIVITÉ 1 – Jeu du piston : Vrai ou Faux ? (oral)

Objectif : comprendre si la phrase est juste ou fausse (être capable de restituer les apprentissages).

Consigne : « Reste assis si la phrase est juste. Lève-toi si la phrase est fausse. »

Phrases proposées (correction orale après chaque phrase avec explicitation et exemple à l'appui) :

1) *Entre les écritures* **g**, **gu** *et* **ge**, *c'est la lettre* **g** *toute seule la plus fréquente.* (Vrai)

2) *Pour faire le son* [g], *on peut écrire* **g** *ou* **ge**. (Faux, on peut écrire *g* ou *gu*.)

3) *Pour faire le son* [ʒ], *on peut écrire* **g** *ou* **ge**. (Vrai)

4) *La lettre* **g** *se prononce <u>toujours</u> dans les mots.* (Faux, parfois c'est une lettre muette.)

5) *Pour faire le son* [ɲ], *il faut écrire la lettre* **g** *devant* **n**. (Vrai)

6) *Entre* **g**, **gu** *et* **ge**, *devant une consonne ou en fin de mot, c'est l'écriture* **gu** *qui convient.* (Faux, c'est *g*.)

Les 3 rituels de la semaine 11 Dictées

(Voir *Présentation des rituels de l'unité 2*, p. 78)

- **Rituel Jour 2** (ardoise ou cahier du jour)

Entrainement : dictée des mots des séries 1 à 4 de la liste L05.
RITUELS U1. L05

- **Rituel Jour 3** (ardoise ou cahier du jour)

Entrainement : dictée des mots des séries 1 à 4 de la liste L06.
RITUELS U2. L06

- **Rituel Jour 4**

Dictée discutée B RITUELS U2. Dictée discutée B (3 versions différenciées)
+ distribution de la liste L07 RITUELS U2. L07

RITUEL JOUR 2 Dictée des mots de L05

Expliquer aux élèves le fonctionnement du jour : il s'agit de faire partir des livreurs de pizzas. Seront dictés les mots de la série L05 qui correspondent à 3 cartons à pizza.
Réaliser la dictée, en choisissant l'un des deux dispositifs exposés précédemment (voir *Les dictées d'entrainement*, p. 30).

- séries 1 et 2 : un **s**tylo, un in**s**pecteur ; un profe**ss**eur
- séries 3 et 4 : des ci**s**eaux ; l'anglai**s**, un compa**s**, un sac à do**s**

→ **Travail personnel à donner** : faire réviser les 8 mots de la liste L06 ayant 3 cartons à pizza.

RITUEL JOUR 3 Dictée des mots de L06

Expliquer aux élèves le fonctionnement du jour : il s'agit de faire partir des livreurs de pizzas. Seront dictés les mots de la série L06 qui correspondent à 3 cartons à pizza.
Réaliser la dictée, en choisissant l'un des deux dispositifs exposés précédemment.

– série 2 : une pièce, un espace, le domicile
– séries 3 et 4 : il perçait, la façade, une balançoire ; la cheminée, un chalet

→ **Travail personnel à donner** : faire relire les leçons 02 (sur *an/am, en/em, on/om, in/im*), 03 (sur *s* ou *ss*) et 04 (sur *c* ou *ç*) pour la dictée discutée B.

RITUEL JOUR 4 Dictée discutée B

• Il s'agit de la deuxième dictée discutée de l'unité 2. Rappeler que cette dictée discutée permet de réviser les notions étudiées pour les mémoriser plus durablement. Les élèves connaissent donc le dispositif (mais pour un descriptif précis de ses modalités, voir *Présentation de l'unité 2*, p. 78). Préciser aux élèves que la dictée discutée du jour portera sur des mots avec *an/am, en/em, on/om, in/im*, et sur les lettres *s* et *c*. L'objectif pour eux est toujours de transférer les règles apprises sur des mots qui n'ont pas forcément été étudiés précédemment, en mobilisant leurs connaissances et les mots stars ✪. Placés en binômes homogènes, ils doivent discuter sur chaque item et expliciter leur choix orthographique.

• Fournir le support correspondant à chaque élève (niveau expert***, niveau intermédiaire**, niveau Coup de pouce*).

• Lire le texte à voix haute, laisser les élèves échanger librement sur son contenu.

Wolfgang Amadeus Mozart, né en 1756 en Autriche, est un compositeur très connu ! Ce métier consiste à inventer, puis* à écrire de la musique. Ensuite*, celle-ci peut être jouée par des musiciens. Mozart est tout de suite perçu comme un enfant surdoué. Dès l'âge de trois ans, il montre un talent impressionnant ! Il sait lire des partitions de musique, jouer de plusieurs instruments et composer avant même d'apprendre à lire et à compter. Au total, il aura composé plus de 600 œuvres, dont une cinquantaine entre ses 7 et 8 ans, un vrai génie du passé !

• Faire réaliser la dictée discutée B, en suivant les différentes étapes. La correction est disponible. RITUELS U2. Dictée discutée B – Correction

Remarque : En passant dans les groupes, insister auprès des élèves sur la nécessité de donner des arguments pour valider chaque choix.

• Distribuer la liste L07, la faire lire.

→ **Travail personnel à donner** : faire apprendre les mots des séries 1 et 2 de la liste L07.

Séance 2 | Lire et écrire la lettre *g* : *g*, *gu* ou *ge* ? (2)

Objectifs

- Identifier les valeurs sonores de la lettre *g* : son [g], son [ʒ], son [ɲ], valeur zéro (lettre muette).
- Repérer et utiliser à bon escient les lois de position afin de choisir les graphèmes *g/gu/ge* pour écrire un mot selon le son produit.
- Utiliser des mots stars ✪ pour illustrer les règles.

Documents

- Fleur des mots avec *g*, *gu* ou *ge* SQ5. Doc. 3
- Entrainement : *Duel :* g, gu *ou* ge *?* SQ5. Doc. 4
- Application SQ5. Doc. 5
- Correction de l'application SQ5. Doc. 5 bis

1. Rappel (collectif)

Faire rapidement réactiver le contenu de la séance précédente, dont les règles et les mots stars ✪ correspondants. Rappeler qu'entre *g*, *gu* et *ge*, c'est la lettre *g* qu'il faut écrire devant une consonne (*r*, *l* et *n*) ou en fin de mot. Devant une voyelle, il faut choisir entre *g* et *gu* pour produire le son [g] et entre *g* et *ge* pour produire le son [ʒ]. Le choix dépend du son produit et de la lettre qui suit.

Prévoir une affiche récapitulant les différents cas et/ou laisser la leçon consultable pendant la phase d'entrainement.

→ Expliciter l'objectif de la séance : étudier la lettre *g*, avec ses deux autres formes, *gu* et *ge*. Il s'agit de s'entrainer à les lire et à les écrire correctement en fonction du son produit.

Remarque : L'emploi de la lettre *g* étant complexe, il s'agit essentiellement au CE2 d'inciter les élèves à identifier la lettre qui suit pour appliquer les règles qui restent consultables, pendant toute la durée de la séance. Cette leçon sera revue et automatisée au cours du CM1.

2. Découverte d'un outil récapitulatif (collectif)

- Distribuer la fleur récapitulative SQ5. Doc. 3 et la projeter simultanément. Faire observer son organisation, l'expliciter, puis lire oralement le contenu des pétales.
- Demander aux élèves de repérer les mots stars ✪.

3. Entrainement (individuel/collectif, par 2)

ACTIVITÉ 1 – Duel : *g*, *gu* ou *g*, *ge* ? SQ5. Doc. 4

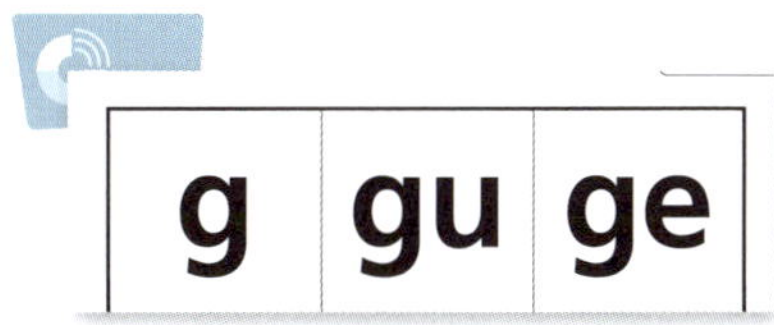

Objectif : savoir utiliser la loi de position pour choisir les lettres adéquates devant une voyelle : ***g*, *gu*** ou ***ge***.

Consigne : « Attrape le plus rapidement possible l'étiquette qui convient pour former le son [g] ou [ʒ] devant une voyelle : ***g*, *gu*** ou ***g*, *ge***. »

Déroulement : les élèves sont en binômes de niveau homogène, un jeu pour deux disposé devant eux, à leur faire découper préalablement. L'enseignant(e) écrit au dos du tableau le mot incomplet, annonce le son concerné et laisse la règle apparente (avec l'affiche ou la leçon consultable pour les élèves : SQ5. Doc. 2). Lorsque le mot est dévoilé, l'élève de chaque binôme doit attraper le plus rapidement possible l'étiquette qui correspond à la réponse correcte.

Proposer d'abord un exemple : annoncer le son souhaité, par exemple [g], ce qui ne laisse que 2 choix : *g* ou *gu*. Puis, dévoiler le mot incomplet : *une …itare*. L'élève qui a attrapé en premier l'étiquette correcte marque un point. Corriger après chaque item. Attention : une étiquette touchée ne peut être changée. Le jeu démarre les mains derrière le dos.

Corpus (les lettres grisées peuvent être entourées par l'enseignant(e) au tableau) :
son [g] : une bla…e – un …orille – se ré…aler ; son [ʒ] : nous man…ons – un piè…e – il voya…ait – rou…ir.

Variante : faire réaliser l'activité sur l'ardoise, avec juste les réponses ***g* / *gu*** à noter d'un côté et ***g* / *ge*** de l'autre. À un signal précis, les élèves doivent souligner la réponse qui convient et montrer la face correspondante.

Remarques : • Avant de montrer le mot incomplet, inciter les élèves à repérer les deux étiquettes possibles (*g/gu* ou *g/ge*) et à se référer à l'affiche ou à la leçon.
• Lors de la correction, faire oraliser collectivement le son produit par la lettre *g* (ou *gu/ge*) pour aider les élèves à bien l'identifier, puis rappeler la procédure pour trouver la réponse.

ACTIVITÉ 2 – Le bon choix (ardoise ou brouillon)

Objectif : en fonction du son produit, [g], [ʒ], [ɲ] ou de la valeur zéro, savoir examiner l'environnement pour choisir la graphie adéquate : ***g, gu*** ou ***ge***.

Consigne : « Complète chaque mot avec la réponse qui convient : ***g, gu*** ou ***ge***. »

Déroulement : en laissant la règle apparente (ou la leçon consultable pour les élèves), l'enseignant(e) donne d'abord un exemple, en écrivant le son souhaité entre crochets : [g], puis en notant au tableau : *une fi...e*. Les élèves doivent écrire la réponse sur l'ardoise ou au brouillon. Corriger après chaque item en faisant reformuler les règles étudiées et en donnant oralement le mot star ✪ correspondant.

Corpus (les lettres grisées peuvent être entourées par l'enseignant(e) au tableau) : [g] : une ba...e – une ...lace ; [ʒ] : ran...er ; il ran...ait ; [ɲ] : sai...ner ; lettre muette : le ran...

Corriger après chaque item. Aider les élèves à se référer à la procédure pour choisir dans chaque cas la graphie adéquate.

4. Application (individuel)

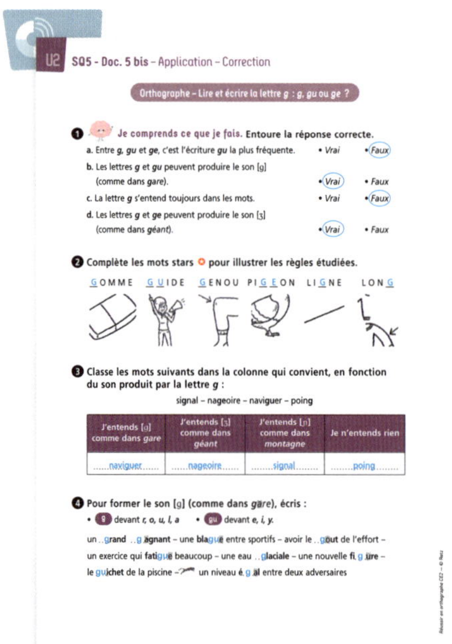

U2 SQ5 - Doc. 5 bis – Application – Correction

Orthographe – Lire et écrire la lettre *g* : *g*, *gu* ou *ge* ?

❶ Je comprends ce que je fais. Entoure la réponse correcte.

a. Entre *g*, *gu* et *ge*, c'est l'écriture *gu* la plus fréquente. • Vrai • (Faux)

b. Les lettres *g* et *gu* peuvent produire le son [g] (comme dans *gare*). • (Vrai) • Faux

c. La lettre *g* s'entend toujours dans les mots. • Vrai • (Faux)

d. Les lettres *g* et *ge* peuvent produire le son [ʒ] (comme dans *géant*). • (Vrai) • Faux

❷ Complète les mots stars ✪ pour illustrer les règles étudiées.

❸ Classe les mots suivants dans la colonne qui convient, en fonction du son produit par la lettre *g* :

signal – nageoire – naviguer – poing

J'entends [g] comme dans *gare*	J'entends [ʒ] comme dans *géant*	J'entends [ɲ] comme dans *montagne*	Je n'entends rien
naviguer	nageoire	signal	poing

❹ Pour former le son [g] (comme dans *gare*), écris :

• g devant *r, o, u, l, a* • gu devant *e, i, y*.

un ..grand ..g agnant – une blague entre sportifs – avoir le ..goût de l'effort – un exercice qui fatigue beaucoup – une eau ..glaciale – une nouvelle fi.g.ure – le guichet de la piscine – un niveau é.g.al entre deux adversaires

Réussir en orthographe CE2 – © Retz

U2 SQ5 - Doc. 5 bis– Application – Correction

❺ Pour former le son [ʒ] (comme dans *géant*), écris :

• g devant **e, i, y** • ge devant **a, o, u.**

une na..g..euse entrainée – un plon.ge.on impressionnant – le ré..g..ime du sportif – des nageuses qui na.ge.aient bien et qui bou.ge.aient avec grâce – un sta..g..e de natation dans la ré..g..ion – un plon.ge.oir très haut – une jeune ..g..ymnaste qui fait un saut dan..g..ereux

❻ Devant les consonnes *(r, l et n)* ou en fin de mot, écris g, quel que soit le son produit.

un long.. et ..grand tournoi – un poi.g.net douloureux – un terrain ..glissant

❼ Complète le texte suivant avec g, gu ou ge, en t'aidant des règles notées dans les exercices précédents.

Connais-tu le ru.g.by ? Des li.g.nes délimitent le terrain rectan.g.ulaire. Selon les rè.g.les, l'objectif est de faire pro..g.resser le ballon ovale en avant pour marquer des points et ga.g.ner en équipe ! Les plaqua.g.es sont autorisés. Selon la lé.g.ende, c'est en 1823, pendant une partie de football dans un collè.g.e d'An.g.leterre, qu'un élève se serait distingué en traversant le terrain avec un ballon dans les bras : ce sport exi.ge.ant serait né ainsi ! Mais les ori..g.ines de ce sport sont certainement plus lointaines, car dès l'Antiquité, les Romains échan.ge.aient un sac rempli de paille. Les matchs en arrivaient parfois aux poing...s !

❽ Gamme d'écriture. Écris une phrase en lien avec le sport avec 2 ou 3 mots contenant la ou les lettres g, gu ou ge.

....

....

....

❾ Je révise. Entoure la réponse correcte.

a. À la fin de longtemp..., toujour..., j'écris : • t • (s) • rien

b. Au début du mot ...prudent, j'écris : • in • (im) • em

c. Dans le mot h...te, j'écris : • (on) • om • in

d. Dans le mot ardoi...e, j'écris : • (s) • ss

e. Dans le mot profe...eur, j'écris : • s • (ss)

Réussir en orthographe CE2 – © Retz

• Distribuer la fiche d'application. SQ5. Doc. 5 Faire lire les consignes des exercices 1 à 7, puis les expliciter en cas de difficultés. Lire le texte de l'exercice 7 à haute voix afin que les élèves discernent les sons attendus.

• Faire réaliser les exercices 1 à 7 individuellement, en suivant le scénario de différenciation préconisé (p. 12).

• Ensuite (ou le lendemain), lire la consigne 8 de la *gamme d'écriture*. Puis, demander à chaque élève de rédiger sa propre gamme d'écriture et de réaliser l'exercice de révision.

• En fonction du temps restant ou ultérieurement, corriger. SQ5. Doc. 5 bis. Faire lire les phrases de la gamme d'écriture par les élèves volontaires et valoriser les propositions.

Productions d'élèves de CE2, avant correction :

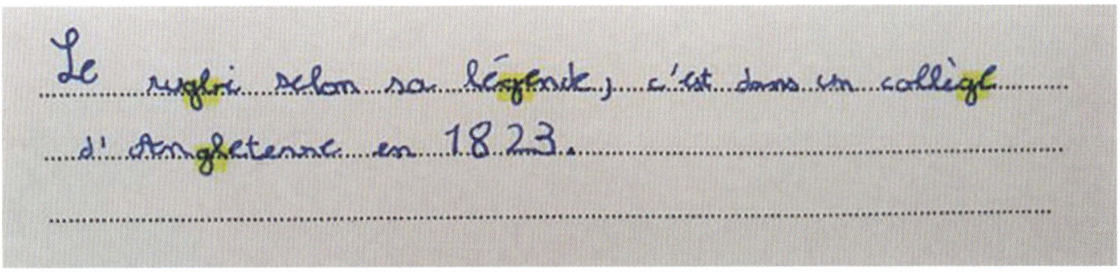
Le rugbi selon sa légende, c'est dans un collègle d'Angleterre en 1823.

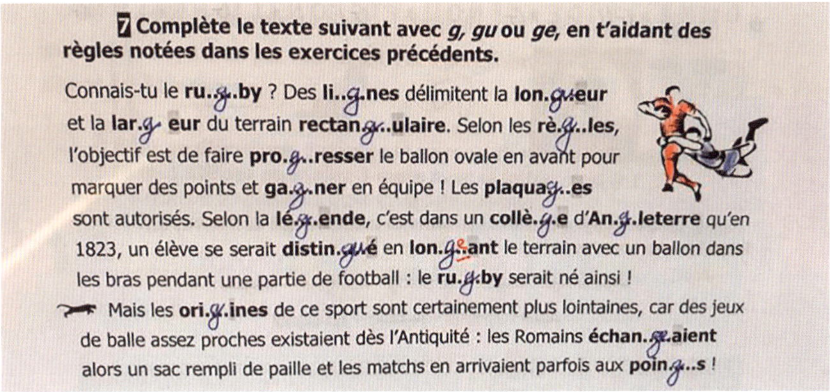
7 Complète le texte suivant avec *g*, *gu* ou *ge*, en t'aidant des règles notées dans les exercices précédents.

Connais-tu le **ru..g..by** ? Des **li..g..nes** délimitent la **lon.gueur** et la **lar.g. eur** du terrain **rectan.g..ulaire**. Selon les **rè.g..les**, l'objectif est de faire **pro.g..resser** le ballon ovale en avant pour marquer des points et **ga.g..ner** en équipe ! Les **plaqua.g..es** sont autorisés. Selon la **lé.g..ende**, c'est dans un **collè.g..e** d'**An.g..leterre** qu'en 1823, un élève se serait **distin.gu.é** en **lon.ge..ant** le terrain avec un ballon dans les bras pendant une partie de football : le **ru.g.by** serait né ainsi !

Mais les **ori.g..ines** de ce sport sont certainement plus lointaines, car des jeux de balle assez proches existaient dès l'Antiquité : les Romains **échan.ge.aient** alors un sac rempli de paille et les matchs en arrivaient parfois aux **poin.g..s** !

Les 3 rituels de la semaine 12 Dictées

(Voir *Présentation des rituels de l'unité 1*, p. 30)

- **Rituel Jour 2** (ardoise ou cahier du jour)

Entrainement : dictée des mots des séries 1 et 2 de la liste LO7

RITUELS U2. LO7

- **Rituel Jour 3** (ardoise ou cahier du jour)

Entrainement : dictée des mots des séries 3 et 4 de la liste LO7

RITUELS U2. LO7

- **Rituel Jour 4**

Dictée grignotée n° 7 intégrant des mots de LO7

RITUELS U2. Dictée grignotée n° 7 (3 versions différenciées)

RITUEL JOUR 2 Dictée des mots de LO7

Dicter les mots des séries 1 et 2 de la liste LO7, en choisissant l'un des deux dispositifs exposés précédemment (voir *Les dictées d'entrainement*, p. 30).

- série 1 : **g**agner, le **g**olf, une rè**g**le, un pro**g**rès
- série 2 : une **gu**itare, une va**gu**e, navi**gu**er, **gu**ider

→ **Travail personnel à donner** : faire apprendre les séries 3 et 4 de la liste LO7.

RITUEL JOUR 3 Dictée des mots de LO7

Dicter les mots des séries 3 et 4 de la liste LO7, en choisissant l'un des deux dispositifs exposés précédemment.

- série 3 : le patina**g**e, le bricola**g**e, le jardina**g**e, la **g**ym
- série 4 : nous na**ge**ons, il/elle na**ge**ait, il/elle plon**ge**ait, un plon**ge**on

→ **Travail personnel à donner** : faire réviser les séries 1 à 4 de la liste LO7.

RITUEL JOUR 4 Dictée grignotée n° 7

- Fournir le support correspondant à chaque élève (niveau expert***, niveau intermédiaire**, niveau Coup de pouce*).
- Lire le texte à voix haute, laisser les élèves échanger librement sur son contenu.
- Dicter le texte. La correction est disponible. RITUELS U2. Dictée grignotée n° 7 – Correction

Nous aimons tous avoir des loisirs. Certains adorent faire du sport comme de la **gym**, du foot, du **golf**, du **patinage**, de la natation... Il faut respecter les **règle**s de chaque sport et s'entrainer pour faire des **progrès**. On peut alors **gagner** de la confiance en soi. D'autres personnes aiment marcher, **naviguer**, qu'il y ait des **vague**s ou non. La musique attire également : certains apprennent le piano, d'autres le violon, la **guitare**... Beaucoup de Français se passionnent aussi pour le **bricolage** et le **jardinage** ; ils se laissent **guider** par leur créativité. Moi, j'adore faire des **plongeon**s dans notre piscine. Avec ma sœur, nous **nageons** pendant des heures. L'été dernier, elle **plongeait** en faisant un saut périlleux, puis elle **nageait** à toute allure, impressionnant !

→ **Travail personnel à donner** : demander aux élèves de mettre une croix au crayon gris devant la dizaine de cartons à pizza non coloriés, à partir de la L04 et de réviser les mots correspondants dont l'orthographe n'est pas encore complètement mémorisée.

Préparation et passation du bilan n° 2

MISE AU POINT DIDACTIQUE ET PÉDAGOGIQUE

La semaine complète est réservée aux bilans et à leur préparation :

- J1 : préparation et passation du bilan des apprentissages n° 2 ;
- J2 et J3 : préparation de la dictée grignotée bilan n° 2 ;
- J4 : réalisation de la dictée grignotée bilan n° 2.

Cependant, le bilan des apprentissages n° 2 et sa préparation peuvent être aménagés de différentes façons :

• Le bilan peut être réalisé de **manière groupée** en reprenant ensemble les deux séquences de l'unité 2 (comme la programmation l'indique), ou de **manière fractionnée**, après chacune des deux séquences travaillées, à la convenance de l'enseignant(e).

• Qu'il soit synthétique ou progressif, il doit être précédé d'une phase de **révision** sur les différents aspects étudiés :

- l'explicitation des règles avec le rappel des mots stars ✪ à l'appui ;
- la réalisation de courts exercices pour se remémorer ces règles et renforcer les automatismes.

Ces révisions peuvent être placées **juste avant** la réalisation du bilan ou être décalées dans le temps, en **amont du bilan**.

• Il est souhaitable d'avoir recours aux affiches produites lors des séquences ou aux traces écrites individuelles afin d'avoir un renfort visuel. Une fiche récapitulative des apprentissages de l'unité 2 est fournie : elle peut être donnée le **jour de l'évaluation**, mais il est préférable de la distribuer **avant l'évaluation** afin de préparer celle-ci : elle servira d'appui au travail personnel des élèves.

Remarque : Il est conseillé de photocopier la fiche récapitulative sur une feuille colorée, afin de lui donner un statut différent et pour signaler la fin d'une unité.

Documents

- Fiche récapitulative de l'unité 2 U2 BILAN. Fiche récapitulative
- Évaluation de l'unité 2 U2 BILAN. Fiche évaluation
- Correction de l'évaluation U2 BILAN. Fiche évaluation – Correction (projetable)

1 | Préparation du bilan n° 2 (individuel/collectif, oral/écrit)

1. Révisions sur les valeurs de la lettre *c*

En oral collectif :

- Distribuer la fiche récapitulative. U2 BILAN. Fiche récapitulative
- Faire lire l'encadré relatif à la lettre ***c*** ; faire reformuler son contenu. Rappeler qu'entre ***c*** et ***ç***, c'est la lettre ***c*** qu'il faut choisir sauf devant *a, o, u*, où il faut écrire ***ç*** pour produire le son [s].

En écrit individuel (à réaliser sur l'ardoise ou au brouillon) :

Faire noter sur l'ardoise ***c*** d'un côté et ***ç*** de l'autre. Sur le tableau, écrire un mot incomplet, puis prononcer le son attendu. À un signal donné, demander aux élèves de montrer la face correspondante ou d'écrire juste la lettre manquante sur le cahier de brouillon, puis corriger en rappelant la règle adéquate.

1. un ...ollant
2. une balan...oire
3. un ...hemin
4. ...urieux
5. dé...u
6. un ban...
7. é...raser
8. ...inéma

Remarque : Les lettres grisées peuvent être entourées par l'enseignant(e) au tableau.

2. Révisions sur les valeurs de la lettre *g*

En oral collectif :

Faire lire l'encadré relatif à la lettre ***g*** sur la fiche récapitulative ; faire reformuler son contenu.

En écrit individuel (à réaliser sur l'ardoise ou au brouillon) :

Laisser la fiche récapitulative disponible ou l'affiche collective (si elle a été réalisée lors de la première séance) visible, afin que les élèves puissent s'y référer pendant les révisions. Demander aux élèves de noter les graphies *g, gu* et *ge* sur l'ardoise. Sur le tableau, écrire un mot incomplet, puis prononcer le son attendu. À un signal donné, leur faire souligner la réponse sur l'ardoise ou leur faire écrire la ou les lettres manquantes sur le cahier de brouillon. Puis, corriger en rappelant la règle correspondante ainsi que la procédure à suivre à l'aide de l'affiche.

1. un ...ant
2. un bour...on
3. un poin...
4. un si...nal
5. une ...enon
6. un sin...e
7. elle man...ait
8. un ...relot

Remarque : Les révisions ne doivent pas dépasser 30 minutes, afin de laisser un temps convenable aux élèves pour découvrir et réaliser le bilan écrit, si celui-ci est fait dans la continuité des révisions.

2 I Passation du bilan n° 2 (individuel, écrit)

- Distribuer le bilan n°2 aux élèves. U2 BILAN. Fiche évaluation
- Préciser que les exercices sont en lien avec le thème de Noël. Faire découvrir les consignes, puis **lire intégralement les textes des exercices 3 et 8 à voix haute** afin de faciliter la tâche des élèves.
- Faire réaliser le bilan individuellement.

U2 **BILAN** - Fiche évaluation – Correction

ORTHOGRAPHE – BILAN N° 2

Je sais lire et écrire la lettre *c* dans un mot : *c* ou *ç* ?

❶ Je comprends ce que je fais. **Entoure la réponse correcte.**

a. Entre *c* et *ç*, l'écriture la plus fréquente est : • (c) • ç
b. La lettre qui ne produit que le son [s] est : • c • (ç)
c. La lettre qui peut produire les sons [s], [k] ou être muette est : • (c) • ç
d. Pour produire le son [s] devant **a, o, u**, il faut écrire : • c • (ç)

❷ **Classe les mots suivants dans la colonne qui convient, en fonction du son produit par la lettre *c* :**

buche – naissance – calendrier – tronc

J'entends [k]	J'entends [s]	J'entends [ʃ]	Je n'entends rien
calendrier	naissance	buche	tronc

❸ **Complète le texte suivant avec c ou ç. *Attention au son produit !***

Pendant les **vacances** d'hiver en **France**, **beaucoup** de maisons sont **décorées** avec un sapin. Au pied de celui-ci, des **cadeaux** sont déposés. Quand les enfants les **aperçoivent** le matin de Noël, souvent, ils poussent un cri **perçant** puis ils se **précipitent** pour les ouvrir.

Quel bonheur pour les enfants de **découvrir** de nouveaux jouets : ils sont rarement **déçus** ! Devant la **cheminée**, il y a parfois des **chaussettes** qui attendent d'être remplies par des **chocolats**. La nourriture est au rendez-vous : il n'est pas rare de manger de **délicieux biscuits** avec un beau **glaçage blanc** dessus, miam ! **Cette** fête familiale permet de **discuter** avec ses **proches** et de **chanter** tous ensemble. De beaux moments à partager en famille !

Réussir en orthographe CE2 – © Retz

U2 **BILAN** - Fiche évaluation – Correction

Je sais lire et écrire la lettre *g* dans un mot : *g, gu* ou *ge* ?

❹ Je comprends ce que je fais. **Entoure la réponse correcte.**

a. Entre *g, gu* et *ge*, l'écriture la plus fréquente est : • (*g*) • *gu* • *ge*
b. En général, quand on entend [g] dans un mot (comme dans *gare*), on écrit :
– devant *a, o, u* ou *r, l* • (*g*) • *gu*
– devant e, *i, y* : • *g* • (*gu*)
c. En général, quand on entend [ʒ] dans un mot (comme dans *géant*), on écrit :
– devant *a, o, u* : • *g* • (*ge*)
– devant e, *i, y* : • (*g*) • *ge*

❺ **Classe les mots suivants dans la colonne qui convient, en fonction du son produit par la lettre *g* :**

patinage – rang – ligne – progrès

J'entends [g] comme dans *gare*	J'entends [ʒ] comme dans *géant*	J'entends [ɲ] comme dans *montagne*	Je n'entends rien
progrès	patinage	ligne	rang

❻ **Pour former le son [g] (comme dans *gare*), écris :**
- g devant *r, o, u, l, a*
- gu devant *e, i, y*.

goûter un **glaçon** – faire une **glissade** – voir un **garçon** qui tire la **langue** – **guider** un **groupe** dans le brouillard – avoir une **figurine** du père Noël

❼ **Pour former le son [ʒ] (comme dans *géant*), écris :**
- g devant *e, i, y*
- ge devant *a, o, u*.

faire de la **luge** sur la **neige** – une mère **arrangeante** face à l'**agitation** de ses enfants – monter sur un **plongeoir** **géant** – applaudir un **gymnaste**

❽ **Complète le texte suivant avec g, gu ou ge. *Attention au son produit !***

Et Noël dans le monde ? Au Japon, pour ceux qui le fêtent, les **gens** décorent **également** leur maison avec un sapin. Ils installent des **guirlandes**, du houx rouge comme le **sang** et du **gui**. L'aliment traditionnel est le **gâteau éponge** **garni** de fraises et de crème. En **Norvège**, la **légende** raconte que c'est une créature qui distribue les cadeaux aux enfants : elle porterait une **longue** barbe, de vieux vêtements et un chapeau **rouge**. Elle **protègerait** les **villageois**, et en retour, elle **grignoterait** un **grand** bol de nourriture à la venue du Noël **glacial**. Étonnant, non ?

Réussir en orthographe CE2 – © Retz

→ **Travail personnel à donner :** faire réviser, dans l'ordre, les 10 à 12 premiers mots (nombre à la convenance de l'enseignant(e)), à partir de la liste orthographique n° 4 (LO4), dont les cartons à pizza ne sont pas entièrement coloriés. Demander aux élèves de repérer ces mots en mettant une croix devant chacun d'eux au crayon gris, par exemple.

Les 3 rituels de la semaine 13 Dictée bilan

(Voir *Présentation des rituels de l'unité 2*, p. 78)

- **Rituel Jour 2** (ardoise ou cahier du jour)
  « Grand départ » des livreurs de pizzas : dictées croisées RITUELS U1. L04 RITUELS U1. L05 RITUELS U2. L06 RITUELS U2. L07

- **Rituel Jour 3** (ardoise ou cahier du jour)
  « Grand départ » des livreurs de pizzas : dictées croisées RITUELS U1. L04 RITUELS U1. L05 RITUELS U2. L06 RITUELS U2. L07

- **Rituel Jour 4** (cahier du jour)
  Dictée grignotée bilan n° 2 RITUELS U2. Dictée grignotée-bilan n° 2

RITUEL JOUR 2 « Grand départ » des livreurs de pizzas : dictées croisées

Expliquer aux élèves l'objectif du « grand départ » : il s'agit de faire partir le plus grand nombre de livreurs de pizzas. Certains cartons ne sont pas entièrement coloriés, ce qui empêche les livreurs de pizzas de partir : ces cartons correspondent à des mots dont l'orthographe n'est pas encore stabilisée. Les élèves vont faire, par binômes, des « **dictées croisées** » pour libérer les livreurs de pizzas : chaque élève va dicter à son ou sa camarade ces mots (voir le descriptif complet dans *Présentation de l'unité 2*, p. 80).

Remarques : • Afin de réduire la durée de l'activité, il vaut mieux éviter de placer dans le même binôme deux élèves au rythme lent.
• En fonction des réussites individuelles, certains élèves finiront ce rituel bien avant les autres. Il est important de les féliciter lorsque leur course est finie. Ils peuvent alors s'entrainer en contextualisant leurs savoirs (gammes d'écriture à réaliser avec les lettres étudiées), ou être valorisés par des activités de tutorat (aide pour dicter les mots aux camarades...). L'enseignant(e) veillera à encourager les élèves qui n'ont pas terminé la course à faire partir le maximum de livreurs.

→ **Travail personnel à donner :** faire réviser, dans l'ordre, les 10 à 12 mots suivants (nombre à la convenance de l'enseignant(e)), dont les cartons à pizza ne sont pas entièrement coloriés. Demander aux élèves de repérer ces mots en mettant une croix devant chacun d'eux au crayon gris, par exemple.

RITUEL JOUR 3 **« Grand départ » des livreurs de pizzas : dictées croisées**

Procéder de la même manière que le jour 2.

→ **Travail personnel à donner :** faire réviser les mots des listes L04 à L07 en vue de la dictée grignotée bilan n° 2 du jour suivant.

RITUEL JOUR 4 **Dictée grignotée bilan n° 2**

• Distribuer le texte à trous, support de la dictée bilan RITUELS U2. Dictée grignotée bilan 2 ; c'est le même support pour tous les élèves qui servira de base d'évaluation. Cependant, l'enseignant(e) peut apporter une aide supplémentaire, de son choix, aux groupes** et Coup de pouce* en fonction des besoins des élèves.

• Lire le texte à voix haute, laisser les élèves échanger librement sur son contenu.

• Dicter le texte.

La mère de Maëva, qui est **professeur**, la conduit dans un lieu surprise pour son anniversaire. Maëva découvre ses amis devant une piste de karting ! Elle adore le **sport** et les **sensations** : elle aime faire du **patinage**, de la **balançoire** et l'été, des **plongeons** dans les grandes **vagues**. Le moniteur, **souriant**, explique d'abord aux enfants chaque **règle** de sécurité : il ne faut pas être **imprudent** sur le circuit ! Avant le tout premier tour, Maëva ressent un **sentiment** d'excitation et un peu d'**inquiétude**. Après plusieurs tours, elle fait de beaux **progrès** et elle reçoit des **compliments** ! Ensuite, avec ses amis, elle va dans une grande **pièce** où il y a une **musique** joyeuse : ses amis s'assoient en cercle sur des **chaises** et sur un grand **canapé** devant une **glace** appétissante : parfait pour continuer cette belle fête et se raconter des **histoires** ! Et toi, as-tu déjà essayé de faire du karting ?

→ **Travail personnel à donner :** faire réviser, dans l'ordre, les 10 à 12 mots suivants (nombre à la convenance de l'enseignant(e)), dont les cartons à pizza ne sont pas entièrement coloriés. Demander aux élèves de repérer ces mots en mettant une croix devant chacun d'entre eux au crayon gris, par exemple.

Remarque : Selon la quantité de livreurs restants à faire partir, l'enseignant(e) calibrera le nombre de mots à faire réviser. Le nombre de 10 à 12 est donné ici à titre indicatif : il se peut, à ce stade, qu'il n'y ait plus que 6 ou 8 mots à faire réviser, par exemple.

Les chaines d'accord : les pluriels réguliers dans la phrase

PROGRAMMATION DE L'UNITÉ 3
LES CHAINES D'ACCORD :
LES PLURIELS RÉGULIERS DANS LA PHRASE

	Leçons – Jour 1	Dictées – Rituels quotidiens des trois autres jours
SÉQUENCE 6		
Semaine 14 p. 127	**Repérer les marques orales et écrites du pluriel dans une phrase (1)**	• J2 : « Grand départ » des livreurs de pizzas (L04 à L07) : **dictées croisées** ou **gamme d'écriture** • J3 : « Grand départ » des livreurs de pizzas (L04 à L07) : **dictées croisées** ou **gamme d'écriture** • J4 : « Grand départ » des livreurs de pizzas (L04 à L07) : **dictées croisées** ou **gamme d'écriture**
Semaine 15 p. 132	**Repérer les marques orales et écrites du pluriel dans une phrase (2)**	• J2 : Codage guidé d'une phrase simple au pluriel • J3 : Codage guidé de la même phrase expansée au pluriel • J4 : **Codage autonome** de la phrase précédente davantage expansée au pluriel
SÉQUENCE 7		
Semaine 16 p. 140	**Écrire les pluriels réguliers en -*s* et -*nt* dans une phrase (avec aide grammaticale) (1)**	• J2 : Codage guidé d'une phrase simple au pluriel • J3 : Codage guidé de la même phrase expansée au pluriel • J4 : **Codage autonome** de la phrase précédente davantage expansée au pluriel
Semaine 17 p. 145	**Écrire les pluriels réguliers en -*s* et -*nt* dans une phrase (avec aide grammaticale) (2)**	• J2 : Codage guidé d'une phrase simple au pluriel • J3 : Codage guidé de la même phrase expansée au pluriel • J4 : **Codage autonome** de la phrase précédente davantage expansée au pluriel

Semaine 18 p. 150	**Écrire les pluriels réguliers en -*s* et -*nt* dans une phrase (sans aide grammaticale) (3)**	• J2 : Transformation d'une phrase au pluriel • J3 : Transformation d'une 2e phrase au pluriel *Distribuer la correction de la dictée de pluriels n° 1 à étudier.* • J4 : **Dictée de pluriels n° 1**
Semaine 19 p. 157	**Préparation et passation du bilan n° 3**	• J2 : Transformation d'une phrase au pluriel • J3 : Transformation d'une 2e phrase au pluriel *Distribuer la correction de la dictée de pluriels n° 2 à étudier.* • J4 : **Dictée de pluriels n° 2**

Présentation de l'unité 3

Les séquences d'apprentissage de l'unité 3

Dans les unités 1 et 2, les élèves ont travaillé sur les relations entre l'oral et l'écrit et ils ont découvert, entre autres, qu'il existe des lettres muettes : *bra***s**, *ban***c**, *lon***g**... Mais ces lettres avec une valeur zéro ne concernent qu'un nombre limité de mots. En orthographe grammaticale, le phénomène est, au contraire, très fréquent : certaines lettres (ou groupes de lettres), muettes, ont pour rôle de donner des informations grammaticales sur le nombre mais aussi sur le genre, le temps, la personne, etc.[1] (ex. : *tu manges* : le *s*, non prononcé, indique que le verbe est à la 2e personne du singulier).

Les unités 3 et 4 sont centrées sur les accords en nombre : les pluriels réguliers dans l'unité 3, auxquels s'ajoutent les pluriels irréguliers dans l'unité 4. La gestion du pluriel constitue l'une des très grandes difficultés de la langue et ce, jusqu'à la fin de la scolarité primaire, voire bien au-delà. Les marques du pluriel qui ne sont pas entendues mais qui doivent être écrites, cette « morphologie muette », induisent, en effet, de très nombreuses erreurs et pèsent lourdement sur l'acquisition de l'orthographe.

L'unité 3 permet aux élèves de CE2 de comprendre quelques éléments essentiels sur la gestion des pluriels.

1. L'écrit ne code pas que de l'oral et certaines lettres, qui n'ont aucune valeur sonore, donnent des informations d'ordre grammatical. Dans *les fille***s**, le *-s* final n'est pas prononcé ; sa présence indique juste la notion de pluriel.

   → Il y a donc beaucoup **plus de marques écrites de pluriel que de marques orales** : un des objectifs de cette unité est précisément de faire observer cette **distorsion très nette entre ce que l'on entend et ce que l'on écrit**, et même de la quantifier, afin de comprendre certains mécanismes de la langue française.

2. Certains termes, cependant, permettent d'éveiller la vigilance et de repérer de façon sûre qu'il s'agit d'un groupe de mots au pluriel (déterminants : *les*, *des*, *ces*, *ses*, *nos*... ; noms : *animaux*... ; verbes : *viennent*...) : ce sont des **mots-signaux** car leur pluriel s'entend et signale ainsi la présence d'une chaine d'accord.

3. Les déterminants sont des mots-signaux particulièrement précieux qui indiquent, en général, le début d'une **chaine d'accord du pluriel** qui peut être plus ou moins étendue. Elle peut se limiter à un groupe nominal au centre duquel se trouve

1. Voir dans l'introduction l'encart « Pourquoi est-il aussi difficile de maitriser l'orthographe française ? », p. 6.

le **nom noyau** qui impose son nombre au déterminant et aux adjectifs, s'il y en a. Elle peut inclure le verbe si le groupe nominal est sujet.

Un codage est installé dès la séquence 6. **Les pièces situées sous les mots permettent de matérialiser les marques du pluriel[2].** Le code couleur est important :

- une pièce d'**or** pour celles qui s'entendent (de l'or car l'information est très précieuse) : ● ;
- une pièce **blanche** pour celles qui ne sont pas audibles : ○ ;
- une **chaine** matérialisant la relation entre tous ces accords : ——— ;
- une **étoile*** pour repérer les mots invariables et les exclure de la chaine d'accord ;
- un **arc** entre deux mots pour signaler les liaisons qui permettent d'entendre certains pluriels : ‿.

La séquence 6 comporte deux séances qui sont focalisées sur le fonctionnement du codage, afin de le mettre en place. Les pièces sont encore vides et l'accent porte sur la distorsion entre les marques orales et écrites. Le nom noyau est mis en gras pour identifier le « chef » de l'accord dans chaque chaine.

La séquence 7 est centrée sur l'écriture des pluriels réguliers, en trois séances, d'abord avec des aides grammaticales, puis sans celles-ci. Les pièces sont alors remplies par les deux marques les plus fréquentes du pluriel :

- ***-s*** pour les déterminants, les noms et les adjectifs ; la pièce est jaune quand le pluriel est audible, blanche quand il ne l'est pas : (s) (s) ;
- ***-nt*** pour les verbes ; la pièce est jaune quand le pluriel est audible, blanche quand il ne l'est pas : (nt) (nt).

La marque -***x***, moins fréquente (environ 5 % des cas), sera abordée dans l'unité suivante.

Dans le schéma d'évolution du marquage du pluriel[3], les élèves de CE2 savent, généralement, utiliser le -*s* pour les noms et l'étendre aux adjectifs (*les chat***s** *noir***s**) mais ils l'ajoutent aussi aux verbes (*ils *mange***s**), en utilisant l'algorithme simple : « si pluriel, alors -*s* ». Il faut donc les aider à distinguer la classe grammaticale du verbe pour appliquer à la fin de ce dernier la marque distinctive -*nt*.

---

2. Il est important d'utiliser un codage pour concrétiser la notion d'accord. Il y en a de plusieurs sortes, notamment à partir de bulles et de flèches. Celui qui nous a paru le plus efficace a été initié par le manuel *L.E.O. – Moniteur d'orthographe* de J.-M. Sandon, D. Dury, F. Michel (Nathan, 1994) avec des petits carrés grisés ou blancs, suivant qu'ils sont audibles ou non. Ce codage a été repris et amélioré par C. Brissaud, D. Cogis et J.-P. Jaffré dans *Comment enseigner l'orthographe aujourd'hui ?* (Hatier, 2011). Ces auteurs proposent de remplir des bulles par les marques -*s*, -*x* ou -*nt*, idée que nous avons reprise et modulée pour la rendre plus attractive.
3. P. Largy, C. Totereau, C. Gunnarsson-Largy, « Apprendre le marquage du pluriel » in *Psychologie cognitive des apprentissages scolaires – Apprendre à lire, écrire, compter* (sous la dir. de L. Ferrand, B. Lété, C. Thévenot), Dunod, 2018, p. 197-198.

La méthodologie à mettre en œuvre, dans un premier temps, est donc la suivante :

1. repérer les mots invariables et les assortir d'une étoile* pour les exclure de la chaine d'accord ;
2. repérer le verbe et le souligner (pour se souvenir ensuite de sa marque spécifique -*nt*) ;
3. repérer les autres mots (noms et adjectifs), qui prennent, pour l'instant, -*s*, et les déterminants, parfois à transformer.

La notion d'accord large <u>dans la phrase</u> (accord dans le groupe nominal et accord Sujet-Verbe) est donc présentée dès le début. Pour quelles raisons ?

• Il est important que les élèves aient une vision d'ensemble des **répercussions du pluriel sur l'ensemble d'une phrase**. Il leur faut comprendre qu'à partir d'un **nom noyau** sujet, il y a une propagation du pluriel sur toute la phrase. (Presque) tous les éléments d'une phrase sont solidaires, et vont covarier ensemble, même s'il est impossible à l'oral d'entendre tous les pluriels. La plupart d'entre eux sont muets : les seuls indices audibles sont des **mots-signaux** (le plus souvent, les déterminants).

• En commençant à poser la chaine d'accord Sujet-Verbe dans la phrase dès la séquence 6, **elle pourra être systématiquement traitée sur l'ensemble des unités 3, 4 et 5**. Ainsi, la compréhension de l'interdépendance des éléments dans une phrase et le codage de la chaine d'accord Sujet-Verbe (même si ces notions ne sont abordées explicitement que lors des leçons de grammaire) seront plus précoces et plus longuement menés que d'habitude, **permettant une meilleure automatisation, dès le CE2.**

Enfin, nous introduisons dans les phrases des **mots invariables**, non seulement pour en réviser l'orthographe (étudiée dans la 1re séquence de l'unité 1) mais aussi pour amener l'idée qu'ils ne sont pas touchés par la variation de la phrase au pluriel puisqu'ils sont par définition « invariables ». Ils sont donc affectés d'une étoile et se retrouvent exclus de la chaine d'accord (il n'y a jamais de pièce en dessous de ces mots).

Les élèves sont ainsi confrontés aux différents cas, de façon globale et spiralaire.

Dans la séquence 7, le codage appris, constamment manipulé, est donc le suivant :

	Mot inv.	Dét.	Nom	Adjectif	Verbe	Dét.	Nom
S	Aussitôt*,	un	marin	agile	<u>pilote</u>	ce	voilier.
P	**Aussitôt*,**	**des**	marin**s**	agile**s**	<u>pilote**nt**</u>	**ces**	voilier**s**.
C		s	s	s	nt	s	s

Les indications sur les classes grammaticales données dans la 1re séance sont retirées à partir de la 3e séance.

Cette méthode, testée dans les classes, plait beaucoup aux élèves et a montré toute son efficacité. La gestion des accords, qui sera encore en cours d'acquisition à la fin du cycle 3, est un domaine particulièrement sensible : il faut la traiter de la manière la plus concrète, cohérente et systématique que possible.

Les rituels orthographiques de l'unité 3

Le programme de 2020 insiste sur la nécessité des **manipulations syntaxiques** car ces opérations permettent de mieux comprendre le fonctionnement de la langue et d'activer le raisonnement grammatical. Toutes les dictées des unités 3 et 4, intitulées « **dictées de pluriels** », permettent de travailler la transformation de phrases, plus précisément la **transposition** d'une phrase du singulier au pluriel. Cette manipulation, particulièrement intéressante, met en jeu des compétences diverses :

– la connaissance des marques du pluriel en fonction des différentes classes grammaticales ;

– la compréhension de la chaine d'accord et de la solidarité des éléments entre eux ;

– le repérage des mots invariables.

Le codage avec les pièces, systématiquement utilisé, constitue une **aide efficace** pour mettre en œuvre ces diverses connaissances. **Il ne constitue pas une fin en soi** mais il oblige à une analyse fine, au repérage des mots-signaux qui indiquent la présence d'une chaine d'accord, à la vigilance sur la classe grammaticale concernée et sur l'application des différentes règles travaillées.

L'unité 3 propose trois types de dispositifs, dont deux nouveaux : les codages guidés et autonomes qui préparent le travail à réaliser dans les dictées de pluriels.

Les dictées croisées (pour le « grand départ » des livreurs de pizzas)

Certains élèves n'ayant pas réussi à faire partir tous les livreurs de pizzas peuvent encore procéder à un, deux ou trois « grands départs », à l'aide des dictées croisées (voir le descriptif dans *Présentation des rituels de l'unité 2*, p. 80).

Les codages guidés et autonomes

L'unité 3 démarre progressivement : les trois premières semaines sont consacrées à des **transpositions de phrases du singulier au pluriel**. Il s'agit d'accompagner les élèves dans les procédures à accomplir et de les aider à automatiser les codages.

Déroulement des codages guidés et autonomes

RITUEL JOUR 2 Codage guidé d'une phrase simple, au pluriel

– L'enseignant(e) écrit au tableau une phrase, d'abord au singulier, puis au pluriel et fait lire les deux phrases à l'oral. Il ou elle rappelle les règles lexicales concernant certains mots (en lien avec les leçons étudiées : *m* devant *m/p/b*, les valeurs des lettres *s*, *c* et *g*).

– Les élèves copient les deux phrases en positionnant les mots les uns en dessous des autres. Préciser que S = phrase au singulier, P = phrase au pluriel, C = codage avec les pièces, les chaines…

– Ensuite, l'enseignant(e) et les élèves explicitent et réalisent les différents codages qui évoluent avec la procédure au cours des semaines : les pièces sont progressivement remplies. Il ou elle fait compléter le score, en faisant compter le nombre de marques orales du pluriel (ci-dessous, 2) par rapport au nombre de marques écrites (ci-dessous, 5).

Exemple :

S : Cet ouragan provoque un dégât.
P : Ces ouragans provoquent des dégâts.
C :
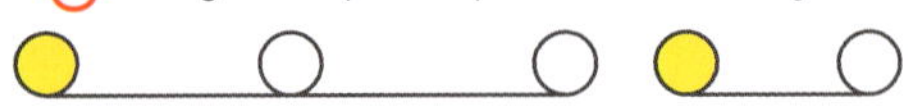
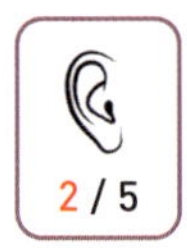

RITUEL JOUR 3 Codage guidé de la même phrase expansée, au pluriel

L'enseignant(e) fait d'abord remarquer aux élèves l'ajout d'un nouveau terme : un mot invariable, à faire « sonner ». Ensuite, il ou elle procède de même que le jour 2.

Exemple :

S : Aujourd'hui, cet ouragan provoque un dégât.
P : Aujourd'hui*, ces ouragans provoquent des dégâts.
C :
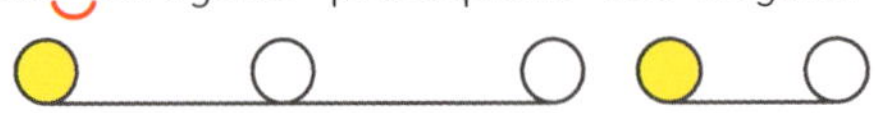
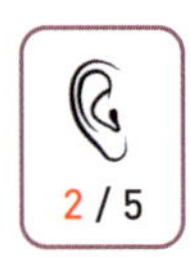

RITUEL JOUR 4 **Codage autonome de la phrase précédente davantage expansée, au pluriel**

– L'enseignant(e) écrit au tableau, sans aucun codage, la phrase de la séance précédente mais avec une expansion supplémentaire, d'abord au singulier, puis au pluriel. Il ou elle fait lire les deux phrases et explique qu'un élément a encore été ajouté.

– Les élèves doivent copier les deux phrases en positionnant les mots les uns en dessous des autres. Puis, ils réalisent les codages en autonomie, en s'aidant de l'affiche récapitulative avec les codages.

– L'enseignant(e) corrige et valorise les réussites.

Exemple :

S : Aujourd'hui, cet ouragan violent provoque un dégât.
P : Aujourd'hui*, ces ouragans violents provoquent des dégâts.
C :

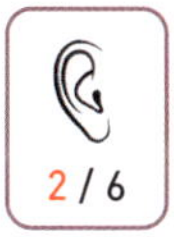

Les dictées de pluriels

À partir de la semaine 18 (soit les deux dernières semaines de l'unité 3), commencent les **dictées de pluriels,** composées de deux phrases, qui **mettent en œuvre les procédures ainsi que le codage étudié, afin d'automatiser l'écriture de phrases au pluriel.** Elles sont préparées lors des jours 2 et 3 qui précèdent. Elles vont perdurer jusqu'à la fin de l'unité 4 suivante. Ainsi, nous proposons pour les unités 3 et 4, **sept dictées de pluriels** (dont deux dans cette unité et cinq dans l'unité qui suit). La dictée de pluriels bilan n'interviendra donc qu'à la fin de l'unité 4.

Pour ces dictées de pluriels, les mots choisis s'appuient régulièrement sur les connaissances acquises lors des séquences précédentes afin de rebrasser ces savoirs. Ces dictées ont une unité thématique en lien avec la curiosité des élèves (les animaux, les tempêtes, la mer...).

Déroulement de la dictée de pluriels (U3 et U4)

RITUEL JOUR 2 Transformation d'une phrase au pluriel

– Dans la phrase au singulier, chaque élève souligne le verbe et met une étoile après le mot invariable. Puis, il transcrit la phrase au pluriel. Enfin, il effectue le codage (avec les pièces, les étoiles, les liaisons…). Le travail peut être réalisé, au choix, sur le cahier du jour ou au brouillon.

Exemple :

S : Dehors*, mon ami escalade ce grand mur.
P : Dehors*, mes amis escaladent ces grands murs.
C : (s) (s) (nt) (s) (s) (s)

2 / 6

– L'enseignant(e) procède ensuite à la correction collective au tableau et explicite les formes à écrire au pluriel ainsi que le codage à effectuer. Enfin, il ou elle attire l'attention sur l'orthographe lexicale en lien avec les notions étudiées (les mots invariables, *m* devant *m, p, b,* les valeurs des lettre *s, c, g*) afin de rebrasser tous les éléments vus lors des unités 1 et 2.

RITUEL JOUR 3 Transformation d'une 2e phrase au pluriel

– L'enseignant(e) procède de même avec la 2e phrase.

– Puis, le corrigé de la dictée contenant les deux phrases étudiées au pluriel est distribué à chaque élève. RITUELS U3-U4. Corrections des 7 dictées de pluriels. Il est à coller sur le support adéquat. RITUELS U3-U4. Fiche de révision élève

→ **Travail personnel :** la dictée de pluriels est donnée à réviser en travail personnel pour le jour 4.

Exemple d'une correction :

P : Dehors*, mes amis escaladent ces grands murs.
C : (s) (s) (nt) (s) (s) (s)

2 / 6

P : Ces grimpeurs réalisent alors* des records admirables.
C : (s) (s) (nt) (s) (s) (s)

2 / 6

RITUEL JOUR 4 Dictée de pluriels (avec les 2 phrases étudiées)

Les élèves, sous la dictée de l'enseignant(e), écrivent les phrases directement au pluriel en ajoutant le codage correspondant. Pendant le temps de relecture, les élèves du groupe** ou du groupe Coup de pouce* ont droit à des aides supplémentaires et adaptées. Le travail est à réaliser dans le cahier du jour ou le fichier[4] de l'élève.

Les corrigés (en version numérique) peuvent être éventuellement projetés ou écrits directement au tableau par l'enseignant(e).

Remarque : L'affiche avec les différents codages à effectuer doit rester toujours visible lors des rituels, afin de guider les élèves.

Trois niveaux de différenciation concernant les dictées de pluriels

L'objectif de cette séquence est centré sur l'automatisation des accords en nombre : la nature de l'aide orthographique apportée est donc essentiellement lexicale.

- **Les élèves du niveau expert*** ** réalisent leur dictée avec les codages directement sur leur cahier du jour ou sur leur fichier[4], sans aide.
- **Les élèves du niveau intermédiaire**** font leur dictée avec les codages directement sur leur cahier du jour ou sur leur fichier, avec une aide lexicale : des mots complexes sont fournis (au singulier pour les noms et les adjectifs, et à l'infinitif pour les verbes). Ceux-ci sont notés au dos du tableau ou sur une affiche, face cachée, et peuvent être consultés une fois par ces élèves.

Exemples d'aides concernant la dictée de pluriels n° 1 :

Aide pour le niveau** : fournir les mots *un grimpeur, un record.*

Aide pour le niveau Coup de pouce* : fournir un support différencié

RITUELS U3. Dictées de pluriels n° 1-Différenciation-Coup de pouce*

4. Ce « fichier » correspond au *Cahier de l'élève Réussir en orthographe CE2*, cahier consommable qui évite aux enseignant(e)s de faire les photocopies des activités proposées en ressources numériques dans ce présent ouvrage.

• **Les élèves du niveau Coup de pouce*** réalisent leur dictée sur un support adapté, contenant les chaines d'accord à compléter et des aides lexicales partielles, afin de ne se centrer que sur les compétences orthographiques spécifiquement étudiées.

Exemple :

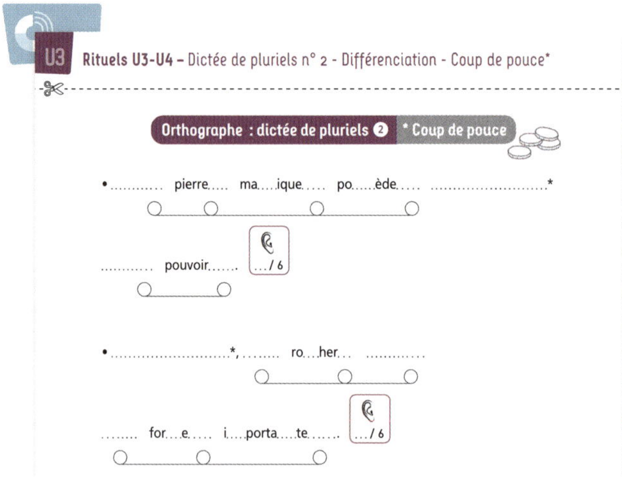
U3 **Rituels U3-U4 –** Dictée de pluriels n° 2 - Différenciation - Coup de pouce*

Orthographe : dictée de pluriels ❷ * Coup de pouce

• .... pierre.... ma....ique.... po.....ède.... ....*

.... pouvoir...... .../6

• ....*, ... ro...her... ....

.... for...e.... i....porta....te...... .../6

Dans l'unité 3 démarre donc le grand travail sur les marques du nombre qui continuera jusqu'à la fin de l'année : les types de dictées mis en œuvre s'adaptent à leur découverte progressive.

→ L'unité 3 comporte :

• 3 dictées croisées (pour les élèves qui continuent le dispositif du « grand départ » des livreurs de pizzas, s'ils n'ont pas encore correctement orthographié tous les mots des LO1 à LO7) ;

• 6 codages guidés en entrainement pour réaliser 3 codages en autonomie ;

• 4 transformations de phrases en entrainement pour produire 2 dictées de pluriels.

Les deux dictées de pluriels de l'unité 3 seront complétées par les cinq dictées de l'unité 4. Les corrigés de l'ensemble de la série sont regroupés dans un même document intitulé RITUELS U3-U4. Corrections des 7 dictées de pluriels.

U3 **Rituels U3-U4** – Corrections des 7 dictées de pluriels

Corrigés des dictées à distribuer à la fin de chaque correction et à coller sur la fiche de révision.

Dictée de pluriels n° 1

P. Dehors*, mes amis escaladent ces grands murs. — 2 / 6
C.

P. Ces grimpeurs réalisent alors* des records admirables. — 2 / 6
C.

Dictée de pluriels n° 2

P. Les pierres magiques possèdent longtemps* des pouvoirs. — 2 / 6
C.

P. Maintenant*, ces rochers ont des forces importantes. — 3 / 6
C.

Dictée de pluriels n° 3

P. Aujourd'hui*, des policiers signalent des risques nouveaux. — 2 / 6
C.

P. Des feux brutaux commencent dans* les forêts. — 3 / 6
C.

Dictée de pluriels n° 4

P. Les beaux chevaux broutent dans* ces champs agréables. — 3 / 7
C.

P. Puis*, les animaux satisfaits regagnent les écuries. — 3 / 6
C.

Réussir en orthographe CE2 – © Retz

U3 **Rituels U3-U4** – Corrections des 7 dictées de pluriels

Corrigés des dictées à distribuer à la fin de chaque correction et à coller sur la fiche de révision.

Dictée de pluriels n° 5

P. Ainsi*, les kangourous géants sont des grands marsupiaux. — 4 / 7
C.

P. Ces animaux sauteurs possèdent plutôt* des larges poitrails. — 3 / 7
C.

Dictée de pluriels n° 6

P. Les épouvantails éloignent quelquefois* les oiseaux sauvages. — 2 / 6
C.

P. Ces corbeaux gourmands mangent surtout* les fruits mous. — 2 / 7
C.

Dictée de pluriels n° 7

P. Les transports changeront enfin*, les siècles suivants. — 3 / 6
C.

P. Bientôt*, des ingénieurs géniaux imagineront des capsules rapides. — 4 / 7
C.

Réussir en orthographe CE2 – © Retz

Les rituels orthographiques sont décrits précisément à la fin de chaque séance, pour chaque jour, et la totalité des documents photocopiables ou projetables sont en version numérique, avec une référence commençant par RITUELS U3-U4.

Exemple de dictée de pluriels réalisée par un élève de CE2 :

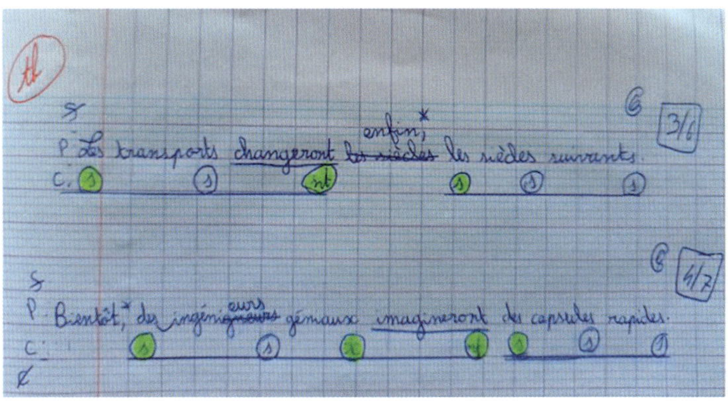

Repérer les marques orales et écrites du pluriel dans une phrase

MISE AU POINT DIDACTIQUE ET PÉDAGOGIQUE

La séquence 6, centrée sur les accords en nombre et sur les pluriels réguliers, permet de soulever et de résoudre quelques difficultés liées à la gestion du pluriel.

• En français, **toutes les marques du pluriel ne sont pas audibles**, contrairement à d'autres langues. La comparaison avec l'espagnol permet de constater la différence de fonctionnement, en conformité avec les *Attendus de fin d'année de CE2* : l'élève « compare l'organisation des phrases et les accords en français et dans une langue vivante » (p. 10). L'importante **distorsion entre les marques orales et les marques écrites** du pluriel est repérée, quantifiée.

• Cette distorsion est aussi matérialisée par un **codage** :

– **Les marques du pluriel qui s'entendent sont représentées par des pièces d'or** qui correspondent à des **mots-signaux** (déterminants : *les*, *des*, *ces*, *ses*... ; noms : *animaux*... ; verbes : *viennent*...). Ces mots sont très précieux car, grâce à leur pluriel audible, ils signalent la présence d'une **chaine d'accord** au pluriel. Les déterminants sont des mots-signaux qui indiquent, généralement, le début d'une chaine d'accord qui peut être plus ou moins longue. Elle peut se limiter au groupe nominal au centre duquel se trouve le **nom noyau** (qui impose son nombre au déterminant et aux adjectifs, s'il y en a) ; elle peut se poursuivre jusqu'au verbe si le groupe nominal est sujet. Les **liaisons**, matérialisées par un arc entre deux mots (‿), permettent aussi d'entendre le pluriel.

– **Les marques du pluriel qui sont écrites mais qui ne s'entendent pas sont représentées par des pièces blanches.**

– **Les mots invariables** (étudiés dans la séquence 1) **sont exclus des chaines d'accord** puisque, par définition, ils ne varient pas. Ils sont assortis d'une **étoile (*)** pour mieux les identifier.

Le codage que les élèves doivent commencer à mémoriser et à utiliser dans la séquence 6 est donc le suivant :

Singulier : Le vent violent déracinera bientôt un arbre.
Pluriel : Les **vents** violents déracineront bientôt* des‿**arbres**.
Codage :

3 / 6

Attendus de fin d'année de CE2 (2019, p. 10)
« Maîtriser l'orthographe grammaticale de base
Ce que sait faire l'élève :
- Comprendre :
– le fonctionnement du groupe nominal dans la phrase ;
– la notion de « chaîne d'accords » pour déterminant/nom/adjectif (singulier/pluriel).
- Utiliser des marques d'accord pour les noms et les adjectifs épithètes : nombre (-s).
- Identifier la relation sujet/verbe (identification dans les situations simples) ».

Séance 1 I Repérer les marques orales et écrites du pluriel dans une phrase (1)

Objectifs
- Remarquer et identifier la différence entre les marques orales et les marques écrites du pluriel.
- Découvrir et utiliser un codage pour matérialiser la chaine d'accord du pluriel (pièces, chaines).
- Repérer et identifier les mots-signaux comme déclencheurs audibles d'une chaine d'accord ; comprendre que des mots de différentes classes grammaticales peuvent être des mots-signaux.

Documents
- Recherche SQ6. Doc. 1
- Entrainement : *Les pièces d'or* SQ6. Doc. 2 et sa correction SQ6. Doc. 2 bis
- Application SQ6. Doc. 3
- Correction de l'application SQ6. Doc. 3 bis

1. Découverte (alternance individuel/collectif)

- Énoncer une phrase : **Les papillons jaunes volent.**
- Écrire sur une affiche, pour chaque mot, en colonne, les différentes graphies proposées par les élèves.
- Préciser la difficulté présentée par cette phrase : certains pluriels s'écrivent MAIS ne s'entendent pas toujours. Expliquer aux élèves que dans deux semaines,

ils sauront écrire cette phrase correctement, avec les accords qui conviennent, mais qu'il va falloir auparavant suivre des étapes pour y parvenir.

• Indiquer que notre langue n'est pas toujours « transparente », contrairement à d'autres, comme l'espagnol, dans lequel le pluriel est audible.

Prononcer à voix haute les phrases en espagnol ci-dessous ou les faire écouter grâce à un traducteur en ligne :

Le papillon jaune vole. → **La mariposa amarilla vuela.**

Les papillons jaunes volent. → **Las mariposas amarillas vuelan.**

Faire identifier la marque *-s* audible dans les trois premiers mots, signe du pluriel ainsi que la prononciation différente du verbe : *vuela/vuelan* (qui différencie les 3e personnes du singulier et du pluriel). Expliquer qu'en français, en revanche, les pluriels ne s'entendent pas toujours.

→ Expliciter l'objectif de la séance : travailler d'abord sur la différence entre ce que l'on entend et ce que l'on écrit ; ne pas se fier seulement à ce que l'on entend. L'objectif est de découvrir un codage, un outil pour parvenir à bien écrire les pluriels.

Remarque : Cette première phase est à mener rapidement, elle sert uniquement de lanceur pour prendre conscience de la distorsion entre les marques orales et les marques écrites dans les pluriels. Garder l'affiche pour la reprendre à la fin de la séance 2 : les élèves auront alors les clés pour écrire les pluriels de cette phrase correctement.

2. Recherche (collectif, individuel, puis par 2 ou 4)

• Distribuer la recherche. SQ6. Doc. 1 La projeter simultanément afin que les élèves repèrent le codage couleur des pièces d'or ; les faire colorier en jaune sur la photocopie.

• Lire la 1re consigne et la faire reformuler. Découvrir les deux premières phrases : expliciter le codage. Faire prononcer collectivement chaque mot au singulier et au pluriel pour amener à constater la similitude à l'oral (= pièce blanche ; ex. : *papillon/papillons*) ou la différence audible (= pièce jaune ; ex. : *royal/royaux*). Expliquer le système de score à compléter à la fin de chaque ligne : nombre de marques du pluriel entendues/nombre total de marques du pluriel qui s'écrivent.

• Lire la 2e consigne ; la faire reformuler, puis demander aux élèves de réaliser individuellement la tâche.

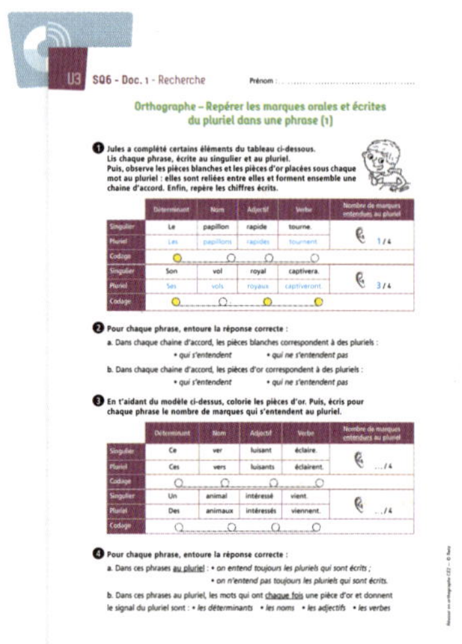
U3 SQ6 - Doc. 1 - Recherche Prénom : ....

Orthographe – Repérer les marques orales et écrites du pluriel dans une phrase (1)

❶ Jules a complété certains éléments du tableau ci-dessous. Lis chaque phrase, écrite au singulier et au pluriel. Puis, observe les pièces blanches et les pièces d'or placées sous chaque mot au pluriel : elles sont reliées entre elles et forment ensemble une chaine d'accord. Enfin, repère les chiffres écrits.

	Déterminant	Nom	Adjectif	Verbe	Nombre de marques entendues au pluriel
Singulier	Le	papillon	rapide	tourne.	1 / 4
Pluriel	Les	papillons	rapides	tournent.	
Codage					
Singulier	Son	vol	royal	captivera.	3 / 4
Pluriel	Ses	vols	royaux	captiveront.	
Codage					

❷ Pour chaque phrase, entoure la réponse correcte :
a. Dans chaque chaine d'accord, les pièces blanches correspondent à des pluriels :
• *qui s'entendent* • *qui ne s'entendent pas*
b. Dans chaque chaine d'accord, les pièces d'or correspondent à des pluriels :
• *qui s'entendent* • *qui ne s'entendent pas*

❸ En t'aidant du modèle ci-dessus, colorie les pièces d'or. Puis, écris pour chaque phrase le nombre de marques qui s'entendent au pluriel.

	Déterminant	Nom	Adjectif	Verbe	Nombre de marques entendues au pluriel
Singulier	Ce	ver	luisant	éclaire.	... / 4
Pluriel	Ces	vers	luisants	éclairent.	
Codage					
Singulier	Un	animal	intéressé	vient.	... / 4
Pluriel	Des	animaux	intéressés	viennent.	
Codage					

❹ Pour chaque phrase, entoure la réponse correcte :
a. Dans ces phrases au pluriel : • *on entend toujours les pluriels qui sont écrits ;* • *on n'entend pas toujours les pluriels qui sont écrits.*
b. Dans ces phrases au pluriel, les mots qui ont chaque fois une pièce d'or et donnent le signal du pluriel sont : • *les déterminants* • *les noms* • *les adjectifs* • *les verbes*

• Corriger. Expliquer que les pièces d'or sont très précieuses car elles servent à signaler des mots dont on entend le pluriel, comme en espagnol.
• Enfin, faire prendre connaissance des activités 3 et 4. Proposer une réflexion individuelle, puis par binômes (ou par groupes), pour les traiter.

3. Mutualisation (collectif)

À partir des productions des élèves et de la recherche, faire apparaitre :
– **la distorsion entre les marques écrites et les marques orales**, ces dernières étant moins nombreuses ;
– **la fonction du codage** : mettre en valeur ces différences et matérialiser les accords en nombre à l'aide de pièces pour penser à écrire tous les pluriels, y compris ceux qui ne s'entendent pas ;
– **l'identification des mots qui « signalent » le pluriel** appelés des **mots-signaux**. Les faire lister, et montrer qu'ils peuvent appartenir à plusieurs classes grammaticales mais que les déterminants sont ceux dont le pluriel s'entend le plus souvent. Ces mots-signaux sont très précieux, d'où l'idée de pièces d'or pour les matérialiser ;
– **la nécessité de relier ces pièces entre elles** en constituant une **chaine d'accord** solidaire.

4. Institutionnalisation (collectif)

Constituer une trace écrite provisoire sur une affiche contenant une phrase exemple avec le codage, choisie parmi les phrases étudiées. Y ajouter une liste de mots-signaux rencontrés, dont les déterminants *(les, des, ces, ses…).*

5. Entrainement (individuel/collectif)

ACTIVITÉ 1 – Jeu du piston : Vrai ou Faux ?

Objectif : comprendre si la phrase est juste ou fausse (être capable de restituer les apprentissages).
Consigne : « Reste assis si la phrase est juste. Lève-toi si la phrase est fausse. »
Phrases proposées (correction orale après chaque phrase avec explicitation et exemple à l'appui) :
1) *Les pluriels s'entendent toujours, c'est facile !* (Faux, pas toujours, d'où la difficulté pour bien les écrire.)
2) *Les mots dont on entend le pluriel s'appellent des mots-signaux, car ils signalent le pluriel.* (Vrai)
3) *Les pièces d'or servent à indiquer les mots dont le pluriel s'entend.* (Vrai)
4) *Les verbes sont toujours des mots-signaux du pluriel.* (Faux, ils ne le sont pas toujours.)
5) *En général, les déterminants sont des mots-signaux du pluriel.* (Vrai)

ACTIVITÉ 2 – Les pièces d'or SQ6. Doc. 2

U3 SQ6 - Doc. 2 bis - Entrainement - Correction

Activité « pièces d'or ». À toi de distribuer les pièces d'or !

1 Lis les phrases. Colorie les pièces d'or quand tu « entends » le pluriel (= mot différent du singulier). Puis, complète le nombre de pluriels entendus.

	Déterminant	Nom	Adjectif	Verbe	Nombre de marques entendues au pluriel
Singulier	Un	perroquet	tropical	chante.	2 / 4
Pluriel	Des	perroquets	tropicaux	chantent.	
Codage					

2 Sous chaque mot au pluriel, dessine une pièce, puis colorie les pièces d'or. Enfin, complète le nombre de pluriels entendus par rapport à ceux qui s'écrivent.

	Déterminant	Nom	Adjectif	Verbe	Nombre de marques entendues au pluriel
Singulier	Le	plumage	multicolore	brillera.	2 / 4
Pluriel	Les	plumages	multicolores	brilleront.	
Codage					

Objectif : savoir utiliser un codage qui sert à matérialiser les accords en nombre.

Consigne : « Distribue les pièces d'or aux mots qui valent de l'or et des pièces blanches aux autres ! »

Dispositif : faire réaliser l'activité sur la fiche, individuellement. Préciser aux élèves qu'ils vont apprendre, pour la 2e phrase, à tracer et à positionner les pièces. Rappeler que les pièces sont à placer sur la chaine d'accord sous la fin des mots, comme cela a été fait dans la recherche. Puis, corriger l'activité collectivement. SQ6. Doc. 2 bis

Remarque : **Lors de cette activité, il est important de montrer comment positionner les pièces sur la chaine d'accord car les élèves vont utiliser ce codage tout au long de l'année. Attirer leur attention sur la façon de compter les accords : ceux qui s'entendent par rapport à tous ceux qui s'écrivent. Il faut les noter dans la dernière colonne après avoir colorié les pièces.**

6. Application (individuel)

• Demander de lire les consignes des exercices et les expliciter en cas de difficultés. SQ6. Doc. 3

• Faire réaliser le travail. Mettre en place le dispositif de différenciation habituel (voir *Présentation générale*, p. 12). Corriger en fonction du temps restant. (SQ6. Doc. 3 bis, projetable).

Les 3 rituels de la semaine 14 Dictées
(Voir *Présentation des rituels de l'unité 2*, p. 78)

• **Rituel Jour 2** (ardoise ou cahier du jour)

« Grand départ » des livreurs de pizzas RITUELS U1. L04 RITUELS U1. L05 RITUELS U2. L06 RITUELS U2. L07 ou gamme d'écriture

• **Rituel Jour 3** (ardoise ou cahier du jour)

« Grand départ » des livreurs de pizzas ou gamme d'écriture

• **Rituel Jour 4** (cahier du jour)

« Grand départ » des livreurs de pizzas ou gamme d'écriture

RITUEL JOUR 2 « Grand départ » des livreurs de pizzas ou gamme d'écriture

Les rituels de cette semaine sont consacrés aux révisions des apprentissages précédents. Deux activités sont proposées, à la convenance de l'enseignant(e) et suivant le niveau de maitrise atteint par les élèves.

• Certains d'entre eux n'ont pas réussi à faire partir tous les livreurs de pizzas et peuvent encore procéder à un, deux ou trois « grands départs » : leur rappeler l'objectif et le fonctionnement des **dictées croisées** qu'ils ont déjà pratiquées, à la fin de l'unité 2 (voir le descriptif dans *Présentation des rituels de l'unité 2*, p. 78). Mettre en place l'activité.

• Ceux qui ont mémorisé tous les mots et fait partir tous les livreurs peuvent s'exercer sur une **gamme d'écriture**, en utilisant des mots contenant *s* ou *ss*.

Exemple de production d'élève :

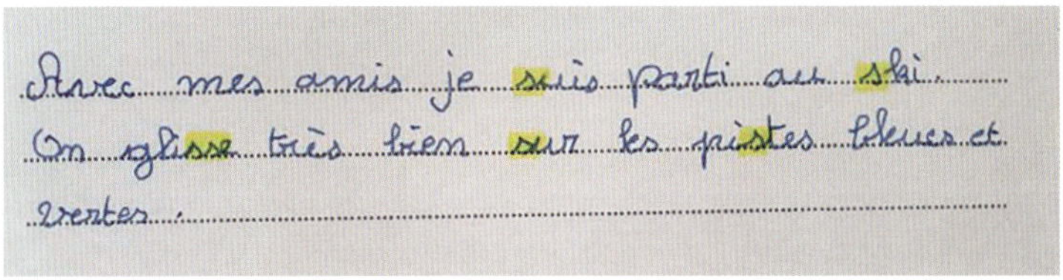
Avec mes amis je suis parti au ski.
On glisse très bien sur les pistes bleues et vertes.

→ **Travail personnel à donner :** pour les élèves qui travaillent sur le dispositif des « grands départs », faire réviser les 6 à 8 mots suivants non entièrement coloriés, à partir de la L04.

Remarque : Ajuster le nombre de mots en fonction des besoins des élèves.

RITUEL JOUR 3 « Grand départ » des livreurs de pizzas ou gamme d'écriture

Procéder de la même façon que le jour 2, en choisissant l'une des deux activités suivantes pour chaque élève :

• faire partir les livreurs de pizzas : « Grand départ » avec les dictées croisées ;

• proposer une gamme d'écriture aux autres élèves, en utilisant des mots contenant *c* ou *ç*.

Exemple de production d'élève :

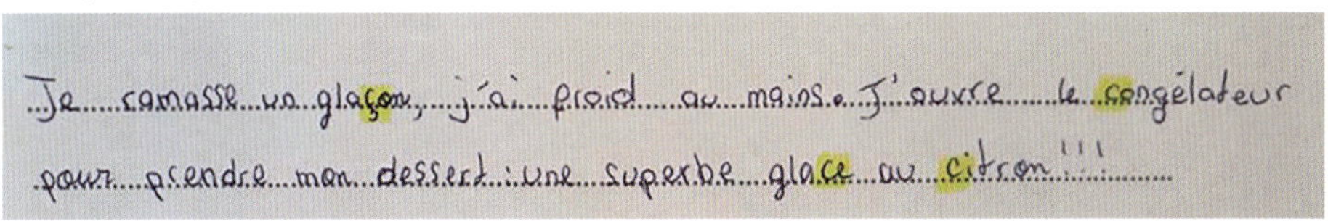
Je ramasse un glaçon, j'ai froid aux mains. J'ouvre le congélateur pour prendre mon dessert : une superbe glace au citron !!!

→ **Travail personnel à donner :** pour les élèves qui travaillent sur le dispositif des « grands départs », faire réviser les 6 à 8 mots suivants non entièrement coloriés, à partir de la L04.

RITUEL JOUR 4 **« Grand départ » des livreurs de pizzas ou gamme d'écriture**

Procéder de la même façon que le jour 2, en choisissant l'une des deux activités suivantes pour chaque élève :

- faire partir les livreurs de pizzas : « Le grand départ » avec les dictées croisées ;
- proposer une gamme d'écriture aux autres élèves, en utilisant des mots contenant *g*, *gu* ou *ge*.

Exemple de production d'élève :

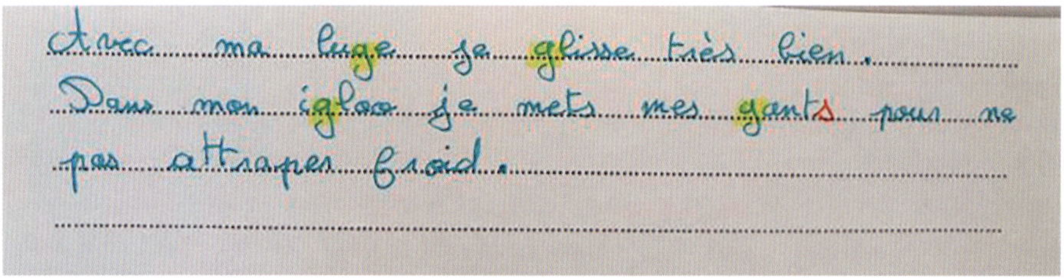

Séance 2 | Repérer les marques orales et écrites du pluriel dans une phrase (2)

Objectifs

- Identifier la différence entre les marques orales et les marques écrites du pluriel.
- Ajouter de nouveaux éléments au codage connu (étoile pour les mots invariables, arc pour les liaisons) et les utiliser.
- Continuer à repérer les mots-signaux comme déclencheurs audibles d'une chaine d'accord.
- Expliciter la notion de chaine d'accord ; identifier deux chaines d'accord dans une phrase.
- Comprendre qu'un mot invariable ne varie pas avec le pluriel et qu'il est exclu de la chaine d'accord.

Documents

- Recherche SQ6. Doc. 4
- Leçon SQ6. Doc. 5
- Entrainement : *Les pièces d'or* SQ6. Doc. 6 et sa correction SQ6. Doc. 6 bis
- Application SQ6. Doc. 7 et sa correction SQ6. Doc. 7 bis

1. Rappel (alternance individuel/collectif)

Faire reformuler les acquis antérieurs à partir de l'affiche réalisée lors de l'institutionnalisation de la séance précédente. En s'aidant de la phrase exemple, rappeler le fonctionnement du codage avec les pièces et les chaines qui les relient.

→ Expliciter l'objectif de la séance : continuer de travailler sur les marques à l'oral et à l'écrit du pluriel, mais à partir de phrases plus longues et en découvrant de nouveaux codages.

2. Recherche (individuel puis par 2 ou 4)

• Distribuer la recherche SQ6. Doc. 4. La projeter simultanément afin que les élèves repèrent le codage couleur des pièces d'or ; les faire colorier en jaune sur la photocopie.

• Lire les phrases codées, les faire observer et faire découvrir la 1re consigne. Demander aux élèves d'y répondre individuellement. Corriger cette 1re activité.

• Ensuite, faire prendre connaissance des trois autres consignes. Proposer une réflexion individuelle, puis par deux (ou par groupes).

3. Mutualisation (collectif)

À partir des productions des élèves, faire apparaitre les éléments suivants :

– Il peut y avoir **plusieurs chaines d'accord** dans une phrase : il y en a deux dans celle de la recherche. Chacune est commandée par un « chef », le **nom noyau**. Le nom noyau de la 1re chaine est *tonnerres*, celui de la seconde est *orages*. Ils sont tous les deux en gras. Ils sont importants car ce sont eux qui imposent leur nombre (singulier ou pluriel) aux autres mots du groupe (déterminant et adjectif) et même de toute la chaine : *tonnerres* est au pluriel, le verbe aussi. Le pluriel de *tonnerres* et de *orages* ne s'entend pas : on met donc chaque fois une **pièce blanche**. Heureusement, certains termes sont des **mots-signaux** du pluriel car ils s'entendent et aident ainsi à repérer les chaines d'accord : c'est le cas des déterminants qui servent à démarrer chaque chaine du pluriel *(les, ces)*, ainsi que d'autres mots *(accompagneront, tropicaux)* : ils ont donc une **pièce d'or**.

– À l'oral, la **liaison** est un indice précieux du pluriel : elle doit donc être notée (avec un arc). Faire oraliser collectivement la liaison *(ces‿orages)*, puis donner d'autres exemples à l'oral pour faire identifier le *[z]* audible entre deux mots.

– Les **mots invariables** ne font pas partie de la chaine d'accord, puisqu'ils ne changent jamais d'orthographe : ils ne peuvent donc pas avoir de pièce. Ils ont déjà été étudiés en début d'année, dans les listes orthographiques ; préciser qu'il s'agit maintenant de les repérer et de les faire suivre d'une étoile (ex. : *aussitôt**).

4. Institutionnalisation (collectif)

Distribuer la leçon SQ6. Doc. 5, la lire et commenter collectivement les éléments principaux.

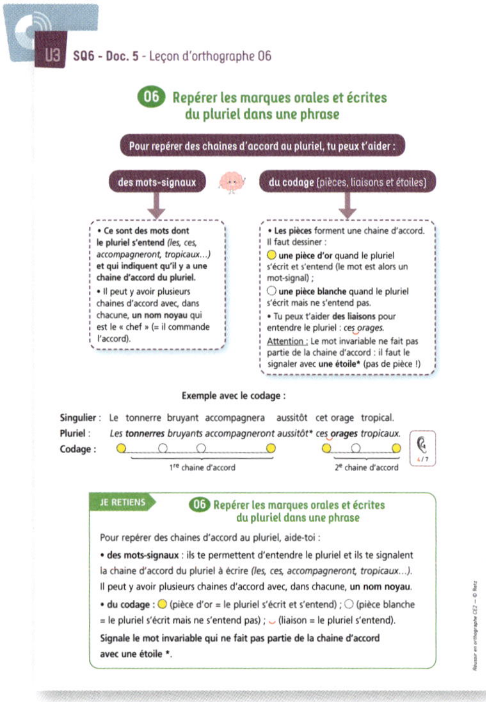

U3 **SQ6 - Doc. 5** - Leçon d'orthographe 06

06 Repérer les marques orales et écrites du pluriel dans une phrase

Pour repérer des chaines d'accord au pluriel, tu peux t'aider :

des mots-signaux

- **Ce sont des mots dont le pluriel s'entend** *(les, ces, accompagneront, tropicaux…)* **et qui indiquent qu'il y a une chaine d'accord du pluriel.**
- Il peut y avoir plusieurs chaines d'accord avec, dans chacune, **un nom noyau** qui est le « chef » (= il commande l'accord).

du codage (pièces, liaisons et étoiles)

- **Les pièces** forment une chaine d'accord. Il faut dessiner :
  - **une pièce d'or** quand le pluriel s'écrit et s'entend (le mot est alors un mot-signal) ;
  - **une pièce blanche** quand le pluriel s'écrit mais ne s'entend pas.
- Tu peux t'aider **des liaisons** pour entendre le pluriel : *ces orages.*

Attention : Le mot invariable ne fait pas partie de la chaine d'accord : il faut le signaler avec **une étoile*** (pas de pièce !)

Exemple avec le codage :

Singulier : Le tonnerre bruyant accompagnera aussitôt cet orage tropical.
Pluriel : *Les **tonnerres** bruyants accompagneront aussitôt* ces **orages** tropicaux.*
Codage :

1re chaine d'accord — 2e chaine d'accord

4 / 7

JE RETIENS — **06 Repérer les marques orales et écrites du pluriel dans une phrase**

Pour repérer des chaines d'accord au pluriel, aide-toi :

- **des mots-signaux** : ils te permettent d'entendre le pluriel et ils te signalent la chaine d'accord du pluriel à écrire *(les, ces, accompagneront, tropicaux…)*. Il peut y avoir plusieurs chaines d'accord avec, dans chacune, **un nom noyau**.
- **du codage** : (pièce d'or = le pluriel s'écrit et s'entend) ; (pièce blanche = le pluriel s'écrit mais ne s'entend pas) ; ‿ (liaison = le pluriel s'entend).

Signale le mot invariable qui ne fait pas partie de la chaine d'accord avec une étoile *.

Réussir en orthographe CE2 – © Retz

5. Entrainement (individuel/collectif)

ACTIVITÉ 1 – Jeu du piston : Vrai ou Faux ?

Objectif : comprendre si la phrase est juste ou fausse (être capable de restituer les apprentissages).

Consigne : « Reste assis si la phrase est juste. Lève-toi si la phrase est fausse. »

Phrases proposées (correction orale après chaque phrase avec explicitation et exemple à l'appui) :

1) *Il faut dessiner une pièce sous chaque mot invariable.* (Faux, ils ne font pas partie de la chaine d'accord.)

2) *Il faut mettre une étoile à côté de chaque mot invariable.* (Vrai)

3) *Les pièces blanches servent à indiquer les mots dont le pluriel s'entend.* (Faux, il s'agit des pièces d'or.)

4) *Il n'y a toujours qu'une seule chaine d'accord dans une phrase.* (Faux)

5) *La liaison (z) peut être un indice du pluriel.* (Vrai)

ACTIVITÉ 2 – Les pièces d'or SQ6. Doc. 6

Objectif : savoir utiliser un codage qui sert à matérialiser les accords en nombre.

Consigne : « Distribue les pièces d'or aux mots qui valent de l'or et des pièces blanches aux autres ! »

Dispositif : faire réaliser l'activité sur la fiche, individuellement, puis la corriger collectivement. SQ6. Doc. 6 bis

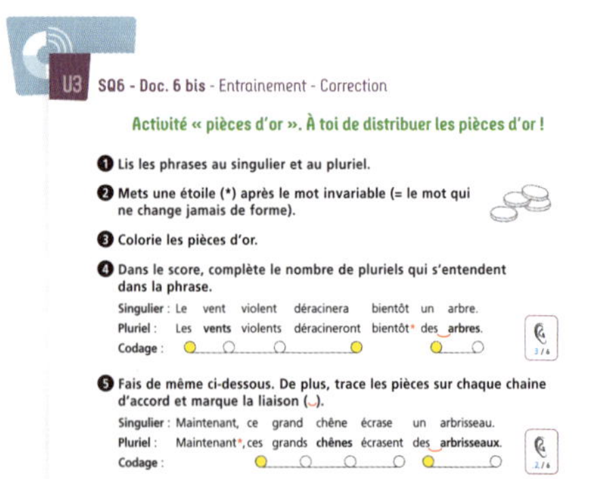

U3 **SQ6 - Doc. 6 bis** - Entrainement - Correction

Activité « pièces d'or ». À toi de distribuer les pièces d'or !

1. **Lis les phrases au singulier et au pluriel.**
2. **Mets une étoile (*) après le mot invariable (= le mot qui ne change jamais de forme).**
3. **Colorie les pièces d'or.**
4. **Dans le score, complète le nombre de pluriels qui s'entendent dans la phrase.**

Singulier : Le vent violent déracinera bientôt un arbre.
Pluriel : Les **vents** violents déracineront bientôt* des **arbres**.
Codage :

3 / 6

5. **Fais de même ci-dessous. De plus, trace les pièces sur chaque chaine d'accord et marque la liaison (‿).**

Singulier : Maintenant, ce grand chêne écrase un arbrisseau.
Pluriel : Maintenant*, ces grands **chênes** écrasent des **arbrisseaux**.
Codage :

2 / 6

Remarque : Lors de cette activité, il est important de rappeler comment positionner les pièces sur la chaine d'accord et de répéter que le mot invariable est à trouver en premier, car il ne fait pas partie de la chaine d'accord : il n'a donc jamais de pièce. Si nécessaire, montrer comment former une étoile simple (*) au tableau.

6. Application (individuel)

- Demander de lire les consignes des exercices et les expliciter en cas de difficultés. SQ6. Doc. 7
- Faire réaliser le travail, individuellement, en suivant le dispositif de différenciation préconisé (voir *Présentation générale*, p. 12). Corriger en fonction du temps restant (SQ6. Doc. 7 bis, projetable).

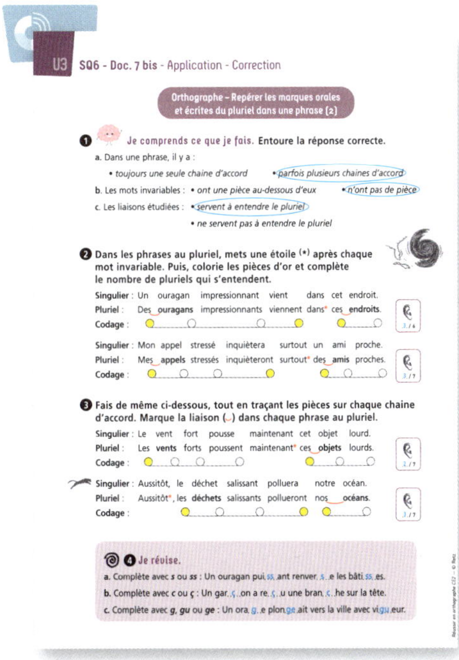

U3 **SQ6 - Doc. 7 bis** - Application - Correction

Orthographe – Repérer les marques orales et écrites du pluriel dans une phrase (2)

❶ Je comprends ce que je fais. **Entoure la réponse correcte.**

a. Dans une phrase, il y a :
- *toujours une seule chaine d'accord*
- *parfois plusieurs chaines d'accord*

b. Les mots invariables :
- *ont une pièce au-dessous d'eux*
- *n'ont pas de pièce*

c. Les liaisons étudiées :
- *servent à entendre le pluriel*
- *ne servent pas à entendre le pluriel*

❷ **Dans les phrases au pluriel, mets une étoile (*) après chaque mot invariable. Puis, colorie les pièces d'or et complète le nombre de pluriels qui s'entendent.**

Singulier : Un ouragan impressionnant vient dans cet endroit.
Pluriel : Des **ouragans** impressionnants viennent dans* ces **endroits**.
Codage :
3 / 6

Singulier : Mon appel stressé inquiètera surtout un ami proche.
Pluriel : Mes **appels** stressés inquièteront surtout* des **amis** proches.
Codage :
3 / 7

❸ **Fais de même ci-dessous, tout en traçant les pièces sur chaque chaine d'accord. Marque la liaison (‿) dans chaque phrase au pluriel.**

Singulier : Le vent fort pousse maintenant cet objet lourd.
Pluriel : Les **vents** forts poussent maintenant* ces **objets** lourds.
Codage :
2 / 7

Singulier : Aussitôt, le déchet salissant polluera notre océan.
Pluriel : Aussitôt*, les **déchets** salissants pollueront nos **océans**.
Codage :
3 / 7

❹ Je révise.

a. Complète avec *s* ou *ss* : Un ouragan puissant renverse les bâtisses.
b. Complète avec *c* ou *ç* : Un garçon a reçu une branche sur la tête.
c. Complète avec *g*, *gu* ou *ge* : Un orage plongeait vers la ville avec vigueur.

Réussir en orthographe CE2 – © Retz

Les 3 rituels de la semaine 15 Dictées

(Voir *Présentation des rituels de l'unité 3*, p. 119)

- **Rituel Jour 2** (ardoise ou cahier du jour)

Codage guidé d'une phrase simple au pluriel

- **Rituel Jour 3** (ardoise ou cahier du jour)

Codage guidé de la même phrase expansée au pluriel

- **Rituel Jour 4** (cahier du jour)

Codage autonome de la phrase précédente davantage expansée au pluriel

Remarque : Dès ces deux premières semaines, il s'agit d'aider les élèves à automatiser le codage, qui sera réinvesti plus tard dans le cadre des dictées de pluriels. Les phrases seront donc complexifiées au fur et à mesure. Lors de la copie de phrases, préciser qu'il faut aligner, de préférence, les mots au pluriel au-dessous de ceux au singulier.

Produire, pour ces rituels, une affiche référence contenant les codages correspondants afin d'en faciliter la remémoration, comme :

* **mot invariable**
● = le pluriel s'écrit et s'entend
○ = le pluriel s'écrit mais ne s'entend pas
— **chaine d'accord**
‿ **liaison**
... / ... **score**

RITUEL JOUR 2 Codage guidé d'une phrase simple, au pluriel

• Écrire au tableau la phrase ci-dessous, d'abord au singulier, puis au pluriel, sans codage et faire lire les deux phrases à l'oral. Rappeler les règles lexicales concernant les lettres *c* et *g*.

• Demander aux élèves de copier ces deux phrases en expliquant comment positionner les mots les uns en dessous des autres. Préciser que S = phrase au singulier, P = phrase au pluriel, C = codage avec les pièces, entre autres.

• Expliciter les différents codages à faire réaliser progressivement.

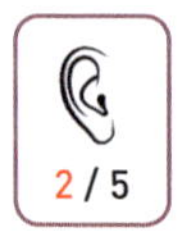

S : Cet ouragan provoque un dégât.
P : Ces ouragans provoquent des dégâts.
C :

RITUEL JOUR 3 Codage guidé de la même phrase expansée au pluriel

• Écrire au tableau la phrase ci-dessous, d'abord au singulier, puis au pluriel, sans codage et faire lire les deux phrases à l'oral. Expliquer qu'elles sont enrichies et faire repérer la nouveauté : l'ajout d'un mot invariable, étudié dans la 1re séquence, à faire « sonner ».

• Demander aux élèves de copier les 2 phrases.

• Expliciter les différents codages à faire réaliser progressivement.

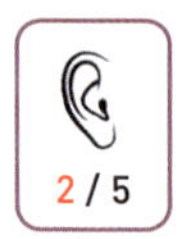

S : Aujourd'hui, cet ouragan provoque un dégât.
P : Aujourd'hui*, ces ouragans provoquent des dégâts.
C :

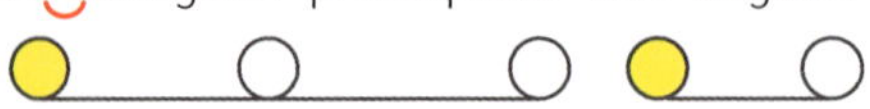

• Préciser aux élèves que, le lendemain, ils feront ce travail en autonomie avec une phrase encore plus enrichie.

RITUEL JOUR 4 Codage autonome de la phrase précédente davantage expansée au pluriel

• Écrire au tableau la phrase ci-dessous, d'abord au singulier, puis au pluriel, sans codage et faire lire les deux phrases à l'oral. Expliquer qu'elles ont été complétées par un élément : elles sont enrichies.

• Demander aux élèves de copier les deux phrases sans les codages.

• Puis, faire réaliser les codages en autonomie. Laisser l'affiche récapitulative avec les codages visuellement disponibles.

• Corriger et valoriser les réussites.

Remarque : Afin d'éviter un retour à la ligne, inciter les élèves à commencer l'écriture de la phrase dans la marge, si le travail est réalisé dans le cahier du jour.

2 / 6

S : Aujourd'hui, cet ouragan violent provoque un dégât.
P : Aujourd'hui*, ces ouragans violents provoquent des dégâts.
C :

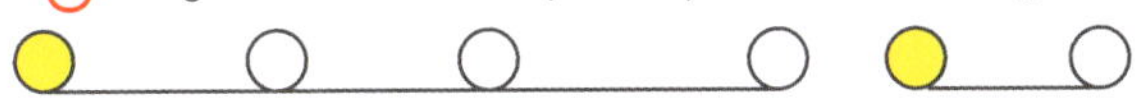

Exemple de production d'élève :

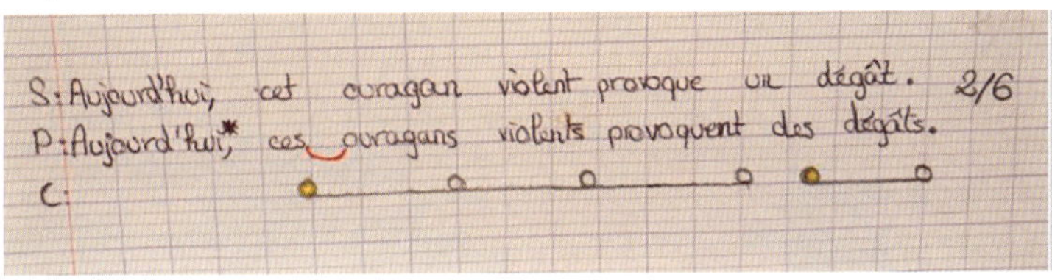

Écrire les pluriels réguliers en -*s* et -*nt* dans une phrase

MISE AU POINT DIDACTIQUE ET PÉDAGOGIQUE

La séquence 7 est dans la continuité de la précédente car elle reprend :

– le code couleur : les **pièces blanches** pour les marques du pluriel qui s'écrivent mais que l'on n'entend pas ; les **pièces jaunes** pour celles qui sont audibles et qui donnent donc des indices (c'est pourquoi elles valent de l'or) ;

– la **chaine** qui relie les pièces pour figurer la chaine d'accord ;

– l'**arc** pour matérialiser la liaison, signal audible de pluriel ;

– l'absence de pièce pour les mots invariables et leur codage par une **étoile** pour signaler leur exclusion de la chaine d'accord puisque, par définition, ils ne varient pas au pluriel.

La notion de chaine d'accord qui est toujours présentée de façon large, dans la phrase, est précisée de plusieurs façons.

Le codage s'affine : les pièces blanches et jaunes sont détaillées pour distinguer celles qui concernent les déterminants, les noms et les adjectifs (pièces remplies avec -*s*) et celles qui concernent les verbes (pièces remplies avec -*nt*). Il faut donc désormais **écrire à l'intérieur des pièces *s* ou *nt***, tout en respectant le code couleur (blanc ou jaune) :

– (s) sous les déterminants, noms et adjectifs dont le pluriel s'écrit et s'entend ;

– (s) sous les noms et adjectifs dont le pluriel s'écrit mais n'est pas audible ;

– (nt) sous les verbes dont la marque du pluriel au présent s'écrit mais ne s'entend pas, ce qui est le cas des verbes au présent du 1er groupe, présentés dans cette séquence.

Il est à noter qu'à ce stade des leçons, seule la marque -*s* est proposée pour les noms et les adjectifs ; le -*x* apparaitra dès la séquence 8 (unité 4).

Dans les deux premières séances, **une aide grammaticale est proposée au-dessus de chaque mot de la phrase**, afin d'aiguiller les élèves sur le choix des marques du pluriel à écrire. Mais, dans la séance 3, ce soutien est retiré : **les élèves doivent alors identifier eux-mêmes la classe grammaticale et choisir la marque du pluriel pertinente**.

Il est donc essentiel de réactiver, dès le début de la séquence 7, les procédures de reconnaissance du verbe apprises lors des leçons de grammaire car le verbe reçoit une marque du pluriel spécifique. **L'encadrement du verbe par *ne ... pas* semble particulièrement bien indiqué** car cette procédure ne demande aucune connaissance approfondie en conjugaison (contrairement au changement de temps) et elle fonctionne avec toutes les phrases canoniques proposées dans la méthode.

À ce stade, il faut amener les élèves à utiliser les deux algorithmes :

– « si pluriel et nom ou adjectif, alors -*s* » ;

– « si pluriel et verbe, alors -*nt* ».

Le codage complet est le suivant :

	Mot inv.	Dét.	Nom	Adjectif	Verbe	Dét.	Nom
S	Après,	le	marin	agile	pilote	ce	voilier.
P	Après*,	les	marins	agiles	pilotent	ces	voiliers.
C		s	s	s	nt	s	s

Attendus de fin d'année de CE2 **(2019, p. 10)**

« Maîtriser l'orthographe grammaticale de base

Ce que sait faire l'élève :

• Comprendre :

– le fonctionnement du groupe nominal dans la phrase ;

– la notion de « chaîne d'accord » pour déterminant/nom/adjectif (singulier/pluriel).

• Utiliser des marques d'accord pour les noms et les adjectifs épithètes : nombre (-s).

• Identifier la relation sujet/verbe (identification dans les situations simples). »

Prérequis nécessaires à cette séquence

Savoir identifier un verbe employé à un temps simple dans une phrase.

Séance 1 | Écrire les pluriels réguliers en *-s* et *-nt* dans une phrase (avec aide grammaticale) (1)

Objectifs
- Réactiver les acquis précédents : utilisation du codage pour matérialiser la chaine d'accord du pluriel ; identification des mots-signaux ; repérage des mots invariables.
- Connaitre et écrire les marques du pluriel selon la classe grammaticale indiquée du mot (*-nt* pour les verbes, *-s* pour les noms et les adjectifs).
- Utiliser les différentes formes de certains déterminants.

Documents
- Recherche SQ7. Doc. 1
- Entrainement : *Les pièces d'or* SQ7. Doc. 2 et sa correction SQ7. Doc. 2 bis

1. Rappel (collectif)

• Faire reformuler les acquis antérieurs à partir de l'affiche réalisée lors de la séance 1 de la séquence 6. Rappeler le fonctionnement du codage avec les pièces, les chaines qui les relient et l'interruption de la 1re chaine d'accord au verbe.

→ Expliciter l'objectif de la séance : apprendre à écrire correctement les mots au pluriel.

2. Recherche (individuel puis par 2 ou 4)

• Distribuer la recherche SQ7. Doc. 1. La projeter simultanément afin que les élèves repèrent le codage couleur des pièces d'or ; faire colorier celles-ci en jaune sur la photocopie.

• Lire la 1re consigne ainsi que les phrases proposées. Expliquer les termes non connus aux élèves. Faire reformuler les attentes, puis demander de réaliser individuellement la tâche. Proposer ensuite une réflexion par deux (ou par groupes) pour réaliser cette activité.

• Corriger avant de faire réaliser la 2e consigne.

3. Mutualisation (collectif) et suite de la recherche

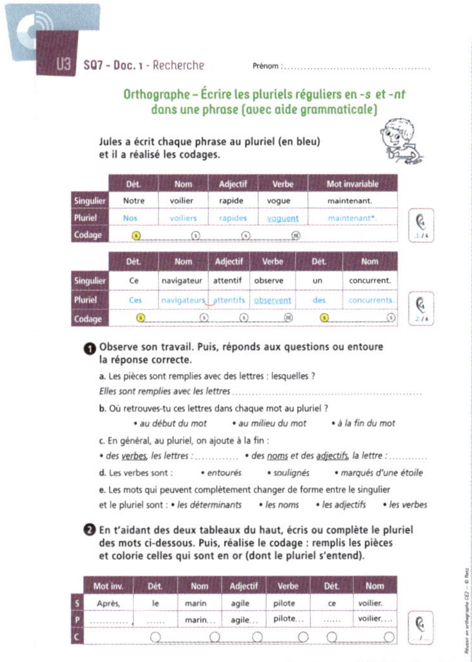

U3 SQ7 - Doc. 1 - Recherche Prénom : ....

Orthographe – Écrire les pluriels réguliers en *-s* et *-nt* dans une phrase (avec aide grammaticale)

Jules a écrit chaque phrase au pluriel (en bleu) et il a réalisé les codages.

	Dét.	Nom	Adjectif	Verbe	Mot invariable	
Singulier	Notre	voilier	rapide	vogue	maintenant.	
Pluriel	Nos	voiliers	rapides	voguent	maintenant*.	
Codage	s	s	s	nt		1 / 4

	Dét.	Nom	Adjectif	Verbe	Dét.	Nom	
Singulier	Ce	navigateur	attentif	observe	un	concurrent.	
Pluriel	Ces	navigateurs	attentifs	observent	des	concurrents.	
Codage	s	s	s	nt	s	s	2 / 6

1 Observe son travail. Puis, réponds aux questions ou entoure la réponse correcte.

a. Les pièces sont remplies avec des lettres : lesquelles ?
Elles sont remplies avec les lettres ....

b. Où retrouves-tu ces lettres dans chaque mot au pluriel ?
• *au début du mot* • *au milieu du mot* • *à la fin du mot*

c. En général, au pluriel, on ajoute à la fin :
• *des verbes, les lettres :* .... • *des noms et des adjectifs, la lettre :* ....

d. Les verbes sont : • *entourés* • *soulignés* • *marqués d'une étoile*

e. Les mots qui peuvent complètement changer de forme entre le singulier et le pluriel sont : • *les déterminants* • *les noms* • *les adjectifs* • *les verbes*

2 En t'aidant des deux tableaux du haut, écris ou complète le pluriel des mots ci-dessous. Puis, réalise le codage : remplis les pièces et colorie celles qui sont en or (dont le pluriel s'entend).

	Mot inv.	Dét.	Nom	Adjectif	Verbe	Dét.	Nom	
S	Après,	le	marin	agile	pilote	ce	voilier.	
P	....	......	marin...	agile...	pilote...	......	voilier....	
C		○	○	○	○	○	○	... / ...

Réussir en orthographe CE2 – © Retz

• À partir des productions des élèves et de la 1re consigne, faire apparaitre les éléments suivants :

– **Les pièces blanches** sont remplies avec les marques du pluriel. Ces marques sont différentes, *-s* et *-nt* : elles se retrouvent à la fin de chaque mot au pluriel. Montrer la correspondance entre les lettres situées à la fin du mot et les lettres écrites dans les pièces au-dessous. La différence est due à **la classe grammaticale**. Les verbes, soulignés, se terminent systématiquement par *-nt*, les noms et les adjectifs par *-s*. C'est donc le verbe qu'il faut repérer en premier dans la phrase car sa marque de pluriel est spécifique. Réactiver les leçons de grammaire sur l'identification du verbe et rappeler l'une des procédures : l'encadrement par *ne ... pas*. Faire expérimenter la méthode sur les 2 premières phrases de la recherche. Préciser aux élèves que, pendant 2 séances, le verbe sera souligné et désigné mais qu'il leur faudra ensuite le trouver tout seuls.

– **Les pièces d'or** sont situées ici sous les déterminants : elles les désignent comme mots-signaux dont le pluriel s'entend. Les marques de pluriel ne sont pas régulières : *notre → nos, ce → ces, un → des...* Elles sont remplies avec *-s*[1].

– Il n'y a **jamais de pièce pour les mots invariables** : ils ne font pas partie de la chaine d'accord puisqu'ils ne changent jamais de forme. Il faut les repérer en réactivant les savoirs acquis lors de la séquence 1 (unité 1), ajouter une étoile* à la fin de chacun d'eux et les copier sans les modifier.

• Demander aux élèves de réaliser individuellement la tâche demandée dans la 2e consigne. Puis, corriger en explicitant les codages ; au besoin, scotcher deux affiches ensemble pour pouvoir écrire les phrases dans toute leur longueur.

1. Au CM1, elles resteront vides car les élèves seront en mesure de comprendre que certains mots comme *beaucoup*, *deux*, *quatre*, *mille*, etc. indiquent un pluriel mais ne se terminent pas forcément par *-s*. En revanche, au CE2, seuls les cas de pluriels les plus fréquents sont traités.

	Mot inv.	Dét.	Nom	Adjectif	Verbe	Dét.	Nom
Sing.	Après,	le	marin	agile	pilote	ce	voilier.
Plur.	Après*,	les	marins‿	agiles	pilotent	ces	voiliers.
Cod.		s (jaune)	s	s	nt	s (jaune)	s

4. Institutionnalisation (collectif)

Continuer de compléter l'affiche des codages, en ajoutant :

- les deux marques de pluriel étudiées : verbes : *-nt* ; noms ou adjectifs : *-s* ;
- une liste de certains déterminants au pluriel à faire énoncer par les élèves :

un/une → des ; l'/le/la → les ; mon/ma → mes ; ton/ta → tes ; ce/cet/cette → ces.

Rappeler que *l'* possède le même pluriel que *le* ou *la*.

*** mot invariable**

verbe (*ne...pas*)

◯ (jaune) = le pluriel s'écrit et s'entend

◯ = le pluriel s'écrit mais ne s'entend pas

— **chaine d'accord**

‿ **liaison**

... / ... **score**

Remplir les pièces :

– Verbes : ***nt***

– Déterminants, noms et adjectifs : ***s***

Dét. *: un/une → des ; l'/le/la → les ; mon/ma → mes ; ton/ta → tes ; ce/cet/cette → ces*

5. Entrainement (individuel/collectif)

ACTIVITÉ 1 – Jeu du piston : Vrai ou Faux ?

Objectif : comprendre si la phrase est juste ou fausse (être capable de restituer les apprentissages).

Consigne : « Reste assis si la phrase est juste. Lève-toi si la phrase est fausse. »

Phrases proposées (correction orale après chaque phrase avec explicitation et exemple à l'appui) :

1) Pour savoir comment écrire le pluriel d'un mot, il faut savoir si c'est un verbe, un nom ou un adjectif. (Vrai)

2) Pour écrire le pluriel d'un déterminant, il suffit d'ajouter à la fin du mot : -s. (Faux, parfois le mot peut être transformé entièrement, comme *un → des*.)

3) Les mots invariables s'écrivent de la même manière au singulier et au pluriel. (Vrai)

4) Pour écrire un verbe au pluriel, il faut ajouter à la fin du mot -s. (Faux, il faut ajouter : *-nt*, lorsque c'est la 3e personne du pluriel.)

5) Le plus souvent, pour écrire un nom ou un adjectif au pluriel, il faut ajouter à la fin du mot -s. (Vrai)

ACTIVITÉ 2 – Les pièces d'or SQ7. Doc. 2

Objectif : savoir écrire le pluriel d'une phrase en utilisant un codage pour matérialiser les accords en nombre.

Consigne : « Écris le pluriel des mots, puis distribue les pièces d'or aux mots qui valent de l'or et des pièces blanches aux autres ! »

Dispositif : faire réaliser l'activité sur la fiche, individuellement, puis la corriger collectivement (SQ7. Doc. 2 bis, projetable).

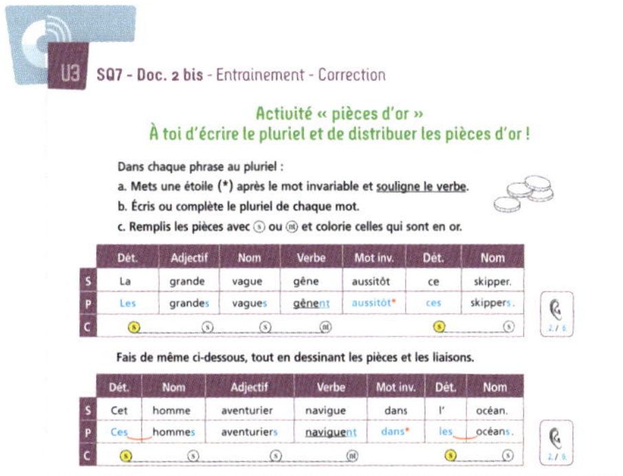

U3 **SQ7 - Doc. 2 bis** - Entrainement - Correction

Activité « pièces d'or »
À toi d'écrire le pluriel et de distribuer les pièces d'or !

Dans chaque phrase au pluriel :
a. Mets une étoile (*) après le mot invariable et <u>souligne le verbe</u>.
b. Écris ou complète le pluriel de chaque mot.
c. Remplis les pièces avec ⓢ ou ⓝⓣ et colorie celles qui sont en or.

	Dét.	Adjectif	Nom	Verbe	Mot inv.	Dét.	Nom
S	La	grande	vague	gêne	aussitôt	ce	skipper.
P	Les	grandes	vagues	<u>gênent</u>	aussitôt*	ces	skippers.
C	s	s	s	nt		s	s

Fais de même ci-dessous, tout en dessinant les pièces et les liaisons.

	Dét.	Nom	Adjectif	Verbe	Mot inv.	Dét.	Nom
S	Cet	homme	aventurier	navigue	dans	l'	océan.
P	Ces	hommes	aventuriers	<u>naviguent</u>	dans*	les	océans.
C	s	s	s	nt		s	s

Les 3 rituels de la semaine 16 Codages

(Voir *Présentation des rituels de l'unité 3, p. 119*)

- **Rituel Jour 2** (cahier de brouillon ou cahier du jour)
  Codage guidé d'une phrase simple au pluriel

- **Rituel Jour 3** (cahier de brouillon ou cahier du jour)
  Codage guidé de la même phrase expansée au pluriel

- **Rituel Jour 4** (cahier du jour)
  Codage autonome de la phrase précédente davantage expansée au pluriel

Remarques : • Il s'agit d'aider les élèves à automatiser les procédures étudiées ainsi que le codage qui seront réinvestis à partir de la semaine suivante dans le cadre de dictées de pluriels.

• Lors de la copie de phrases, faire démarrer la phrase dans la marge afin que celle-ci soit écrite sur une même ligne et préciser qu'il faut aligner, de préférence, les mots au pluriel au-dessous de ceux au singulier.

• Se référer, lors des rituels orthographiques, à l'affiche contenant les codages correspondants pour en faciliter la remémoration, enrichie avec les marques du pluriel.

RITUEL JOUR 2 Écriture guidée d'une phrase simple au pluriel

• Écrire au tableau la phrase ci-dessous, d'abord au singulier, puis au pluriel, sans codage et faire lire les deux phrases à l'oral. Rappeler les règles lexicales concernant les lettres *c* et *g*. Faire sonner le *g* de *poing*, rappeler son lien lexical avec le nom *poignée*.

• Demander aux élèves d'énoncer la procédure pour écrire une phrase au pluriel : chercher le mot invariable (s'il y en a), puis le verbe (avec l'encadrement par *ne … pas*), à souligner. Ensuite, expliciter collectivement les différentes marques du pluriel en fonction des règles étudiées.

• Ajouter le codage qui sert à vérifier les accords réalisés en fin de mot.

• Faire copier les deux phrases ainsi que le codage, puis compter les mots-signaux.

	D	N	V	D	N
S :	Ce	navigateur	lève	le	poing.
P :	Ces	navigateurs	lèvent	les	poings.
C :	s	s	nt	s	s

2 / 5

RITUEL JOUR 3 Écriture guidée de la même phrase expansée au pluriel

• Écrire au tableau la phrase ci-dessous, d'abord au singulier, puis au pluriel, sans codage et faire lire les deux phrases à l'oral. Expliquer qu'elles sont enrichies et faire repérer la nouveauté : l'ajout d'un mot invariable, étudié dans la 1re séquence, à faire « sonner ».

• Demander aux élèves d'énoncer la procédure pour écrire une phrase au pluriel : après avoir trouvé le mot invariable et l'avoir identifié avec une étoile, chercher le verbe (avec l'encadrement par *ne … pas*), à souligner. Ensuite, expliciter collectivement les différentes marques du pluriel en fonction des règles étudiées.

• Ajouter le codage qui sert à vérifier les accords réalisés en fin de mot.

• Faire copier les deux phrases ainsi que le codage, puis compter les mots-signaux.

	D	N	V	MI	D	N
S :	Ce	navigateur	lève	maintenant	le	poing.
P :	Ces	navigateurs	lèvent	maintenant*	les	poings.
C :	s	s	nt		s	s

2 / 5

RITUEL JOUR 4 Écriture autonome de la phrase précédente davantage expansée au pluriel

• Écrire au tableau la phrase ci-dessous, d'abord au singulier, puis au pluriel, sans codage et faire lire les deux phrases à l'oral. Expliquer qu'elles ont été complétées par un élément : elles sont enrichies.

• Demander aux élèves de copier les deux phrases sans les codages.

- Puis, faire réaliser les codages en autonomie. Laisser l'affiche récapitulative avec les codages visuellement disponible.
- Corriger et valoriser les réussites.

	D	N	A	V	MI	D	N
S :	Ce	navigateur	souriant	lève	maintenant	le	poing.
P :	Ces	navigateurs	souriants	<u>lèvent</u>	maintenant*	les	poings.
C :	(s)	(s)	(s)	(nt)		(s)	(s)

2 / 6

Séance 2 I Écrire les pluriels réguliers en *-s* et *-nt* dans une phrase (avec aide grammaticale) (2)

Objectifs

- Réactiver les acquis précédents : utilisation du codage pour matérialiser la chaine d'accord du pluriel ; identification des mots-signaux ; repérage des mots invariables.
- Connaitre et automatiser l'écriture des marques du pluriel selon la classe grammaticale indiquée du mot (*-nt* pour les verbes, *-s* pour les noms et les adjectifs).
- Utiliser les différentes formes de certains déterminants.

Documents

- Leçon SQ7. Doc. 3
- 2 activités d'entrainement : *Le domino des déterminants* SQ7. Doc. 4
  À chacun ou à chacune sa pièce SQ7. Doc. 5
- Application SQ7. Doc. 6 et sa correction SQ7. Doc. 6 bis

1. Rappel (collectif)

En s'aidant de la phrase exemple notée sur l'affiche réalisée lors de la séance précédente, rappeler le fonctionnement du codage avec les pièces et les chaines d'accord qui les relient, ainsi que les différentes marques du pluriel.

→ <u>Expliciter l'objectif de la séance</u> : s'entrainer à écrire correctement les phrases au pluriel.

2. Institutionnalisation (collectif)

Distribuer la leçon, qui est une fiche méthodologique pour écrire correctement les phrases au pluriel et la projeter simultanément SQ7. Doc. 3. Faire lire la procédure (en 4 étapes) illustrée par une phrase exemple. Préciser que la trace écrite du bas reprend ces éléments sous la forme d'une énumération et sera à mémoriser en travail personnel.

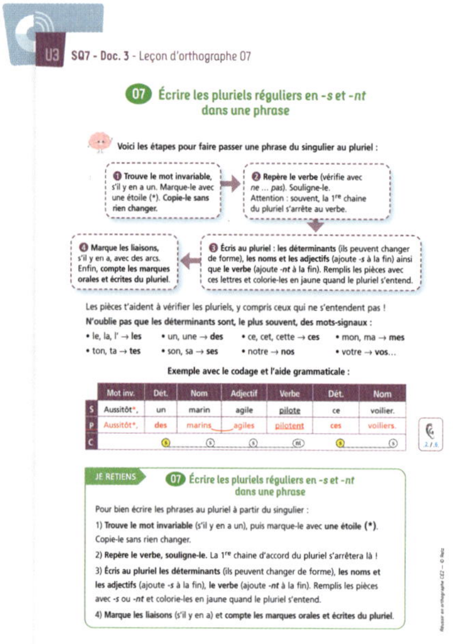
U3 **SQ7 - Doc. 3** - Leçon d'orthographe 07

07 Écrire les pluriels réguliers en -*s* et -*nt* dans une phrase

Voici les étapes pour faire passer une phrase du singulier au pluriel :

1. **Trouve le mot invariable,** s'il y en a un. Marque-le avec une étoile (*). **Copie-le sans rien changer.**
2. **Repère le verbe** (vérifie avec *ne … pas*). Souligne-le. Attention : souvent, la 1re chaine du pluriel s'arrête au verbe.
3. **Écris au pluriel : les déterminants** (ils peuvent changer de forme), **les noms et les adjectifs** (ajoute -*s* à la fin) ainsi que **le verbe** (ajoute -*nt* à la fin). Remplis les pièces avec ces lettres et colorie-les en jaune quand le pluriel s'entend.
4. **Marque les liaisons,** s'il y en a, avec des arcs. Enfin, **compte les marques orales et écrites du pluriel.**

Les pièces t'aident à vérifier les pluriels, y compris ceux qui ne s'entendent pas !

N'oublie pas que les déterminants sont, le plus souvent, des mots-signaux :

- le, la, l' → **les**
- un, une → **des**
- ce, cet, cette → **ces**
- mon, ma → **mes**
- ton, ta → **tes**
- son, sa → **ses**
- notre → **nos**
- votre → **vos…**

Exemple avec le codage et l'aide grammaticale :

	Mot inv.	Dét.	Nom	Adjectif	Verbe	Dét.	Nom
S	Aussitôt*,	un	marin	agile	pilote	ce	voilier.
P	Aussitôt*,	des	marins	agiles	pilotent	ces	voiliers.
C		s	s	s	nt	s	s

2 / 6

JE RETIENS **07 Écrire les pluriels réguliers en -*s* et -*nt* dans une phrase**

Pour bien écrire les phrases au pluriel à partir du singulier :

1) **Trouve le mot invariable** (s'il y en a un), puis marque-le avec **une étoile (*)**. Copie-le sans rien changer.

2) **Repère le verbe, souligne-le.** La 1re chaine d'accord du pluriel s'arrêtera là !

3) **Écris au pluriel les déterminants** (ils peuvent changer de forme), **les noms et les adjectifs** (ajoute -*s* à la fin), **le verbe** (ajoute -*nt* à la fin). Remplis les pièces avec -*s* ou -*nt* et colorie-les en jaune quand le pluriel s'entend.

4) **Marque les liaisons** (s'il y en a) et **compte les marques orales et écrites du pluriel.**

Réussir en orthographe CE2 – © Retz

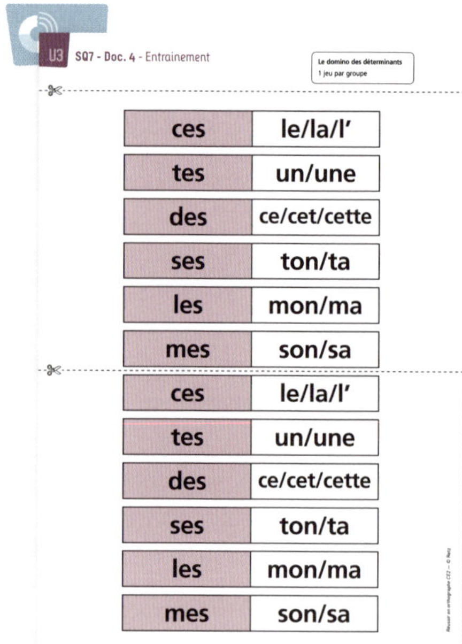
U3 **SQ7 - Doc. 4** - Entrainement

Le domino des déterminants
1 jeu par groupe

ces	le/la/l'
tes	un/une
des	ce/cet/cette
ses	ton/ta
les	mon/ma
mes	son/sa
ces	le/la/l'
tes	un/une
des	ce/cet/cette
ses	ton/ta
les	mon/ma
mes	son/sa

Réussir en orthographe CE2 – © Retz

3. Entrainement (par 2/par 4, collectif)

ACTIVITÉ 1 - Le domino des déterminants SQ7. Doc. 4

Objectif : associer le singulier et le pluriel des principaux déterminants.

Consigne : « Associe chaque déterminant au singulier (sur fond blanc) à son déterminant au pluriel (sur fond gris). À la fin, tous les dominos doivent être posés et un rectangle doit être formé. »

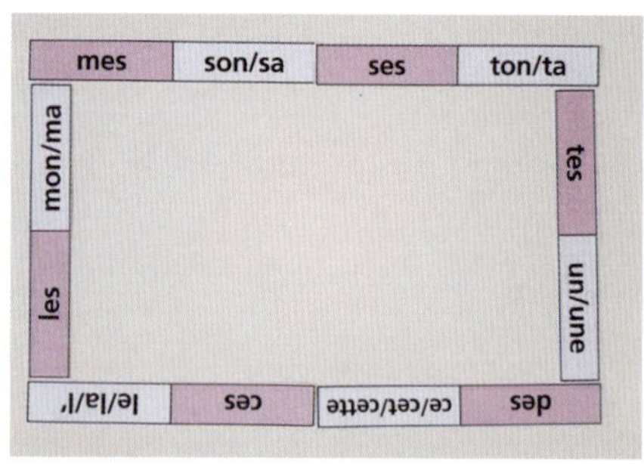

Dispositif : distribuer les pièces du domino préalablement découpées, face à l'envers, un jeu pour 2 ou pour 4 élèves, au choix, de niveau hétérogène. Limiter le jeu à 5 minutes.

Déroulement : expliquer d'abord le principe des dominos, pour les élèves qui ne le connaissent pas. Ensuite, démarrer le jeu, à chronométrer, par équipes. Enfin, corriger successivement les propositions de chaque groupe et valoriser les réussites.

Remarque : L'enseignant(e) dessine la forme du rectangle au tableau pour aider les élèves à visualiser la forme finale attendue.

ACTIVITÉ 2 – À chacun ou à chacune sa pièce SQ7. Doc. 5

Objectif : savoir attribuer la marque écrite du pluriel qui convient (nom, adjectif, verbe, mot invariable).

Consigne : « Attrape le plus rapidement possible l'étiquette qui convient. »

-nt	-s	Pas de marque de pluriel

Déroulement : les élèves sont par binômes, de niveau homogène, un jeu de pièces pour deux disposé devant eux, à leur faire découper rapidement. L'enseignant(e) écrit une phrase au singulier au tableau, par exemple :

Dét.	Nom	Adj.	V	MI	Dét.	Nom	Adj.
L'	*océan*	*terrible*	*secoue*	*pourtant*	*ce*	*voilier*	*moderne.*

Ensuite, il ou elle annonce un mot de la phrase, comme « terrible » : l'élève de chaque binôme doit attraper l'étiquette qui correspond au pluriel du mot indiqué (ici, l'étiquette *-s*, car il s'agit d'un adjectif). Corriger après chaque item. L'élève qui a attrapé en premier l'étiquette qui convient marque un point. Faire réaliser plusieurs items.

Attention : une étiquette touchée ne peut être changée. Le jeu démarre les mains derrière le dos.

Variante : faire écrire les 3 possibilités sur l'ardoise, puis demander de souligner la réponse correcte pour chaque terme énoncé.

Remarque : Ces jeux (activités 1 et 2) sont à conserver car ils seront réutilisés ultérieurement.

4. Application (individuel)

• Demander de lire les consignes des exercices SQ7. Doc. 6 et prendre connaissance des phrases : les expliciter en cas de difficultés. Préciser le sens des mots complexes.

• Faire réaliser le travail. Mettre en place le dispositif de différenciation préconisé (*cf. Présentation générale*, p. 12). Corriger en fonction du temps restant (SQ7. Doc. 6 bis, projetable).

U3 **SQ7 - Doc. 6 bis** - Application - Correction

Écrire les pluriels réguliers en *-s* et *-nt* dans une phrase (avec aide grammaticale)

❶ Je comprends ce que je fais. **Entoure la réponse correcte.**

a. Au pluriel, j'ajoute à la fin des <u>verbes</u> :
• *-s* • ***-nt*** • *rien*

b. Au pluriel, en général, j'ajoute à la fin des <u>noms</u> et des <u>adjectifs</u> :
• ***-s*** • *-nt* • *rien*

c. Au pluriel, j'ajoute à la fin des <u>mots invariables</u> :
• *-s* • *-nt* • ***rien***

d. Au pluriel, les <u>déterminants</u> :
• ***peuvent changer de forme*** • *ne changent pas de forme*

❷ **Écris chaque déterminant ci-dessous au pluriel. Attention, le même pluriel peut servir plusieurs fois !**
Aide-toi de la liste suivante : ***ses – les – des – mes – tes – ces.***

• le : les • ce : ces • ton : tes
• un : des • mon : mes • l' : les
• la : les • sa : ses • une : des

❸ **Dans la phrase au pluriel, dessine une étoile (*) après le mot invariable, <u>souligne le verbe</u>. Ensuite, remplis les pièces avec (s) ou (m) et colorie celles qui sont en or. Enfin, complète le score.**

	Dét.	Nom	Adjectif	Verbe	Mot inv.
S	Ce	participant	sportif	arrive	maintenant.
P	Ces	participants	sportifs	<u>arrivent</u>	maintenant*.
C	(S)	(s)	(s)	(m)	

Score : 1 / 4

	Dét.	Nom	Adjectif	Verbe	Mot inv.
S	L'	équipement	complet	semble	ici.
P	Les	équipements	complets	<u>semblent</u>	ici*.
C	(S)	(s)	(s)	(m)	

Score : 1 / 4

Réussir en orthographe CE2 – © Retz

U3 **SQ7 - Doc. 6 bis** - Application - Correction

❹ **Dans la phrase au pluriel, dessine une étoile (*) après le mot invariable et <u>souligne le verbe</u>. Puis, écris le pluriel de chaque mot. Ensuite, remplis les pièces avec (s) ou (m) et colorie celles qui sont en or. Enfin, complète le score.**

	Dét.	Adjectif	Nom	Verbe	Mot inv.
S	La	célèbre	course	démarre	aussitôt.
P	Les	célèbres	courses	<u>démarrent</u>	aussitôt*.
C	(S)	(s)	(s)	(m)	

Score : 1 / 4

	Dét.	Nom	Adjectif	Verbe	Mot inv.	Dét.	Nom
S	Un	concurrent	volontaire	avance	sur	le	pont.
P	Ces	concurrents	volontaires	<u>avancent</u>	sur*	les	ponts.
C	(S)	(s)	(s)	(m)		(S)	(s)

Score : 2 / 4

❺ **Fais de même ci-dessous, tout en écrivant les réponses et en dessinant les pièces. N'oublie pas les liaisons !**

	Dét.	Nom	Adjectif	Verbe	Mot inv.	Dét.	Nom
S	Un	vent	important	secoue	parfois	la	voile.
P	Des	vents	importants	<u>secouent</u>	parfois*	les	voiles.
C	(S)	(s)	(s)	(m)		(S)	(s)

Score : 2 / 6

	Mot inv.	Dét.	Nom	Verbe	Dét.	Nom	Adjectif
S	Après,	ce	skipper	envoie	une	information	rassurante.
P	Après*,	ces	skippers	<u>envoient</u>	des	informations	rassurantes.
C		(S)	(s)	(m)	(S)	(s)	(s)

Score : 2 / 6

❻ Je révise.

a. Complète les mots invariables avec la même lettre : mais… – jamais…
b. Complète avec ***on*** ou ***om*** : plonger – tomber – foncer
c. Complète avec ***s*** ou ***ss*** : un …signe – un poisson rouge – la marée basse
d. Complète avec ***c*** ou ***ç*** : Nous lançons un …coquillage dans l'océan.
e. Complète avec ***g, gu*** ou ***ge*** : une vague – un plongeon – …gagner

Réussir en orthographe CE2 – © Retz

Les 3 rituels de la semaine 17 Codages

(Voir *Présentation des rituels de l'unité 3*, p. 119)

• **Rituel Jour 2** (cahier de brouillon ou cahier du jour)
Codage guidé d'une phrase simple au pluriel

• **Rituel Jour 3** (cahier de brouillon ou cahier du jour)
Codage guidé de la même phrase expansée au pluriel

• **Rituel Jour 4** (cahier du jour)
Codage autonome de la phrase précédente davantage expansée au pluriel

Remarque : Se référer lors des rituels orthographiques à l'affiche contenant les codages correspondants pour en faciliter la remémoration.

RITUEL JOUR 2 Écriture guidée d'une phrase simple au pluriel

• Écrire au tableau la phrase ci-dessous, d'abord au singulier, puis au pluriel, sans codage et faire lire les deux phrases à l'oral. Rappeler les règles lexicales concernant *m* devant *p* dans *champions* ainsi que celles concernant les lettres *s*, *c* et *g*.

• Demander aux élèves d'énoncer la procédure pour écrire une phrase au pluriel : chercher le mot invariable (s'il y en a), puis le verbe (avec l'encadrement par *ne ... pas*), à souligner. Ensuite, expliciter collectivement les différentes marques du pluriel en fonction des règles étudiées.

• Ajouter le codage qui sert à vérifier les accords réalisés en fin de mot.

• Faire copier les deux phrases ainsi que le codage, puis compter les mots-signaux.

	D	N	V	D	N
S :	Un	champion	gagne	cette	course.
P :	Des	champions	<u>gagnent</u>	ces	courses.
C :	(s)	(s)	(nt)	(s)	(s)

2 / 5

RITUEL JOUR 3 Écriture guidée de la même phrase expansée au pluriel

• Écrire au tableau la phrase ci-dessous, d'abord au singulier, puis au pluriel, sans codage et faire lire les deux phrases à l'oral. Expliquer qu'elles sont enrichies et faire repérer la nouveauté : l'ajout d'un mot invariable, étudié dans la 1re séquence, à faire « sonner ».

• Demander aux élèves d'énoncer la procédure pour écrire une phrase au pluriel : après avoir trouvé le mot invariable et l'avoir identifié avec une étoile, chercher le verbe (avec l'encadrement par *ne ... pas*), à souligner. Ensuite, expliciter collectivement les différentes marques du pluriel en fonction des règles étudiées.

• Ajouter le codage qui sert à vérifier les accords réalisés en fin de mot.

• Faire copier les deux phrases ainsi que le codage, puis compter les mots-signaux.

	D	N	V	MI	D	N
S :	Un	champion	gagne	parfois	cette	course.
P :	Des	champions	<u>gagnent</u>	parfois*	ces	courses.
C :	(s)	(s)	(nt)		(s)	(s)

2 / 5

RITUEL JOUR 4 Écriture autonome de la phrase précédente davantage expansée au pluriel

• Écrire au tableau la phrase ci-dessous, d'abord au singulier, puis au pluriel, sans codage et faire lire les deux phrases à l'oral. Expliquer qu'elles ont été complétées par un élément : elles sont enrichies.
• Demander aux élèves de copier les deux phrases sans les codages.
• Puis, faire réaliser les codages en autonomie. Laisser l'affiche récapitulative avec les codages visuellement disponible.
• Corriger et valoriser les réussites.

	D	N	V	MI	D	A	N
S :	Un	champion	gagne	parfois	cette	incroyable	course.
P :	Des	champions	gagnent	parfois*	ces	incroyables	courses.
C :	s	s	nt		s	s	s

2 / 6

Séance 3 I Écrire les pluriels réguliers en *-s* et *-nt* dans une phrase (sans aide grammaticale) (3)

Objectifs
- Réactiver les acquis précédents : utilisation du codage pour matérialiser la chaine d'accord du pluriel, identification des mots-signaux.
- Utiliser des stratégies pour repérer de manière autonome les mots invariables et les verbes conjugués.
- Connaitre et automatiser l'écriture des marques du pluriel selon la classe grammaticale du mot à identifier (*-nt* pour les verbes, *-s* pour les noms et les adjectifs).
- Utiliser les différentes formes de certains déterminants.

Prérequis
- Avoir étudié l'identification du verbe conjugué à un temps simple.

Documents
- Recherche SQ7. Doc. 7
- 2 activités d'entrainement : *À chacun ou à chacune sa pièce* SQ7. Doc. 5 (séance précédente) ; *Les pièces d'or* SQ7. Doc. 8 et sa correction SQ7. Doc. 8 bis
- Application SQ7. Doc. 9 et sa correction SQ7. Doc. 9 bis

1. Rappel (collectif)

En s'aidant de la phrase exemple notée sur l'affiche réalisée au début de la séquence 7, rappeler le fonctionnement du codage avec les pièces et les chaines qui les relient, ainsi que les différentes marques du pluriel.

→ Expliciter l'objectif de la séance : s'entrainer à écrire correctement les phrases au pluriel, de manière autonome, sans que les différentes classes grammaticales soient indiquées.

2. Recherche (individuel, puis par 2 ou 4)

• Distribuer la recherche SQ7. Doc. 7. La projeter simultanément.

• Lire les consignes ainsi que la phrase au singulier. Faire reformuler les attentes, puis demander de réaliser individuellement la tâche. Proposer ensuite une réflexion par binômes (ou par groupes). Sur le document, demander aux élèves de surligner les étapes indiquées dans la consigne, afin de contrôler leur réalisation.

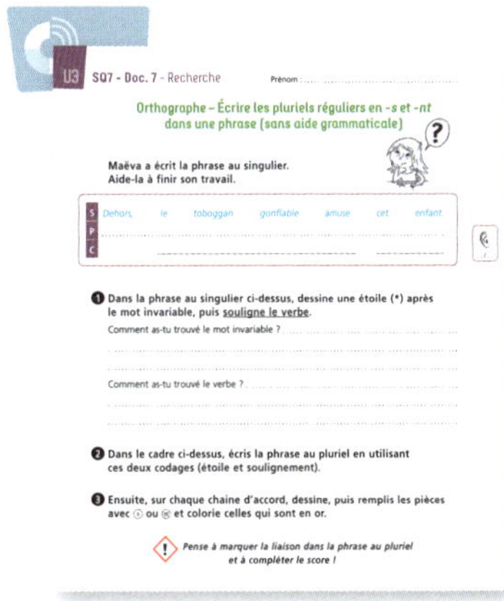
U3 SQ7 - Doc. 7 - Recherche Prénom : ……

Orthographe – Écrire les pluriels réguliers en -s et -nt dans une phrase (sans aide grammaticale)

Maëva a écrit la phrase au singulier.
Aide-la à finir son travail.

S Dehors, le toboggan gonflable amuse cet enfant.
P ……
C

❶ Dans la phrase au singulier ci-dessus, dessine une étoile (*) après le mot invariable, puis souligne le verbe.
Comment as-tu trouvé le mot invariable ? ……
Comment as-tu trouvé le verbe ? ……

❷ Dans le cadre ci-dessus, écris la phrase au pluriel en utilisant ces deux codages (étoile et soulignement).

❸ Ensuite, sur chaque chaine d'accord, dessine, puis remplis les pièces avec ⓢ ou ⓝⓣ et colorie celles qui sont en or.

Pense à marquer la liaison dans la phrase au pluriel et à compléter le score !

3. Mutualisation (collectif)

• À partir des productions des élèves, corriger la phrase et recenser les différentes procédures utilisées pour parvenir à identifier le mot invariable et le verbe dans la phrase au singulier.

S. Dehors*, le toboggan gonflable <u>amuse</u> cet enfant.
P. Dehors*, **les** toboggan**s** gonflable**s** <u>**amusent**</u> **ces**‿enfant**s**.
C. (s) (s) (s) (nt) (s) (s)

• Noter au tableau, de manière synthétique, les différentes procédures utilisées par les élèves. Expliquer que chaque enfant devra utiliser la manière qui lui semble la plus fonctionnelle, du moment qu'elle a été validée en grand groupe.
Les lister :

– **pour trouver les mots invariables** : on ne peut ni les écrire au féminin, ni au pluriel : ce sont des mots qui ne changent jamais de forme. Pour donner une image aux élèves, ils peuvent se représenter les mots invariables comme des statues de pierre, « pétrifiés ». Autre procédure pour les reconnaitre : ils font généralement partie de la liste des mots invariables étudiés (réunis dans le rituel des « livreurs de pizzas », à consulter) ;

– **pour identifier les verbes** : évoquer les stratégies précédemment étudiées en grammaire : encadrement du verbe par *ne … pas* ou *n' … pas*, changement de temps et de personne. Insister sur la procédure la plus simple qui ne demande pas de connaissances approfondies en conjugaison et qui a été utilisée dans les séances précédentes : l'encadrement du verbe par *ne ... pas* ou *n' ... pas*.

4. Institutionnalisation (collectif)

Sur une nouvelle affiche, noter les stratégies retenues par la classe pour identifier le mot invariable et le verbe conjugué dans la phrase. Rappeler que ce sont les deux premières étapes à suivre. Proposer à chaque élève de s'y référer en cas de besoin.

5. Entrainement (individuel/par 2/collectif)

ACTIVITÉ 1 – Statue ou non ?

Objectif : savoir distinguer un mot invariable et un verbe.

Consigne : « Si je prononce un mot invariable, transforme-toi en statue, car il ne change jamais de forme. Si je prononce un verbe, bouge en disant bonjour avec la main en silence, car il change souvent de forme. »

Déroulement : l'enseignant(e) écrit plusieurs mots au tableau, par exemple :

gagne – toujours – tôt – avance – après – donne –
ensuite – pense – vient – maintenant – autrefois – parle – avant.

Ensuite, il ou elle annonce l'un des mots, comme *toujours*, puis laisse un temps de réflexion. À un signal précis (claquement des doigts, par exemple), l'élève doit alors agir de la manière qui correspond. Corriger après chaque item, en énonçant explicitement la ou les procédures utilisées.

Variante : faire écrire les 2 possibilités sur l'ardoise (verbe ou mot invariable), puis demander de souligner la réponse correcte pour chaque proposition.

ACTIVITÉ 2 – À chacun ou à chacune sa pièce SQ7. Doc. 5

Objectif : savoir attribuer la marque écrite du pluriel qui convient (nom, adjectif, verbe, mot invariable).

Consigne : « Attrape le plus rapidement possible l'étiquette qui convient. »

Déroulement : les élèves sont en binômes de niveau homogène, un jeu de pièces pour deux disposé devant eux à découper rapidement. L'enseignant(e) écrit au tableau une phrase au singulier, par exemple :

-nt	-s	**Pas de marque de pluriel**

Cet adolescent joue dans la structure gonflable.

Ensuite, il ou elle annonce un mot de la phrase, comme *adolescent* : l'élève de chaque binôme doit attraper l'étiquette qui correspond au pluriel du mot indiqué (ici, l'étiquette *-s*, car il s'agit d'un nom : ce n'est ni un verbe, ni un mot invariable). Corriger après chaque item. L'élève qui a attrapé en premier l'étiquette qui convient marque un point. Faire réaliser plusieurs items.

Attention : une étiquette touchée ne peut être changée. Le jeu démarre les mains derrière le dos.

Variante : faire écrire les 3 possibilités sur l'ardoise (*-s*, *-nt*, pas de marque au pluriel), puis demander de souligner la réponse correcte pour chaque proposition.

ACTIVITÉ 3 – Les pièces d'or SQ7. Doc. 8

Objectif : savoir écrire le pluriel d'une phrase en utilisant un codage pour matérialiser les accords en nombre.

Consigne : « Écris le pluriel des mots, puis distribue les pièces d'or aux mots qui valent de l'or et des pièces blanches aux autres ! »

Dispositif : faire réaliser l'activité sur la fiche, individuellement, puis la corriger collectivement. SQ7. Doc. 8 bis

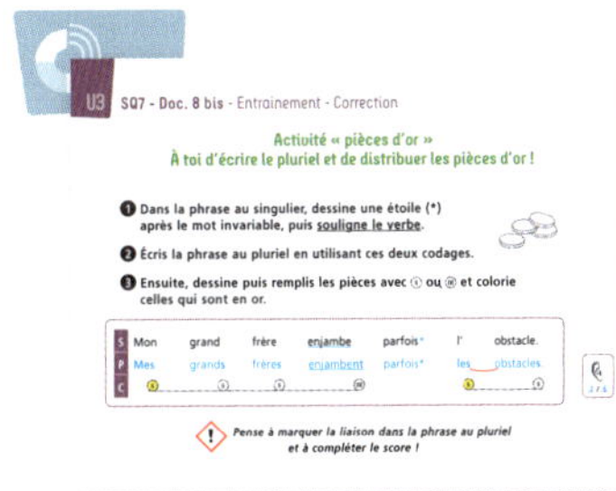
U3 SQ7 - Doc. 8 bis - Entrainement - Correction

Activité « pièces d'or »
À toi d'écrire le pluriel et de distribuer les pièces d'or !

1. Dans la phrase au singulier, dessine une étoile (*) après le mot invariable, puis souligne le verbe.
2. Écris la phrase au pluriel en utilisant ces deux codages.
3. Ensuite, dessine puis remplis les pièces avec ⓢ ou ⓝⓣ et colorie celles qui sont en or.

S	Mon	grand	frère	enjambe	parfois*	l'	obstacle.
P	Mes	grands	frères	enjambent	parfois*	les	obstacles.
C	ⓢ	ⓢ	ⓢ	ⓝⓣ		ⓢ	ⓢ

2 / 6

Pense à marquer la liaison dans la phrase au pluriel et à compléter le score !

6. Application (individuel)

• Demander de lire les consignes des exercices (SQ7. Doc. 9) et prendre connaissance des phrases : les expliciter en cas de difficultés. Préciser le sens des mots complexes.

• Faire réaliser le travail. Mettre en place le dispositif de différenciation préconisé (cf. *Présentation générale*, p. 12). Corriger en fonction du temps restant (SQ7. Doc. 9 bis, projetable).

• Ultérieurement, faire corriger la phrase demandée lors de la séquence 6 (p. 127) :

Les papillons jaunes volent.

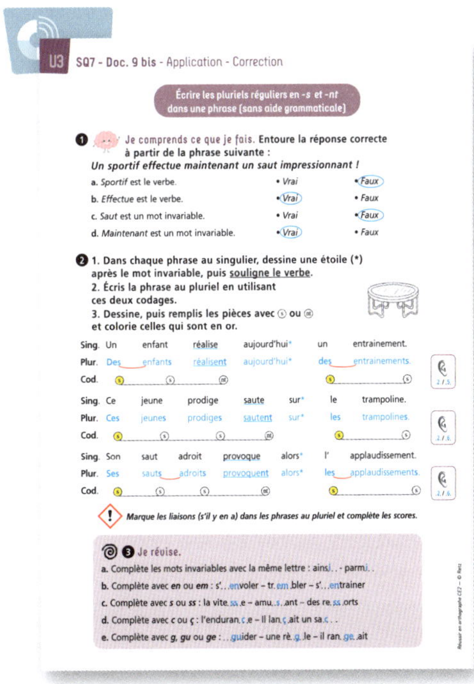
U3 SQ7 - Doc. 9 bis - Application - Correction

Écrire les pluriels réguliers en -s et -nt dans une phrase (sans aide grammaticale)

1. Je comprends ce que je fais. Entoure la réponse correcte à partir de la phrase suivante :
Un sportif effectue maintenant un saut impressionnant !

a. *Sportif* est le verbe.	• Vrai	• Faux (entouré)
b. *Effectue* est le verbe.	• Vrai (entouré)	• Faux
c. *Saut* est un mot invariable.	• Vrai	• Faux (entouré)
d. *Maintenant* est un mot invariable.	• Vrai (entouré)	• Faux

2. 1. Dans chaque phrase au singulier, dessine une étoile (*) après le mot invariable, puis souligne le verbe.
2. Écris la phrase au pluriel en utilisant ces deux codages.
3. Dessine, puis remplis les pièces avec ⓢ ou ⓝⓣ et colorie celles qui sont en or.

Sing.	Un	enfant	réalise	aujourd'hui*		un	entrainement.
Plur.	Des	enfants	réalisent	aujourd'hui*		des	entrainements.
Cod.	ⓢ	ⓢ	ⓝⓣ			ⓢ	ⓢ
Sing.	Ce	jeune	prodige	saute	sur*	le	trampoline.
Plur.	Ces	jeunes	prodiges	sautent	sur*	les	trampolines.
Cod.	ⓢ	ⓢ	ⓢ	ⓝⓣ		ⓢ	ⓢ
Sing.	Son	saut	adroit	provoque	alors*	l'	applaudissement.
Plur.	Ses	sauts	adroits	provoquent	alors*	les	applaudissements.
Cod.	ⓢ	ⓢ	ⓢ	ⓝⓣ		ⓢ	ⓢ

2 / 5 – 2 / 6 – 2 / 6

Marque les liaisons (s'il y en a) dans les phrases au pluriel et complète les scores.

3. Je révise.
a. Complète les mots invariables avec la même lettre : ainsi - parmi
b. Complète avec *en* ou *em* : s'envoler – tremblér – s'entrainer
c. Complète avec *s* ou *ss* : la vitesse – amusant – des ressorts
d. Complète avec *c* ou *ç* : l'endurance – Il lançait un sac
e. Complète avec *g*, *gu* ou *ge* : guider – une règle – il rangeait

Réussir en orthographe CE2 – © Retz

Les 3 rituels de la semaine 18 Dictées

(Voir *Présentation des rituels de l'unité 3*, p. 119)

- **Rituel Jour 2** (cahier de brouillon ou cahier du jour)

Transformation d'une phrase au pluriel

- **Rituel Jour 3** (cahier de brouillon ou cahier du jour)

Transformation d'une deuxième phrase au pluriel

+ distribution de la correction à coller sur la fiche de révision élève

RITUELS U3-U4. Fiche de révision élève

RITUELS U3-U4. Corrections des 7 dictées de pluriels

- **Rituel Jour 4** (cahier du jour)

Dictée de pluriels n° 1

Différenciation : RITUELS U3-U4. Dictée de pluriels n° 1-Différenciation-Coup de pouce*

Remarque : Lors des 3 rituels orthographiques, se référer à l'affiche contenant les codages correspondants pour en faciliter la remémoration. Le jour de la dictée, préciser que seules les phrases au pluriel sont à écrire.

RITUEL JOUR 2 Transformation d'une phrase au pluriel

1. Écrire la phrase suivante au singulier, puis demander de l'observer.

S. Dehors, mon ami escalade ce grand mur.

2. Faire transformer et coder de manière autonome la phrase au pluriel, en suivant la procédure habituelle (*cf. Présentation de l'unité 3*, p. 121).

3. Corriger.

Expliciter le découpage des deux chaines d'accord ainsi que l'écriture des pluriels de chaque mot. Insister sur le repérage du verbe par *n'... pas*. Rappeler qu'il coïncide avec la fin de la 1re chaine d'accord.

Ensuite, aborder l'orthographe lexicale : faire « sonner » le mot invariable, rappeler les valeurs de la lettre *s* dans les deux mots qui la contiennent, en s'appuyant sur les leçons antérieures. Procéder de même avec les lettres *c* et *g*. Expliquer la présence de la lettre muette de *grand*.

(Taux de réussite au CE2 : *dehors* 35 %, *ami* 95 %, *escalader* 79 %, *grand* 93 %, *mur* 78 %).

S. Dehors*, mon ami escalade ce grand mur.
P. Dehors*, **mes** amis escalade**nt** **ces** grand**s** mur**s**.
C. (s) (s) (nt) (s) (s) (s)

2 / 6

RITUEL JOUR 3 Transformation d'une 2e phrase au pluriel

1. Écrire la phrase suivante au singulier, puis demander de l'observer.

S. Ce grimpeur réalise alors un record admirable !

2. Faire transformer et coder de manière autonome la phrase au pluriel, en suivant la procédure habituelle (*cf. Présentation de l'unité 3*, p. 121).

3. Corriger.

Expliciter le découpage des deux chaines d'accord ainsi que l'écriture des pluriels de chaque mot. Insister sur le repérage du verbe par *ne … pas*. Rappeler qu'il coïncide avec la fin de la 1re chaine d'accord.

Ensuite, aborder l'orthographe lexicale : faire « sonner » le mot invariable, rappeler la règle du *m* devant *p* dans *grimpeurs* ainsi que les valeurs de la lettre *c* dans les deux mots qui la contiennent en s'appuyant sur les leçons antérieures. Procéder de même avec les lettres *g* et *s*. Mentionner la présence de la lettre muette de *record*, à faire sonner.

(Taux de réussite au CE2 : *grimpeur* 80 %, *réaliser* 75 %, *alors* 89 %, *record* 63 %, *admirable* 76 %).

S. Ce grimpeur réalise alors* un record admirable !
P. **Ces** grimpeur**s** réalise**nt** alors* **des** record**s** admirable**s** !
C. (s) (s) (nt) (s) (s) (s)

2 / 6

4. Fournir la fiche de révision des dictées de pluriels : faire coller la correction de la dictée sur cette fiche, base de révision pour la dictée du lendemain.

→ **Travail personnel à donner :** faire réviser la dictée de pluriels n° 1 pour le Jour 4.

RITUEL JOUR 4 Dictée de pluriels n° 1

- Dicter directement les 2 phrases au pluriel, à coder.

P. Dehors*, **mes** amis escalade**nt** **ces** grand**s** mur**s**.
C. (s) (s) (nt) (s) (s) (s)

P. **Ces** grimpeur**s** réalise**nt** alors* **des** record**s** admirable**s** !
C. (s) (s) (nt) (s) (s) (s)

2 / 6

2 / 6

- Mettre en place l'un des dispositifs de différenciation préconisés (*cf. Présentation de l'unité 3*, p. 123).

Aide pour le niveau** : fournir les mots *un grimpeur, un record*.

Aide pour le niveau Coup de pouce* : fournir un support spécifique.

RITUELS U3-U4. Dictée de pluriels n° 1-Différenciation-Coup de pouce*

- Corriger et valoriser les réussites.

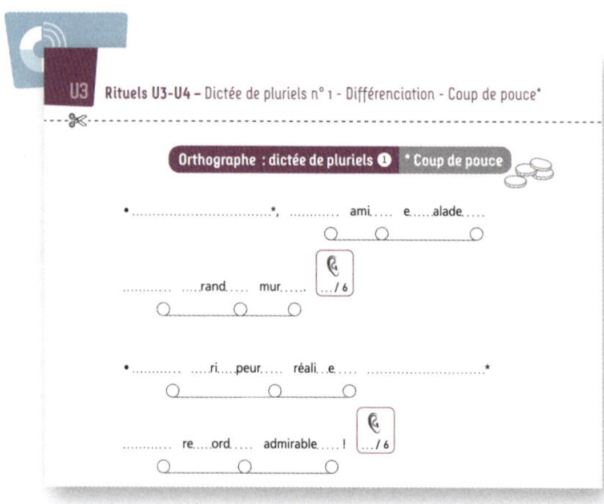

Préparation et passation du bilan n° 3

MISE AU POINT DIDACTIQUE ET PÉDAGOGIQUE

L'unité 3, focalisée sur l'écriture des pluriels réguliers dans la phrase, avec la mise en place d'un codage spécifique des chaines d'accord, se conclut par le bilan n° 3. Concernant les rituels orthographiques, la série des 7 dictées de pluriels démarre au cours de cette unité. Elle s'achèvera à la fin de l'unité 4, moment où la dictée bilan sur les pluriels sera proposée. Ainsi, contrairement aux autres unités, le bilan n° 3 n'est pas assorti ici de sa dictée bilan. **Les rituels orthographiques de la semaine comportent donc des activités qui s'inscrivent dans la continuité des apprentissages, sans visée évaluative.**

La préparation et la passation du bilan des apprentissages sur les chaines d'accord et les pluriels réguliers dans la phrase sont proposées dans la même séance mais l'organisation peut être différente.

Le bilan doit être précédé d'une phase de **révision** sur les différents aspects étudiés. Ces révisions peuvent être placées **juste avant** la réalisation du bilan ou être décalées dans le temps, en **amont** du bilan.

Il est souhaitable d'avoir recours aux affiches produites lors des séquences ou aux traces écrites individuelles afin d'avoir un renfort visuel. Une fiche récapitulative des apprentissages de l'unité 3 est fournie : elle peut être donnée le **jour de l'évaluation**, mais il est préférable de la distribuer **avant l'évaluation** afin de préparer celle-ci : elle servira alors d'appui au travail personnel des élèves.

Remarque : Il est conseillé de photocopier la fiche récapitulative sur une feuille colorée, afin de lui donner un statut différent et pour signaler la fin d'une unité.

Documents

- Fiche récapitulative de l'unité 3 U3 BILAN. Fiche récapitulative
- Entrainement : *Le domino des déterminants* SQ7. Doc. 4
- Évaluation de l'unité 3 U3 BILAN. Fiche évaluation
- Correction de l'évaluation U3 BILAN. Fiche évaluation Correction

1 I Préparation du bilan n° 3 (individuel/collectif, oral/écrit)

1. Rappel (oral, collectif)

- Faire rappeler la fonction du codage et ses différents éléments (étoiles, soulignement du verbe, pièces d'or, pièces blanches, chaines, arcs pour les liaisons).
- Distribuer la fiche récapitulative, la projeter simultanément et la lire ensemble.

U3 BILAN. Fiche récapitulative

2. Entrainement (oral/écrit, par groupes/collectif)

Faire réaliser les trois activités suivantes :

Activité 1 – Le domino des déterminants SQ7. Doc. 4

Respecter les modalités exposées précédemment (SQ7, séance 2, p. 146).

Variante : à partir de déterminants notés au singulier au tableau *(l', mon, ce...)*, demander aux élèves d'écrire sur l'ardoise ou au brouillon directement leur forme au pluriel.

Activité 2 – Statue ou non ? (mot invariable ou verbe ?)

Respecter les modalités exposées précédemment (SQ7, séance 3, p. 152). Rappeler la procédure pour identifier le verbe (l'encadrement par *ne ... pas* ou *n' ... pas).*

Corpus : *partout – donne – assez – toutefois – gagne – mais – jongle – depuis.*

Variante : ne faire noter sur l'ardoise que les mots invariables à partir de la liste de mots ci-dessus.

Activité 3 – La phrase à transformer

Suivre la procédure usuelle à partir de la phrase suivante, à écrire collectivement au pluriel avec le codage :

Cet ennemi puissant lance maintenant un sort.

Remarque : Les révisions ne doivent pas dépasser 30 minutes, afin de laisser un temps convenable aux élèves pour découvrir et réaliser le bilan écrit, si celui-ci est fait dans la continuité des révisions.

2 | Passation du bilan n° 3 (individuel, écrit)

- Distribuer la fiche du bilan n° 3 aux élèves. U3 BILAN. Fiche évaluation
- Lire les consignes et les phrases, s'assurer de leur compréhension, puis faire réaliser le bilan individuellement.
- Projeter la correction, si besoin. U3 BILAN. Fiche évaluation Correction

Remarque : L'évaluation doit porter sur l'écriture des phrases au pluriel plus que sur le codage lui-même, qui reste avant tout un outil réflexif.

Les 3 rituels de la semaine 19 Dictées

(Voir *Présentation des rituels de l'unité* 3, p. 119)

- **Rituel Jour 2** (cahier de brouillon ou cahier du jour)
Transformation d'une phrase au pluriel

- **Rituel Jour 3** (cahier de brouillon ou cahier du jour)
Transformation d'une deuxième phrase au pluriel
+ distribution de la correction à coller sur la fiche de révision élève
RITUELS U3-U4. Fiche de révision élève
RITUELS U3-U4. Corrections des 7 dictées de pluriels

- **Rituel Jour 4** (cahier du jour)
Dictée de pluriels n° 2
Différenciation : RITUELS U3-U4. Dictée de pluriels n° 2-Différenciation-Coup de pouce*

Remarque : Lors des 3 rituels, se référer à l'affiche contenant les codages correspondants pour en faciliter la remémoration. Le jour de la dictée, rappeler que seules les phrases au pluriel sont à écrire.

RITUEL JOUR 2 Transformation d'une phrase au pluriel

1. Écrire la phrase suivante au singulier, puis demander de l'observer.

S. La pierre magique possède longtemps un pouvoir.

2. Faire transformer et coder de manière autonome la phrase au pluriel, en suivant la procédure habituelle (*cf. Présentation de l'unité 3*, p. 121).

3. Corriger.

Expliciter le découpage des deux chaines d'accord ainsi que l'écriture des pluriels de chaque mot. Insister sur le repérage du verbe par *ne... pas*. Rappeler qu'il coïncide avec la fin de la 1re chaine d'accord.

Ensuite, aborder l'orthographe lexicale : faire « sonner » le mot invariable ; rappeler la règle du *m* devant *p* dans *longtemps* ainsi que les valeurs des lettres *s* et *g* dans les mots concernés, en s'appuyant sur les leçons antérieures. (Taux de réussite au CE2 : *pierre* 78 %, *magique* 72 %, *posséder* 57 %, *longtemps* 61 %, *pouvoir* 79 %.)

S. La pierre magique possède longtemps* un pouvoir.
P. **Les** pierre**s** magique**s** possède**nt** longtemps* **des** pouvoir**s**.
C. (s) (s) (s) (nt) (s) (s)

2 / 6

RITUEL JOUR 3 Transformation d'une 2e phrase au pluriel

1. Écrire la phrase suivante au singulier, puis demander de l'observer.

S. Maintenant, ce rocher a une force importante.

2. Faire transformer et coder de manière autonome la phrase au pluriel, en suivant la procédure habituelle. (*cf. Présentation de l'unité 3*, p. 121).

3. Corriger.

Expliciter le découpage des deux chaines d'accord ainsi que l'écriture des pluriels de chaque mot. Attirer l'attention sur le verbe dont la forme varie au pluriel : *a* devient *ont*, il faut donc réaliser une pièce d'or avec la marque *-nt*. Dans ce cas, le pluriel du verbe s'entend !

Ensuite, aborder l'orthographe lexicale : faire « sonner » le mot invariable ; rappeler la règle du *m* devant *p* dans *importantes* ainsi que les valeurs de la lettre *c* dans les mots concernés en s'appuyant sur les leçons antérieures. (Taux de réussite au CE2 : *maintenant* 71 %, *rocher* 68 %, *avoir* 100 %, *force* 90 %, *important* 48 %.)

S. Maintenant*, ce rocher a une force importante.
P. Maintenant*, **ces** rocher**s** **ont** **des** force**s** importante**s**.
C. (s) (s) (nt) (s) (s) (s)

3 / 6

4. Faire coller la correction de la dictée sur la fiche de révision des dictées de pluriels, pour préparer la dictée du lendemain.

→ **Travail personnel à donner :** faire réviser la dictée de pluriels n° 2 pour le Jour 4.

RITUEL JOUR 4 Dictée de pluriels n° 2

• Dicter directement les 2 phrases au pluriel, à coder.

P. Les pierres magiques possèdent longtemps* des pouvoirs.
C. (s) (s) (s) (nt) (s) (s)
2 / 6

P. Maintenant*, ces rochers ont des forces importantes.
C. (s) (s) (nt) (s) (s) (s)
3 / 6

• Mettre en place l'un des dispositifs de différenciation préconisés (*cf. Présentation de l'unité 3* p. 123).

Aide pour le niveau** : fournir les mots *une pierre, important.*

Aide pour le niveau Coup de pouce* : fournir un support spécifique.

RITUELS U3-U4. Dictée de pluriels n° 2-Différenciation-Coup de pouce*

• Corriger et valoriser les réussites.

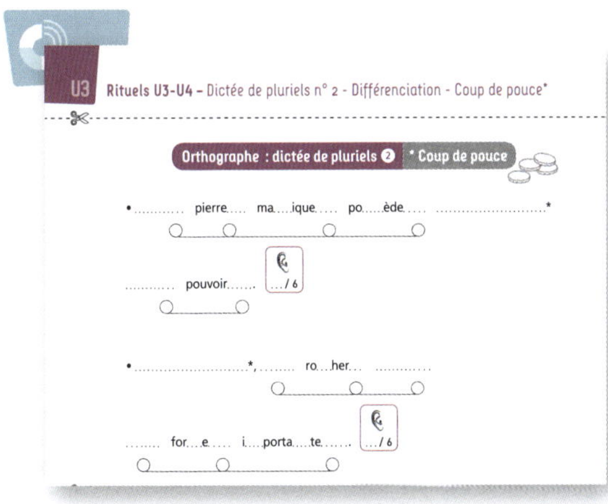

Les chaines d'accord : les pluriels réguliers et irréguliers dans la phrase

PROGRAMMATION DE L'UNITÉ 4
LES CHAINES D'ACCORD DANS LA PHRASE : LES PLURIELS RÉGULIERS ET IRRÉGULIERS

	Leçons – Jour 1	Dictées – Rituels quotidiens des trois autres jours
SÉQUENCE 8		
Semaine 20 p. 171	Écrire les pluriels des noms et des adjectifs, dont ceux en *-eu*, *-au*, *-eau* et *-al* (1)	• J2 : Transformation d'une phrase au pluriel • J3 : Transformation d'une 2e phrase au pluriel *Distribuer la correction de la dictée de pluriels n° 3 à étudier.* • J4 : **Dictée de pluriels n° 3**
Semaine 21 p. 176	Écrire les pluriels des noms et des adjectifs, dont ceux en *-eu*, *-au*, *-eau* et *-al* (2)	• J2 : Transformation d'une phrase au pluriel • J3 : Transformation d'une 2e phrase au pluriel *Distribuer la correction de la dictée de pluriels n° 4 à étudier.* • J4 : **Dictée de pluriels n° 4**
SÉQUENCE 9		
Semaine 22 p. 183	Écrire les pluriels des noms et des adjectifs, dont ceux en *-ou* et *-ail* (1)	• J2 : Transformation d'une phrase au pluriel • J3 : Transformation d'une 2e phrase au pluriel *Distribuer la correction de la dictée de pluriels n° 5 à étudier.* • J4 : **Dictée de pluriels n° 5**
Semaine 23 p. 188	Écrire les pluriels des noms et des adjectifs, dont ceux en *-ou* et *-ail* (2)	• J2 : Transformation d'une phrase au pluriel • J3 : Transformation d'une 2e phrase au pluriel *Distribuer la correction de la dictée de pluriels n° 6 à étudier.* • J4 : **Dictée de pluriels n° 6**
SÉQUENCE 10		
Semaine 24 p. 194	Accorder le verbe avec son sujet aux temps simples (à la 3e pers. du pluriel) (1)	• J2 : Transformation d'une phrase au pluriel • J3 : Transformation d'une 2e phrase au pluriel *Distribuer la correction de la dictée de pluriels n° 7 à étudier.* • J4 : **Dictée de pluriels n° 7**

Semaine 25 p. 201	**Accorder le verbe avec son sujet aux temps simples (à la 3e pers. du pluriel) (2)**	• J2 : **Dictée discutée A** • J3 : **Dictée discutée B** • J4 : **Dictée discutée C** *Faire réviser les différentes dictées de pluriels.*
Semaine 26 p. 207	**Préparation et passation du bilan n°4**	• J2 : **Dictée de pluriels bilan** (1re partie) • J3 : **Dictée de pluriels bilan** (2e partie) • J4 : **Dictée de pluriels bilan** (3e partie)

Présentation de l'unité 4

Les séquences d'apprentissage de l'unité 4

Les travaux des chercheurs ont montré à quel point le marquage du pluriel et la réalisation des chaines d'accord constituent des tâches compliquées pour de jeunes élèves : les mécanismes cognitifs sont longs à mettre en place. C'est pourquoi, dès l'unité 3, la notion a été envisagée de façon large, à l'intérieur de la phrase, créant ainsi, à l'aide du rebrassage au fil des semaines, une mémorisation efficace. **Dans l'unité 4, les élèves continuent à s'entrainer et à garder la logique des accords en conservant le codage connu :**

• le code couleur :

– une pièce d'or pour les marques écrites du pluriel qui s'entendent : ● ;

– une pièce blanche pour celles qui ne sont pas audibles : ○ ;

• les pièces remplies avec des marques spécifiques :

– ***-s*** pour les déterminants, les noms ainsi que les adjectifs ;

– ***-nt*** pour les verbes ;

• une étoile pour les mots invariables afin de les mettre à l'écart de la chaine d'accord : * ;

• un arc pour signaler les liaisons : ‿ .

Dans cette unité, tout en continuant à automatiser la règle générale des marques du pluriel en *-s*, les élèves découvrent une nouvelle marque du pluriel, celle en *-x*, qui concerne aussi bien les noms que les adjectifs.

Comme dans les séquences précédentes, le pluriel des noms est traité conjointement avec celui des adjectifs pour deux raisons :

– certaines règles de formation sont communes, y compris pour les pluriels irréguliers, comme la transformation *-al/-aux* qui concerne, d'après la base *Manulex*, 162 adjectifs et 73 noms ;

– l'étude associée des noms et des adjectifs permet de faire travailler les élèves sur la chaine d'accord dans le GN expansé (déterminant + nom + adjectif : chaine à 3 éléments), de façon guidée et répétée.

Les élèves sont amenés à noter le *-x*, parfois audible, dans une pièce d'or (*journal → journaux*), parfois inaudible, dans une pièce blanche (*beau → beaux*). Cette marque du pluriel ne concerne que 5 % de l'ensemble des noms et des adjectifs :

– ceux qui se terminent par : *-eu, -au, -eau* et *-al* (séquence 8) ;

– certaines exceptions des mots en *-ou* et *-ail* (séquence 9).

• **Dans la 1re série qui concerne les mots finissant par *-eu, -au, -eau*, le pluriel en *-x* devient la règle générale**, sauf pour *bleus* et *pneus*. Ceux qui se terminent par *-al* ont un pluriel en *-aux*, sauf quelques exceptions comme *carnavals*.

• **Dans la 2e série qui concerne les mots finissant par *-ou* et *-ail*, la règle générale redevient l'ajout du *-s***, sauf pour quelques exceptions en *-x* (plus nombreuses que dans la 1re série).

Les deux règles ne sont pas très complexes mais le va-et-vient entre les marques *-s* et *-x* ainsi que la mention des exceptions peuvent déstabiliser les élèves.

C'est pourquoi :

– il faut, essentiellement, insister sur les règles générales qui portent sur des centaines de mots et non sur les exceptions qui, comme leur nom l'indique, ne renvoient qu'à une poignée de termes (parfois peu fréquents) ;

– les exceptions (réduites volontairement aux principales) sont systématiquement signalées aux élèves de CE2, d'abord par le personnage du policier de l'orthographe, employé dès la 2e séquence, ensuite par un feu rouge qui incite, de façon ludique, à la vigilance ;

– l'unité commence par le pluriel concernant les mots qui se terminent par *-eu, -au, -eau* afin que s'installe la marque *-x* sur un temps plus long et pas seulement en fin d'unité.

L'ensemble de ces savoirs ainsi que les codages sont réinvestis dans la séquence 10, pour réaliser l'accord du verbe avec son sujet aux temps simples, à la 3e personne du pluriel.

Dès la séquence 6, les élèves ont commencé à repérer le verbe, puis à lui appliquer la marque *-nt* à partir de la séquence 7. Dans la séquence 10, il s'agit pour eux d'identifier et d'appliquer les **marques de la 3e personne du pluriel :**

- de l'**imparfait**, toujours inaudibles (*-ent* : *ils/elles chantai**ent***) ;
- du **futur**, toujours audibles (*-ont* : *ils/elles chanter**ont***) ;
- du **présent**, qui porte le plus souvent une marque *-ent* inaudible (*ils/elles chant**ent***), mais plus rarement, *-ont*, audible (*ils/elles **ont**/s**ont**/f**ont**/v**ont***).

Les élèves emploieront donc, suivant les cas, la pièce blanche (nt) ou la pièce jaune (nt), la marque commune restant *-nt*.

Par exemple (dictée discutée B) :

> Alors*, **des** policier**s** signaler**ont** **des** risque**s.**
> (s) (s) (nt) (s) (s)

Les rituels orthographiques de l'unité 4

Les dispositifs des dictées de l'unité 4 sont dans la continuité de ceux proposés dans les deux unités précédentes.

Les dictées de pluriels

Cinq dictées de pluriels complètent les 2 dictées du même type, réalisées dans l'unité 3 (voir leur description dans *Présentation de l'unité 3*, p. 121).

La série de 7 dictées de pluriels se conclut par la **dictée de pluriels bilan**, à la fin de l'unité 4.

Les « dictées discutées »

Les « **dictées discutées** » ont déjà été pratiquées dans l'unité 2. Leur fonctionnement s'applique dans cette unité aux dictées de pluriels, afin de récapituler les apprentissages et de préparer la dictée de pluriels bilan : trois dictées discutées sont donc programmées en semaine 25 avant la réalisation de celle-ci.

Il s'agit, pour chaque élève :

– sous la dictée de l'enseignant(e), d'écrire deux phrases au pluriel et de les coder ;

– de comparer sa production à celle d'un(e) camarade et de discuter les choix orthographiques en verbalisant les règles étudiées (binômes hétérogènes) ;

– de valider, avec le binôme, les graphies et les codages adéquats ;

– de contrôler le travail effectué grâce à la correction collective.

Les phrases proposées dans ces dictées regroupent les notions lexicales et grammaticales étudiées depuis le début de l'année. Elles correspondent aux phrases qui seront dictées lors de la dictée de pluriels bilan.

→ L'unité 4 comporte :

• **10 transformations de phrases en entrainement pour produire 5 dictées de pluriels, avec une différenciation spécifique pour les élèves Coup de pouce* :**

RITUELS U3-U4. Dictée de pluriels n° 3 – Différenciation-Coup de pouce*

RITUELS U3-U4. Dictée de pluriels n° 4 – Différenciation-Coup de pouce*

RITUELS U3-U4. Dictée de pluriels n° 5 – Différenciation-Coup de pouce*

RITUELS U3-U4. Dictée de pluriels n° 6 – Différenciation-Coup de pouce*

RITUELS U3-U4. Dictée de pluriels n° 7 – Différenciation-Coup de pouce*

• **3 dictées discutées pour préparer la dictée de pluriels bilan** ;

• **1 dictée de pluriels bilan** (réalisée en 3 étapes).

RITUELS U3-U4. Bilan – Dictée de pluriels

RITUELS U3-U4. Bilan – Dictée de pluriels – Correction

Les rituels orthographiques sont décrits précisément à la fin de chaque séance, pour chaque jour, et la totalité des documents photocopiables ou projetables sont en version numérique, avec une référence commençant par RITUELS U3-U4.

Écrire les pluriels des noms et des adjectifs, dont ceux en *-eu*, *-au*, *-eau* et *-al*

MISE AU POINT DIDACTIQUE ET PÉDAGOGIQUE

Tout d'abord, la séquence 8 permet de reprendre et d'automatiser les acquis des séquences précédentes sur la gestion du pluriel dans une chaine d'accord : accord dans le groupe nominal et accord entre le verbe et son sujet. Puis, à la marque du pluriel, désormais connue, le *-s* (pour certains déterminants, noms et adjectifs) et très largement majoritaire, **s'ajoute la marque *-x* pour les mots en *-eu*, *-au*, *-eau* et *-al*.** L'ensemble des mots avec le pluriel en *-x* ne constitue même pas 5 % de la totalité des noms et des adjectifs. Il faut donc relativiser le phénomène, tout en dotant les élèves des règles nécessaires pour écrire correctement ces mots.

Deux règles générales sont exposées :

– Il faut ajouter *-x* aux noms et adjectifs qui se terminent par *-eu*, *-au*, *-eau*. Le pluriel ne s'entend pas ; il est donc matérialisé par une pièce blanche (x).

– La finale des mots qui se terminent par *-al* est remplacée par *-aux*. Le pluriel s'entend ; il est matérialisé par une pièce d'or (x).

La règle générale pour ces deux séries de mots est donc le pluriel en *-x*, avec l'introduction de quelques **exceptions** qui ont un pluriel en *-s* (ciblées en fonction de leur fréquence et de leur utilisation par des élèves de CE2).

Certains pluriels en *-x* sont particulièrement difficiles[1] : c'est le cas de celui des noms terminés par *-eu* (avec quelques mots très fréquents : *feux*, *milieux*, *jeux*, *cheveux*...) qui n'est acquis à 75 % qu'en fin de 6e. Ils sont heureusement fort peu nombreux (26 dénombrés dans *Manulex*, dont 2 exceptions, *pneus* et surtout *bleus*, très fréquent).

Les autres graphies évoquées dans la séquence 8 sont davantage représentées dans la langue (235 en *-al* pour 3 exceptions proposées dans la séquence, 129 en *-eau*, 14 en *-au*).

1. Pothier B. et Ph., *Les erreurs d'orthographe à l'école*, Retz, 2005.

Afin de ne pas déstabiliser la connaissance des deux règles générales, **les exceptions sont signalées par un feu rouge et par le policier de l'orthographe**, déjà employé lors de la 2e séquence. À ce stade, les élèves doivent davantage repérer et comprendre en quoi les mots font exception, plutôt que les apprendre par cœur, ce qui sera en revanche exigé au CM1.

Les rituels orthographiques contribuent à fixer les règles et le codage associé.

Exemple : dictée de pluriels n° 3

Aujourd'hui*, **des** policier**s** signale**nt** **des** risque**s** nouveau**x**.

(s) (s) (nt) (s) (s) (x)

2 / 6

Des feu**x** brut**aux** commence**nt** dans* **les** forêt**s**.

(s) (x) (x) (nt) (s) (s)

3 / 6

***Attendus de fin d'année de CE2* (2019, p. 10)**

« Maîtriser l'orthographe grammaticale de base

Ce que sait faire l'élève :

- Comprendre :
  - le fonctionnement du groupe nominal dans la phrase ;
  - la notion de « chaîne d'accord » pour déterminant/nom/adjectif (singulier/pluriel ; masculin/féminin).
- Utiliser :
  - des marques d'accord pour les noms et adjectifs épithètes : nombre (-s) ;
  - d'autres formes de pluriels *([...], -al/-aux,* etc.).
- Identifier la relation sujet/verbe (identification dans les situations simples).»

Prérequis nécessaires à cette séquence

Connaissance des classes grammaticales : noms, adjectifs, verbes.

Séance 1 I Écrire les pluriels des noms et des adjectifs, dont ceux en *-eu*, *-au*, *-eau* et *-al* (1)

Objectifs

- Identifier une nouvelle marque du pluriel pour les noms et les adjectifs : -*x*.
- Distinguer la fréquence d'emploi du -*s* de celle du -*x*.
- Identifier et utiliser les deux règles concernant la marque -*x* :
  - ajout du -*x* à la fin des mots se terminant par -*eu*, -*au*, -*eau* ;
  - remplacement du -*al* par -*aux* à la fin des noms et des adjectifs.
- Repérer les exceptions à ces règles, matérialisées par un feu rouge.

Documents

- Recherche SQ8. Doc. 1
- Leçon SQ8. Doc. 2

1. Découverte (alternance individuel/collectif)

• Écrire la phrase suivante au tableau : **Un policier monte sur ce beau cheval.**
À l'oral, demander aux élèves de transformer cette phrase au pluriel, en respectant la procédure habituelle. Écrire les mots *beau* et *cheval* en colonne, avec les différentes graphies proposées par les élèves mais ne pas les corriger.

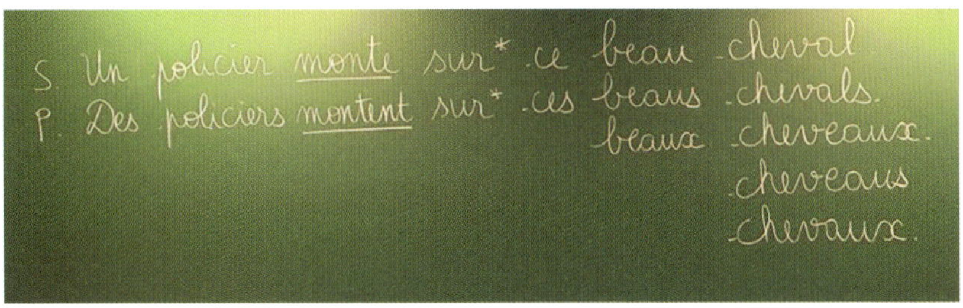

• Préciser qu'une autre marque du pluriel existe, le -*x*, et qu'elle est moins fréquente : représenter ce pourcentage sur un diagramme circulaire, pour montrer le peu d'importance de la marque -*x* au pluriel (5 %) par rapport au -*s* (95 %).

→ Expliciter l'objectif de la séance : connaitre les règles pour écrire correctement au pluriel les noms et les adjectifs finissant par -*x*, et repérer les exceptions (les mots qui ne respectent pas ces règles). Expliquer aux élèves qu'à la fin de la leçon ils pourront corriger cette phrase puisqu'ils connaitront les règles.

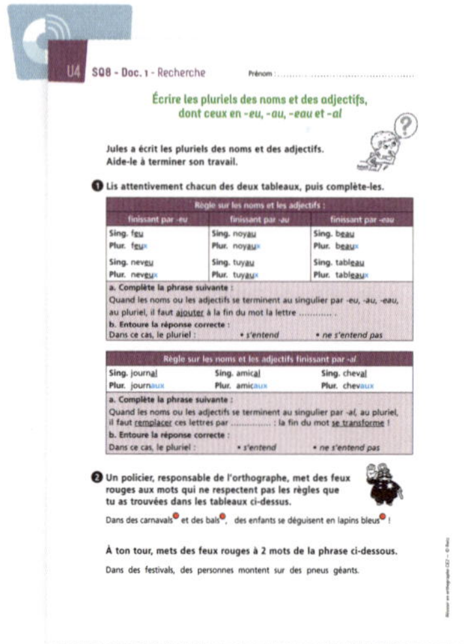
U4 SQ8 - Doc. 1 - Recherche Prénom : ....

Écrire les pluriels des noms et des adjectifs, dont ceux en *-eu*, *-au*, *-eau* et *-al*

Jules a écrit les pluriels des noms et des adjectifs. Aide-le à terminer son travail.

1 Lis attentivement chacun des deux tableaux, puis complète-les.

Règle sur les noms et les adjectifs :		
finissant par -eu	finissant par -au	finissant par -eau
Sing. feu **Plur.** feux	**Sing.** noyau **Plur.** noyaux	**Sing.** beau **Plur.** beaux
Sing. neveu **Plur.** neveux	**Sing.** tuyau **Plur.** tuyaux	**Sing.** tableau **Plur.** tableaux

a. Complète la phrase suivante :
Quand les noms ou les adjectifs se terminent au singulier par *-eu*, *-au*, *-eau*, au pluriel, il faut ajouter à la fin du mot la lettre ....
b. Entoure la réponse correcte :
Dans ce cas, le pluriel : • *s'entend* • *ne s'entend pas*

Règle sur les noms et les adjectifs finissant par *-al*		
Sing. journal **Plur.** journaux	**Sing.** amical **Plur.** amicaux	**Sing.** cheval **Plur.** chevaux

a. Complète la phrase suivante :
Quand les noms ou les adjectifs se terminent au singulier par *-al*, au pluriel, il faut remplacer ces lettres par .... : la fin du mot se transforme !
b. Entoure la réponse correcte :
Dans ce cas, le pluriel : • *s'entend* • *ne s'entend pas*

2 Un policier, responsable de l'orthographe, met des feux rouges aux mots qui ne respectent pas les règles que tu as trouvées dans les tableaux ci-dessus.

Dans des carnavals et des bals, des enfants se déguisent en lapins bleus !

À ton tour, mets des feux rouges à 2 mots de la phrase ci-dessous.

Dans des festivals, des personnes montent sur des pneus géants.

2. Recherche (individuel, puis par 2 ou 4)

• Distribuer la recherche (SQ8. Doc. 1). La projeter simultanément.

• Lire la 1re consigne ainsi que le contenu des deux tableaux. Faire reformuler les attentes, puis demander aux élèves de réaliser individuellement la tâche. Proposer ensuite une réflexion par binômes (ou par groupes).

3. Mutualisation (collectif/individuel) et suite de la recherche

• À partir des productions des élèves, corriger les questions *a* et *b* de chaque colonne du tableau. Faire apparaitre qu'il existe deux règles distinctes :

– 1er tableau : quand les noms ou les adjectifs se terminent au singulier par *-eu*, *-au*, *-eau*, il faut **ajouter *-x* au pluriel** : le pluriel ne s'entend pas (= pièce blanche remplie avec la lettre *x*) ;

– 2e tableau : quand les noms ou les adjectifs se terminent au singulier par *-al*, il faut **remplacer *-al* par *-aux* au pluriel** ; la fin du mot se transforme et le pluriel s'entend (= pièce jaune remplie avec la lettre *x*).

• Demander aux élèves de prendre connaissance de la 2e consigne. Leur faire rappeler la fonction du policier de l'orthographe dont ils ont fait la connaissance, en début d'année. Les amener à dire qu'il est chargé de faire appliquer les règles : il signale par un feu rouge toute exception, c'est-à-dire tout terme ne respectant pas ces règles. Puis, faire réaliser individuellement cette 2e activité.

• Corriger en faisant identifier les exceptions : *festivals* et *pneus*. Se reporter aux règles concernées dans le tableau, et montrer en quoi ces mots ne les respectent pas. Préciser qu'il est **essentiel de retenir la règle avant tout**, et qu'au CE2, les exceptions seront systématiquement indiquées par un feu rouge.

4. Institutionnalisation (collectif)

• Réaliser une affiche récapitulant les deux règles. Attirer l'attention sur la présence du *a* dans -***a****l*, qui n'est pas modifié au pluriel (-***a****ux*) : il n'y a donc pas d'ajout de *e* devant.

Quand écrire -*x* à la fin d'un mot ?

- **J'ajoute -*x* après -*eu*, -*au*, -*eau*.**
  Le pluriel ne s'entend pas. (x)

- **Je remplace -*al* par -*aux*.**
  Le pluriel s'entend. (x)

• Corriger la phrase de la phase de découverte à l'aide de ces connaissances.

• À partir d'indices, faire trouver les mots stars ✪ soit à l'oral, soit à l'écrit ; écrire le nombre de lettres et la fin du mot, par exemple :

_ E U X   _ _ _ A U X   _ _ _ _ E A U X   _ _ _ _ A U X.

Mots Stars ✪

F : Fréquence d'utilisation élevée. R : Pourcentage de réussite (selon ÉOLE).

• **Ajout d'un –*x*** :

– ***-eux*** : mot au pluriel en 4 lettres qui désigne ce qui crée à la fois des flammes, de la chaleur et de la lumière : **feux** ✪ (F : 486 ; R : 96 %).

– ***-aux*** : mot au pluriel en 6 lettres qui désigne la partie dure au centre d'un fruit : **noyaux**[2] ✪ (F : 13 ; R : 28 %).

– ***-eaux*** : mot au pluriel en 8 lettres qui désigne un objet que l'on trouve dans une classe, sur lequel on écrit avec une craie ou un feutre : **tableaux** ✪ (F : 257 ; R : 96 %).

• **Remplacement** :

– ***-al* → *-aux*** : mot au pluriel en 7 lettres qui désigne un animal domestique qui galope et qui possède une crinière : **chevaux** ✪ (F : 486 ; R : 85 %).

• Les recopier sur l'affiche et distribuer la leçon SQ8. Doc. 2 ; la projeter et commenter collectivement les éléments principaux.

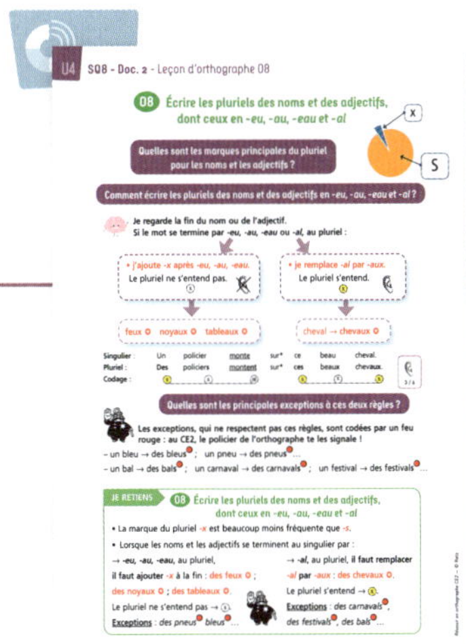
U4 SQ8 - Doc. 2 - Leçon d'orthographe 08

08 Écrire les pluriels des noms et des adjectifs, dont ceux en -eu, -au, -eau et -al

Quelles sont les marques principales du pluriel pour les noms et les adjectifs ?

Comment écrire les pluriels des noms et des adjectifs en -eu, -au, -eau et -al ?

Je regarde la fin du nom ou de l'adjectif.
Si le mot se termine par -eu, -au, -eau ou -al, au pluriel :

• j'ajoute -x après -eu, -au, -eau. Le pluriel ne s'entend pas.
• je remplace -al par -aux. Le pluriel s'entend.

feux noyaux tableaux
cheval → chevaux

Singulier :	Un	policier	monte	sur*	ce	beau	cheval.
Pluriel :	Des	policiers	montent	sur*	ces	beaux	chevaux.

Quelles sont les principales exceptions à ces deux règles ?

Les exceptions, qui ne respectent pas ces règles, sont codées par un feu rouge : au CE2, le policier de l'orthographe te les signale !
– un bleu → des bleus ; un pneu → des pneus...
– un bal → des bals ; un carnaval → des carnavals ; un festival → des festivals...

JE RETIENS 08 Écrire les pluriels des noms et des adjectifs, dont ceux en -eu, -au, -eau et -al

• La marque du pluriel -x est beaucoup moins fréquente que -s.
• Lorsque les noms et les adjectifs se terminent au singulier par :
→ -eu, -au, -eau, au pluriel, il faut ajouter -x à la fin : des feux ; des noyaux ; des tableaux. Le pluriel ne s'entend pas. Exceptions : des pneus, bleus...
→ -al, au pluriel, il faut remplacer -al par -aux : des chevaux. Le pluriel s'entend. Exceptions : des carnavals, des festivals, des bals...

2. *Noyau* est un mot star, malgré son peu de fréquence et son taux de réussite bas. En fait, *Manulex* ne recense pour le niveau CE2-CM2 que 14 noms terminés par *-au*, *noyau* étant le plus fréquent.

5. Entrainement (individuel/collectif)

3 min

ACTIVITÉ – Jeu du piston : Vrai ou Faux ?

Objectif : comprendre si la phrase est juste ou fausse (être capable de restituer les apprentissages réalisés).

Consigne : « Reste assis si la phrase est juste. Lève-toi si la phrase est fausse. »

Phrases proposées (correction orale après chaque phrase avec explicitation et exemple à l'appui) :

1) *La marque* -x *est la plus fréquente au pluriel pour les noms et les adjectifs.* (Faux, c'est le -s.)

2) *À la fin des noms et des adjectifs en* -eau, *au pluriel, il faut ajouter* -x. (Vrai)

3) *À la fin des noms en* -eu, *au pluriel, il faut ajouter* -s. (Faux, il faut ajouter -*x*.)

4) *La fin en* -al *des noms et des adjectifs est remplacée par* -aux. (Vrai)

5) *Quand on ajoute* -x *à la fin de* -eu, -au, -eau, *le pluriel s'entend.* (Faux, il ne s'entend pas.)

6) *Lorsque* -al *est remplacé par* -aux, *le pluriel ne s'entend pas.* (Faux, il s'entend.)

7) *Des exceptions sont des mots qui respectent les règles.* (Faux, ce sont des mots qui ne respectent pas les règles : ils sont indiqués avec un feu rouge.)

• Préciser aux élèves qu'ils feront plusieurs activités à l'oral, puis à l'écrit, la séance suivante, afin de s'entrainer à écrire correctement les pluriels en -*x*. Signaler qu'il y aura, notamment, un duel de mots stars : il leur faudra parfaitement connaitre ceux-ci ainsi que les règles associées pour pouvoir gagner.

Les 3 rituels de la semaine 20 Dictées

(Voir *Présentation des rituels de l'unité* 3, p. 119)

• **Rituel Jour 2** (cahier de brouillon ou cahier du jour)

Transformation d'une phrase au pluriel

• **Rituel Jour 3** (cahier de brouillon ou cahier du jour)

Transformation d'une deuxième phrase au pluriel

+ distribution de la correction à coller sur la fiche de révision élève

RITUELS U3-U4. Fiche de révision élève

RITUELS U3-U4. Corrections des 7 dictées de pluriels

• **Rituel Jour 4** (cahier du jour)

Dictée de pluriels n° 3

Différenciation : RITUELS U3-U4. Dictée de pluriels n° 3 – Différenciation - Coup de pouce*

Remarque : Lors des 3 rituels, se référer à l'affiche actualisée avec la marque *-x* contenant les codages correspondants pour en faciliter la remémoration (voir Séquence 7).

RITUEL JOUR 2 Transformation d'une phrase au pluriel

1. Écrire la phrase suivante au singulier, puis demander de l'observer.

> **S**. Aujourd'hui, un policier signale un risque nouveau.

2. Faire transformer et coder de manière autonome la phrase au pluriel, en suivant la procédure habituelle (voir p. 121).

3. Corriger.

Préciser le découpage des deux chaines d'accord et le repérage du verbe par l'encadrement avec *ne … pas*. Expliciter la mise au pluriel de chaque mot, en rappelant les deux nouvelles règles étudiées concernant la marque *-x*.

Ensuite, aborder l'orthographe lexicale : faire « sonner » le mot invariable, rappeler les valeurs des lettres *s*, *c* et *g* dans les mots concernés, en s'appuyant sur les leçons antérieures et les mots stars correspondants.

(Taux de réussite au CE2 : *aujourd'hui* 85 %, *policier* 85 %, *signaler* 60 %, *risque* 88 %, *nouveau* 80 %.)

> **S**. Aujourd'hui*, un policier <u>signale</u> un risque nouveau.
> **P**. Aujourd'hui*, **des** policier**s** <u>signale**nt**</u> **des** risque**s** nouveau**x**.
> **C**. (s) (s) (nt) (s) (s) (x)
>
> 2 / 6

RITUEL JOUR 3 Transformation d'une 2e phrase au pluriel

1. Écrire la phrase suivante au singulier, puis demander de l'observer.

> **S**. Un feu brutal commence dans la forêt.

2. Faire transformer et coder de manière autonome la phrase au pluriel, en suivant la procédure habituelle.

3. Corriger.

Préciser le découpage des deux chaines d'accord et le repérage du verbe par *ne … pas*. Expliciter la mise au pluriel de chaque mot, en rappelant les deux nouvelles règles étudiées concernant la marque *-x*.

Ensuite, aborder l'orthographe lexicale : faire « sonner » le mot invariable, la lettre muette du mot *forêt* et les 2 *m* de *commencer* ; rappeler les valeurs des lettres *s*

et *c* dans les mots concernés, en s'appuyant sur les leçons antérieures et les mots stars correspondants.
(Taux de réussite au CE2 : *feu* 96 %, *brutal* 75 %, *commencer* 72 %, *dans* 97 %, *forêt* 85 %.)

S.	Un	feu	brutal	commence	dans*	la	forêt.
P.	Des	feux	brutaux	commencent	dans*	les	forêts.
C.	s	x	x	nt		s	s

3 / 6

4. Faire coller la correction de la dictée sur la fiche de révision pour préparer la dictée du lendemain.

→ **Travail personnel à donner :** faire réviser la dictée de pluriels n° 3 pour le Jour 4.

RITUEL JOUR 4 Dictée de pluriels n° 3

- Dicter directement les 2 phrases au pluriel, à coder.
- Mettre en place l'un des dispositifs de différenciation préconisés (voir *Présentation de l'unité 3*, p. 123).

Aide pour le niveau** : fournir les mots *signal(er)*, *commenc(er)*.
Aide pour le niveau Coup de pouce* : fournir un support spécifique.

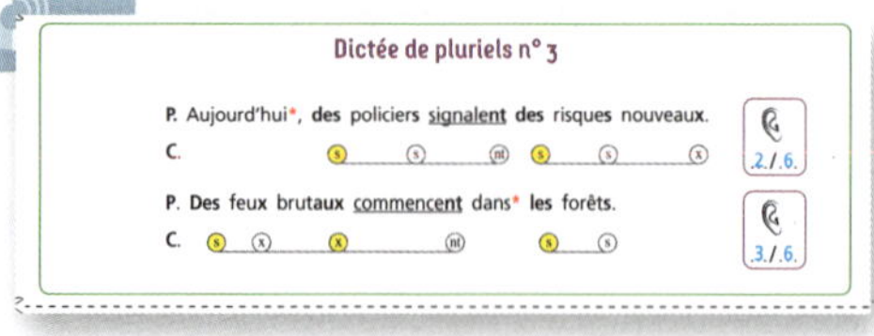
Dictée de pluriels n° 3

P. Aujourd'hui*, des policiers signalent des risques nouveaux.
C. s s nt s s x — 2 / 6

P. Des feux brutaux commencent dans* les forêts.
C. s x x nt s s — 3 / 6

RITUELS U3-U4. Dictée de pluriels n° 3 – Différenciation - Coup de pouce*

- Corriger et valoriser les réussites.

Séance 2 I Écrire les pluriels des noms et des adjectifs, dont ceux en *-eu*, *-au*, *-eau* et *-al* (2)

Objectifs
- Utiliser correctement les deux règles concernant la marque *-x* (ajout du *-x* non audible après les mots se terminant par *-eu*, *-au*, *-eau* ; remplacement audible de *-al* en *-aux* à la fin des noms et des adjectifs).
- Repérer les exceptions signalées par un feu rouge et les écrire correctement.
- Utiliser le codage pour matérialiser les chaines d'accord et les différentes marques de pluriel.

Documents
- Entrainement : *Les pièces d'or* SQ8. Doc. 3 et sa correction SQ8. Doc. 3 bis
- Application SQ8. Doc. 4 et sa correction SQ8. Doc. 4 bis

1. Rappel (collectif)

• Amener les élèves à se remémorer les éléments importants de la séance précédente (les 2 règles étudiées concernant la marque *-x* ; la présence d'exceptions matérialisées par des feux rouges). Faire formuler des exemples et faire préciser chaque fois si les pluriels sont audibles ou non. Demander d'écrire, sur l'ardoise, les 3 exceptions en *-als* et les 2 exceptions en *-eus*, en donnant des indices.

• Relire la trace écrite de la leçon (affiche réalisée lors de la séance 1).

→ Expliciter l'objectif de la séance : appliquer les règles pour écrire correctement au pluriel les noms et les adjectifs finissant par *-x* ainsi que quelques exceptions signalées (les mots qui ne respectent pas ces règles).

2. Entrainement (alternance individuel/collectif)

ACTIVITÉ 1 - Duel de mots stars

Objectif : retenir les mots stars ✪ (= mémoriser des exemples prototypiques).

Consigne : « Donne le plus vite possible à voix haute le mot star ✪ qui correspond aux cas demandés. »

Mise en situation : pour favoriser l'apprentissage et la mémorisation, faire d'abord rappeler et répéter plusieurs fois collectivement à l'oral les mots stars ✪ pour chaque cas :

– *nom auquel on ajoute -x après -eu : **feux*** ✪

– *nom auquel on ajoute -x après -au : **noyaux*** ✪

– *nom auquel on ajoute -x après -eau : **tableaux*** ✪

– *nom dont les lettres de la fin sont remplacées (la fin se transforme au pluriel) : **chevaux*** ✪.

Les élèves sont en binômes, face à face : le premier élève qui dit à voix haute le mot star demandé par l'enseignant(e) marque un point. Donner un point par élève en cas d'égalité. L'enseignant(e) propose plusieurs cas successivement ; chaque cas est suivi de sa correction collective pour valider le point. L'élève qui a gagné est celui qui a marqué le plus de points quand le jeu est fini.

Variante : faire dire collectivement les mots stars associés aux graphies, dans l'ordre, puis dans le désordre.

ACTIVITÉ 2 - Le juste choix

Objectif : appliquer les règles du pluriel concernant la lettre *x*.

Consigne : « Observe la fin du mot, écris celui-ci au pluriel. Dessine au-dessous la pièce qui correspond (blanche ou jaune, remplie avec la marque *x*). »

Déroulement : l'enseignant(e) note un premier exemple au tableau : *amical*. Les élèves doivent écrire directement la réponse au pluriel (au brouillon ou sur l'ardoise) et dessiner la pièce correspondante au-dessous. Ensuite, à l'oral, ils doivent nommer les lettres à repérer à la fin du mot (ici, -*al*), puis expliciter la règle correspondante (ici, remplacement des lettres finales avec un pluriel audible, donc marquage par une pièce jaune avec *x*).

Proposer les items suivants avec la correction à effectuer au fur et à mesure.

Corpus : *milieu – tuyau – égal – jeu – pneu – cadeau – familial – carnaval.*

ACTIVITÉ 3 - Les pièces d'or SQ8. Doc. 3

Objectif : savoir transposer une phrase du singulier au pluriel, en utilisant un codage pour matérialiser les accords en nombre.

Consigne : « Écris le pluriel des mots, puis distribue les pièces d'or aux mots qui valent de l'or et des pièces blanches aux autres ! »

Dispositif : faire réaliser l'activité sur la fiche, individuellement, puis la corriger collectivement SQ8. Doc. 3 bis. Préciser aux élèves qu'ils doivent tracer eux-mêmes les chaines d'accord et que la première chaine s'arrête généralement au verbe. Rappeler que, lorsqu'il y a un feu rouge, la règle étudiée pour le pluriel ne doit pas être appliquée.

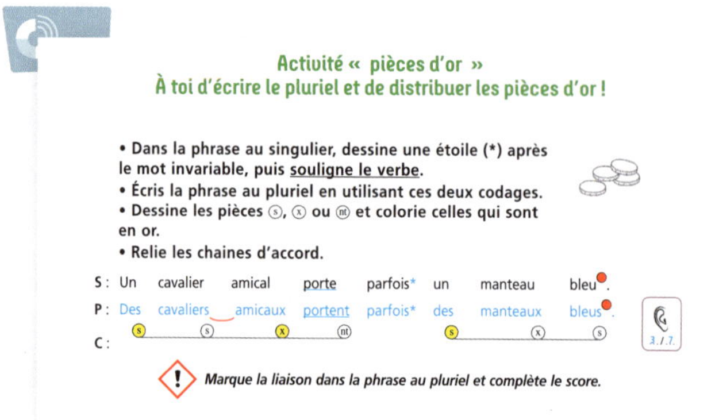

Activité « pièces d'or »
À toi d'écrire le pluriel et de distribuer les pièces d'or !

• Dans la phrase au singulier, dessine une étoile (*) après le mot invariable, puis souligne le verbe.
• Écris la phrase au pluriel en utilisant ces deux codages.
• Dessine les pièces (s), (x) ou (nt) et colorie celles qui sont en or.
• Relie les chaines d'accord.

S : Un cavalier amical porte parfois* un manteau bleu.
P : Des cavaliers amicaux portent parfois* des manteaux bleus.
C : (s) (s) (x) (nt) (s) (x) (s)

3 / 7

Marque la liaison dans la phrase au pluriel et complète le score.

3. Application (individuel)

• Distribuer la fiche d'application SQ8. Doc. 4. Faire lire les consignes des cinq premiers exercices, puis les expliciter en cas de difficultés.

• Faire réaliser les exercices 1 à 5 individuellement, en suivant le scénario de différenciation préconisé (p. 12).

• Ensuite (ou le lendemain), lire la consigne de la *gamme d'écriture*. Puis, demander à chaque élève de rédiger sa propre gamme d'écriture et de réaliser l'exercice de révision.

• En fonction du temps restant ou ultérieurement, corriger (SQ8. Doc. 4 bis). Faire lire les phrases de la gamme par les élèves volontaires et valoriser les propositions.

U4 SQ8 - Doc. 4 bis - Application - Correction

Orthographe - Écrire les pluriels des noms et des adjectifs, dont ceux en *-eu, -au, -eau* et *-al*

1 Je comprends ce que je fais. **Entoure la réponse correcte.**

a. La marque du pluriel **la moins fréquente** pour les noms et les adjectifs est :
• ***-x*** • *-s*

b. Quand les noms ou les adjectifs se terminent par **-eu, -au, -eau**, au pluriel :
• *j'ajoute -s* • ***j'ajoute -x*** • *je remplace ces lettres par -aux*

c. Le pluriel des mots finissant par **-eu, -au, -eau** :
• *s'entend* • ***ne s'entend pas***

d. Quand les noms ou les adjectifs se terminent au singulier par **-al**, au pluriel :
• *j'ajoute -s* • *j'ajoute -x* • ***je remplace ces lettres par -aux***

e. Le pluriel des mots finissant par **-al** :
• ***s'entend*** • *ne s'entend pas*

f. Les **exceptions** qui ont un feu rouge :
• *respectent les règles* • ***ne respectent pas les règles***

2 Écris les mots stars au pluriel, pour illustrer chaque règle étudiée sur l'emploi de la lettre *x*.

des F E U X — des N O Y A U X — des T A B L E A U X — des C H E V A U X

3 Écris au pluriel chaque mot incomplet.
Attention, n'applique pas la règle s'il y a un feu rouge !

a. un oiseau → des oiseaux	f. un signal → des signaux
b. un tuyau → des tuyaux	g. un journal → des journaux
c. un cheveu → des cheveux	h. un général → des généraux
d. un pneu → des pneus	i. un carnaval → des carnavals
e. un râteau → des râteaux	j. un principal → des principaux

Réussir en orthographe CE2 – © Retz

U4 SQ8 - Doc. 4 bis - Application - Correction

4 Écris au pluriel les groupes nominaux suivants.

Exemple : un adieu amical → ***des adieux amicaux***

a. ton château original → tes châteaux originaux
b. un beau neveu → des beaux neveux
c. le festival principal → les festivals principaux
d. ce bal royal → ces bals royaux

5 Dans la phrase au singulier, dessine une étoile (*) après le mot invariable, puis souligne le verbe.
Écris la phrase au pluriel en utilisant ces deux codages.
Dessine les pièces (s), (x) ou (nt) et colorie celles qui sont en or. Relie les chaines d'accord.

Sing. Un cheval noir galope dans* le champ.
Plur. Des chevaux noirs galopent dans* les champs.
Cod. s x s nt s s — 3 / 6

Sing. Cet animal longe longtemps* un petit ruisseau.
Plur. Ces animaux longent longtemps* des petits ruisseaux.
Cod. s x nt s s x — 3 / 6

Marque la liaison dans une des phrases au pluriel et complète les scores.

6 Gamme d'écriture. **En réalisant les codages habituels, écris une phrase de ton choix au pluriel en t'aidant de certains mots de la liste suivante :**
nouveau cavalier – attrape – gant original – beau casque

Plur. Les ……………………
Cod. s

7 Je révise.

a. Complète les mots invariables avec les mêmes lettres : assez – chez.
b. Complète avec *on* ou *om* : d**om**pter et m**on**ter sur un étal**on**.
c. Complète avec *s* ou *ss* : une bro**ss**e – un **s**abot – le dre**ss**age
d. Complète avec *c* ou *ç* : Il commen**ç**ait une **c**ourse. – une é**c**urie
e. Complète avec *g, gu* ou *ge* : Il ran**ge**ait les san**g**les sans fati**gu**e.

Réussir en orthographe CE2 – © Retz

Les 3 rituels de la semaine 21 Dictées

(Voir *Présentation des rituels de l'unité 3*, p. 119)

• **Rituel Jour 2** (cahier de brouillon ou cahier du jour)
Transformation d'une phrase au pluriel

• **Rituel Jour 3** (cahier de brouillon ou cahier du jour)
Transformation d'une deuxième phrase au pluriel
+ distribution de la correction à coller sur la fiche de révision élève
RITUELS U3-U4. Fiche de révision élève
RITUELS U3-U4. Corrections des 7 dictées de pluriels

• **Rituel Jour 4** (cahier du jour)
Dictée de pluriels n° 4
Différenciation : RITUELS U3-U4. Dictée de pluriels n° 4 – Différenciation - Coup de pouce*

RITUEL JOUR 2 Transformation d'une phrase au pluriel

1. Écrire la phrase suivante au singulier, puis demander de l'observer.

> **S.** Le beau cheval broute dans ce champ agréable.

2. Faire transformer et coder de manière autonome la phrase au pluriel, en suivant la procédure habituelle (voir p. 121).

3. Corriger. Préciser le découpage des deux chaines d'accord et le repérage du verbe par l'encadrement avec *ne … pas*. Expliciter la mise au pluriel de chaque mot, en rappelant les deux nouvelles règles étudiées concernant la marque *-x*.

Ensuite, aborder l'orthographe lexicale : faire « sonner » le mot invariable, montrer la présence du *m* devant *p* dans *champ*, puis rappeler les valeurs des lettres *s*, *c* et *g* dans les mots concernés, en s'appuyant sur les leçons antérieures et les mots stars correspondants.

(Taux de réussite au CE2 : *beau* 100 %, *cheval* 85 %, *brouter* 72 %, *dans* 97 %, *champ* 83 %, *agréable* 67 %.)

S.	Le	beau	cheval	broute	dans*	ce	champ	agréable.
P.	**Les**	beau**x**	cheva**ux**	brout**ent**	dans*	**ces**	champ**s**	agréable**s**.
C.	s	x	x	nt		s	s	s

3 / 7

RITUEL JOUR 3 Transformation d'une 2ᵉ phrase au pluriel

1. Écrire la phrase suivante au singulier, puis demander de l'observer.

> **S.** Puis, l'animal satisfait regagne l'écurie.

2. Faire transformer et coder de manière autonome la phrase au pluriel, en suivant la procédure habituelle.

3. Corriger. Préciser le découpage des deux chaines d'accord et le repérage du verbe par l'encadrement avec *ne … pas*. Expliciter la mise au pluriel de chaque mot, en rappelant les deux nouvelles règles étudiées concernant la marque *-x*.

Ensuite, aborder l'orthographe lexicale : faire « sonner » le mot invariable, la lettre muette du mot *satisfait*, à rapprocher de sa forme au féminin ; rappeler les valeurs des lettres *s*, *c* et *g* dans les mots concernés, en s'appuyant sur les leçons antérieures et les mots stars correspondants.

(Taux de réussite au CE2 : *puis* 75 %, *animal* 97 %, *satisfait* 38 %, *regagner* 58 %, *écurie* 74 %.)

S. Puis*, l' animal satisfait regagne l' écurie.
P. Puis*, les animaux satisfaits regagnent les écuries.
C. (s) (x) (s) (nt) (s) (s)

3 / 6

4. Faire coller la correction de la dictée sur la fiche de révision pour préparer la dictée du lendemain.

→ **Travail personnel à donner :** faire réviser la dictée de pluriels n° 4 pour le Jour 4.

RITUEL JOUR 4 Dictée de pluriels n° 4

- Dicter directement les 2 phrases au pluriel, à coder.

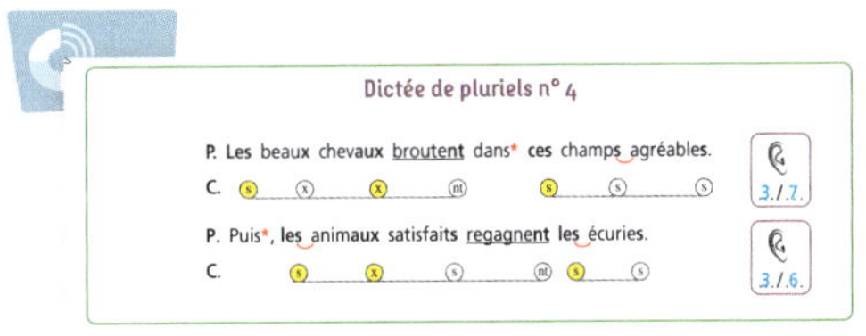
Dictée de pluriels n° 4

P. Les beaux chevaux broutent dans* ces champs agréables.
C. (s) (x) (x) (nt) (s) (s) (s) 3./7.

P. Puis*, les animaux satisfaits regagnent les écuries.
C. (s) (x) (s) (nt) (s) (s) 3./6.

- Mettre en place l'un des dispositifs de différenciation préconisés (voir *Présentation de l'unité 3*, p. 123).

Aide pour le niveau** : fournir les mots *satisfait, regagn(er)*.

Aide pour le niveau Coup de pouce* : fournir un support spécifique.

RITUELS U3-U4. Dictée de pluriels n° 4 – Différenciation - Coup de pouce*

- Corriger et valoriser les réussites.

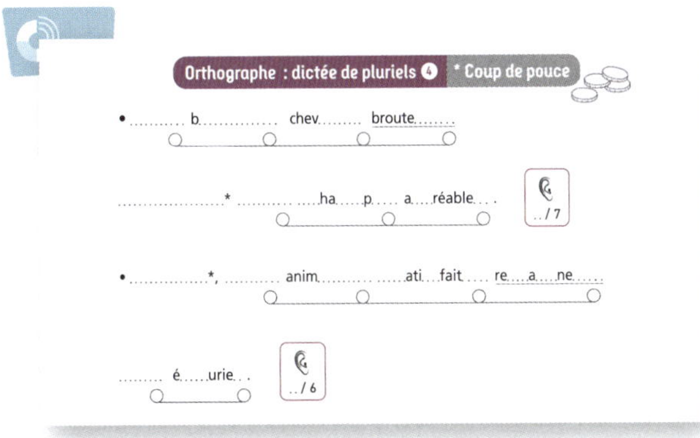
Orthographe : dictée de pluriels 4 | * Coup de pouce

• .... b........ chev........ broute........

........* ....ha....p.... a....réable.... ../7

• ....*, ... anim........ ....ati...fait.... re....a....ne....

.... é.....urie... ../6

Exemple de dictée de pluriels réalisée par un élève de CE2 :

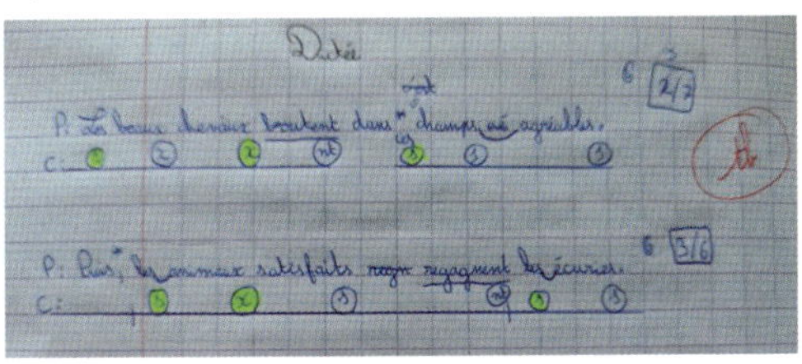

Écrire les pluriels des noms et des adjectifs, dont ceux en *-ou* et *-ail*

MISE AU POINT DIDACTIQUE ET PÉDAGOGIQUE

Les règles concernant les marques du pluriel des noms et des adjectifs se terminant par *-eu*, *- au*, *-eau* et *-al* ont fait découvrir aux élèves une nouvelle marque : **le *-x*, tantôt audible, tantôt non**. Cette nouvelle séquence sur les noms et les adjectifs finissant par *-ou* et *-ail* permet de revenir à la règle générale et d'en renforcer l'acquisition : le pluriel en *-s*, tout en intégrant maintenant des exceptions.

La difficulté porte essentiellement sur les exceptions concernant **les mots se terminant par *-ou* : 58 mots s'écrivent avec *-s* au pluriel** et **7 seulement avec *-x*** mais la série *chou, genou, hibou*... est tellement prégnante (et célèbre) qu'elle risque de parasiter l'application de la règle en *-s*.

Quant aux **mots en *-ail*, ils sont peu nombreux : 24 ont été retenus dans *Manulex***, dont des mots de fréquence très faible comme *tramail*, *camail*. Dans la liste des exceptions qui font d'ailleurs partie des 24 mots, seuls *travail/travaux*, *corail/coraux* ont été retenus pour le CE2 dans la méthode. Au CM1, d'autres exceptions seront ajoutées.

Pour ne pas déstabiliser la connaissance des règles générales, les exceptions sont toujours signalées, comme dans la séquence précédente, par un feu rouge et par le policier de l'orthographe. À ce stade, les élèves doivent surtout repérer et comprendre en quoi les mots font exception.

***Attendus de fin d'année de CE2* (2019, p. 10)**

« Maîtriser l'orthographe grammaticale de base

Ce que sait faire l'élève :

• Comprendre :

– le fonctionnement du groupe nominal dans la phrase ;

– la notion de « chaîne d'accord » pour déterminant/nom/adjectif » (singulier/pluriel).

• Utiliser :

– des marques d'accord pour les noms et adjectifs épithètes (nombre *-s*) ;

– d'autres formes de pluriels (*-ail/-aux*, *-al/-aux*, etc.)

• Identifier la relation sujet/verbe »

Séance 1 | Écrire les pluriels des noms et des adjectifs, dont ceux en *-ou* et *-ail* (1)

Objectifs
- Réinvestir les connaissances précédentes concernant les accords en nombre.
- Identifier et utiliser la règle concernant la marque *-s* à la fin des noms et des adjectifs finissant par *-ou* et *-ail*.
- Repérer les exceptions à ces règles, matérialisées par un feu rouge.

Documents
- Recherche SQ9. Doc. 1
- Leçon SQ9. Doc. 2

1. Découverte (oral, collectif)

• Écrire la phrase suivante au tableau : **Un petit clou rouille sur ce portail.**
À l'oral, demander aux élèves de transformer cette phrase au pluriel, en respectant la procédure habituelle. Écrire les mots *clou* et *portail* en colonne avec les différentes graphies proposées par les élèves mais ne pas corriger.

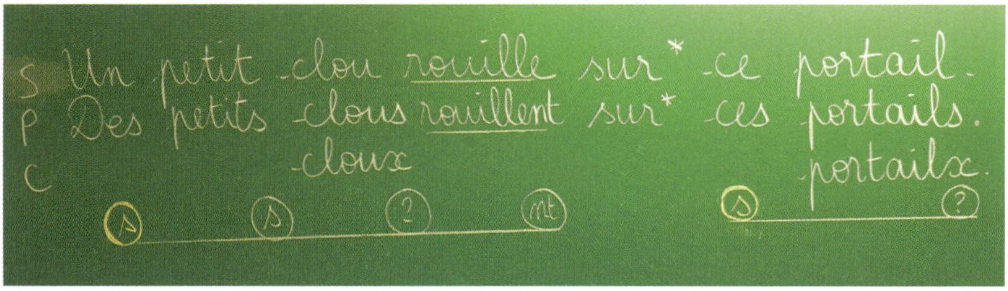

→ Expliciter l'objectif de la séance : connaitre les règles pour écrire correctement au pluriel les noms et les adjectifs finissant par *-ou* et *-ail*, et repérer les exceptions. Expliquer aux élèves qu'à la fin de la leçon ils pourront corriger cette phrase puisqu'ils connaitront les règles.

2. Recherche (individuel, puis par 2 ou 4)

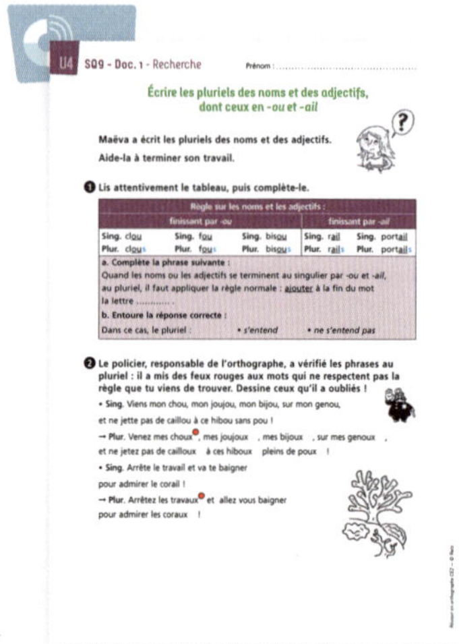

U4 SQ9 - Doc. 1 - Recherche Prénom : ....

Écrire les pluriels des noms et des adjectifs, dont ceux en *-ou* et *-ail*

Maëva a écrit les pluriels des noms et des adjectifs.
Aide-la à terminer son travail.

1 Lis attentivement le tableau, puis complète-le.

Règle sur les noms et les adjectifs :				
finissant par *-ou*			finissant par *-ail*	
Sing. clou Plur. clous	Sing. fou Plur. fous	Sing. bisou Plur. bisous	Sing. rail Plur. rails	Sing. portail Plur. portails
a. Complète la phrase suivante : Quand les noms ou les adjectifs se terminent au singulier par *-ou* et *-ail*, au pluriel, il faut appliquer la règle normale : ajouter à la fin du mot la lettre .... **b. Entoure la réponse correcte :** Dans ce cas, le pluriel : • *s'entend* • *ne s'entend pas*				

2 Le policier, responsable de l'orthographe, a vérifié les phrases au pluriel : il a mis des feux rouges aux mots qui ne respectent pas la règle que tu viens de trouver. Dessine ceux qu'il a oubliés !

• **Sing.** Viens mon chou, mon joujou, mon bijou, sur mon genou, et ne jette pas de caillou à ce hibou sans pou !
→ **Plur.** Venez mes choux, mes joujoux , mes bijoux , sur mes genoux , et ne jetez pas de cailloux à ces hiboux pleins de poux !
• **Sing.** Arrête le travail et va te baigner pour admirer le corail !
→ **Plur.** Arrêtez les travaux et allez vous baigner pour admirer les coraux !

• Distribuer la recherche (SQ9, Doc. 1). La projeter simultanément.

• Lire la 1re consigne, le contenu du tableau, puis la seconde. Rappeler la présence du policier de l'orthographe, chargé de faire appliquer les règles : il signale par un feu rouge toute exception, c'est-à-dire tout terme ne respectant pas ces règles. Faire reformuler les attentes, puis demander de réaliser individuellement la tâche. Proposer ensuite une réflexion par binômes (ou par groupes).

3. Mutualisation (collectif)

• À partir des productions des élèves, corriger la 1re activité. Faire apparaitre qu'au singulier, quand les noms ou les adjectifs se terminent par *-ou* et *-ail*, au pluriel, il faut appliquer la règle générale (apprise dès le début de l'unité 3) : dans la très grande majorité des cas, il faut **ajouter -s** aux noms et aux adjectifs au pluriel. Dans ce cas, le pluriel ne s'entend pas (= pièce blanche (s)).

• Dans la 2e activité, faire identifier les exceptions à cette règle, signalées par un feu rouge, à savoir :

– les 7 mots se terminant par *-ou* ayant un pluriel en *-oux* : *choux, joujoux...* ;

– les 2 mots se terminant par *-ail* ayant un pluriel en *-aux* : *travaux, coraux.*

Se reporter à la règle concernée dans le tableau, et montrer en quoi ces mots ne la respectent pas. Attirer l'attention sur le remplacement des lettres finales *-ail* par *-aux* qui rend le pluriel audible, mais qui ne concerne que ces deux exceptions. Rappeler qu'il est essentiel de retenir la règle avant tout, et qu'au CE2, ce sont les principales exceptions qui sont étudiées et qui sont systématiquement indiquées par un feu rouge.

4. Institutionnalisation (collectif)

• À partir d'indices, faire trouver les mots stars ✪, soit à l'oral, soit à l'écrit (écrire le nombre de lettres et la fin du mot).

Mots Stars ✪

• **Ajout d'un *-s*** :

– mot au pluriel en 5 lettres qui désigne l'objet en fer que l'on enfonce avec un marteau : **clous** ✪ (R : 89 %)

– mot au pluriel en 8 lettres qui désigne l'objet qui sert à fermer un jardin : **portails** ✪ (R : 64 %)

• Corriger la phrase de la phase de découverte à l'aide de ces connaissances.

• Distribuer la leçon (SQ9. Doc. 2) ; la projeter et commenter collectivement les éléments principaux. Laisser un temps pour mémoriser et reformuler la règle ainsi que les deux phrases contenant les exceptions.

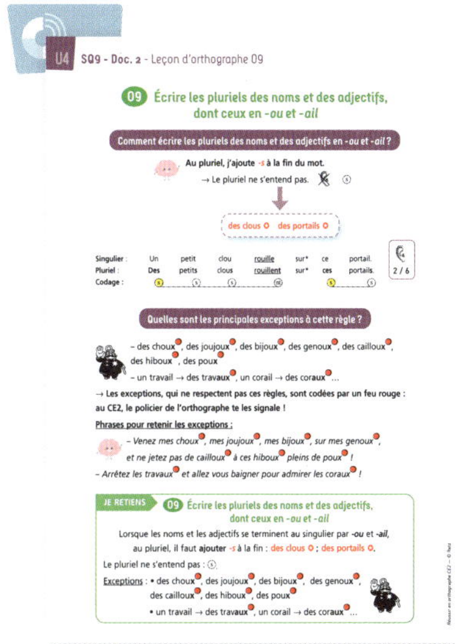
U4 SQ9 - Doc. 2 - Leçon d'orthographe 09

09 Écrire les pluriels des noms et des adjectifs, dont ceux en -*ou* et -*ail*

Comment écrire les pluriels des noms et des adjectifs en -*ou* et -*ail* ?

Au pluriel, j'ajoute -s à la fin du mot.

→ Le pluriel ne s'entend pas.

des clous des portails

Singulier :	Un	petit	clou	rouille	sur*	ce	portail.
Pluriel :	**Des**	petits	clous	rouillent	sur*	**ces**	portails.

2 / 6

Quelles sont les principales exceptions à cette règle ?

– des choux, des joujoux, des bijoux, des genoux, des cailloux, des hiboux, des poux

– un travail → des travaux, un corail → des coraux...

→ **Les exceptions, qui ne respectent pas ces règles, sont codées par un feu rouge : au CE2, le policier de l'orthographe te les signale !**

Phrases pour retenir les exceptions :

– *Venez mes choux, mes joujoux, mes bijoux, sur mes genoux, et ne jetez pas de cailloux à ces hiboux pleins de poux !*

– *Arrêtez les travaux et allez vous baigner pour admirer les coraux !*

JE RETIENS 09 Écrire les pluriels des noms et des adjectifs, dont ceux en -*ou* et -*ail*

Lorsque les noms et les adjectifs se terminent au singulier par **-ou** et **-ail**, au pluriel, il faut **ajouter** -s à la fin : des clous ; des portails.

Le pluriel ne s'entend pas.

Exceptions : • des choux, des joujoux, des bijoux, des genoux, des cailloux, des hiboux, des poux

• un travail → des travaux, un corail → des coraux...

5. Entrainement (individuel/collectif)

ACTIVITÉ 1 - Jeu du piston : Vrai ou Faux ?

Objectif : comprendre si la phrase est juste ou fausse (être capable de restituer les apprentissages réalisés).

Consigne : « Reste assis si la phrase est juste. Lève-toi si la phrase est fausse. »

Phrases proposées (correction orale après chaque phrase avec explicitation et exemple à l'appui) :

1) La marque -s *est la plus fréquente au pluriel pour les noms et les adjectifs.* (Vrai)

2) À la fin des noms et des adjectifs en -ou, *au pluriel, il faut ajouter* -x. (Faux, il faut ajouter -s.)

3) À la fin des noms et des adjectifs en -ail, *au pluriel, il faut ajouter* -s. (Vrai)

4) Quand on ajoute -s *à la fin des mots finissant par* -ou *et* -ail, *le pluriel s'entend.* (Faux, il ne s'entend pas.)

5) Des exceptions sont des mots qui respectent les règles. (Faux, ce sont des mots qui ne respectent pas les règles : ils sont indiqués grâce à un feu rouge.)

ACTIVITÉ 2 - Police de l'orthographe !

Objectif : distinguer les mots respectant la règle des exceptions.

Consigne : « Prends le rôle du policier. Montre un objet vert si le mot respecte la règle, montre un objet rouge s'il ne la respecte pas (un stylo, un feutre, un cahier...). »

Déroulement : l'enseignant(e) note au tableau un groupe nominal. Les élèves ont un objet dans chaque main. Après un temps de réflexion, ils doivent montrer l'objet de la couleur correspondante, à un signal précis.

Corpus : (correction orale après chaque item avec explicitation à l'appui)

des trous - des joujoux - des fous - des portails - des choux - des travaux – des hiboux – des éventails.

Les 3 rituels de la semaine 22 Dictées
(Voir *Présentation des rituels de l'unité* 3, p. 119)

• **Rituel Jour 2** (cahier de brouillon ou cahier du jour)
Transformation d'une phrase au pluriel

• **Rituel Jour 3** (cahier de brouillon ou cahier du jour)
Transformation d'une deuxième phrase au pluriel
+ distribution du corrigé à coller sur la fiche de révision élève
RITUELS U3-U4. Fiche de révision élève
RITUELS U3-U4. Corrections des 7 dictées de pluriels

• **Rituel Jour 4** (cahier du jour)
Dictée de pluriels n° 5
Différenciation : RITUELS U3-U4. Dictée de pluriels n° 5 – Différenciation - Coup de pouce*

Remarque : Lors des 3 rituels, se référer à l'affiche actualisée contenant les codages correspondants pour en faciliter la remémoration.

RITUEL JOUR 2 Transformation d'une phrase au pluriel

1. Écrire la phrase suivante au singulier, puis demander de l'observer.

S. Ainsi, le kangourou géant est un grand marsupial.

2. Faire transformer et coder de manière autonome la phrase au pluriel, en suivant la procédure habituelle (voir p. 122).

3. Corriger. Préciser le découpage des deux chaines d'accord et le repérage du verbe par l'encadrement avec *ne … pas*. Expliciter la mise au pluriel de chaque mot, en rappelant les règles étudiées concernant les marques -*s* et -*x*.

Ensuite, aborder l'orthographe lexicale : faire « sonner » les lettres muettes de *géant* et *grand*, à rapprocher de leur forme au féminin ; rappeler les valeurs des lettres *s* et *g* dans les mots concernés, en s'appuyant sur les leçons antérieures et les mots stars correspondants. Préciser que le verbe *être* change de forme à la 3ᵉ personne du pluriel et devient *sont*, avec un pluriel audible.

(Taux de réussite au CE2 : *ainsi* : 28 %, *géant* 85 %, *être* 89 %, *grand* 93 % ; autres mots non renseignés.)

S. Ainsi*, le kangourou géant est un grand marsupial.
P. Ainsi*, les kangourous géants sont des grands marsupiaux.
C. s s s nt s s x

4 / 7

RITUEL JOUR 3 Transformation d'une 2e phrase au pluriel

1. Écrire la phrase suivante au singulier, puis demander de l'observer.

S. Cet animal sauteur possède plutôt un large poitrail.

2. Faire transformer et coder de manière autonome la phrase au pluriel, en suivant la procédure habituelle.

3. Corriger. Préciser le découpage des deux chaines d'accord et le repérage du verbe par *ne ... pas*. Expliciter la mise au pluriel de chaque mot, en rappelant les règles étudiées concernant les marques *-s* et *-x*. Ensuite, aborder l'orthographe lexicale : faire « sonner » le mot invariable ; rappeler les valeurs des lettres *s*, *c* et *g* dans les mots concernés, en s'appuyant sur les leçons antérieures et les mots stars correspondants. (Taux de réussite au CE2 : *animal* 97 %, *sauteur* 83 %, *posséder* 57 %, *plutôt* 60 %, *large* 89 % ; *poitrail* : non renseigné.)

S. Cet animal sauteur possède plutôt* un large poitrail.
P. Ces animaux sauteurs possèdent plutôt* des larges poitrails.
C. s x s nt s s s

3 / 7

4. Faire coller la correction de la dictée sur la fiche de révision pour préparer la dictée du lendemain.

→ **Travail personnel à donner :** faire réviser la dictée de pluriels n° 5 pour le Jour 4.

RITUEL JOUR 4 Dictée de pluriels n° 5

- Dicter directement les 2 phrases au pluriel, à coder.

P. Ainsi*, **les** kangourou**s** géant**s** **sont** **des** grand**s** marsupi**aux**.
C. s s s nt s s x

4 / 7

P. **Ces** anim**aux** sauteur**s** posséd**ent** plutôt* **des** large**s** poitrail**s**.
C. s x s nt s s s

3 / 7

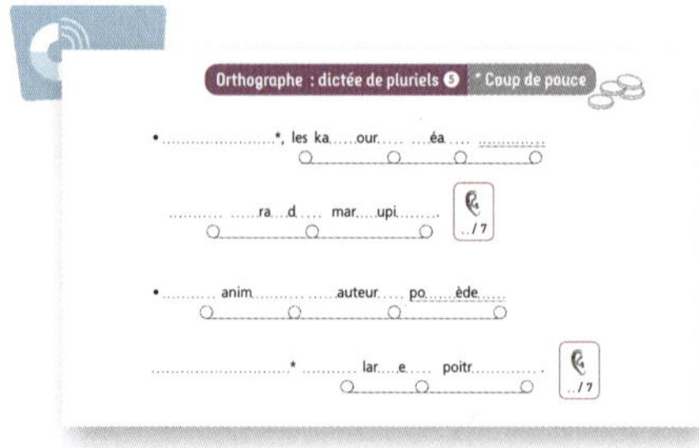

- Mettre en place l'un des dispositifs de différenciation préconisés (voir *Présentation de l'unité 3*, p. 123).

Aide pour le niveau ** : fournir les mots *kangourou, marsupial.*

Aide pour le niveau Coup de pouce* : fournir un support spécifique.

RITUELS U3-U4. Dictée de pluriels n° 5 – Différenciation - Coup de pouce*

- Corriger et valoriser les réussites.

Séance 2 | Écrire les pluriels des noms et des adjectifs, dont ceux en *-ou* et *-ail* (2)

Objectifs

- Réinvestir les connaissances précédentes concernant les accords en nombre.
- Identifier et utiliser la règle concernant la marque *-s* à la fin des noms et des adjectifs finissant par *-ou* et *-ail*.
- Repérer les exceptions signalées par un feu rouge et les écrire correctement.
- Utiliser le codage pour matérialiser les chaines d'accord et les différentes marques du pluriel.

Documents

- Fleur des pluriels SQ9. Doc. 3
- Entrainement : *Les pièces d'or* SQ9. Doc. 4 et sa correction SQ9. Doc. 4 bis
- Application SQ9. Doc. 5 et sa correction SQ9. Doc. 5 bis

1. Rappel (collectif)

- Amener les élèves à se remémorer les éléments importants de la séance précédente (la règle étudiée concernant la marque *-s* ; les exceptions matérialisées par des feux rouges). Faire formuler des exemples. Demander aux élèves d'indiquer les 7 exceptions en *-oux* et les 2 en *-aux*, en s'aidant des deux phrases mnémotechniques.
- Relire la trace écrite de la leçon (ou l'affiche).

→ Expliciter l'objectif de la séance : appliquer les règles pour écrire correctement au pluriel les noms et les adjectifs finissant par -*ou* et -*ail* ainsi que quelques exceptions.

2. Découverte d'un outil récapitulatif (collectif)

• Distribuer la fleur récapitulative SQ9. Doc. 3 et la projeter simultanément. Faire observer son organisation et remarquer que dans le pétale de gauche se trouve la marque -*s*, très largement dominante, intégrant les cas particuliers des noms et des adjectifs se terminant par -*ou* et -*ail* avec leurs exceptions. Les pétales de droite concernent la marque -*x* (ajout ou remplacement).

• Demander aux élèves de repérer les mots stars ✪.

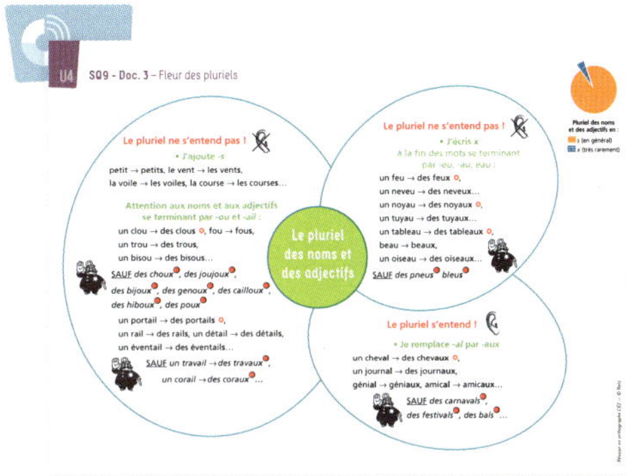

3. Entrainement (alternance individuel/collectif)

ACTIVITÉ 1 - Le juste choix

Objectif : appliquer les règles du pluriel concernant la lettre *s* et écrire correctement les exceptions.

Consigne : « Observe la fin du mot, écris celui-ci au pluriel. Dessine au-dessous la pièce qui correspond (blanche ou jaune) et remplis-la avec la marque -*s* ou -*x*. »

Déroulement : l'enseignant(e) note un premier exemple au tableau : *ce gouvernail*. Les élèves doivent écrire directement la réponse au pluriel (au brouillon ou sur l'ardoise) et tracer, puis compléter les pièces correspondantes au-dessous. Ensuite, lors de la correction, ils doivent nommer les lettres à repérer à la fin du mot (ici, -*ail*), puis expliciter la règle correspondante (ici, ajout du -*s* à la fin du mot avec un pluriel non audible, donc réalisation d'une pièce blanche avec *s*).

Corpus *: ce trou – le verrou – un caillou● – un clou – l'épouvantail – le portail – le corail●*

ACTIVITÉ 2 - Les pièces d'or SQ9. Doc. 4

Objectif : savoir transposer une phrase du singulier au pluriel, en utilisant un codage pour matérialiser les accords en nombre.

Consigne : « Écris le pluriel des mots, puis distribue les pièces d'or aux mots qui valent de l'or et des pièces blanches aux autres ! »

Dispositif : faire réaliser l'activité sur la fiche, individuellement, puis la corriger collectivement. Préciser aux élèves qu'ils doivent tracer eux-mêmes les chaines d'accord et que la première chaine s'arrête généralement au verbe. Corriger SQ9. Doc. 4 bis. Rappeler que lorsqu'il y a un feu rouge, la règle étudiée ne doit pas être appliquée.

Activité « pièces d'or »
À toi d'écrire le pluriel et de distribuer les pièces d'or !

- Dans la phrase au singulier, dessine une étoile (*) après le mot invariable, puis souligne le verbe.
- Écris la phrase au pluriel en utilisant ces deux codages.
- Dessine les pièces (s), (x) ou (nt) et colorie celles qui sont en or. Relie les chaines d'accord.

S : Maintenant*, ce nouveau rail possède un trou anormal.
P : Maintenant*, ces nouveaux rails possèdent des trous anormaux.
C : (s) (x) (s) (nt) (s) (s) (x) — 3 / 7

Marque la liaison dans la phrase au pluriel et complète le score.

4. Application (individuel)

- Distribuer la fiche d'application SQ9. Doc. 5. Faire lire les consignes des cinq premiers exercices, puis les expliciter en cas de difficultés.
- Faire réaliser les exercices 1 à 5 individuellement, en suivant le scénario de différenciation préconisé (p. 12).
- Ensuite (ou le lendemain), lire la consigne de la *gamme d'écriture*. Puis, demander à chaque élève de rédiger sa propre gamme d'écriture et de réaliser l'exercice de révision.
- En fonction du temps restant ou ultérieurement, corriger (SQ9. Doc. 5 bis). Faire lire les phrases de la gamme par les élèves volontaires et valoriser les propositions.

U4 **SQ9 - Doc. 5 bis** - Application - Correction

Orthographe : Écrire les pluriels des noms et des adjectifs, dont ceux en *-ou* et *-ail*

1 Je comprends ce que je fais. **Entoure la réponse correcte.**

a. La marque du pluriel **la plus fréquente** pour les noms et les adjectifs est : • *-x* • *-s* (entouré)
b. Le pluriel : **un fou → des fous** respecte la règle. • *Vrai* (entouré) • *Faux*
c. Le pluriel : **un chou → des choux** respecte la règle. • *Vrai* • *Faux* (entouré)
d. Le pluriel : **un travail → des travaux** respecte la règle. • *Vrai* • *Faux* (entouré)
e. Le pluriel : **un éventail → des éventails** respecte la règle. • *Vrai* (entouré) • *Faux*
f. Les exceptions qui ont **un feu rouge** : • *respectent les règles* • *ne respectent pas les règles.* (entouré)

2 Écris les mots stars au pluriel, pour illustrer la règle étudiée sur l'emploi de la lettre *s*.

des CLOUS

des PORTAILS

3 Écris au pluriel chaque mot incomplet.
Attention, n'applique pas la règle s'il y a un feu rouge !

a. un bis**ou** → des bisous	f. un r**ail** → des rails
b. un s**ou** → des sous	g. un épouvant**ail** → des épouvantails
c. un bamb**ou** → des bambous	h. un dét**ail** → des détails
d. un pou● → des poux●	i. un travail● → des travaux●
e. un verr**ou** → des verrous	j. un gouvern**ail** → des gouvernails

U4 **SQ9 - Doc. 5 bis** - Application - Correction

4 Écris au pluriel les groupes nominaux suivants.
*Exemple : un gentil toutou → **des** gentils toutous*

a. un kangourou sauteur → des kangourous sauteurs
b. ce hibou● étonnant → ces hiboux● étonnants
c. un large poitrail → des larges poitrails
d. mon magnifique bijou● → mes magnifiques bijoux●

5 Dans la phrase au singulier, dessine une étoile (*) après le mot invariable, puis souligne le verbe.
Écris la phrase au pluriel en utilisant ces deux codages.
Dessine les pièces (s), (x) ou (nt) et colorie celles qui sont en or.
Relie les chaines d'accord.

S. Un enfant découvre aujourd'hui* ce superbe corail●.
P. Des enfants découvrent aujourd'hui* ces superbes coraux●.
C. (s) (s) (nt) (s) (s) (x) — 3 / 6

S. Aussitôt*, un joli mérou attire le regard.
P. Aussitôt*, des jolis mérous attirent les regards.
C. (s) (s) (s) (nt) (s) (s) — 2 / 6

Marque la liaison dans une des phrases au pluriel et complète les scores.

6 Gamme d'écriture. **En réalisant les codages habituels, écris une phrase de ton choix au pluriel en t'aidant de certains mots de la liste suivante :**

caribou – creuse – trou profond

P. Les ....
C. (s)

7 Je révise.
a. Complète les mots invariables avec les mêmes lettres : **pourtant – avant**
b. Complète avec *in* ou *im* : **des lieux sous-marins impressionnants**
c. Complète avec *s* ou *ss* : **la position d'un requin assez rare**
d. Complète avec *c* ou *ç* : **Il lançait un hameçon. – un crustacé**
e. Complète avec *g*, *gu* ou *ge* : **Il nageait et observait des plongeurs.**

Réussir en orthographe CE2 – © Retz

Les 3 rituels de la semaine 23 Dictées
(Voir *Présentation des rituels de l'unité 3*, p. 119)

• **Rituel Jour 2** (cahier de brouillon ou cahier du jour)
Transformation d'une phrase au pluriel

• **Rituel Jour 3** (cahier de brouillon ou cahier du jour)
Transformation d'une deuxième phrase au pluriel
+ distribution de la correction à coller sur la fiche de révision élève
RITUELS U3-U4. Fiche de révision élève
RITUELS U3-U4. Corrections des 7 dictées de pluriels

• **Rituel Jour 4** (cahier du jour)
Dictée de pluriels n° 6
Différenciation : RITUELS U3-U4. Dictée de pluriels n° 6 – Différenciation - Coup de pouce*

RITUEL JOUR 2 Transformation d'une phrase au pluriel

1. Écrire la phrase suivante au singulier, puis demander de l'observer.

S. L'épouvantail éloigne quelquefois l'oiseau sauvage.

2. Faire transformer et coder de manière autonome la phrase au pluriel, en suivant la procédure habituelle (voir p. 121).

3. Corriger. Préciser le découpage des deux chaines d'accord et le repérage du verbe par l'encadrement avec *ne … pas*. Expliciter la mise au pluriel de chaque mot, en rappelant les règles étudiées concernant les marques *-s* et *-x*.

Aborder l'orthographe lexicale : faire « sonner » la lettre muette du mot invariable ; rappeler les valeurs des lettres *s* et *g* dans les mots concernés, en s'appuyant sur les leçons antérieures et les mots stars correspondants.

(Taux de réussite au CE2 : *épouvantail* : non renseigné, *éloigner* 71 %, *quelquefois* 31 %, *oiseau* 82 % ; *sauvage* : 73 %.)

S. L' épouvantail éloigne quelquefois* l' oiseau sauvage.
P. Les épouvantails éloignent quelquefois* les oiseaux sauvages.
C. (s) (s) (nt) (s) (x) (s)

2 / 6

RITUEL JOUR 3 Transformation d'une 2e phrase au pluriel

1. Écrire la phrase suivante au singulier, puis demander de l'observer.

S. Ce corbeau gourmand mange surtout le fruit mou.

2. Faire transformer et coder de manière autonome la phrase au pluriel, en suivant la procédure habituelle.

3. Corriger. Préciser le découpage des deux chaines d'accord et le repérage du verbe par *ne … pas*. Expliciter la mise au pluriel de chaque mot, en rappelant les règles étudiées concernant les marques -*s* et -*x*.

Aborder l'orthographe lexicale : faire « sonner » le mot invariable ainsi que *gourmand*, à rapprocher de sa forme au féminin, et *fruit*, à mettre en lien avec un mot de la même famille. Rappeler les valeurs des lettres *s*, *c* et *g* dans les mots concernés, en s'appuyant sur les leçons antérieures et les mots stars correspondants.

(Taux de réussite au CE2 : *corbeau* 88 %, *gourmand* 48 %, *manger* 95 %, *surtout* 86 %, *fruit* 81 %, mou 46 %.)

S. Ce corbeau gourmand <u>mange</u> surtout* le fruit mou.
P. Ces corbeaux gourmands <u>mangent</u> surtout* les fruits mous.
C. (s) (x) (s) (nt) (s) (s) (s)
2 / 7

4. Faire coller la correction de la dictée sur la fiche de révision pour préparer la dictée du lendemain.

→ **Travail personnel à donner :** faire réviser la dictée de pluriels n° 6 pour le Jour 4.

RITUEL JOUR 4 Dictée de pluriels n° 6

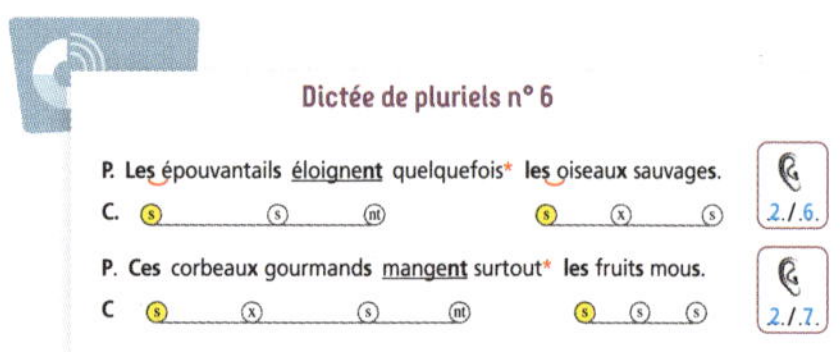
Dictée de pluriels n° 6

P. Les épouvantails éloignent quelquefois* les oiseaux sauvages.
C. (s) (s) (nt) (s) (x) (s) 2./6.

P. Ces corbeaux gourmands mangent surtout* les fruits mous.
C (s) (x) (s) (nt) (s) (s) (s) 2./7.

- Dicter directement les 2 phrases au pluriel, à coder.
- Mettre en place l'un des dispositifs de différenciation préconisés (voir *Présentation de l'unité 3*, p. 123).

Aide pour le niveau** : fournir les mots *épouvantail, gourmand.*

Aide pour le niveau Coup de pouce* : fournir un support spécifique.

RITUELS U3-U4. Dictée de pluriels n° 6 – Différenciation - Coup de pouce*

- Corriger et valoriser les réussites.

Accorder le verbe avec son sujet aux temps simples (à la 3e personne du pluriel)

MISE AU POINT DIDACTIQUE ET PÉDAGOGIQUE

L'accord dans le groupe nominal constitue une difficulté pour des élèves de CE2 mais **l'accord du verbe avec son sujet** est une étape encore plus complexe dans le développement du raisonnement orthographique. C'est pourquoi il a été abordé de manière spiralaire dans les séquences précédentes, grâce à la mise en place de la chaine d'accord dans la phrase. La reconnaissance du verbe (par la méthode d'encadrement avec *ne ... pas*) a été mise systématiquement en avant dans les procédures utilisées lors des dictées de pluriels et les élèves ont appris jusqu'à présent à appliquer au verbe la marque *-nt*.

Cette séquence étudie spécifiquement cet accord sujet-verbe pour permettre aux élèves, sinon d'automatiser cet apprentissage (il ne le sera pas avant la fin de la scolarité primaire), mais de **l'ancrer progressivement et de l'étendre aux trois temps simples : le présent, le futur et l'imparfait**. Il s'agit de leur faire remarquer et utiliser à bon escient les deux marques finales possibles pour la 3e personne du pluriel de ces temps : *-ent* ou *-ont*.

Le codage joue toujours sur le même code couleur :

– quand les marques du pluriel du verbe sont muettes, ce qui est généralement le cas pour le présent (*ils/elles chant**ent***) et toujours pour l'imparfait (*ils/elles chantai**ent***), elles sont matérialisées par une pièce blanche ;

– quand elles sont audibles, elles sont matérialisées par une pièce d'or, ce qui est le cas pour quelques formes irrégulières du présent (*ils/elles s**ont**, **ont**, f**ont**, v**ont***), mais surtout, systématiquement, pour la 3e personne du pluriel du futur (*ils/elles chanter**ont***). Dans ce cas, le pluriel est plus facilement repérable.

Remarques :

– Conformément aux attendus de fin d'année de CE2, seuls les verbes du 1er groupe et ceux qui sont irréguliers du 3e groupe sont travaillés.

– Cette séquence se situe dans une programmation de l'étude de la conjugaison qui est différente suivant les classes. À ce stade de l'année, le présent aura généralement été étudié mais pas nécessairement le futur et/ou l'imparfait. Cette séquence constituera donc, en fonction des cas, soit une révision de deux ou trois temps, soit une introduction à l'étude d'un temps. Il s'agit ici de travailler spécifiquement les deux marques du pluriel *-ent* et *-ont*, en se focalisant sur l'aspect orthographique.

– Les notions de marques de temps ne font pas partie du programme du cycle 2. Pour faciliter la reconnaissance de l'imparfait et du futur, les marques de temps (ai- pour l'imparfait, très reconnaissable, et r- pour le futur) sont écrites en vert et elles sont déjà notées, pour aider les élèves, afin que leur attention puisse se porter sur les marques de la 3e personne du pluriel *-ent* ou *-ont*.

Attendus de fin d'année de CE2 **(2019, p. 10)**
« Maîtriser l'orthographe grammaticale de base
Ce que sait faire l'élève :
• Comprendre :
– le fonctionnement du groupe nominal dans la phrase ;
– la notion de « chaîne d'accord » pour déterminant/nom/adjectif » (singulier/pluriel).
• Utiliser :
– des marques d'accord pour les noms et adjectifs épithètes (nombre -s) ;
– d'autres formes de pluriels *(-ail/-aux, -al/-aux,* etc.)
• Identifier la relation sujet/verbe »

Séance 1 | Accorder le verbe avec son sujet aux temps simples (à la 3e personne du pluriel) (1)

Objectifs
- Utiliser correctement les règles concernant les marques du pluriel des noms et des adjectifs.
- Utiliser le codage pour matérialiser les chaines d'accord et les différentes marques du pluriel.
- Connaitre, écrire et coder les marques de la 3e personne du pluriel aux différents temps simples (imparfait, présent, futur) : *-ent* et *-ont*.
- Identifier la marque *-nt* de la 3e personne du pluriel qui concerne tous les verbes, quel que soit leur groupe et à tous les temps simples.

Documents
- Recherche SQ10. Doc. 1
- Leçon SQ10. Doc. 2
- Entrainement : *Duel de terminaisons* SQ10. Doc. 3

1. Découverte (oral, collectif)

• Écrire la phrase suivante au tableau :

Bientôt, cet homme présentera une invention.

À l'oral, demander aux élèves de transformer cette phrase au pluriel, en respectant la procédure habituelle. Lister les graphies proposées concernant le verbe, sans les corriger.

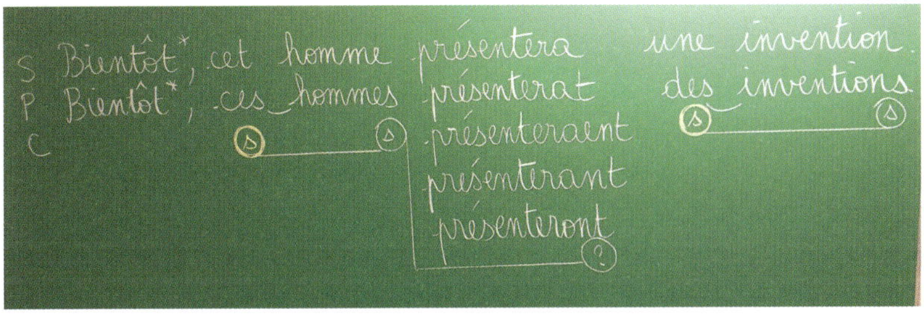

→ Expliciter l'objectif de la séance : écrire correctement les verbes à la 3e personne du pluriel, lorsqu'ils sont employés à des temps simples, comme l'imparfait, le présent et le futur. Évoquer rapidement la valeur principale de chacun de ces temps (leur situation dans une des trois époques : passé, présent, futur). Expliquer aux élèves qu'à la fin de la leçon, ils pourront corriger cette phrase puisqu'ils connaitront les règles.

2. Recherche (individuel, puis par 2 ou 4)

• Distribuer la recherche SQ10. Doc. 1. La projeter simultanément.

• Lire la 1re consigne ainsi que le contenu du tableau. Faire reformuler les attentes, puis demander de réaliser individuellement la tâche. Corriger.

• Faire ensuite découvrir la 2e consigne avec les phrases codées ; la faire réaliser individuellement. Proposer ensuite une réflexion par 2 (ou par groupes).

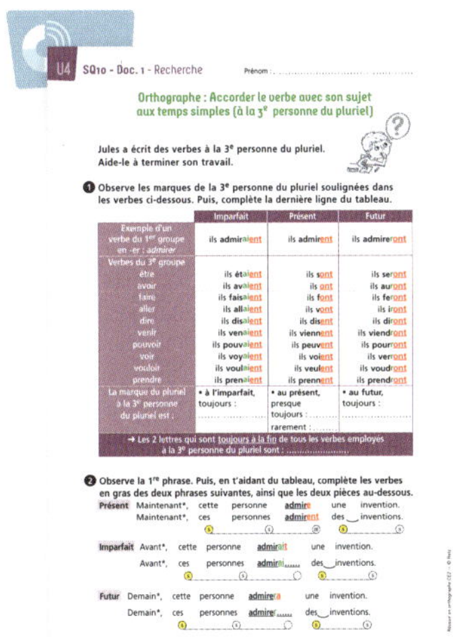

U4 SQ10 - Doc. 1 - Recherche Prénom : ....

Orthographe : Accorder le verbe avec son sujet aux temps simples (à la 3e personne du pluriel)

Jules a écrit des verbes à la 3e personne du pluriel. Aide-le à terminer son travail.

1 Observe les marques de la 3e personne du pluriel soulignées dans les verbes ci-dessous. Puis, complète la dernière ligne du tableau.

	Imparfait	Présent	Futur
Exemple d'un verbe du 1er groupe en -er : *admirer*	ils admiraient	ils admirent	ils admireront
Verbes du 3e groupe			
être	ils étaient	ils sont	ils seront
avoir	ils avaient	ils ont	ils auront
faire	ils faisaient	ils font	ils feront
aller	ils allaient	ils vont	ils iront
dire	ils disaient	ils disent	ils diront
venir	ils venaient	ils viennent	ils viendront
pouvoir	ils pouvaient	ils peuvent	ils pourront
voir	ils voyaient	ils voient	ils verront
vouloir	ils voulaient	ils veulent	ils voudront
prendre	ils prenaient	ils prennent	ils prendront
La marque du pluriel à la 3e personne du pluriel est :	• à l'imparfait, toujours :	• au présent, presque toujours : .... rarement :	• au futur, toujours : ....

→ Les 2 lettres qui sont toujours à la fin de tous les verbes employés à la 3e personne du pluriel sont : ....

2 Observe la 1re phrase. Puis, en t'aidant du tableau, complète les verbes en gras des deux phrases suivantes, ainsi que les deux pièces au-dessous.

Présent Maintenant*, cette personne **admire** une invention.
Maintenant*, ces personnes **admirent** des inventions.

Imparfait Avant*, cette personne **admirait** une invention.
Avant*, ces personnes **admirai......** des inventions.

Futur Demain*, cette personne **admirera** une invention.
Demain*, ces personnes **admirer......** des inventions.

3. Mutualisation (collectif)

À partir des productions des élèves :

• Corriger la 1re activité et faire apparaitre que, concernant les marques de la 3e personne du pluriel :

– les verbes à l'imparfait se terminent toujours par *-ent* ;

– les verbes au présent finissent presque toujours par *-ent*, mais parfois par *-ont* pour quatre verbes irréguliers *(être, avoir, faire, aller → ils/elles sont, ont, font, vont)* ;

– les verbes au futur se terminent toujours par *-ont.*

Faire constater que le point commun de toutes ces marques à la 3e personne du pluriel est *-nt*, ce qui correspond précisément au codage mis en place depuis le début de l'unité sur la marque du pluriel dans le verbe.

Expliquer aux élèves que les éléments en vert correspondent à des marques que l'on trouve toujours dans les terminaisons de l'imparfait (*ai*-) et du futur (*r*-) ; elles leur permettent de reconnaitre ces temps et seront indiquées dans les verbes, pour les aider.

• Concernant la 2e consigne, faire observer la première phrase et le remplacement pour la 3e personne de la marque du singulier (*-e*) par celle du pluriel (*-ent*) : *cette personne admi**re** → ces personnes admir**ent**.*

Procéder à la correction des deux phrases à l'imparfait et au futur ; avec l'aide du tableau, amener les élèves à les transposer du singulier au pluriel :

– à l'imparfait, il faut remplacer la marque de la 3e personne du singulier (*-t*) par celle du pluriel (*-ent*) : *elle admir**ait** → elles admir**aient*** ;

– au futur, il faut remplacer la marque de la 3e personne du singulier (*-a*) par celle du pluriel (*-ont*) : *elle admire**ra** → elles admire**ront**.*

Enfin, faire observer aux élèves que la terminaison en *-ont* du futur est audible et doit être marquée d'une pièce d'or *-nt*, comme la terminaison des quatre verbes irréguliers au présent : *ils/elles sont, ont, font, vont.*

4. Institutionnalisation (collectif)

• Réaliser une affiche récapitulant les règles étudiées.

Pour les temps simples (imparfait, présent, futur),

la marque de la 3e personne du pluriel est *-ent* ou *-ont* (*-nt* en commun).

Imparfait	**Présent**		**Futur**
Toujours : -ent	Presque toujours : -ent	Rarement -ont	Toujours : -ont

- Distribuer la leçon SQ10. Doc. 2 ; la projeter et commenter collectivement les éléments principaux.
- Faire corriger la phrase de la phase de découverte à l'aide des savoirs acquis.

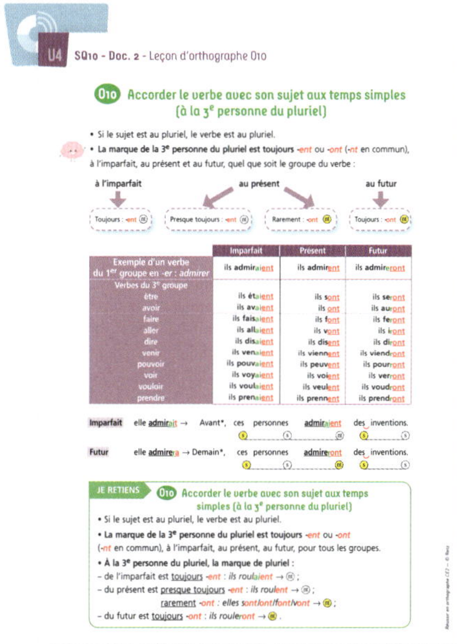

U4 SQ10 - Doc. 2 - Leçon d'orthographe O10

O10 Accorder le verbe avec son sujet aux temps simples (à la 3e personne du pluriel)

- Si le sujet est au pluriel, le verbe est au pluriel.
- **La marque de la 3e personne du pluriel est toujours** *-ent* ou *-ont* (*-nt* en commun), à l'imparfait, au présent et au futur, quel que soit le groupe du verbe :

à l'imparfait → Toujours : -ent
au présent → Presque toujours : -ent / Rarement : -ont
au futur → Toujours : -ont

	Imparfait	Présent	Futur
Exemple d'un verbe du 1er groupe en -er : *admirer*	ils admiraient	ils admirent	ils admireront
Verbes du 3e groupe			
être	ils étaient	ils sont	ils seront
avoir	ils avaient	ils ont	ils auront
faire	ils faisaient	ils font	ils feront
aller	ils allaient	ils vont	ils iront
dire	ils disaient	ils disent	ils diront
venir	ils venaient	ils viennent	ils viendront
pouvoir	ils pouvaient	ils peuvent	ils pourront
voir	ils voyaient	ils voient	ils verront
vouloir	ils voulaient	ils veulent	ils voudront
prendre	ils prenaient	ils prennent	ils prendront

Imparfait elle admirait → Avant*, ces personnes admiraient des inventions.

Futur elle admirera → Demain*, ces personnes admireront des inventions.

JE RETIENS O10 Accorder le verbe avec son sujet aux temps simples (à la 3e personne du pluriel)

- Si le sujet est au pluriel, le verbe est au pluriel.
- **La marque de la 3e personne du pluriel est toujours** *-ent* ou *-ont* (*-nt* en commun), à l'imparfait, au présent, au futur, pour tous les groupes.
- **À la 3e personne du pluriel, la marque de pluriel :**
  - de l'imparfait est toujours *-ent* : *ils roulaient* → ;
  - du présent est presque toujours *-ent* : *ils roulent* → ;
    rarement *-ont* : *elles sont/ont/font/vont* → ;
  - du futur est toujours *-ont* : *ils rouleront* → .

5. Entrainement (alternance individuel/collectif)

ACTIVITÉ 1 - Jeu du piston : Vrai ou Faux ?

Objectif : comprendre si la phrase est juste ou fausse (être capable de restituer les apprentissages réalisés).

Consigne : « Reste assis si la phrase est juste. Lève-toi si la phrase est fausse. »

Phrases proposées (correction orale après chaque phrase avec explicitation et exemple à l'appui) :

1) À l'imparfait, la marque de la 3e personne du pluriel est toujours -ent. (Vrai)

2) Au présent, la marque de la 3e personne du pluriel est toujours -ent. (Faux : très souvent, mais *-ont* pour certains verbes du 3e groupe.)

3) À la 3e personne du pluriel, aux temps simples, toutes les marques se terminent par -nt. (Vrai)

4) Au futur, la marque de la 3e personne du pluriel est toujours -ons. (Faux, c'est *-ont*.)

5) Au futur, un verbe à la 3e personne du pluriel a une pièce d'or. (Vrai, le pluriel est audible par rapport à la 3e personne du singulier.)

ACTIVITÉ 2 - Duel des terminaisons SQ10. Doc. 3

Objectif : orthographier correctement les marques de la 3e personne du pluriel d'un verbe en fonction du temps demandé.

Consigne : « Choisis la marque qui convient en fonction du temps et montre l'étiquette qui correspond. »

-ent	**-ont**

Déroulement : l'enseignant(e) lit des phrases mais ne dit pas le verbe : il/elle marque juste au tableau le verbe incomplet avec des pointillés. Par exemple, l'enseignant(e) dit : « Aujourd'hui, les vélos ? des gens. » puis écrit *transport*... . Quand l'enseignant(e) annonce le temps : PRÉSENT, les élèves doivent alors prendre l'étiquette correspondante, dans ce cas *-ent*. Procéder à la correction avec explicitation chaque item.

Corpus :

1. Dire « Hier, les vélos ? des gens. » ; écrire *transportai*... et demander IMPARFAIT (réponse : *-ent*).
2. Dire « Bientôt, les vélos ? dans le ciel. » ; écrire *voler*... et demander FUTUR (réponse : *-ont*).
3. Dire « Avant, les vélos ? en bois. » ; écrire *étai*... et demander IMPARFAIT (réponse : *-ent*).
4. Dire « Maintenant, les vélos ? nombreux. » ; écrire *sembl*... et demander PRÉSENT (réponse : *-ent*).
5. Dire « Avant, les vélos ? nombreux. » ; écrire *semblai*... et demander IMPARFAIT (réponse : *-ent*).
6. Dire « Maintenant, les vélos ? nombreux. » ; écrire *s*... et demander PRÉSENT (réponse : *-ont*).
7. Dire « Plus tard, les vélos ? nombreux. » ; écrire *ser*... et demander FUTUR (réponse : *-ont*).

Variante : Faire réaliser l'activité sur l'ardoise ou sur le cahier de brouillon, individuellement.

Remarque : faire conserver ce jeu d'étiquettes pour la séance suivante.

ACTIVITÉ 3 - Transformation de verbes

Objectif : Transposer un verbe de la 3e personne du singulier à la 3e personne du pluriel à un temps simple.

Consigne : « Écris le verbe à la 3e personne du pluriel, en gardant le temps indiqué. Trace, puis complète la pièce au-dessous. »

Dispositif : Faire réaliser l'activité sur l'ardoise ou le cahier de brouillon. Par exemple, noter au tableau : ... *avançait*. Préciser qu'il s'agit de l'imparfait. Demander aux élèves d'écrire ce verbe à la 3e personne du pluriel (en s'aidant de la leçon si nécessaire), avec un sujet indiqué au pluriel (comme *Les camions) : ... avançaient*. Faire dessiner et compléter la pièce au-dessous de la marque de pluriel du verbe (pièce blanche *-nt*). Procéder de même avec des verbes du 1er groupe ou d'autres verbes irréguliers présentés dans le tableau de la recherche SQ10. Doc. 1, à différents temps simples.

Les 3 rituels de la semaine 24 Dictées
(Voir *Présentation des rituels de l'unité* 3, p. 121)

- **Rituel Jour 2** (cahier de brouillon ou cahier du jour)
Transformation d'une phrase au pluriel

- **Rituel Jour 3** (cahier de brouillon ou cahier du jour)
Transformation d'une deuxième phrase au pluriel
+ distribution de la correction à coller sur la fiche de révision élève
RITUELS U3-U4. Fiche de révision élève
RITUELS U3-U4. Corrections des 7 dictées de pluriels

- **Rituel Jour 4** (cahier du jour)
Dictée de pluriels n° 7
Différenciation : RITUELS U3-U4. Dictée de pluriels n° 7 – Différenciation - Coup de pouce*

RITUEL JOUR 2 Transformation d'une phrase au pluriel

1. Écrire la phrase suivante au singulier, puis demander de l'observer.

S. Le transport changera enfin, le siècle suivant.

2. Faire transformer et coder de manière autonome la phrase au pluriel, en suivant la procédure habituelle (voir *Présentation de l'unité 3*, p. 121).

3. Corriger. Préciser le découpage des deux chaines d'accord et le repérage du verbe par *ne ... pas*. Expliciter la mise au pluriel de chaque mot, en rappelant les règles étudiées concernant la marque -*s* et le pluriel audible du futur en -*ont*.

Ensuite, aborder l'orthographe lexicale : rapprocher *transport* d'un mot de la même famille et *suivant* de sa forme au féminin pour rendre leur dernière lettre audible ; faire « sonner » les lettres muettes de ces termes. Rappeler les valeurs des lettres *s*, *c* et *g* dans les termes concernés, en s'appuyant sur les leçons antérieures et les mots stars correspondants.

(Taux de réussite au CE2 : *transport* 73 %, *changer* 94 %, *enfin* 89 %, *siècle* 62 % , *suivant* 77 %).

S. Le transport changera enfin*, le siècle suivant.
P. **Les** transport**s** changer**ont** enfin*, **les** siècle**s** suivant**s**.
C. (s) (s) (nt) (s) (s) (s)

3 / 6

RITUEL JOUR 3 Transformation d'une 2e phrase au pluriel

1. Écrire la phrase suivante au singulier, puis demander de l'observer.

S. Bientôt, un ingénieur génial imaginera une capsule rapide.

2. Faire transformer et coder de manière autonome la phrase au pluriel, en suivant la procédure habituelle.

3. Corriger. Préciser le découpage des deux chaines d'accord et le repérage du verbe par *n' ... pas*. Expliciter la mise au pluriel de chaque mot, en rappelant les règles étudiées concernant les marques *-s* et *-x* ainsi que le pluriel audible du futur en *-ont*.

Ensuite, aborder l'orthographe lexicale : faire « sonner » le mot invariable *bientôt* ; rappeler les valeurs des lettres *s*, *c* et *g* dans les mots concernés, en s'appuyant sur les leçons antérieures et les mots stars correspondants. Expliquer que les deux mots *ingénieur* et *génial* sont de la même famille, d'où une orthographe proche, qui vient du mot *génie*.

(Taux de réussite au CE2 : *bientôt* 96 %, *ingénieur* 32 %, *génial* 77 %, *imaginer* 84 %, *capsule* 54 %, *rapide* 95 %).

S. Bientôt*, un ingénieur génial imaginera une capsule rapide.
P. Bientôt*, **des** ingénieur**s** génia**ux** imaginer**ont** **des** capsule**s** rapide**s**.
C. (s) (s) (x) (nt) (s) (s) (s)

4 / 7

4. Faire coller la correction de la dictée sur la fiche de révision pour préparer la dictée du lendemain.

→ **Travail personnel à donner :** faire réviser la dictée de pluriels n° 7 pour le Jour 4. Préciser qu'il s'agit de la dernière dictée avant la dictée bilan.

RITUEL JOUR 4 Dictée de pluriels n° 7

- Dicter directement les 2 phrases au pluriel, à coder.
- Mettre en place l'un des dispositifs de différenciation préconisés (*cf.* p. 123).

Aide pour le niveau ** : fournir les mots *ingénieur, capsule.*

Aide pour le niveau Coup de pouce* : fournir un support spécifique.

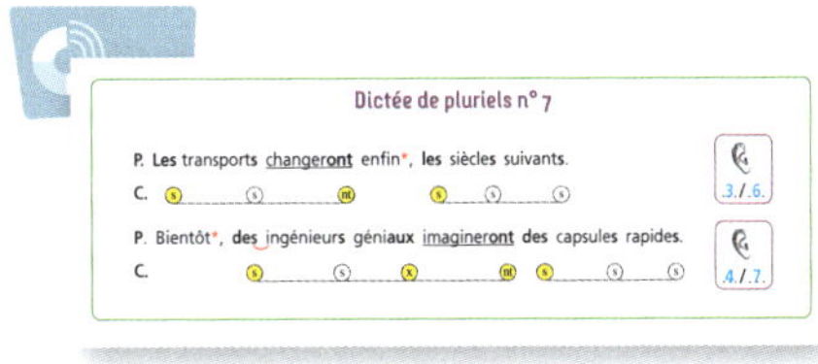
Dictée de pluriels n° 7

P. Les transports changeront enfin*, les siècles suivants.
C. s s nt s s s — 3 / 6

P. Bientôt*, des ingénieurs géniaux imagineront des capsules rapides.
C. s s x nt s s s — 4 / 7

RITUELS U3-U4. Dictée de pluriels n° 7 – Différenciation - Coup de pouce*

- Corriger et valoriser les réussites.

→ **Travail personnel à donner :** faire réviser les 7 dictées pour la semaine suivante afin d'amorcer la préparation de la dictée bilan, qui reprendra des extraits des différentes dictées étudiées précédemment.

Séance 2 | Accorder le verbe avec son sujet aux temps simples (à la 3e personne du pluriel) (2)

Objectifs

- Utiliser correctement les règles concernant les marques régulières et irrégulières du pluriel des noms et des adjectifs.
- Utiliser le codage pour matérialiser les chaines d'accord et les différentes marques du pluriel.
- Connaitre, écrire et coder les marques de la 3e personne du pluriel aux différents temps simples (imparfait, présent, futur) : *-ent* et *-ont.*
- Identifier la marque *-nt* de la 3e personne du pluriel qui concerne tous les verbes, quel que soit leur groupe, et à tous les temps simples.

Documents

- Entrainement : *Duel des terminaisons* SQ10. Doc. 3 ; *Le domino des verbes* SQ10. Doc. 4 ; *Les pièces d'or* SQ10. Doc. 5 et sa correction SQ10. Doc. 5 bis
- Application SQ10. Doc. 6 et sa correction SQ10. Doc. 6 bis

1. Rappel (collectif)

• Amener les élèves à se remémorer les éléments importants de la séance précédente concernant les terminaisons et les procédures pour écrire des verbes à l'imparfait, au présent et au futur, à la 3e personne du pluriel. Faire formuler des exemples.

• Relire la trace écrite de la leçon SQ10. Doc. 2 avec les différentes formes verbales à expliquer.

→ Expliciter l'objectif de la séance : appliquer correctement les règles étudiées concernant les verbes à la 3e personne du pluriel, lorsqu'ils sont employés à des temps simples, comme l'imparfait, le présent et le futur.

2. Entrainement (alternance individuel/collectif)

ACTIVITÉ 1 – Duel des terminaisons SQ10. Doc. 3

Objectif : orthographier correctement les marques de la 3e personne du pluriel d'un verbe en fonction du temps demandé.

Consigne : « Choisis la marque qui convient en fonction du temps et montre l'étiquette qui correspond. »

-ent	**-ont**

Déroulement : même déroulement que dans l'activité 2 de la séance 1 (p. 197).

Corpus :

1. Dire « Hier, les gens ? du bateau. » ; écrire *faisai*... et demander IMPARFAIT (réponse : *-ent*).
2. Dire « Cet été, les gens ? du hors-bord. » ; écrire *fer*... et demander FUTUR (réponse : *-ont*).
3. Dire « La semaine dernière, les gens ? un navire. » ; écrire *voyai*... et demander IMPARFAIT (réponse : *-ent*).
4. Dire « Maintenant, les gens ? apprendre à conduire un bateau. » ; écrire *veul*... et demander PRÉSENT (réponse : *-ent*).
5. Dire « Aujourd'hui, les gens ? essayer des voiliers. » ; écrire *v*... et demander PRÉSENT (réponse : *-ont*).
6. Dire « Plus tard, les gens ? contents de faire une croisière. » ; écrire *ser*... et demander FUTUR (réponse : *-ont*).

Variante : faire réaliser l'activité sur l'ardoise ou sur le cahier de brouillon, individuellement.

ACTIVITÉ 2 – Le domino des verbes SQ10. Doc. 4

Objectif : savoir associer un verbe employé à la 3e personne du singulier à sa forme à la 3e personne du pluriel, à l'imparfait, au présent et au futur.

Consigne : « Associe chaque verbe au singulier à sa forme à la 3e personne du pluriel. Réalise une figure fermée avec ton jeu de dominos. »

Déroulement : rappeler le fonctionnement des dominos préalablement. Donner un exemple au tableau, puis distribuer un jeu, déjà découpé, face cachée, par équipe de 4 ou 5 élèves. À un signal précis, démarrer le jeu. L'enseignant(e) passe valider le jeu de chaque groupe individuellement.

Remarque : Il est préférable de donner un objectif de temps (jeu à réaliser en moins de 5 minutes, par exemple).

U4 SQ10 - Doc. 4 - Entrainement

Le domino des verbes
1 jeu par groupe

ils vont	il est
ils font	il veut
ils verront	il allait
ils pourront	il verra
ils allaient	il va
ils veulent	il pourra
ils sont	il a
ils ont	il fait

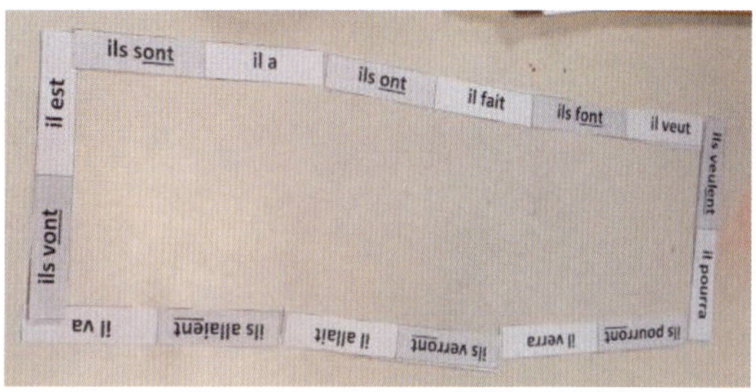

ACTIVITÉ 3 – Les pièces d'or SQ10. Doc. 5

Objectif : savoir transposer une phrase du singulier au pluriel, en utilisant un codage pour matérialiser les accords en nombre.

Consigne : « Écris le pluriel des mots, puis distribue les pièces d'or aux mots qui valent de l'or et des pièces blanches aux autres ! »

Dispositif : faire réaliser l'activité sur la fiche, individuellement, puis la corriger collectivement. Préciser aux élèves qu'ils doivent réaliser eux-mêmes les chaines d'accord ; rappeler que la première chaine s'arrête généralement au verbe. Évoquer le rôle du feu rouge. Corriger SQ10. Doc. 5 bis.

U4 SQ10 - Doc. 5 bis - Entrainement - Correction

Activité « pièces d'or »
À toi d'écrire le pluriel et de distribuer les pièces d'or !

- Dans la phrase au singulier, dessine une étoile (*) après le mot invariable, puis <u>souligne le verbe</u>.
- Écris la phrase au pluriel en utilisant ces deux codages.
- Dessine les pièces Ⓢ, Ⓧ ou Ⓝ et colorie celles qui sont en or. Relie les chaines d'accord.

S. Bientôt*, cet ami loyal verra mon voilier bleu.
P. Bientôt*, ces amis loyaux verront mes voiliers bleus.
C. s s x nt s s s

4 / 7

Marque la liaison dans la phrase au pluriel et complète le score.

3. Application (individuel)

- Distribuer la fiche d'application SQ10. Doc. 6. Faire lire les consignes 1 à 4, puis les expliciter en cas de difficultés.
- Faire réaliser les exercices 1 à 4 individuellement, en suivant le scénario de différenciation préconisé (p. 12).
- Ensuite (ou le lendemain), lire la consigne de la *gamme d'écriture*. Puis, demander à chaque élève de rédiger sa propre gamme d'écriture et de réaliser l'exercice de révision.
- En fonction du temps restant ou ultérieurement, corriger SQ10. Doc. 6 bis. Faire lire les phrases de la gamme d'écriture par les élèves volontaires et valoriser les propositions.

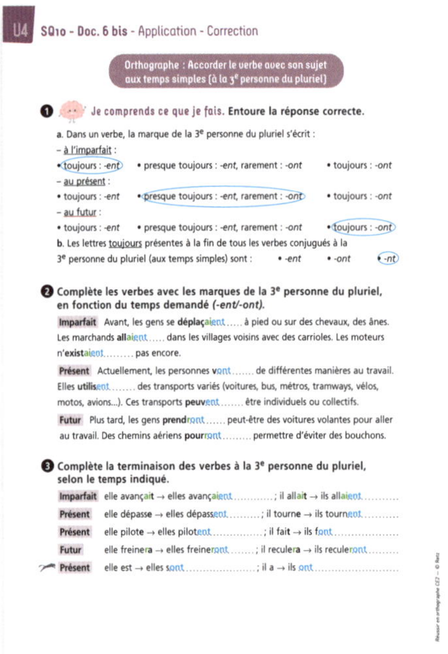
U4 SQ10 - Doc. 6 bis - Application - Correction

Orthographe : Accorder le verbe avec son sujet aux temps simples (à la 3e personne du pluriel)

❶ Je comprends ce que je fais. **Entoure la réponse correcte.**

a. Dans un verbe, la marque de la 3e personne du pluriel s'écrit :
– à l'imparfait :
• toujours : *-ent* • presque toujours : *-ent*, rarement : *-ont* • toujours : *-ont*
– au présent :
• toujours : *-ent* • presque toujours : *-ent*, rarement : *-ont* • toujours : *-ont*
– au futur :
• toujours : *-ent* • presque toujours : *-ent*, rarement : *-ont* • toujours : *-ont*
b. Les lettres toujours présentes à la fin de tous les verbes conjugués à la 3e personne du pluriel (aux temps simples) sont : • *-ent* • *-ont* • *-nt*

❷ **Complète les verbes avec les marques de la 3e personne du pluriel, en fonction du temps demandé *(-ent/-ont)*.**

Imparfait Avant, les gens se **déplaç**aient...... à pied ou sur des chevaux, des ânes. Les marchands **all**aient...... dans les villages voisins avec des carrioles. Les moteurs n'**exist**aient......... pas encore.

Présent Actuellement, les personnes **v**ont....... de différentes manières au travail. Elles **utilis**ent........ des transports variés (voitures, bus, métros, tramways, vélos, motos, avions...). Ces transports **peuv**ent....... être individuels ou collectifs.

Futur Plus tard, les gens **prend**ront...... peut-être des voitures volantes pour aller au travail. Des chemins aériens **pour**ront......... permettre d'éviter des bouchons.

❸ **Complète la terminaison des verbes à la 3e personne du pluriel, selon le temps indiqué.**

Imparfait elle avançait → elles avançaient............; il allait → ils allaient..........
Présent elle dépasse → elles dépassent.........; il tourne → ils tournent..........
Présent elle pilote → elles pilotent..............; il fait → ils font..................
Futur elle freinera → elles freineront.......; il reculera → ils reculeront.........
Présent elle est → elles sont.....................; il a → ils ont........................

Réussir en orthographe CE2 – © Retz

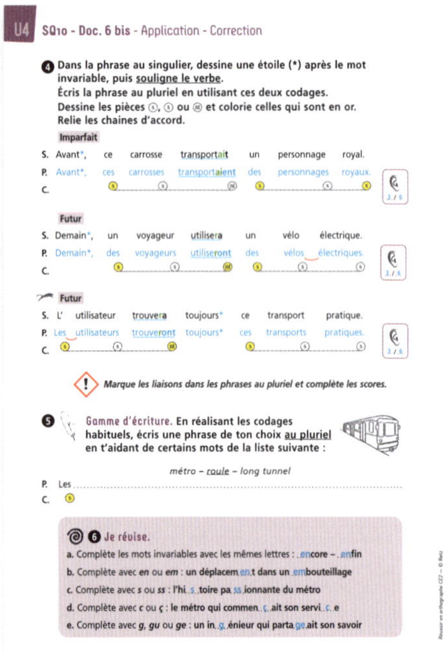
U4 SQ10 - Doc. 6 bis - Application - Correction

❹ **Dans la phrase au singulier, dessine une étoile (*) après le mot invariable, puis souligne le verbe.**
Écris la phrase au pluriel en utilisant ces deux codages.
Dessine les pièces ⓢ, ⓧ ou ⓝⓣ et colorie celles qui sont en or.
Relie les chaines d'accord.

Imparfait
S. Avant*, ce carrosse transportait un personnage royal.
P. Avant*, ces carrosses transportaient des personnages royaux.
C. ⓢ ⓢ ⓝⓣ ⓢ ⓢ ⓧ — 3 / 6

Futur
S. Demain*, un voyageur utilisera un vélo électrique.
P. Demain*, des voyageurs utiliseront des vélos électriques.
C. ⓢ ⓢ ⓝⓣ ⓢ ⓢ ⓢ — 3 / 6

Futur
S. L' utilisateur trouvera toujours* ce transport pratique.
P. Les utilisateurs trouveront toujours* ces transports pratiques.
C. ⓢ ⓢ ⓝⓣ ⓢ ⓢ ⓢ — 3 / 6

Marque les liaisons dans les phrases au pluriel et complète les scores.

❺ Gamme d'écriture. **En réalisant les codages habituels, écris une phrase de ton choix au pluriel en t'aidant de certains mots de la liste suivante :**

métro – roule – long tunnel

P. Les ....
C. ⓢ

❻ Je révise.
a. Complète les mots invariables avec les mêmes lettres : encore – enfin
b. Complète avec *en* ou *em* : un déplacement dans un embouteillage
c. Complète avec *s* ou *ss* : l'histoire passionnante du métro
d. Complète avec *c* ou *ç* : le métro qui commençait son service
e. Complète avec *g*, *gu* ou *ge* : un ingénieur qui partageait son savoir

Réussir en orthographe CE2 – © Retz

Exemple de gamme d'écriture avec codages réalisée par un élève de CE2 :

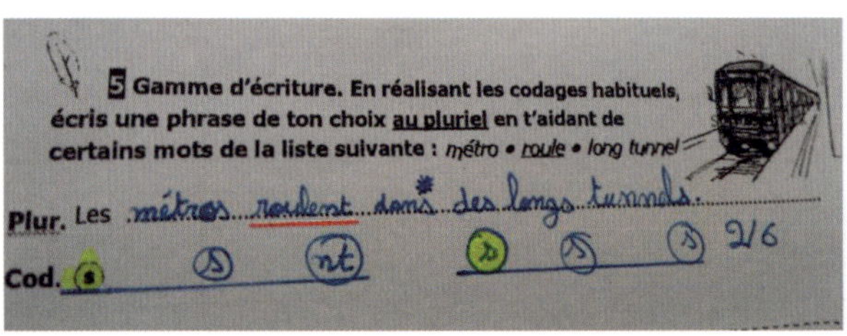

Les 3 rituels de la semaine 25 Dictées

(Voir *Présentation des rituels de l'unité 4*, p. 166)

• **Rituel Jour 2** (cahier de brouillon ou cahier du jour)
Préparation de la dictée de pluriels bilan : **dictée discutée A**

• **Rituel Jour 3** (cahier de brouillon ou cahier du jour)
Préparation de la dictée de pluriels bilan : **dictée discutée B**

• **Rituel Jour 4** (cahier de brouillon ou cahier du jour)
Préparation de la dictée de pluriels bilan : **dictée discutée C**
Correction : RITUELS U3-U4. Dictée de pluriels bilan – Correction

Remarques : • Expliquer aux élèves qu'il s'agit cette semaine de préparer la dictée bilan de la semaine suivante : la dictée bilan correspondra aux phrases préparées qui, elles-mêmes, sont inspirées des dictées précédentes, permettant ainsi le rebrassage des connaissances antérieures.
• La préparation de la dictée de pluriels bilan peut porter sur la totalité de la dictée, soit 6 phrases, ou sur une partie seulement, selon le temps de préparation souhaité et les besoins des élèves.
• Laisser l'affiche contenant les codages correspondants disponible visuellement lors de la dictée.

RITUEL JOUR 2 Préparation de la dictée de pluriels bilan : dictée discutée A

Il s'agit du dispositif de la dictée discutée qui a déjà été pratiquée dans l'unité 2 et qui est adaptée ici aux dictées de pluriels (voir *Présentation de l'unité* 4, p. 166). Rappeler le fonctionnement aux élèves : se mettre d'accord sur des graphies communes en explicitant les choix orthographiques.

1. Dicter les deux premières phrases au pluriel. Faire utiliser de préférence un crayon gris ou un stylo effaçable. Préciser que chacune des phrases doit être écrite sur une seule ligne, en sautant une ligne entre les deux pour réaliser le codage.

> Les beaux chevaux broutaient dans des champs.
> Aujourd'hui, des corbeaux mangent des fruits mous.

2. Demander aux élèves de **réaliser les codages.**

3. Placés en binômes, ils doivent **comparer** les dictées individuelles, **discuter** de leurs choix orthographiques (graphies et codages) en s'appuyant sur les leçons

et **verbaliser** les règles étudiées. Ils doivent ensuite se mettre d'accord sur des graphies communes.

4. Corriger en explicitant les points qui ont présenté des difficultés. Projeter éventuellement la correction.

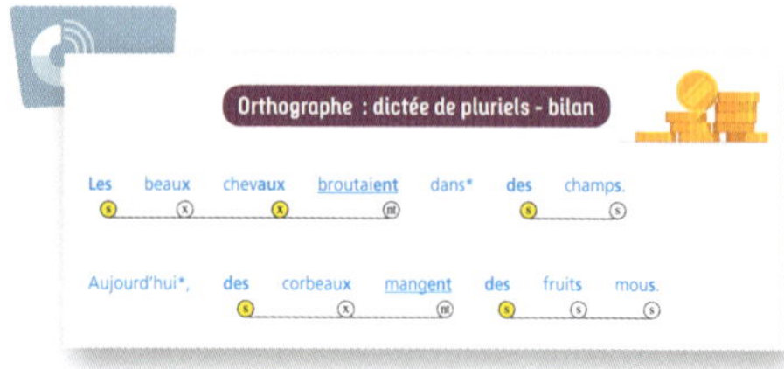

Remarque : Il est envisageable de ne préparer ici que la première phrase (pour cibler l'utilisation de l'imparfait, notamment).

RITUEL JOUR 3 Préparation de la dictée de pluriels bilan : dictée discutée B

• **Procéder de la même façon que lors du Jour 2** avec les deux phrases ci-dessous, en suivant les trois premières étapes :

> Les épouvantails éloignent parfois les oiseaux sauvages.
> Des feux brutaux commenceront partout.

• **Corriger** en explicitant les points qui ont présenté des difficultés. Projeter éventuellement la correction.

Remarque : Il est envisageable de ne préparer ici que la seconde phrase (pour cibler l'utilisation du futur, notamment).

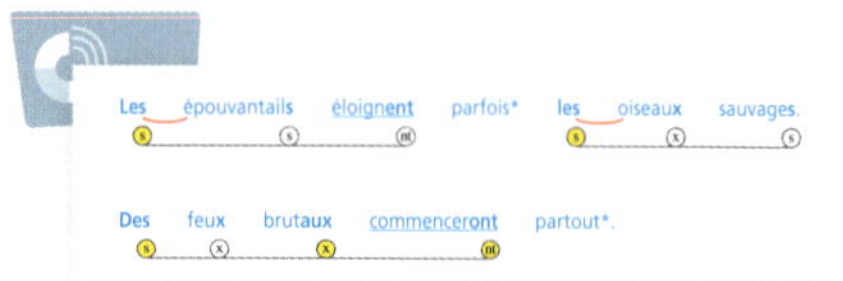

RITUEL JOUR 4 Préparation de la dictée de pluriels bilan : dictée discutée C

• **Procéder de la même façon que lors du Jour 2** avec les deux phrases ci-dessous, en suivant les trois premières étapes :

> Alors, des policiers signaleront les risques importants.
> Bientôt, des ingénieurs géniaux imagineront des alarmes.

• **Corriger** en explicitant les points qui ont présenté des difficultés. Projeter éventuellement la correction.

Remarque : Il est envisageable de ne préparer ici que la seconde phrase, pour cibler, notamment le mot *alarme* qui, quoique facile (96 % de réussite), est absent dans les 7 dictées de pluriels.

→ **Travail personnel à donner :** faire réviser les 7 dictées pour la semaine suivante ainsi que la leçon 010 afin de préparer la dictée de pluriels bilan.

Préparation et passation du bilan n° 4

MISE AU POINT DIDACTIQUE ET PÉDAGOGIQUE

• **Le bilan des apprentissages sur les accords en nombre, 2e partie, doit être précédé d'une phase de révision sur les différents aspects étudiés :**

– l'explicitation des règles avec le rappel des mots stars ✪ à l'appui ;

– la réalisation de courts exercices pour se remémorer ces règles et renforcer les automatismes.

Ces révisions peuvent être placées **juste avant** la réalisation du bilan ou être décalées dans le temps, en **amont** du bilan.

Il est conseillé d'avoir recours aux affiches produites lors des séquences ou aux leçons individuelles afin d'avoir un renfort visuel.

• Une fiche récapitulative des apprentissages de l'unité 4 est fournie U4 BILAN. Fiche récapitulative : elle peut être donnée le **jour de l'évaluation**, mais il est préférable de la distribuer **avant l'évaluation** afin de préparer celle-ci : elle servira d'appui au travail personnel des élèves.

• **La dictée bilan** fait une synthèse d'éléments travaillés lors des différentes dictées de pluriels ; il est préférable de la faire passer en trois temps distincts.

• **Concernant la correction de l'évaluation et de la dictée par l'enseignant(e), il parait plus pertinent de tenir compte avant tout de l'orthographe des mots plus que du codage lui-même :** en effet, celui-ci est un outil de repérage et d'aide à l'application des règles, mais il n'est pas une fin en soi.

Remarque : Il est souhaitable de photocopier la fiche récapitulative sur une feuille colorée, afin de lui donner un statut différent et pour signaler la fin d'une unité.

Documents

- Fiche récapitulative de l'unité 4 U4 BILAN. Fiche récapitulative
- Entrainement : *Le domino des verbes* SQ10. Doc. 4
- Évaluation de l'unité 4 U4 BILAN. Fiche évaluation
- Correction de l'évaluation U4 BILAN. Fiche évaluation – Correction (projetable)

1 | Préparation du bilan n° 4 (individuel/collectif, oral/écrit)

1. Rappel (oral, collectif)

• Faire rappeler la fonction du codage et ses différents éléments (étoiles, soulignement du verbe, pièces d'or, pièces blanches, marques *-s*, *-x*, *-nt*, feux rouges, chaines d'accord, arcs pour les liaisons).

• Distribuer la fiche récapitulative, la lire collectivement et la projeter simultanément U4 BILAN. Fiche récapitulative. Amener les élèves à rappeler les règles principales et les phrases contenant les exceptions.

2. Entrainement (oral/écrit, individuel/collectif)

Faire réaliser les trois activités suivantes :

ACTIVITÉ 1 : « Le domino des verbes »

Respecter les modalités exposées précédemment (séance 2, p. 203).

Variante : À partir de verbes notés à la 3e personne du singulier au tableau (*il va, il verra, il allait…*), demander aux élèves d'écrire sur l'ardoise ou le cahier de brouillon directement leur forme au pluriel. Corriger.

ACTIVITÉ 2 : « Des groupes nominaux à transformer »

Faire écrire directement les groupes nominaux suivants au pluriel (ardoise ou cahier de brouillon), puis les corriger : *un immense feu – un animal gentil – un gâteau mou.*

ACTIVITÉ 3 : « La phrase à transformer au pluriel »

Écrire la phrase suivante au tableau : *Le cuisinier préparait parfois un chou vanillé.* Puis, collectivement, la transformer au pluriel et la coder.

Remarque : Les révisions ne doivent pas dépasser 30 minutes, afin de laisser un temps convenable aux élèves pour découvrir et réaliser le bilan écrit, si celui-ci est fait dans la continuité des révisions.

2 | Passation du bilan n° 4 (individuel, écrit)

- Distribuer la fiche du bilan n° 4 aux élèves. U4 BILAN. Fiche évaluation
- Lire les consignes et les phrases, s'assurer de leur compréhension, puis faire réaliser le bilan individuellement.
- Projeter la correction, si besoin. U4 BILAN. Fiche évaluation – Correction

Remarque : L'évaluation doit porter sur l'écriture des phrases au pluriel plus que sur le codage lui-même, qui reste avant tout un outil réflexif.

Les 3 rituels de la semaine 26 Dictée bilan

(Voir *Présentation des rituels de l'unité 3*, p. 122)

- **Rituel Jour 2** (fiche)

Dictée de pluriels bilan, 1re partie RITUELS U3-U4. Dictée de pluriels bilan

- **Rituel Jour 3** (fiche)

Dictée de pluriels bilan, 2e partie RITUELS U3-U4. Dictée de pluriels bilan

- **Rituel Jour 4** (fiche)

Dictée de pluriels bilan, 3e partie RITUELS U3-U4. Dictée de pluriels bilan
RITUELS U3-U4. Dictée de pluriels bilan – Correction

Remarques : • Laisser l'affiche contenant les codages correspondants disponible visuellement lors de la dictée. Il faut cependant rappeler aux élèves que **le codage est un outil réflexif qui permet une meilleure compréhension des mécanismes d'accord ; il n'est pas à prendre en compte en cas d'erreur.**

• Préciser aux élèves que la dictée sera réalisée en trois temps et que toutes les phrases ou une partie d'entre elles correspondent à celles qui ont été préparées en classe lors des dictées discutées.

• **Concernant la différenciation, à l'enseignant(e) de choisir le procédé qui lui semble le plus pertinent pour mesurer le degré d'acquisition (même dictée pour tous les élèves ou différenciation à aménager).**

• La correction est disponible si l'enseignant(e) souhaite la projeter à l'issue de la dictée.

RITUEL JOUR 2 Dictée de pluriels bilan, 1re partie

1. Lire les deux premières phrases, puis les dicter. Préciser que chaque phrase doit être écrite sur une nouvelle ligne.

> Les beaux chevaux broutaient dans des champs.
> Aujourd'hui, des corbeaux mangent des fruits mous.

2. Demander aux élèves de se relire, puis de réaliser les codages.

RITUEL JOUR 3 Dictée de pluriels bilan, 2e partie

Procéder de la même façon que lors du Jour 2 avec les deux phrases suivantes :

> Les épouvantails éloignent parfois les oiseaux sauvages.
> Des feux brutaux commenceront partout.

RITUEL JOUR 4 Dictée de pluriels bilan, 3e partie

Procéder de la même façon que lors du Jour 2 avec les deux phrases suivantes :

> Alors, des policiers signaleront les risques importants.
> Bientôt, des ingénieurs géniaux imagineront des alarmes.

Corriger, si nécessaire. RITUELS U3-U4. Dictée de pluriels bilan – Correction

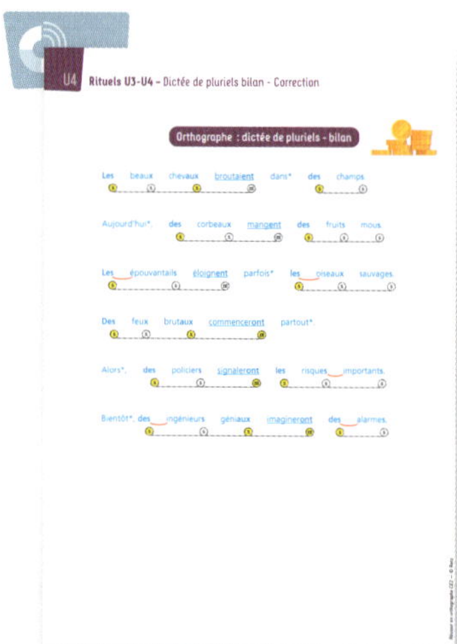

Les chaines d'accord : les féminins singuliers – les féminins pluriels dans une phrase

PROGRAMMATION DE L'UNITÉ 5
LES CHAINES D'ACCORD : LES FÉMININS SINGULIERS, LES FÉMININS PLURIELS DANS UNE PHRASE

	Leçons – Jour 1	Dictées – Rituels quotidiens des trois autres jours
		SÉQUENCE 11
Semaine **27** p. 222	**Repérer les marques orales et écrites du féminin**	• J2 : Préparation de la dictée boomerang n° 1 (1re partie) *Distribuer la correction de la dictée boomerang n° 1 à étudier.* • J3 : Préparation de la dictée boomerang n° 1 (2e partie) • J4 : **Dictée boomerang n° 1**
		SÉQUENCE 12
Semaine **28** p. 230	**Écrire les féminins (qui s'entendent) des noms et des adjectifs (1)**	• J2 : Préparation de la dictée boomerang n° 2 (1re partie) *Distribuer la correction de la dictée boomerang n° 2 à étudier.* • J3 : Préparation de la dictée boomerang n° 2 (2e partie) • J4 : **Dictée boomerang n° 2**
Semaine **29** p. 236	**Écrire les féminins (qui s'entendent) des noms et des adjectifs (2)**	• J2 : Préparation de la dictée boomerang n° 3 (1re partie) *Distribuer la correction de la dictée boomerang n° 3 à étudier.* • J3 : Préparation de la dictée boomerang n° 3 (2e partie) • J4 : **Dictée boomerang n° 3**
		SÉQUENCE 13
Semaine **30** p. 243	**Écrire les féminins pluriels dans une phrase (1)**	• J2 : Préparation de la dictée boomerang n° 4 (1re partie) *Distribuer la correction de la dictée boomerang n° 4 à étudier.* • J3 : Préparation de la dictée boomerang n° 4 (2e partie) • J4 : **Dictée boomerang n° 4**

Semaine **31** p. 248	**Écrire les féminins pluriels dans une phrase (2)**	• J2 : Préparation de la dictée boomerang n° 5 (1re partie) *Distribuer la correction de la dictée boomerang n° 5 à étudier.* • J3 : Préparation de la dictée boomerang n° 5 (2e partie) • J4 : **Dictée boomerang n° 5** *Faire réviser toutes les fleurs et les dictées boomerang.*
Semaine **32** p. 252	**Écrire les féminins pluriels dans une phrase (3)**	• J2 : **Dictée discutée A** • J3 : **Dictée discutée B** • J4 **: Dictée discutée C** *Faire réviser toutes les fleurs et les fiches récapitulatives de fin d'unité.*
Semaine **33** p. 257	**Préparation et passation du bilan n° 5**	• J2 : **Dictée bilan finale** (1re partie) • J3 : **Dictée bilan finale** (2e partie) • J4 : **Dictée bilan finale** (3e partie)
+ SÉQUENCE BONUS (2 séances) : Écrire ***est/et, sont/son – a/à, ont/on*** dans une phrase p. 264		

Présentation de l'unité 5

Les séquences d'apprentissage de l'unité 5

Après la chaine d'accord en nombre, **les élèves vont découvrir, à partir de la séquence 11, la chaine d'accord en genre**.

Un mot peut être indifféremment au singulier ou au pluriel (*la table*, *les tables*) ; le nombre dépend du contexte d'emploi. Mais **le genre est « inhérent » au nom** : en français, *mer* est un nom intrinsèquement féminin, *fruit* un nom masculin et ce, de façon arbitraire, sans aucun rapport avec le référent réel. D'ailleurs, ces mots peuvent avoir un autre genre dans une langue étrangère, par exemple en espagnol : *la mer/el mar*, *le fruit/la fruta*. Les enfants emploient le genre adéquat, quand ils parlent, parce qu'ils l'ont appris en même temps que le mot. Il n'y a que pour les êtres humains et certains animaux que le genre correspond à la répartition sexuée (*danseur/danseuse*, *cheval/jument*...).

Les mots strictement féminins sont très nombreux et ne comportent pas forcément un *-e* final (*une leçon*, *la blancheur*...). **Leur genre est indiqué par un mot-signal, le déterminant** (*une*, *la*, *ma*, *ta*, *sa*...) – ou par **un adjectif** dont le féminin s'entend (*une leçon passionnante*).

D'autres mots connaissent une alternance masculin/féminin, avec différents modes de formation étudiés dans la séquence 12 : ajout d'un *-e* final (*fort/fort***e**) avec un doublement de la consonne pour les mots terminés par *-ion/-ion***ne** (*lion/lion***ne**), *-ien/-ien***ne** (*gardien/gardien***ne**) ; remplacement de suffixes (*-eur/-euse*, *-teur/-trice*, *-er/-ière*...), et changement complet du mot (*frère/sœur*).

Les noms et les adjectifs sont traités en même temps, comme pour l'étude du nombre, car beaucoup de règles de formation leur sont communes. Les adjectifs sont variables et leur genre dépend du nom qu'ils qualifient : **c'est le nom qui impose le genre**.

Le genre n'est pas plus facile à écrire correctement que le nombre et peut-être même par certains aspects, plus compliqué. **Mais l'étude du féminin, au CE2, est strictement limitée aux féminins qui s'entendent**, ce qui ne représente, d'ailleurs, qu'une portion de la totalité des noms et, par exemple, que 33 % des adjectifs[1]. Cette restriction limite considérablement la difficulté et exclut des groupes comme « la joli**e** fille » ou les accords muets des participes passés : « cette femme maquillé**e** ».

De plus, le grand avantage de l'accord en genre, c'est qu'**il n'affecte pas les verbes conjugués aux temps simples : l'accord du féminin ne se fait que dans le groupe**

1. Hubert Séguin, « Le genre des adjectifs en français », *Langue française*, n° 20, 1973, « L'orthographe », p. 52-67.

nominal. Le verbe (comme les mots invariables) ne fait pas partie de la chaine d'accord du féminin. L'accord du verbe avec le sujet au singulier est toujours réalisé, même s'il n'est pas noté dans le codage, celui-ci ne signalant que le pluriel. Les accords en genre proposés ne concernent que le GN et des adjectifs épithètes.

Un nouveau codage apparait pour matérialiser l'accord au féminin et constituer une aide orthographique : le féminin audible est noté par un triangle d'or (il est toujours jaune dans les séquences 11 à 13 qui ne traitent que du féminin qui s'entend).

Une assistant**e** aide maintenant* **la** magicien**ne** étonnant**e**.

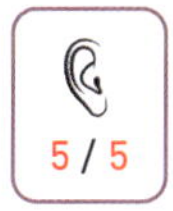

Les séquences 11 et 12 sont centrées sur l'étude du féminin singulier. La séquence 13 aborde le double accord en genre et en nombre (féminin pluriel) qui demande une vigilance accrue et nécessite que chaque compétence soit acquise préalablement.

L'accord au féminin pluriel est légèrement complexifié par le fait que les déterminants ne jouent plus le rôle de mots-signaux du féminin : ***une*** *fille* → ***des*** *filles*, ***cette*** *fleur* → ***ces*** *fleurs*… ; d'où l'absence de triangle au-dessous des déterminants *ces*, *des*, *les*… Mais, au CE2, seuls les féminins qui s'entendent sont étudiés et les signaux sont donc assurés par les noms et les adjectifs eux-mêmes.

Les deux codages utilisés jusqu'à présent (les pièces pour les accords en nombre et les triangles pour les accords en genre) sont alors combinés et superposés visuellement, afin d'attirer l'attention des élèves sur les finales des mots. Sous les mots au féminin pluriel, il y a **toujours** le signe s : triangle jaune puisque le féminin s'entend toujours au CE2, au-dessus d'une pièce blanche avec un *s* car la seule marque de pluriel possible dans ce cas est le *s*, qui est non audible. Le verbe est intégré à la chaine du féminin pluriel puisqu'il porte les marques du pluriel.

Exemple (leçon) :

Féminin pluriel **Ces** cour**euses** américain**es** doubler**ont** **des** concurrent**es**.

Codage

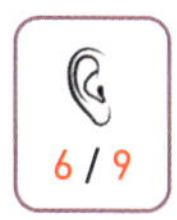

Les compétences liées à l'accord en genre, puis en genre et en nombre sont réinvesties parallèlement dans les dictées proposées, afin de renforcer ces acquisitions.

Les rituels orthographiques

Deux types de dictées sont employés dans cette unité : les **« dictées boomerang »** qui constituent une nouveauté et les **« dictées discutées »** dont la méthodologie est déjà connue. **La dernière dictée bilan, identique à celle réalisée en début d'année, permettra aux élèves et à l'enseignant(e) de mesurer individuellement les progrès orthographiques réalisés au cours de l'année.**

Les dictées boomerang

Elles doivent leur nom au fait qu'elles sont travaillées plusieurs fois, comme un boomerang qui fait des allers-retours.

Les cinq dictées boomerang de l'unité 5 sont composées de quatre phrases chacune. L'enseignant(e) peut moduler ce nombre, en fonction du niveau ou des besoins des élèves, en réduisant leur étude aux trois premières phrases, par exemple. Chaque dictée boomerang est étudiée sur une semaine : elle est effectuée le Jour 4, après deux jours de préparation en classe pour lever toutes les difficultés grammaticales et lexicales collectivement et expliciter les points les plus complexes. Une fiche d'accompagnement méthodologique, intitulée « Entrainement », est fournie pour chaque dictée, afin d'aider les élèves à la réviser.

Dans la continuité des unités précédentes, ces dictées reprennent les savoirs antérieurs concernant :

– **l'orthographe lexicale** : le repérage explicite des mots invariables, les études sur les mots contenant les digrammes *an/am*, *en/em*, *on/om*, *in/im*, les lettres *s* ou *ss*, *c* ou *ç* ainsi que *g*, *gu* ou *ge* ;

– **l'orthographe grammaticale** : la révision des pluriels réguliers et irréguliers ainsi que des accords du verbe (aux temps simples) avec le sujet. À ces éléments s'ajoutent les apprentissages propres à l'unité 5, c'est-à-dire l'étude des accords en genre (avec le codage par des triangles du féminin des noms et des adjectifs), puis en genre et en nombre (avec le double codage par des pièces et des triangles des accords en genre et en nombre dans le GN).

Dans les phrases des dictées, sont mélangés des groupes nominaux au singulier et au pluriel, au masculin et au féminin : il faut identifier les mots-signaux qui permettent d'enclencher les accords.

Les dictées ont une unité thématique, en rapport avec l'école à l'étranger et les métiers, afin d'intéresser les élèves.

Déroulement des dictées boomerang

RITUEL JOUR 2 Préparation de la dictée boomerang (1re partie)

1. Distribuer la fiche de préparation.
RITUELS U5. Dictée boomerang n° X – Préparation
Faire découvrir le texte de la dictée et laisser les élèves s'exprimer à son sujet.

2. Réaliser les différents codages collectivement en suivant les indications précisées dans la 1re consigne : • Dessiner une étoile après les mots invariables. • Souligner les verbes conjugués. • Réaliser les codages avec les pièces sous les pluriels et tracer les chaines d'accord. • Réaliser les codages avec les triangles sous les féminins et tracer les chaines d'accord (ou réaliser les deux codages combinés, à la fin de l'année). • Rappeler les différents cas de formation du pluriel et du féminin à partir des mots de la dictée.

3. Faire étudier les mots invariables, en suivant les indications données dans la 2e consigne. Demander aux élèves de repérer les mots invariables et leurs éventuelles lettres finales, de les écrire, de manière autonome ou accompagnée, selon les besoins de la classe, dans la partie du tableau correspondante. Corriger, puis faire oraliser les lettres muettes collectivement.

4. Distribuer le corrigé de la dictée boomerang avec les codages corrects afin de permettre une révision efficace pour la dictée du Jour 4. RITUELS U5. Corrections des 5 dictées boomerang. **Faire coller le corrigé de la dictée** sur la fiche de révision. RITUELS U5. Fiche de révision élève

RITUEL JOUR 3 Préparation de la dictée boomerang (2e partie)

Continuer le travail sur la fiche de préparation.

1. Amener les élèves à retrouver les mots d'une même famille (comme indiqué dans la 3e consigne), afin de faciliter l'acquisition de leur orthographe fondée sur des similitudes : leur demander de repérer et de colorier les mots de la même famille avant de les copier.

2. Faire mémoriser l'orthographe de certains mots, en identifiant leurs points communs : les faire observer, épeler et copier (comme indiqué dans la 4e consigne). En fonction des mots présents dans la dictée, rappeler les règles à appliquer : *m* devant *m*, *p*, *b* et les valeurs des lettres *s*, *c* et *g*.

3. Dicter des segments de la dictée contenant des accords en genre et/ou en nombre, sur l'ardoise ou le cahier de brouillon et corriger après chaque item pour préparer la dictée du lendemain.

4. Distribuer la fiche entrainement et la faire observer : rappeler aux élèves la méthodologie à suivre pour réviser la dictée. Faire glisser la fiche sous une pochette transparente et écrire avec un feutre effaçable pour pouvoir recommencer l'opération autant de fois que nécessaire.

RITUELS U5. Dictée boomerang n° 1 – Entrainement

→ **Donner le travail personnel** : faire réviser la dictée entière pour le Jour 4, à partir de la fiche de révision et de celle d'entrainement.

RITUEL JOUR 4 Dictée boomerang

- Dicter les phrases et demander aux élèves de les coder.
- Mettre en place l'un des dispositifs de différenciation (p. 219).
- Corriger et valoriser les réussites.

Remarque : Les codages constituent une aide à la réflexion, seule l'orthographe des mots est à prendre en compte. Laisser visible l'affiche qui récapitule les codages.

Visuel de la dictée boomerang n° 1 (l'entrainement) + extrait du visuel des corrections des 5 dictées boomerang :

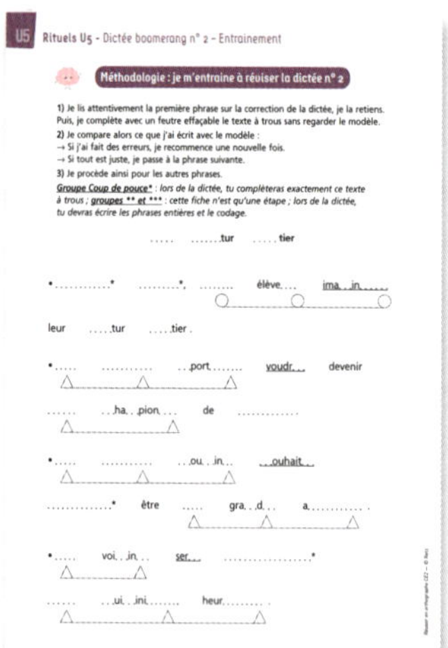
U5 Rituels U5 - Dictée boomerang n° 2 - Entrainement

Méthodologie : je m'entraine à réviser la dictée n° 2

1) Je lis attentivement la première phrase sur la correction de la dictée, je la retiens. Puis, je complète avec un feutre effaçable le texte à trous sans regarder le modèle.
2) Je compare alors ce que j'ai écrit avec le modèle :
→ Si j'ai fait des erreurs, je recommence une nouvelle fois.
→ Si tout est juste, je passe à la phrase suivante.
3) Je procède ainsi pour les autres phrases.

<u>Groupe Coup de pouce*</u> : *lors de la dictée, tu complèteras exactement ce texte à trous ;* <u>groupes ** et ***</u> *: cette fiche n'est qu'une étape ; lors de la dictée, tu devras écrire les phrases entières et le codage.*

....tur .....tier

• ....* ....*, ... élève.... ima..in.....

leur .....tur .....tier .

• ....port....... youdr... devenir

....ha...pion.... de ....

• ....ou...in... ...ouhait...

.............* être ..... gra...d... a............ .

• ..... voi...in... ser... ....*

....ui...ini....... heur......... .

U5 Rituels U5 - Corrections des 5 dictées boomerang

Dictée boomerang n° 3 : Les métiers dans* ma famille

Ma mère est une ancienne championne de ski.
Ma grand-mère reste toujours* une bonne musicienne.
Mes oncles sont des pompiers volontaires depuis* longtemps*.
Ma tante chirurgienne travaille dans* des hôpitaux.

Dictée boomerang n° 4 : Une école anglaise

Les écoliers portent toujours* des uniformes.
Les élèves rangent les affaires volumineuses dans* des casiers. La première leçon démarre ensuite*.
Pendant* des heures entières, les enfants font des activités intéressantes.

Dictée boomerang n° 5 : Enfin* les vacances !

Les vacanciers adorent découvrir les plages françaises.
Sous* le soleil, les enfants font des châteaux superbes.
Des familles entières aiment les promenades à* la montagne.
Parfois*, les personnes curieuses préfèrent les régions étrangères.

Comme dans les unités précédentes, les dictées sont différenciées pour tenir compte de l'hétérogénéité des niveaux.

Trois niveaux de différenciation concernant les dictées boomerang

L'objectif de cette séquence est centré sur l'automatisation des accords en nombre, en genre, puis en genre et en nombre : la nature de l'aide orthographique apportée est donc essentiellement lexicale.

— **Les élèves du niveau expert*** ** réalisent leur dictée avec les codages directement sur leur cahier du jour, sans aide.

— **Les élèves du niveau intermédiaire**** réalisent leur dictée avec les codages directement sur leur cahier du jour, avec une aide lexicale : des mots complexes sont fournis (au singulier pour les noms et les adjectifs et à l'infinitif pour les verbes). Ceux-ci sont notés au dos du tableau ou sur une affiche, face cachée, et peuvent être consultés une fois par ces élèves.

— **Les élèves du niveau Coup de pouce*** réalisent leur dictée sur un support adapté, contenant les codages des chaines d'accord et des aides lexicales partielles, afin qu'ils puissent se concentrer uniquement sur les compétences orthographiques spécifiquement étudiées.

Exemple (Jour 4, Dictée boomerang n° 2) :

Aide pour le niveau ** : fournir les mots *souhait(er)* (29 %), *cuisini(er)* (59 %), *heur(eux)* (65 %).

Aide pour le niveau Coup de pouce* : fournir un support spécifique

RITUELS U5. Dictée boomerang n° 2 - Coup de pouce*

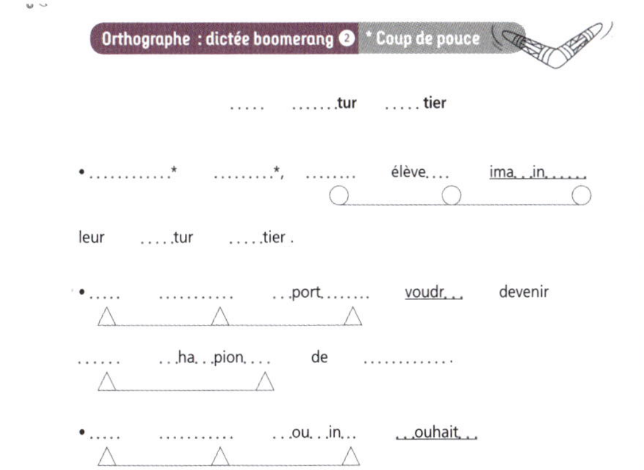

Les dictées discutées

Les **dictées discutées** ont déjà été pratiquées dans les unités 2 et 4. Elles permettent de récapituler les apprentissages et de **préparer la dictée bilan** : trois dictées discutées sont donc programmées. Il s'agit, pour chaque élève :

- sous la dictée de l'enseignant(e), d'écrire des phrases rebrassant les notions lexicales et grammaticales étudiées depuis le début de l'année, puis de les coder ;
- de comparer sa production à celle d'un(e) camarade et de discuter les choix orthographiques en verbalisant les règles étudiées (d'où l'importance de constituer des binômes hétérogènes) ;
- de valider, avec le binôme, les graphies et les codages adéquats ;
- de contrôler le travail effectué grâce à la correction collective.

→ **L'unité 5 comporte :**

- 5 dictées boomerang et les supports associés :

RITUELS U5. Fiche de révision élève
RITUELS U5. Corrections des 5 dictées boomerang
RITUELS U5. Dictée boomerang n° 1 – Préparation
RITUELS U5. Dictée boomerang n° 1 – Entrainement
RITUELS U5. Dictée boomerang n° 1 – Coup de pouce*
RITUELS U5. Dictée boomerang n° 2 – Préparation
RITUELS U5. Dictée boomerang n° 2 – Entrainement
RITUELS U5. Dictée boomerang n° 2 – Coup de pouce*
RITUELS U5. Dictée boomerang n° 3 – Préparation
RITUELS U5. Dictée boomerang n° 3 – Entrainement
RITUELS U5. Dictée boomerang n° 3 – Coup de pouce*
RITUELS U5. Dictée boomerang n° 4 – Préparation
RITUELS U5. Dictée boomerang n° 4 – Entrainement
RITUELS U5. Dictée boomerang n° 4 – Coup de pouce*
RITUELS U5. Dictée boomerang n° 5 – Préparation
RITUELS U5. Dictée boomerang n° 5 – Entrainement
RITUELS U5. Dictée boomerang n° 5 – Coup de pouce*

- 3 dictées discutées :

RITUELS U5. Dictées discutées A B C – Corrections

- 1 dictée bilan finale, identique à la dictée réalisée en début d'année :

RITUELS U5. Dictée bilan finale
RITUELS U5. Dictée bilan finale - Correction

Les rituels orthographiques sont décrits précisément à la fin de chaque séance, pour chaque jour, et la totalité des documents photocopiables ou projetables sont en version numérique, avec une référence commençant par RITUELS U5. .

Repérer les marques orales et écrites du féminin

MISE AU POINT DIDACTIQUE ET PÉDAGOGIQUE

La séquence 11 porte sur :

• **la notion de féminin** : certains mots étant exclusivement féminins (*table*), d'autres connaissant une alternance masculin/féminin comme certains noms (*directeur/directrice*), et beaucoup d'adjectifs (*fort/forte*) ;

• **les chaines d'accord en genre** : dans les unités précédentes, les élèves ont travaillé sur les chaines d'accord en nombre (au masculin pluriel). La difficulté était majeure car la distorsion entre les marques orales et les marques écrites du pluriel était importante, la plupart de ces dernières étant muettes. La tâche des élèves sera plus facile pour les chaines d'accord en genre pour plusieurs raisons :

– pour le CE2, le programme de 2020 limite **l'étude du féminin aux formes qui s'entendent** : il n'y aura donc aucune différence entre le nombre de marques orales et écrites parce que les séquences 11 et 12 n'envisagent, dans un premier temps, que **le féminin singulier** ; les marques sont donc toutes audibles, tant qu'il s'agit du singulier ;

– les élèves connaissent le code couleur : blanc quand une marque n'est pas audible, jaune quand elle est entendue. Il y aura donc **exclusivement un triangle jaune** pour le féminin, dans ces deux séquences.

Exemple (exercice d'application n° 4) :

Dans* la piscine, une entraineuse <u>montre</u> un plongeon.

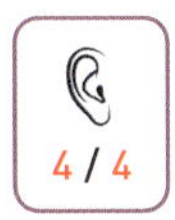

Cependant, plusieurs difficultés doivent être surmontées **:**

– **La chaine d'accord du féminin ne concerne que le groupe nominal** (avec le nom comme donneur d'ordres) et non plus le verbe qui, au CE2, est systématiquement conjugué aux temps simples[2]. C'est donc plus facile mais les élèves doivent prendre conscience de la restriction du champ d'action du genre. Les mots-signaux indiquant le féminin ne seront que les déterminants, les noms et les adjectifs.

---

2. Aux temps simples, le verbe n'est jamais concerné par le féminin. Mais il fait partie de la chaine d'accord du féminin lorsqu'il est employé aux temps composés formés avec *être* : *La dame est parti**e*** ; *elle était parti**e*** ; *elle sera parti**e***.

– Il leur faut apprendre **un nouveau codage** : le féminin sera désormais marqué par un **triangle** (toujours jaune, puisque seules les formes audibles sont étudiées).

– Ce codage s'ajoute à celui qui est en cours d'acquisition pour le pluriel, **les deux types de chaines d'accord pouvant maintenant être sollicités** dans la même phrase.

Exemple (dictée boomerang n° 1)

Les enfants <u>participent</u> ensemble* à* une rencontre sportive.

***Programme du cycle 2*, 2020, p. 20**

« Maîtriser l'orthographe grammaticale de base

• Comprendre :

– le fonctionnement du groupe nominal dans la phrase ;

– la notion de « chaîne d'accord » pour déterminant/nom/adjectif (masculin/féminin).

• Utiliser :

– des marques du féminin quand elles s'entendent dans les noms (*lecteur/lectrice*...) et les adjectifs (*joyeux/joyeuse*...). »

Prérequis nécessaires à cette séquence

Connaissance des classes grammaticales : noms, adjectifs, verbes.

Séance I Repérer les marques orales et écrites du féminin

Objectifs

- Repérer et identifier les mots-signaux du féminin comme déclencheurs d'une chaine d'accord.
- Repérer les classes de mots subissant les variations et les marques morphologiques du genre dans le GN : déterminant, nom, adjectif.
- Comprendre que le nom est le mot qui impose son genre aux autres termes du GN.
- Repérer une à plusieurs chaines d'accord du féminin dans une phrase.
- Découvrir et utiliser un codage pour matérialiser la chaine d'accord du féminin (triangles).

Documents

- Recherche SQ11. Doc. 1
- Leçon SQ11. Doc. 2
- Entrainement : *Les triangles d'or* SQ11. Doc. 3 et sa correction SQ11. Doc. 3 bis
- Application SQ11. Doc. 4 et sa correction SQ11. Doc.4 bis

1. Découverte (alternance individuel/collectif)

• Énoncer une phrase : **J'ai une amie sportive.**

• Écrire sur une affiche, pour chaque mot, en colonne, les différentes graphies proposées par les élèves, puis corriger. Faire alors identifier que le féminin ne s'entend pas toujours MAIS qu'il s'écrit.

→ Expliciter l'objectif de la séance : comprendre comment fonctionne la chaine d'accord du féminin singulier et découvrir un nouveau codage pour bien repérer les mots au féminin. Préciser aux élèves que, cette année, ils n'étudieront que les féminins qui s'entendent, comme *sport**ive*** (les féminins non audibles comme *ami**e*** seront travaillés au CM1). L'étude du féminin sera donc plus simple que celle du pluriel.

Remarque : Cette première phase est à mener très rapidement, elle sert uniquement de lanceur sur la distorsion entre les marques orales et les marques écrites dans l'accord en genre. Elle permet également de délimiter le champ de l'étude : les féminins qui s'entendent.

2. Recherche (individuel, puis par 2 ou 4)

• Distribuer la recherche SQ11. Doc. 1. La projeter simultanément afin que les élèves repèrent le codage couleur des triangles d'or ; les faire colorier en jaune sur la photocopie.

• Lire la 1re consigne et la faire reformuler. Découvrir collectivement les deux premières phrases. Expliciter le codage : le triangle symbolise le féminin et comme pour le pluriel, l'or est destiné aux marques qui s'entendent. Faire prononcer collectivement chaque mot au masculin et au féminin pour amener à constater la différence audible (= triangle jaune ; ex. : *cuisinier/cuisinière...*). Faire observer le système de score à compléter à la fin de chaque ligne. Laisser les élèves réactiver leurs connaissances. Comme pour le pluriel, le deuxième chiffre renvoie au nombre de marques écrites du féminin et le premier au nombre de marques du féminin qui sont écrites et entendues.

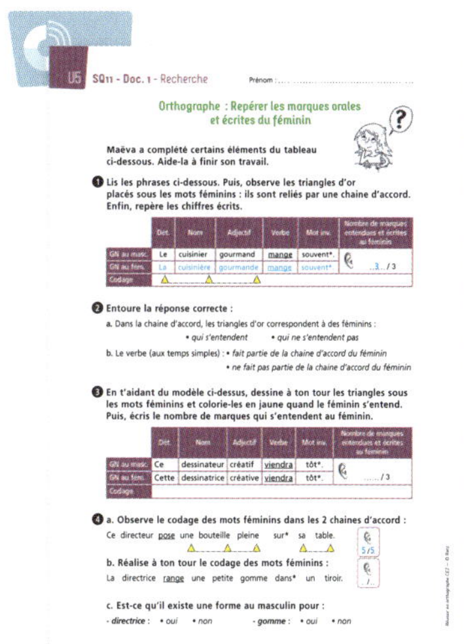

U5 SQ11 - Doc. 1 - Recherche Prénom : ....

Orthographe : Repérer les marques orales et écrites du féminin

Maëva a complété certains éléments du tableau ci-dessous. Aide-la à finir son travail.

1 Lis les phrases ci-dessous. Puis, observe les triangles d'or placés sous les mots féminins : ils sont reliés par une chaine d'accord. Enfin, repère les chiffres écrits.

	Dét.	Nom	Adjectif	Verbe	Mot inv.	Nombre de marques entendues et écrites au féminin
GN au masc.	Le	cuisinier	gourmand	mange	souvent*.	..3.. / 3
GN au fém.	La	cuisinière	gourmande	mange	souvent*.	
Codage						

2 Entoure la réponse correcte :

a. Dans la chaine d'accord, les triangles d'or correspondent à des féminins :
• *qui s'entendent* • *qui ne s'entendent pas*

b. Le verbe (aux temps simples) : • *fait partie de la chaine d'accord du féminin*
• *ne fait pas partie de la chaine d'accord du féminin*

3 En t'aidant du modèle ci-dessus, dessine à ton tour les triangles sous les mots féminins et colorie-les en jaune quand le féminin s'entend. Puis, écris le nombre de marques qui s'entendent au féminin.

	Dét.	Nom	Adjectif	Verbe	Mot inv.	Nombre de marques entendues et écrites au féminin
GN au masc.	Ce	dessinateur	créatif	viendra	tôt*.	...... / 3
GN au fém.	Cette	dessinatrice	créative	viendra	tôt*.	
Codage						

4 a. Observe le codage des mots féminins dans les 2 chaines d'accord :

Ce directeur pose une bouteille pleine sur* sa table. 5/5

b. Réalise à ton tour le codage des mots féminins :

La directrice range une petite gomme dans* un tiroir. ../..

c. Est-ce qu'il existe une forme au masculin pour :

- ***directrice*** : • *oui* • *non* - ***gomme*** : • *oui* • *non*

• Lire la 2e consigne ; la faire reformuler, puis demander aux élèves de la réaliser individuellement. Corriger.

• Enfin, faire prendre connaissance des activités 3 et 4, puis montrer que, comme dans les chaines du pluriel, le verbe est souligné et le mot invariable comporte une étoile. Leur faire remarquer que dans l'exercice 4a, il y a deux chaines d'accord du féminin dans la phrase (*une bouteille pleine* et *sa table*). Proposer une réflexion individuelle, puis par deux (ou par groupes), ensuite corriger.

3. Mutualisation (collectif)

À partir des productions des élèves, faire apparaitre plusieurs éléments :

– **Les triangles sont coloriés en jaune car le féminin s'entend**. Redire aux élèves que tous les féminins qui seront travaillés cette année au singulier seront audibles : ainsi, les triangles seront toujours jaunes. Il y a donc **adéquation entre le nombre de marques du féminin écrites et orales** et ils trouveront beaucoup de **mots-signaux** sur lesquels s'appuyer.

– Les verbes, quand ils sont conjugués à un temps simple[3], ne font pas partie de la chaine d'accord du féminin (alors qu'ils font partie de celle du pluriel) : il n'y a donc pas de triangle représenté sous le verbe. **Les mots invariables** qui, par définition, ne varient ni en nombre ni en genre, **sont exclus de toutes les chaines d'accord** ; ils conservent une étoile pour être facilement identifiés.

– **Les mots qui peuvent s'écrire au féminin sont donc les déterminants, les noms et les adjectifs**. Par conséquent, **l'accord en genre doit se réaliser exclusivement dans le groupe nominal.**

Remarque : Certains élèves auront tendance à coder le verbe dans la chaine d'accord du féminin. Il faut donc insister sur le codage du groupe nominal uniquement.

– Il peut y avoir **plusieurs chaines d'accord au féminin** distinctes dans une phrase, comme il peut y avoir plusieurs chaines d'accord au pluriel. La phrase : *La directrice range une petite gomme dans un tiroir* comprend deux groupes nominaux différents au féminin singulier (*la directrice, une petite gomme*). Rappeler que, dans le groupe nominal, c'est **le nom qui commande** (le donneur) et qui indique le genre aux autres éléments.

*La **directrice** range une petite **gomme** dans* un tiroir.*

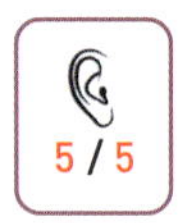

– Enfin, faire observer, à partir des deux phrases de la 4e activité, que **certains noms sont seulement féminins** (*bouteille, table, gomme…*), sans forme correspondante au masculin, alors que d'autres mots peuvent avoir **une forme au masculin et au féminin** (*directeur/directrice, sérieux/sérieuse…*) : dans tous les cas, **les termes au féminin ont un triangle jaune**. Préciser que d'autres mots ont toujours **une forme au masculin** (*tiroir…*).

3. Seuls les verbes conjugués à un temps composé formé avec *être* peuvent porter des marques du féminin singulier (*La fille est parti**e**. La fille était parti**e***) ou du féminin pluriel (*Les filles sont parti**es**. Les filles étaient parti**es**.*).

4. Institutionnalisation (collectif)

Distribuer la leçon, la projeter et commenter collectivement les points essentiels SQ11. Doc. 2.

5. Entrainement (individuel)

ACTIVITÉ – Jeu du piston : Vrai ou Faux ?

Objectif : comprendre si la phrase est juste ou fausse (être capable de restituer les apprentissages).

Consigne : « Reste assis si la phrase est juste. Lève-toi si la phrase est fausse. »

Phrases proposées (correction orale après chaque phrase avec explicitation et exemple à l'appui) :

1) Les triangles d'or servent à indiquer les mots dont le féminin s'entend. (Vrai)

2) Les verbes aux temps simples font partie de la chaine d'accord du féminin. (Faux, ils n'en font pas partie.)

3) Il existe une forme au masculin pour « serveuse ». (Vrai, « serveur ».)

4) C'est le déterminant qui commande dans le groupe nominal. (Faux, c'est le nom.)

5) Tous les mots au féminin ont une forme au masculin. (Faux, pas tous, certains sont seulement féminins.)

ACTIVITÉ 2 - Les triangles d'or SQ11. Doc. 3

Objectif : savoir utiliser un codage qui sert à matérialiser les accords au féminin.

Consigne : « Distribue les triangles d'or aux mots qui valent de l'or ! »

Dispositif : faire réaliser l'activité sur la fiche, individuellement, puis la corriger collectivement. SQ11. Doc. 3 bis

Rappeler que les triangles sont à poser sur la chaine d'accord du groupe nominal et à placer à la fin du mot, comme cela a été fait dans la recherche.

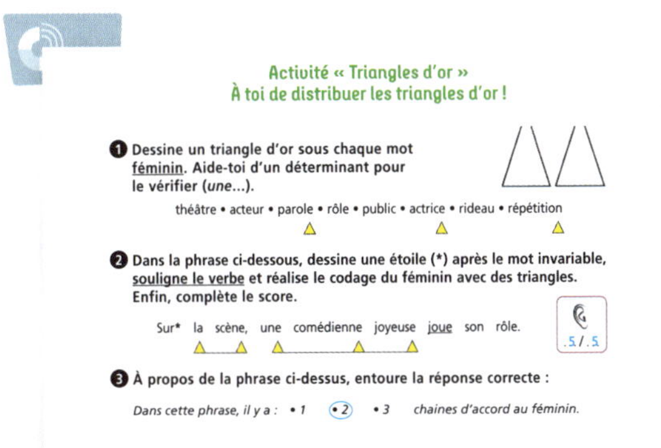
Activité « Triangles d'or »
À toi de distribuer les triangles d'or !

❶ Dessine un triangle d'or sous chaque mot féminin. Aide-toi d'un déterminant pour le vérifier (*une*...).

théâtre • acteur • parole • rôle • public • actrice • rideau • répétition

❷ Dans la phrase ci-dessous, dessine une étoile (*) après le mot invariable, souligne le verbe et réalise le codage du féminin avec des triangles. Enfin, complète le score.

Sur* la scène, une comédienne joyeuse joue son rôle. 5/5

❸ À propos de la phrase ci-dessus, entoure la réponse correcte :

Dans cette phrase, il y a : • 1 • 2 • 3 chaines d'accord au féminin.

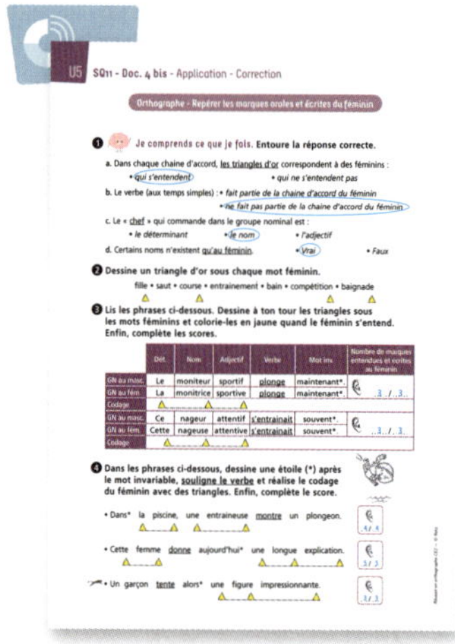

U5 SQ11 - Doc. 4 bis - Application - Correction

Orthographe - Repérer les marques orales et écrites du féminin

1 Je comprends ce que je fais. Entoure la réponse correcte.

a. Dans chaque chaine d'accord, les triangles d'or correspondent à des féminins :
• qui s'entendent • qui ne s'entendent pas

b. Le verbe (aux temps simples) : • fait partie de la chaine d'accord du féminin
• ne fait pas partie de la chaine d'accord du féminin

c. Le « chef » qui commande dans le groupe nominal est :
• le déterminant • le nom • l'adjectif

d. Certains noms n'existent qu'au féminin. • Vrai • Faux

2 Dessine un triangle d'or sous chaque mot féminin.

fille • saut • course • entrainement • bain • compétition • baignade

3 Lis les phrases ci-dessous. Dessine à ton tour les triangles sous les mots féminins et colorie-les en jaune quand le féminin s'entend. Enfin, complète les scores.

	Dét.	Nom	Adjectif	Verbe	Mot inv.	Nombre de marques entendues et écrites au féminin
GN au masc.	Le	moniteur	sportif	plonge	maintenant*.	3 / 3
GN au fém.	La	monitrice	sportive	plonge	maintenant*.	
Codage						
GN au masc.	Ce	nageur	attentif	s'entrainait	souvent*.	3 / 3
GN au fém.	Cette	nageuse	attentive	s'entrainait	souvent*.	
Codage						

4 Dans les phrases ci-dessous, dessine une étoile (*) après le mot invariable, souligne le verbe et réalise le codage du féminin avec des triangles. Enfin, complète le score.

• Dans* la piscine, une entraineuse montre un plongeon. 4 / 4

• Cette femme donne aujourd'hui* une longue explication. 5 / 5

• Un garçon tente alors* une figure impressionnante. 3 / 3

6. Application (individuel)

• Demander aux élèves de lire les consignes des exercices SQ11. Doc. 4 et les expliciter en cas de difficultés, notamment celles des exercices 2 et 3 ; il s'agit de repérer tous les mots au féminin, ceux qui sont seulement féminins (*table*) et ceux qui peuvent avoir une forme féminine (*directrice*).

• Faire réaliser le travail. Mettre en place le dispositif de différenciation habituel (voir p. 12). Corriger en fonction du temps restant SQ11. Doc. 4 bis.

Les 3 rituels de la semaine 27 Dictées

(Voir *Présentation des rituels de l'unité* 5, p. 217)

• **Rituel Jour 2** (fiche de préparation et cahier de brouillon ou ardoise)

Préparation de la dictée (1re partie)

RITUELS U5. Dictée boomerang n° 1 - Préparation

RITUELS U5. Fiche de révision élève

RITUELS U5. Dictée boomerang n° 1 - Entrainement

RITUELS U5. Corrections des 5 dictées boomerang

• **Rituel Jour 3** (fiche de préparation et cahier de brouillon ou ardoise)

Préparation de la dictée (2e partie)

• **Rituel Jour 4** (cahier du jour)

Dictée boomerang n° 1

Différenciation : RITUELS U5. Dictée boomerang n° 1 - Coup de pouce*

Remarques : - Expliquer le principe de la dictée boomerang ; elle doit son nom au fait qu'elle est travaillée plusieurs fois, comme un boomerang qui fait des allers-retours.

- Ces dictées articulent le rebrassage lexical avec le repérage des chaines d'accord. Dorénavant, les phrases mélangent des groupes nominaux au singulier et d'autres au pluriel : il faut donc accorder à bon escient les groupes de mots concernés et identifier les mots-signaux qui enclenchent les accords en nombre ou en genre.

- **Il est possible de ne dicter que les trois premières phrases** ; le choix dépend du niveau de la classe et des besoins des élèves.

- Il est plus pratique de distribuer la fiche de préparation au recto et celle d'entrainement au verso, pour limiter le nombre de photocopies.

- Laisser visible l'affiche récapitulant les codages (auxquels ont été ajoutés les triangles jaunes du féminin singulier audible), lors de la dictée du Jour 4.

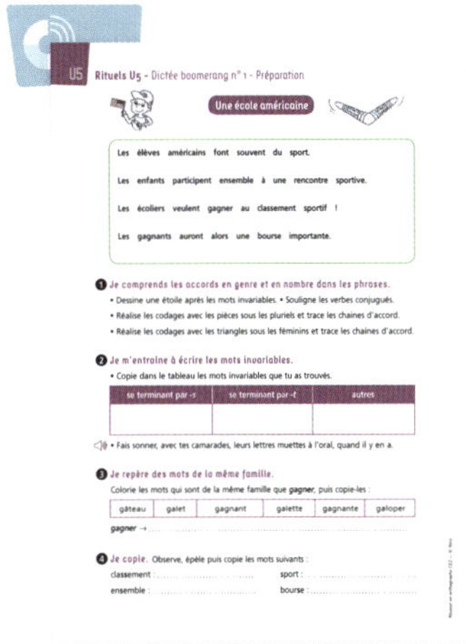
U5 Rituels U5 - Dictée boomerang n° 1 - Préparation

Une école américaine

Les élèves américains font souvent du sport.

Les enfants participent ensemble à une rencontre sportive.

Les écoliers veulent gagner au classement sportif !

Les gagnants auront alors une bourse importante.

1 Je comprends les accords en genre et en nombre dans les phrases.
- Dessine une étoile après les mots invariables. • Souligne les verbes conjugués.
- Réalise les codages avec les pièces sous les pluriels et trace les chaines d'accord.
- Réalise les codages avec les triangles sous les féminins et trace les chaines d'accord.

2 Je m'entraine à écrire les mots invariables.
- Copie dans le tableau les mots invariables que tu as trouvés.

se terminant par -s	se terminant par -t	autres

- Fais sonner, avec tes camarades, leurs lettres muettes à l'oral, quand il y en a.

3 Je repère des mots de la même famille.
Colorie les mots qui sont de la même famille que **gagner**, puis copie-les :

gâteau	galet	gagnant	galette	gagnante	galoper

gagner → ....

4 Je copie. Observe, épèle puis copie les mots suivants :
classement : .... sport : ....
ensemble : .... bourse : ....

RITUEL JOUR 2 Préparation de la dictée (1re partie)

1. Distribuer la fiche de préparation et faire découvrir le texte de la dictée ; laisser les élèves s'exprimer à son sujet. RITUELS U5. Dictée boomerang n° 1 - Préparation

> **Une école américaine**
> Les élèves américains font souvent du sport.
> Les enfants participent ensemble à une rencontre sportive.
> Les écoliers veulent gagner au classement sportif !
> Les gagnants auront alors une bourse importante.

2. Réaliser les différents codages collectivement avec les indications précisées dans la 1re consigne. Montrer aux élèves que trois verbes au pluriel ont une forme audible : les premiers au présent (*font*, *veulent*), le dernier au futur (*auront*). Les amener à repérer les quatre chaines d'accord au pluriel (codage avec des pièces), grâce au mot-signal « les ». Faire repérer les deux chaines d'accord au féminin, initiées par le mot-signal « une » (codage avec des triangles d'or). Expliquer qu'une bourse est une somme d'argent donnée pour payer des études.

3. Faire étudier les mots invariables : demander aux élèves de prendre connaissance de la 2e consigne. La faire réaliser de manière autonome ou accompagnée à partir des mots invariables terminés par *-s : alors*, *-t : souvent* ou autres : *ensemble*, *à*. Corriger, puis faire oraliser les lettres muettes collectivement.

4. Distribuer la fiche de révision pour coller progressivement les corrigés de chaque dictée boomerang étudiée. RITUELS U5. Fiche de révision élève

5. Faire coller le corrigé de la dictée sur la fiche de révision pour préparer la dictée du Jour 4. RITUELS U5. Corrections des 5 dictées boomerang

RITUEL JOUR 3 Préparation de la dictée (2e partie)

1. Amener les élèves à travailler sur les mots de la même famille afin de faciliter l'acquisition de leur orthographe : rappeler rapidement la notion lexicale en jeu et faire réaliser la 3e activité, puis la corriger.

2. Faire mémoriser l'orthographe de certains mots en identifiant leur point commun (4ᵉ consigne) **:** ici, *s* ou *ss*. Faire copier les termes en respectant les étapes indiquées.

3. Dicter des segments de la dictée contenant des accords, sur l'ardoise ou le cahier de brouillon, à corriger après chaque item (comme : *les élèves américains font / une rencontre sportive*, etc.) pour préparer la dictée du lendemain.

4. Distribuer la fiche d'entrainement (si cela n'a pas été fait auparavant) **et la faire observer :** lire les étapes et expliquer aux élèves la méthodologie à suivre pour réviser la dictée RITUELS U5. Dictée boomerang n° 1 - Entrainement. Pour que les élèves comprennent son utilisation, il est important de l'expérimenter en classe en suivant les différentes étapes, au moins concernant la 1ʳᵉ phrase.

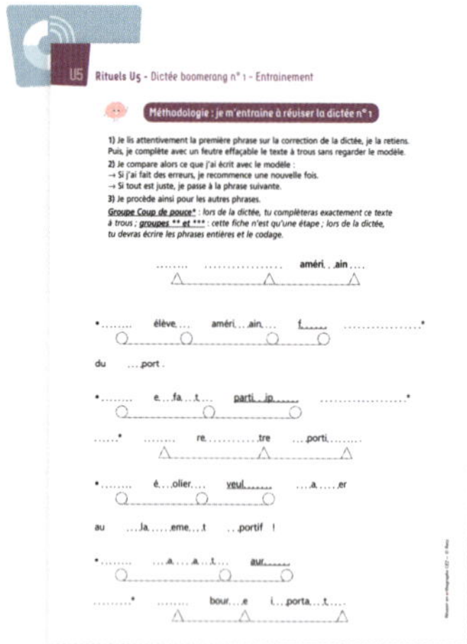

→ **Travail personnel** : faire réviser la dictée boomerang n° 1 pour le Jour 4, à partir de la fiche de révision et de celle d'entrainement. Expliquer aux élèves *Coup de pouce que ce sera ce même texte à trous qu'ils devront compléter le lendemain.

Remarque : La fiche d'entrainement peut être photocopiée au dos de la fiche de préparation pour limiter les photocopies. Il faut la glisser dans une pochette plastique et écrire sur celle-ci avec un feutre effaçable ; on peut ainsi s'entrainer autant de fois que nécessaire.

RITUEL JOUR 4 Dictée boomerang n° 1

- Dicter les phrases et demander aux élèves de les coder.
- Mettre en place l'un des dispositifs de différenciation préconisés (voir p. 219).

Aide pour le niveau ** : fournir les mots *américain (29 %), particip(er) (43 %), classement (67 %), gagnant (42 %).*

Aide pour le niveau Coup de pouce* : fournir un support spécifique.

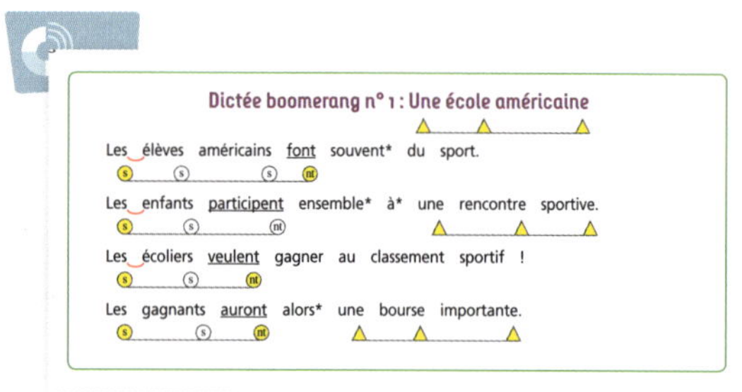

- Corriger et valoriser les réussites.

RITUELS U5. Corrections des 5 dictées boomerang – Dictée boomerang n° 1

Remarque : Les codages constituent une aide à la réflexion ; seule l'orthographe des mots est à prendre en compte.

12

Écrire les féminins (qui s'entendent) des noms et des adjectifs

MISE AU POINT DIDACTIQUE ET PÉDAGOGIQUE

Dans la séquence 12, est étudiée **la formation du féminin** mais **uniquement dans le cas de marques audibles**, conformément aux prescriptions du programme du cycle 2, ce qui exclut des occurrences très difficiles entrant dans le cadre de la morphologie muette comme *joli* → *joli***e**, *fermé* → *fermé***e**. En fait, les féminins dont les marques s'entendent ne concernent qu'une partie des noms et des adjectifs. Par exemple, seulement 33 % des adjectifs ont des marques du féminin audibles. Les autres cas seront abordés à partir du CM1.

Trois règles sont dégagées, par ordre de fréquence :

– **l'ajout d'un -*e* final** (*fort/fort***e**), qui entraine pour les mots terminant par -*(i)on* et -*(i)en*, un doublement de la consonne (*gardien/gardien***ne**, *lion/lion***ne**) et donc une difficulté orthographique ;

– **le remplacement de suffixes**, chaque cas étant illustré par un mot star ✪ :

-***eux*** → -***euse*** (*heureux/heureuse* ✪)
-***eur*** → -***euse*** (*joueur/joueuse* ✪)
-***teur*** → -***trice*** (*acteur/actrice* ✪)
-***er*** → -***ère*** (*boulanger/boulangère* ✪)
-***if*** → -***ive*** (*sportif/sportive* ✪)

– **le changement du mot complet** (pour les humains et les animaux) : *frère/sœur* ✪.

Les marques du féminin proposées ont été sélectionnées en fonction de leur fréquence ; d'autres ne sont pas traitées afin de ne pas alourdir l'effort de mémorisation.

Le changement des formes du masculin au féminin doit être automatisé et stabilisé, avant d'envisager le double accord en nombre et en genre qui fera l'objet de la séquence 13 qui suit.

Le codage du féminin avec les triangles est travaillé, comme aide réflexive, aussi bien dans certains exercices d'application que dans les dictées boomerang.

Exemple (dictée boomerang n° 2) :

Ma sœur sportive <u>voudra</u> devenir une championne de vélo.

Programme du cycle 2, 2020, p. 20

« Maîtriser l'orthographe grammaticale de base

- Comprendre :
  - le fonctionnement du groupe nominal dans la phrase ;
  - la notion de « chaîne d'accord » pour déterminant/nom/adjectif.
- Utiliser :
  - des marques du féminin quand elles s'entendent dans les noms (*lecteur/lectrice*...) et les adjectifs (*joyeux/joyeuse*...). »

Prérequis nécessaires à cette séquence

Connaissance des classes grammaticales : noms, adjectifs et verbes.

Séance 1 | Écrire les féminins (qui s'entendent) des noms et des adjectifs (1)

Objectifs

- Repérer les différentes règles de formation du féminin audible des noms et des adjectifs : ajout d'un -*e* final avec ou sans doublement de consonne, changement de suffixe, changement complet de mot.
- S'entrainer à associer les différents suffixes masculins et féminins.
- Accorder un adjectif avec un nom au féminin.

Documents

- Recherche SQ12. Doc. 1
- Leçon SQ12. Doc. 2
- Entrainement : *Duel du féminin* SQ12. Doc. 3
  Le domino des féminins SQ12. Doc. 4

1. Rappel (alternance individuel/collectif)

Rappeler le contenu de la leçon précédente (codage des féminins audibles).

→ Expliciter l'objectif de la séance : connaitre les différentes règles pour écrire un nom ou un adjectif au féminin, lorsque celui-ci s'entend.

2. Recherche (collectif, puis par 2 ou 4)

• Distribuer la recherche SQ12. Doc. 1. La projeter simultanément.

• Lire le contenu du premier tableau et faire reformuler ce qui est attendu. Réaliser cette tâche collectivement.

• Faire découvrir ensuite collectivement les tableaux suivants, puis demander de les compléter. Proposer une réflexion individuelle, puis par deux (ou par groupes).

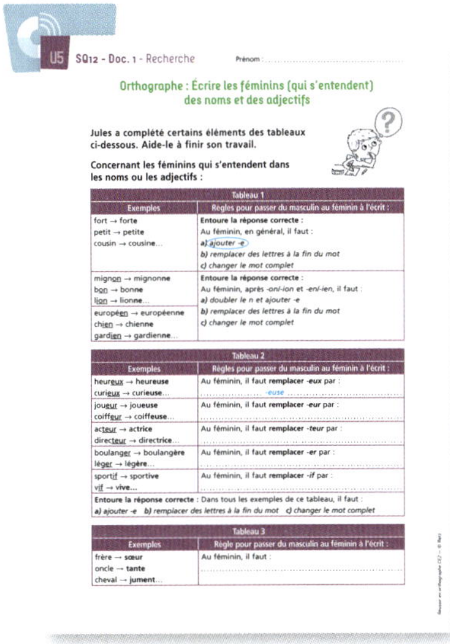
U5 SQ12 - Doc. 1 - Recherche Prénom : ....

Orthographe : Écrire les féminins (qui s'entendent) des noms et des adjectifs

Jules a complété certains éléments des tableaux ci-dessous. Aide-le à finir son travail.

Concernant les féminins qui s'entendent dans les noms ou les adjectifs :

Tableau 1	
Exemples	**Règles pour passer du masculin au féminin à l'écrit :**
fort → forte petit → petite cousin → cousine...	**Entoure la réponse correcte :** Au féminin, en général, il faut : *a) ajouter -e* *b) remplacer des lettres à la fin du mot* *c) changer le mot complet*
mignon → mignonne bon → bonne lion → lionne... européen → européenne chien → chienne gardien → gardienne...	**Entoure la réponse correcte :** Au féminin, après *-on/-ion* et *-en/-ien*, il faut : *a) doubler le n et ajouter -e* *b) remplacer des lettres à la fin du mot* *c) changer le mot complet*

Tableau 2	
Exemples	**Règles pour passer du masculin au féminin à l'écrit :**
heureux → heureuse curieux → curieuse...	Au féminin, il faut **remplacer *-eux*** par : .... *-euse* ....
joueur → joueuse coiffeur → coiffeuse...	Au féminin, il faut **remplacer *-eur*** par : ....
acteur → actrice directeur → directrice...	Au féminin, il faut **remplacer *-teur*** par : ....
boulanger → boulangère léger → légère...	Au féminin, il faut **remplacer *-er*** par : ....
sportif → sportive vif → vive...	Au féminin, il faut **remplacer *-if*** par : ....
Entoure la réponse correcte : Dans tous les exemples de ce tableau, il faut : *a) ajouter -e b) remplacer des lettres à la fin du mot c) changer le mot complet*	

Tableau 3	
Exemples	**Règle pour passer du masculin au féminin à l'écrit :**
frère → sœur oncle → tante cheval → jument...	Au féminin, il faut : ....

3. Mutualisation (collectif)

À partir des productions des élèves, faire apparaitre trois règles permettant de former le féminin :

• **Tableau 1 :** la règle la plus courante consiste **à ajouter un -e final** (*cousin**e**, petit**e**, fort**e**...*). Cet ajout entraine **un doublement du *n*** lorsque les mots sont terminés par *-on/-ion* et *-en/-ien* et uniquement dans ces cas.

Proposer une phrase mnémotechnique pour fixer ces cas :

Une gardie**nne** enferme une lio**nne**.

• **Tableau 2 :** parfois, le passage au féminin passe par **le remplacement des lettres finales**. Lister ces différents suffixes et préciser qu'ils sont indiqués dans le tableau par ordre de fréquence : ***-eux* → *-euse*** ; ***-eur* → *-euse*** ; ***-teur* → *-trice*** ; ***-er* → *-ère*** ; ***-if* → *-ive***. Attirer l'attention sur l'accent de *-ère* dans les mots au féminin, souvent oublié, et le *f* de *-if* qui se transforme en *v* dans *-ive* (*vif/vive*), erreur récurrente chez certains élèves ; faire oraliser *-if/-ive*.

Remarque : La notion de suffixation sera étudiée à partir du CM1. À ce stade, il suffit d'indiquer qu'il faut identifier un groupe de lettres finales et les remplacer.

• **Tableau 3 :** pour passer du masculin au féminin, quelques noms **se transforment complètement** (*frère/sœur, cheval/jument...*). Faire observer que seuls les noms communs sont concernés par cette règle, pas les adjectifs. Elle ne s'applique qu'aux animaux et aux humains ; dans ce cas, les mots au masculin et au féminin n'ont pas de lien entre eux sur le plan orthographique. Faire trouver quelques exemples supplémentaires aux élèves et expliquer enfin que le total de mots concernés par cette règle est peu important (*un homme/une femme ; un garçon/une fille ; monsieur/madame ; un dieu/une déesse... ; un cerf/une biche ; un bouc/une chèvre ; un porc/une truie...*).

4. Institutionnalisation (collectif)

À l'oral, faire trouver les mots stars[4] pour chaque cas à partir des indices suivants :

Mots Stars ✪

1) ajout du *-e* : adjectif féminin en 5 lettres que l'on utilise pour qualifier une personne qui est musclée → **forte** ✪ (R : 75 %)

avec doublement du *n* :

- ***-on* → *-onne*** ou ***-ion* → *-ionne* :** nom féminin en 6 lettres qui désigne la femelle du lion → lio**nne** ✪
- ***-en* → *-enne*** ou ***-ien* → *-ienne* :** nom féminin en 9 lettres qui désigne la personne qui garde, qui protège un lieu → gardie**nne** ✪

2) changement de la fin du mot :

- ***-eux* → *-euse* :** adjectif féminin en 8 lettres qui désigne l'inverse de *malheureuse* → heur**euse** ✪ (R : 45 %)
- ***-eur* → *-euse* :** nom féminin en 7 lettres qui désigne une femme qui aime jouer → jou**euse** ✪ (R : 85 %)
- ***-teur* → *-trice* :** nom féminin en 7 lettres qui désigne une femme qui joue dans des films → ac**trice** ✪ (R : 75 %)
- ***-er* → *-ère* :** nom féminin en 10 lettres qui désigne une femme dont le métier est principalement de faire et de vendre du pain → boulang**ère** ✪
- ***-if* → *-ive* :** nom ou adjectif féminin en 8 lettres qui désigne une femme qui fait du sport → sport**ive** ✪ (R : 57 %)

3) changement du mot complet :

- nom féminin en 5 lettres, qui désigne le féminin de *frère* → **sœur** ✪ (R = 89 %)

Distribuer la leçon, la projeter et commenter collectivement les points essentiels. SQ12. Doc. 2

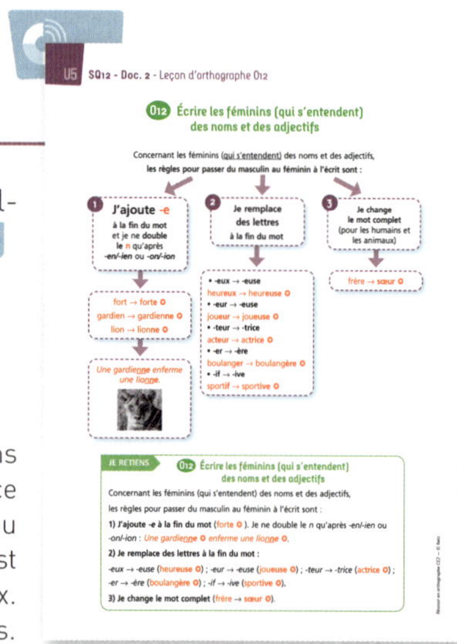
U5 SQ12 - Doc. 2 - Leçon d'orthographe O12

O12 Écrire les féminins (qui s'entendent) des noms et des adjectifs

Concernant les féminins (qui s'entendent) des noms et des adjectifs, **les règles pour passer du masculin au féminin à l'écrit sont :**

1. **J'ajoute -e** à la fin du mot et je ne **double le n** qu'après *-en/-ien* ou *-on/-ion*
   - fort → forte ✪
   - gardien → gardienne ✪
   - lion → lionne ✪
   - *Une gardienne enferme une lionne.*
2. **Je remplace des lettres** à la fin du mot
   - -eux → -euse : heureux → heureuse ✪
   - -eur → -euse : joueur → joueuse ✪
   - -teur → -trice : acteur → actrice ✪
   - -er → -ère : boulanger → boulangère ✪
   - -if → -ive : sportif → sportive ✪
3. **Je change le mot complet** (pour les humains et les animaux)
   - frère → sœur ✪

JE RETIENS — O12 Écrire les féminins (qui s'entendent) des noms et des adjectifs

Concernant les féminins (qui s'entendent) des noms et des adjectifs, les règles pour passer du masculin au féminin à l'écrit sont :

1) J'ajoute -e à la fin du mot (forte ✪). Je ne double le *n* qu'après *-en/-ien* ou *-on/-ion* : *Une gardienne ✪ enferme une lionne ✪.*

2) Je remplace des lettres à la fin du mot :

-eux → *-euse* (heureuse ✪) ; *-eur* → *-euse* (joueuse ✪) ; *-teur* → *-trice* (actrice ✪) ; *-er* → *-ère* (boulangère ✪) ; *-if* → *-ive* (sportive ✪).

3) Je change le mot complet (frère → sœur ✪).

4. Les formes féminines des mots sont beaucoup moins fréquentes que les formes masculines ; la fréquence de ces mots stars n'est donc pas précisée ici car peu représentative. Le pourcentage de réussite au CE2 n'est fourni par *ÉOLE* que pour quelques-uns d'entre eux. Par conséquent, les données chiffrées sont partielles.

5. Entrainement (individuel)

ACTIVITÉ 1 – Jeu du piston : Vrai ou Faux ?

Objectif : comprendre si la phrase est juste ou fausse (être capable de restituer les apprentissages).

Consigne : « Reste assis si la phrase est juste. Lève-toi si la phrase est fausse. »

Phrases proposées (correction orale après chaque phrase avec explicitation et exemple à l'appui) :

1) Pour écrire certains noms ou adjectifs au féminin, je peux ajouter -e à la fin du mot. (Vrai)

2) Le féminin de -if est -ife (à épeler). (Faux, c'est *-ive.*)

3) Le féminin de -eux est -euse. (Vrai)

4) Après -on/-ion *et* -en/-ien, *au féminin, j'ajoute directement* -e. (Faux, il faut doubler le *n* puis ajouter *-e.*)

5) Le féminin de -er est -ere (à épeler). (Faux, c'est *-ère.*)

6) Parfois, certains noms changent entièrement entre le masculin et le féminin. (Vrai)

ACTIVITÉ 2 – Duel du féminin SQ12. Doc. 3

❶	❷	❸
J'ajoute -e à la fin du mot (attention au doublement du *n*) !	Je remplace des lettres à la fin du mot.	Je change le mot complet.

Objectif : savoir identifier la règle orthographique concernant la formation du féminin (audible) des noms et des adjectifs.

Consigne : « Attrape le plus rapidement possible l'étiquette qui convient. »

Déroulement : les élèves sont deux par deux, de niveau homogène, un jeu pour deux disposé devant eux, à leur faire découper préalablement. L'enseignant(e) écrit au dos du tableau un mot au masculin singulier, puis au féminin singulier, par exemple : *cheval/jument*.

Ensuite, lorsque les mots sont dévoilés, l'élève de chaque binôme doit attraper le plus rapidement possible l'étiquette qui correspond à la règle orthographique concernée (ici, l'étiquette 3 *: je change le mot complet*). Corriger après chaque item. L'élève qui a saisi en premier l'étiquette correcte marque un point. Faire réaliser plusieurs items.

Attention : une étiquette touchée ne peut être changée. Le jeu démarre les mains derrière le dos.

Corpus : *un garçon/une fille – mauvais/mauvaise – champion/championne – étranger/étrangère – un cerf/une biche - précieux/précieuse – grand/grande – un instituteur/une institutrice.*

Variante : faire réaliser l'activité sur ardoise (ou cahier de brouillon), en faisant noter 1, 2 ou 3, en fonction des règles écrites au tableau. Dans ce cas, l'enseignant(e) doit inscrire le contenu des étiquettes au tableau.

ACTIVITÉ 3 – Le domino des féminins SQ12. Doc. 4

Objectif : savoir faire correspondre les suffixes masculins étudiés à leur suffixe féminin.

Consigne : « Associe chaque fin de mot au masculin (sur fond blanc) à sa forme au féminin (sur fond gris). Réalise une figure fermée avec les dominos. »

Dispositif : distribuer les pièces du domino préalablement découpées, face à l'envers, un jeu pour 3 à 4 élèves. Au signal, les élèves doivent associer les pièces du domino et former une figure fermée. Limiter le jeu à 5 minutes. Vérifier le travail proposé et corriger.

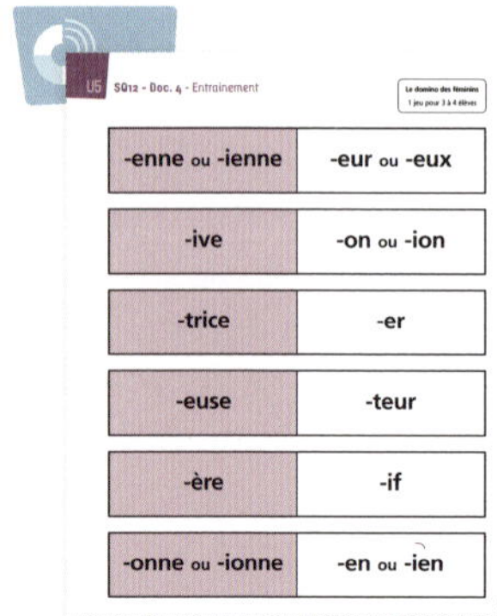
U5 SQ12 - Doc. 4 - Entraînement

Le domino des féminins
1 jeu pour 3 à 4 élèves

-enne ou -ienne	-eur ou -eux
-ive	-on ou -ion
-trice	-er
-euse	-teur
-ère	-if
-onne ou -ionne	-en ou -ien

Remarque : Faire conserver les 2 jeux SQ12. Doc. 3 et SQ12. Doc. 4 pour la séance suivante.

Les 3 rituels de la semaine 28 Dictées

(Voir *Présentation des rituels de l'unité 5*, p. 217)

- **Rituel Jour 2** (fiche de préparation et cahier de brouillon ou ardoise)

Préparation de la dictée (1re partie)

RITUELS U5. Dictée boomerang n° 2 - Préparation
RITUELS U5. Fiche de révision élève
RITUELS U5. Dictée boomerang n° 2 - Entrainement
RITUELS U5. Corrections des 5 dictées boomerang

- **Rituel Jour 3** (fiche de préparation et cahier de brouillon ou ardoise)

Préparation de la dictée (2e partie)

- **Rituel Jour 4** (cahier du jour)

Dictée boomerang n° 2

Différenciation : RITUELS U5. Dictée boomerang n° 2 - Coup de pouce*

Exemple de dictée boomerang :

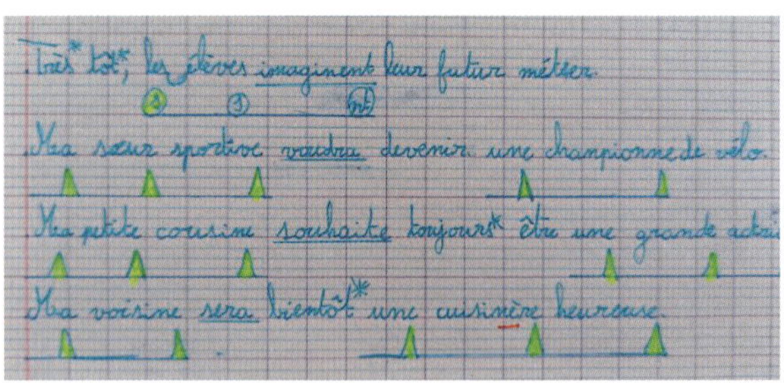

Remarques : - Laisser visible l'affiche récapitulant les codages, lors de la dictée du Jour 4.
- Rappel : il est possible de ne dicter que les trois premières phrases.

RITUEL JOUR 2 Préparation de la dictée (1re partie)

1. Distribuer la fiche de préparation et faire découvrir le texte de la dictée ; laisser les élèves s'exprimer à son sujet. RITUELS U5. Dictée boomerang n° 2 - Préparation

Le futur métier

Très tôt, les élèves imaginent leur futur métier.
Ma sœur sportive voudra devenir une championne de vélo.
Ma petite cousine souhaite toujours être une grande actrice.
Ma voisine sera bientôt une cuisinière heureuse.

2. Réaliser les différents codages collectivement en suivant les indications précisées dans la 1re consigne. Montrer que certains verbes sont au présent (avec la terminaison *-ent* ou *-e*) et d'autres au futur (avec la terminaison *-a*). Faire identifier le verbe à l'infinitif *devenir*. Amener les élèves à repérer la seule chaine d'accord au pluriel (codage avec des pièces), grâce au mot-signal *les* et les différentes chaines d'accord au féminin, initiées par les mots-signaux *ma* et *une* (codage avec des triangles d'or). Demander aux élèves d'énoncer les différents cas de formation du féminin à partir des mots de la dictée.

3. Faire étudier les mots invariables : demander aux élèves de prendre connaissance de la 2e consigne. La faire réaliser de manière autonome ou accompagnée à partir des mots invariables terminés par *-s* : *très/toujours* et par *-t* : *tôt/bientôt*. Corriger, puis faire oraliser les lettres muettes collectivement.

4. Faire coller le corrigé de la dictée sur la fiche de révision pour préparer la dictée du Jour 4. RITUELS U5. Corrections des 5 dictées boomerang

RITUEL JOUR 3 Préparation de la dictée (2e partie)

1. Amener les élèves à travailler sur les mots de la même famille et faire réaliser la 3e activité, puis la corriger (*heureux → heureuse, malheureux → malheureuse*).

2. Faire mémoriser l'orthographe de certains mots en identifiant leur point commun (4e activité) **:** ici, la lettre *s* qui a tantôt le son [z] (*cou**s**ine, voi**s**ine*...), tantôt le son [s] (***s**œur, **s**portive*). Insister sur la graphie particulière de *sœur*. **Faire copier les termes** en respectant les étapes indiquées. Rappeler la règle du *m* devant *p* (*championne*) ainsi que les valeurs des lettres *c* et *g* dans les mots concernés.

3. Dicter des segments de la dictée contenant des accords, sur l'ardoise ou le cahier de brouillon, à corriger après chaque item (comme : *les élèves imaginent/ ma sœur sportive*, etc.) pour préparer la dictée du lendemain.

4. Distribuer la fiche d'entrainement (si cela n'a pas été fait auparavant) **et la faire observer :** rappeler aux élèves la méthodologie à suivre pour réviser la dictée.

RITUELS U5. Dictée boomerang n° 2 - Entrainement

→ **Travail personnel** : faire réviser la dictée boomerang n° 2 pour le Jour 4, à partir de la fiche de révision et de celle d'entrainement.

RITUEL JOUR 4 Dictée boomerang n° 2

- Dicter les phrases et demander aux élèves de les coder.
- Mettre en place l'un des dispositifs de différenciation préconisés (voir p. 219).

Aide pour le niveau ** : fournir les mots *souhait(er) (29 %), cuisini(er) (59 %), heur(eux) (65 %).*

Aide pour le niveau Coup de pouce* : fournir un support spécifique.

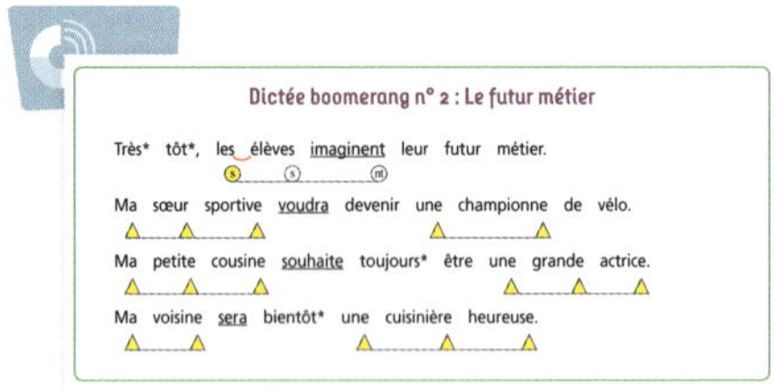
Dictée boomerang n° 2 : Le futur métier

Très* tôt*, les élèves imaginent leur futur métier.
Ma sœur sportive voudra devenir une championne de vélo.
Ma petite cousine souhaite toujours* être une grande actrice.
Ma voisine sera bientôt* une cuisinière heureuse.

- Corriger et valoriser les réussites.

RITUELS U5. Corrections des 5 dictées boomerang – Dictée boomerang n° 2

Remarque : Les codages constituent une aide à la réflexion ; seule l'orthographe des mots est à prendre en compte.

Séance 2 | Écrire les féminins (qui s'entendent) des noms et des adjectifs (2)

Objectifs

- Repérer les différentes règles de formation du féminin audible des noms et des adjectifs : ajout d'un -*e* final avec ou sans doublement de consonne, changement de suffixe, changement complet de mot.
- S'entrainer à associer les différents suffixes masculins et féminins.
- Accorder un adjectif avec un nom au féminin.

Documents

- Fleur du féminin SQ12. Doc. 5
- Entrainement : *Le domino des féminins* SQ12. Doc. 4
  Magie en pleine rue ! SQ12. Doc. 6 et sa correction SQ12. Doc. 6 bis
- Application SQ12. Doc. 7 et sa correction SQ12. Doc. 7 bis

1. Rappel (alternance individuel/collectif)

→ Expliciter l'objectif de la séance : s'entrainer à écrire un nom ou un adjectif au féminin, lorsque celui-ci s'entend, en fonction des règles étudiées précédemment.

- Distribuer la fleur du féminin, la projeter et la lire collectivement SQ12. Doc 5.

2. Entrainement (individuel/collectif)

ACTIVITÉ 1 – Le domino des féminins SQ12. Doc. 4

Objectif : savoir faire correspondre les suffixes masculins étudiés à leur(s) suffixe(s) féminin(s).

Consigne : « Associe chaque fin de mot au masculin (sur fond blanc) à sa forme au féminin (sur fond gris). Forme une figure fermée avec les dominos. »

Dispositif : suivre les indications proposées lors de l'entrainement de la séance précédente (p. 234).

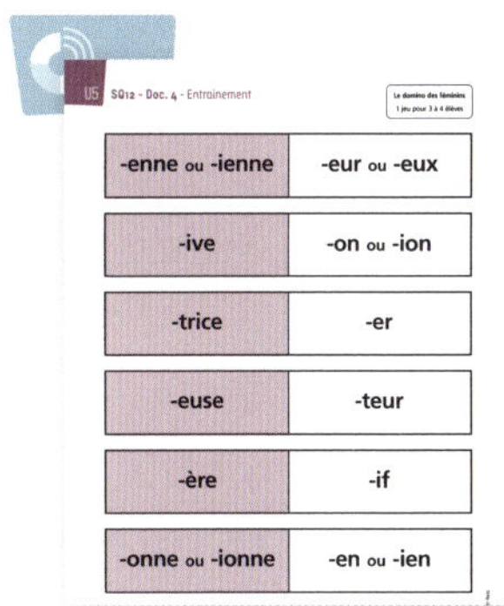

U5 SQ12 - Doc. 4 - Entrainement

-enne ou -ienne	-eur ou -eux
-ive	-on ou -ion
-trice	-er
-euse	-teur
-ère	-if
-onne ou -ionne	-en ou -ien

ACTIVITÉ 2 – Magie en pleine rue ! SQ12. Doc. 6

Objectif : écrire le féminin des mots demandés.

Consigne : « Tu viens de recevoir des pouvoirs magiques : tu transformes chaque personnage en une femme ! Tu te promènes en ville et tu testes tes pouvoirs. Pour réussir la transformation, tu dois réussir à écrire correctement le féminin de chaque mot. »

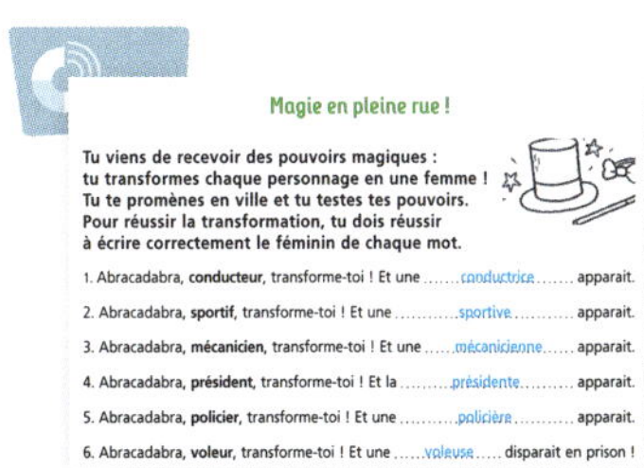

Magie en pleine rue !

Tu viens de recevoir des pouvoirs magiques : tu transformes chaque personnage en une femme ! Tu te promènes en ville et tu testes tes pouvoirs. Pour réussir la transformation, tu dois réussir à écrire correctement le féminin de chaque mot.

1. Abracadabra, **conducteur**, transforme-toi ! Et une ……conductrice…… apparait.
2. Abracadabra, **sportif**, transforme-toi ! Et une ……sportive…… apparait.
3. Abracadabra, **mécanicien**, transforme-toi ! Et une ……mécanicienne…… apparait.
4. Abracadabra, **président**, transforme-toi ! Et la ……présidente…… apparait.
5. Abracadabra, **policier**, transforme-toi ! Et une ……policière…… apparait.
6. Abracadabra, **voleur**, transforme-toi ! Et une ……voleuse…… disparait en prison !

Mise en situation : chaque élève reçoit sa fiche de magie. Il ou elle doit la compléter. Corriger et compter le nombre de transformations réussies. SQ12. Doc. 6 bis

ACTIVITÉ 3 – Les triangles d'or (brouillon ou ardoise)

Objectif : écrire le féminin des mots demandés et coder la phrase.

Consigne : « Dessine une étoile après le mot invariable, souligne le verbe, écris les groupes nominaux au féminin, puis réalise le codage avec les triangles. »

Mise en situation : l'activité est à réaliser collectivement au tableau.

Phrase à transformer et à coder :

Un singe vif rattrape aussitôt ce gardien américain.

…/…

Remarque : Aborder la différence entre *américaine* (ajout d'un -*e*) et *gardienne* (doublement du *n* + *e*) : rappeler que ce ne sont que les lettres -*(i)en* ou -*(i)on* qui entrainent un doublement du *n*. Insister sur le déterminant *ce* qui devient *cette* au féminin, à faire épeler.

3. Application (individuel)

- Distribuer la fiche d'application SQ12. Doc. 7. Faire lire les consignes des exercices 1 à 6, puis les expliciter en cas de difficultés.
- Faire réaliser les exercices 1 à 6 individuellement, en suivant le scénario de différenciation préconisé (p. 12).
- Ensuite (ou le lendemain), lire la consigne de la *gamme d'écriture*. Puis, demander à chaque élève de rédiger sa propre gamme d'écriture et de réaliser l'exercice de révision.
- En fonction du temps restant ou ultérieurement, corriger SQ12. Doc. 7 bis. Faire lire les phrases de la gamme d'écriture par les élèves volontaires et faire deviner l'identité des élèves concernées par les descriptions.

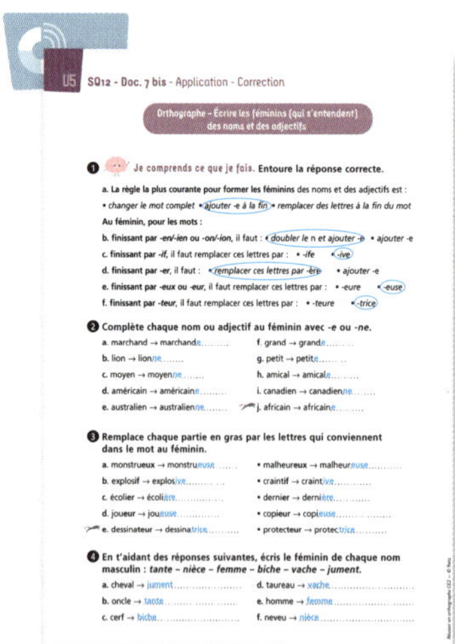

U5 SQ12 - Doc. 7 bis - Application - Correction

Orthographe – Écrire les féminins (qui s'entendent) des noms et des adjectifs

❶ Je comprends ce que je fais. **Entoure la réponse correcte.**

a. La règle la plus courante pour former les féminins des noms et des adjectifs est :
• changer le mot complet • ajouter -e à la fin • remplacer des lettres à la fin du mot

Au féminin, pour les mots :
b. finissant par -en/-ien ou -on/-ion, il faut : • doubler le n et ajouter -e • ajouter -e
c. finissant par -if, il faut remplacer ces lettres par : • -ife • -ive
d. finissant par -er, il faut : • remplacer ces lettres par -ère • ajouter -e
e. finissant par -eux ou -eur, il faut remplacer ces lettres par : • -eure • -euse
f. finissant par -teur, il faut remplacer ces lettres par : • -teure • -trice

❷ **Complète chaque nom ou adjectif au féminin avec -e ou -ne.**

a. marchand → marchande
b. lion → lionne
c. moyen → moyenne
d. américain → américaine
e. australien → australienne
f. grand → grande
g. petit → petite
h. amical → amicale
i. canadien → canadienne
j. africain → africaine

❸ **Remplace chaque partie en gras par les lettres qui conviennent dans le mot au féminin.**

a. monstrueux → monstrueuse
b. explosif → explosive
c. écolier → écolière
d. joueur → joueuse
e. dessinateur → dessinatrice
• malheureux → malheureuse
• craintif → craintive
• dernier → dernière
• copieur → copieuse
• protecteur → protectrice

❹ **En t'aidant des réponses suivantes, écris le féminin de chaque nom masculin : *tante – nièce – femme – biche – vache – jument.***

a. cheval → jument
b. oncle → tante
c. cerf → biche
d. taureau → vache
e. homme → femme
f. neveu → nièce

U5 SQ12 - Doc. 7 bis - Application - Correction

❺ **Écris les groupes nominaux directement au féminin. Attention, tous les cas sont possibles !**

un équipier courageux → une équipière courageuse
un musicien gaucher → une musicienne gauchère
un homme attentif → une femme attentive
un garçon curieux → une fille curieuse

❻ **Dessine une étoile (*) après le mot invariable, souligne le verbe, copie la phrase en écrivant les groupes nominaux au féminin, puis réalise le codage avec les triangles. Enfin, complète le score.**

Masc.	Un	assistant	aide	maintenant*	le	magicien	étonnant.
Fém.	Une	assistante	aide	maintenant*	la	magicienne	étonnante.
Cod.	△	△			△	△	△

5/5

❼ Gamme d'écriture
Élève mystère !

Choisis une élève de la classe. Décris-la avec au moins 2 adjectifs au féminin, au choix, puis note à la fin de qui il s'agit.

amusant – mignon – intelligent – sportif – sérieux – généreux – créatif – intéressant

Je trouve cette personne ……

C'est …… !

❽ Je révise.

a. Complète avec *s* ou *x* : des corbeaux – des moineaux – des landaus
b. Complète avec *s* ou *x* : des fous – des choux – des clous
c. Complète avec les lettres manquantes : des journaux – des hôpitaux
d. Complète avec *c* ou *ç* : Nous commençons à assister au spectacle !
e. Complète avec *g*, *gu* ou *ge* : Un magicien est intrigué par un sortilège.

Les 3 rituels de la semaine 29 Dictées

(Voir *Présentation des rituels de l'unité* 5, p. 217)

- **Rituel Jour 2** (fiche de préparation et cahier de brouillon ou ardoise)

Préparation de la dictée (1re partie)

RITUELS U5. Dictée boomerang n° 3 - Préparation
RITUELS U5. Fiche de révision élève
RITUELS U5. Dictée boomerang n° 3 - Entrainement
RITUELS U5. Corrections des 5 dictées boomerang

- **Rituel Jour 3** (fiche de préparation et cahier de brouillon ou ardoise)

Préparation de la dictée (2e partie)

- **Rituel Jour 4** (cahier du jour)

Dictée boomerang n° 3

Différenciation RITUELS U5. Dictée boomerang n° 3 - Coup de pouce*

Remarque : Laisser visible l'affiche récapitulant les codages, lors de la dictée du Jour 4.

RITUEL JOUR 2 Préparation de la dictée (1re partie)

1. Distribuer la fiche de préparation et faire découvrir le texte de la dictée ; laisser les élèves s'exprimer à son sujet. RITUELS U5. Dictée boomerang n° 3 - Préparation

Les métiers dans ma famille

Ma mère est une ancienne championne de ski.
Ma grand-mère reste toujours une bonne musicienne.
Mes oncles sont des pompiers volontaires depuis longtemps.
Ma tante chirurgienne travaille dans des hôpitaux.

2. Réaliser les différents codages collectivement en suivant les indications précisées dans la 1re consigne. Montrer que les verbes sont au présent ; une seule forme a un pluriel audible (*sont*). Amener les élèves à repérer les quatre chaines d'accord au pluriel (codage avec des pièces), grâce aux mots-signaux *les*, *mes* et *des*. Faire repérer les six chaines d'accord au féminin, initiées par les mots-signaux *ma* et *une* (codage avec des triangles d'or). Rappeler les différents cas de formation du féminin à partir des mots de la dictée, dont le doublement du *n*, illustré cinq fois dans la dictée (*ancienne, championne*...).

3. Faire étudier les mots invariables : demander aux élèves de prendre connaissance de la 2e consigne ; la faire réaliser de manière autonome ou accompagnée, selon les besoins de la classe. Corriger : tous les mots invariables de la dictée se terminent par *-s* : *toujours/depuis/longtemps/dans*. Faire oraliser collectivement cette lettre muette.

4. Faire coller le corrigé de la dictée sur la fiche de révision pour préparer la dictée du Jour 4. RITUELS U5. Corrections des 5 dictées boomerang

RITUEL JOUR 3 Préparation de la dictée (2e partie)

1. Amener les élèves à travailler sur les mots de la même famille et faire réaliser la 3e activité, puis la corriger (*champion → championne, championnat).*

2. Faire mémoriser l'orthographe de certains mots en identifiant leur point commun (4e consigne) : ici, le suffixe avec le doublement de consonne *-ienne*. Faire copier les termes en respectant les étapes indiquées. Rappeler la règle du *m* devant *p* (*championne, pompier, longtemps*) ainsi que les valeurs des lettres *s, c, g* dans les mots concernés.

3. Dicter des segments de la dictée contenant des accords, sur l'ardoise ou le cahier de brouillon, à corriger après chaque item (comme : *une ancienne championne/ mes oncles sont*, etc.) pour préparer la dictée du lendemain.

4. Distribuer la fiche d'entrainement (si cela n'a pas été fait auparavant) **et la faire observer :** rappeler aux élèves la méthodologie à suivre pour réviser la dictée.

RITUELS U5. Dictée boomerang n° 3 - Entrainement

→ **Travail personnel** : faire réviser la dictée boomerang n° 3 pour le Jour 4, à partir de la fiche de révision et de celle d'entrainement.

RITUEL JOUR 4 Dictée boomerang n° 3

- Dicter les phrases et demander aux élèves de les coder.
- Mettre en place l'un des dispositifs de différenciation préconisés (voir p. 219).

Aide pour le niveau ** : fournir les mots *ancien (46 %), musicien (59 %), volontaire (38 %), chirurgien (28 %).*

Aide pour le niveau Coup de pouce* : fournir un support spécifique.

- Corriger et valoriser les réussites.

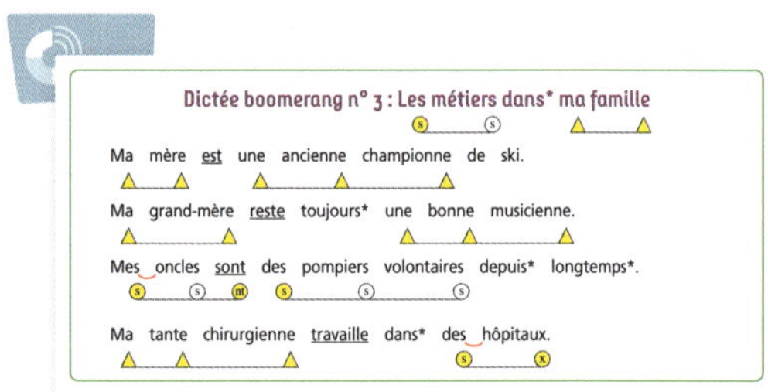
Dictée boomerang n° 3 : Les métiers dans* ma famille

Ma mère est une ancienne championne de ski.

Ma grand-mère reste toujours* une bonne musicienne.

Mes oncles sont des pompiers volontaires depuis* longtemps*.

Ma tante chirurgienne travaille dans* des hôpitaux.

Remarque : Les codages constituent une aide à la réflexion ; seule l'orthographe des mots est à prendre en compte.

Écrire les féminins pluriels dans une phrase

MISE AU POINT DIDACTIQUE ET PÉDAGOGIQUE

Cette séquence aborde le problème du **double accord en genre et nombre** (féminin pluriel) qui suppose chacune des compétences préalablement acquise.

Il faut s'appuyer sur ce que les élèves ont appris précédemment.

• **Pour le pluriel**, ils savent que :

– à la 3e personne du pluriel, **certaines marques s'entendent** (par exemple, certaines formes verbales, notamment au futur : *ils chanter**ont***) mais que **beaucoup ne s'entendent pas** : il leur faut donc être à l'affut de **tous les mots-signaux**, notamment les déterminants ou les pluriels audibles pour déclencher une chaine d'accord en nombre ;

– dans une phrase, **la chaine du pluriel peut impliquer le verbe** (quand le GN pluriel est sujet).

• **Pour le féminin**, ils savent que :

– au CE2, **tous les féminins étudiés s'entendent** : les marques du féminin sont audibles → les élèves écrivent ce qu'ils entendent : *la couturi**ère**, la dans**euse***... Dans le cas des mots seulement féminins comme *table*, *bouteille*, *leçon*, il n'y a aucune marque spécifique.

– **la formation de certains féminins peut se faire de plusieurs façons** (ajout du -*e*, changement de suffixes...) ;

– **le verbe** (conjugué aux temps simples, ce qui est toujours le cas au CE2) **n'est jamais concerné par l'accord en genre** qui n'est actif que dans le groupe nominal.

Dans tous les cas, les mots invariables sont exclus des chaines d'accord.

Dans cette séquence, le double accord en genre et en nombre est abordé. **Quels sont les problèmes posés par le GN au féminin pluriel ?**

La chaine d'accord au féminin pluriel perd un indice important : le déterminant qui constitue, généralement, un mot-signal (*une, la, ma, ta*...) ; au pluriel, le déterminant renvoie indifféremment au masculin (***les** garçons*) et au féminin (***les** filles*). Mais comme au CE2, tous les féminins proposés s'entendent, **l'absence de ces mots-signaux n'est pas particulièrement gênante**.

Le problème majeur est toujours posé par le pluriel dont certaines marques ne s'entendent pas. C'est ce que met en évidence le double codage qui superpose un triangle et une pièce (S) :

• pour le genre, un triangle, **toujours jaune** puisque les féminins étudiés au CE2 s'entendent ;

• pour le pluriel, une pièce qui contient **la lettre -*s*** (car il n'y a jamais de féminin pluriel avec *-x)* et qui est **toujours blanche**, puisque seuls les pluriels avec- *x* sont audibles. Pour le féminin pluriel, la marque du pluriel est donc **toujours -*s***.

les **box**euses italiennes

Ces nouvelles règles d'accord n'excluent pas celles qui gèrent les accords entre le verbe et le sujet ; le verbe (à un temps simple)[5] n'est affecté que par le pluriel et non par le féminin. Il faut le réintégrer dans la chaine d'accord du féminin pluriel, dans le cas des GN sujets :

Les box**euses** italien**nes** affronte**nt** **des** combattant**es**.

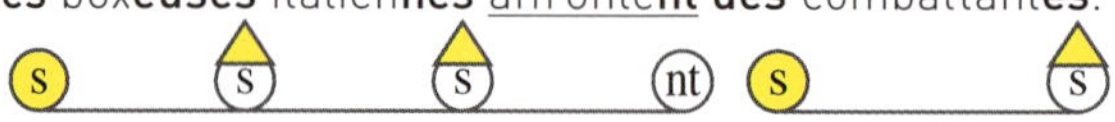

Le codage qui invite à la vigilance et concrétise les accords ne représente, comme d'habitude, qu'une aide réflexive pour permettre aux élèves de mieux orthographier et de visualiser les deux actions attendues concernant les accords des noms et des adjectifs : une marque pour le genre, une autre pour le nombre.

Dans cette séquence, les élèves sont amenés à récapituler tous les cas en genre et en nombre possibles pour le groupe nominal :

Masc. sing. : ce **coureur** américain
(sans codage)

Masc. plur. : ces **coureurs** américains

Fém. sing. : cette **coureuse** américaine

Fém. plur. : ces **coureuses** américaines

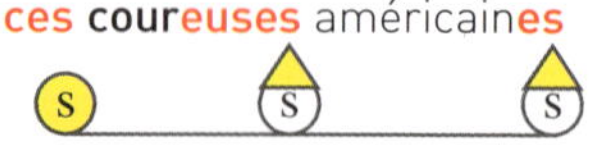

→ C'est toujours **le nom qui est le donneur d'ordres** : il impose son genre et son nombre.

La séquence se déploie en trois séances pour accompagner progressivement les élèves dans l'acquisition des accords du féminin pluriel :

• les deux premières séances sur le repérage cumulé de l'accord en genre et en nombre (avec la mise en place d'un double codage), puis sur l'accord, au sein d'une phrase, des groupes nominaux au féminin pluriel par le passage préalable au féminin singulier ;

• une troisième séance sur la transposition directe des groupes nominaux d'une phrase du masculin singulier au féminin pluriel.

---

5. Seuls les verbes employés aux temps composés formés avec *être* ont à la fois des marques de genre et de nombre. Ex. : *Les filles sont parties*. Cette double gestion sera étudiée au CM1.

Programme du cycle 2, 2020, p. 20

« Maîtriser l'orthographe grammaticale de base

- Comprendre :
  - le fonctionnement du groupe nominal dans la phrase ;
  - la notion de « chaîne d'accord » pour déterminant/nom/adjectif (masculin/féminin).
- Utiliser :
  - des marques du féminin quand elles s'entendent dans les noms (*lecteur/lectrice*...) et les adjectifs (*joyeux/joyeuse*...). »

Prérequis nécessaires à cette séquence

Connaissance des classes grammaticales : noms, adjectifs et verbes.

Séance 1 | Écrire les féminins pluriels dans une phrase (1)

Objectifs

- Réactiver les modes de formation du féminin des noms et des adjectifs.
- Repérer et gérer l'accord associé du genre et du nombre dans le GN en identifiant notamment la marque unique du féminin pluriel dans les noms et adjectifs (-*s*).
- Découvrir et réaliser le double codage du nombre (pièces) et du genre (triangles).

Documents

- Recherche SQ13. Doc. 1
- Leçon SQ13. Doc. 2

1. Rappel (alternance individuel/collectif)

Rappeler le contenu des séquences précédentes sur les accords : l'accord en nombre dans la phrase avec les pièces et l'accord en genre dans le groupe nominal avec les triangles. Réactiver le fait que seuls les déterminants, les noms et les adjectifs peuvent être mis au féminin, mais pas les verbes (conjugués à un temps simple) ou les mots invariables.

→ Expliciter l'objectif de la séance : savoir écrire et coder une chaine d'accord au féminin pluriel au sein d'une phrase.

2. Recherche (individuel, puis par 2 ou 4)

• Distribuer la recherche SQ13. Doc. 1. La projeter simultanément.

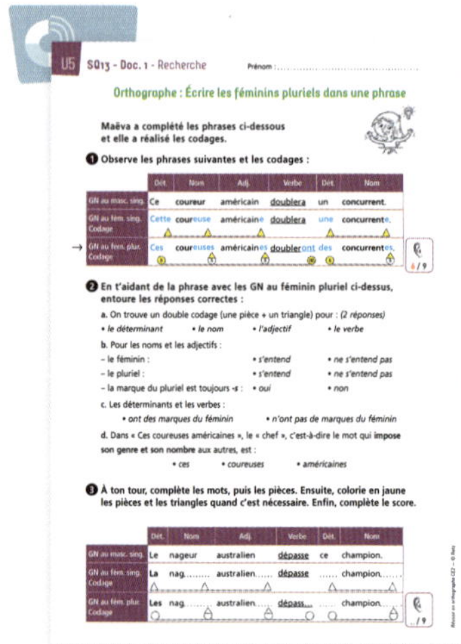

U5 SQ13 - Doc. 1 - Recherche Prénom : ....

Orthographe : Écrire les féminins pluriels dans une phrase

Maëva a complété les phrases ci-dessous et elle a réalisé les codages.

1 Observe les phrases suivantes et les codages :

	Dét.	Nom	Adj.	Verbe	Dét.	Nom
GN au masc. sing.	Ce	coureur	américain	doublera	un	concurrent.
GN au fém. sing. Codage	Cette	coureuse	américaine	doublera	une	concurrente.
→ GN au fém. plur. Codage	Ces	coureuses	américaines	doubleront	des	concurrentes.

6 / 9

2 En t'aidant de la phrase avec les GN au féminin pluriel ci-dessus, entoure les réponses correctes :

a. On trouve un double codage (une pièce + un triangle) pour : *(2 réponses)*
• *le déterminant* • *le nom* • *l'adjectif* • *le verbe*

b. Pour les noms et les adjectifs :
– le féminin : • *s'entend* • *ne s'entend pas*
– le pluriel : • *s'entend* • *ne s'entend pas*
– la marque du pluriel est toujours -s : • *oui* • *non*

c. Les déterminants et les verbes :
• *ont des marques du féminin* • *n'ont pas de marques du féminin*

d. Dans « Ces coureuses américaines », le « chef », c'est-à-dire le mot qui **impose son genre et son nombre** aux autres, est :
• *ces* • *coureuses* • *américaines*

3 À ton tour, complète les mots, puis les pièces. Ensuite, colorie en jaune les pièces et les triangles quand c'est nécessaire. Enfin, complète le score.

	Dét.	Nom	Adj.	Verbe	Dét.	Nom
GN au masc. sing.	Le	nageur	australien	dépasse	ce	champion.
GN au fém. sing. Codage	La	nag.........	australien......	dépasse	......	champion......
GN au fém. plur. Codage	Les	nag.........	australien......	dépass...	......	champion......

... / 9

• Lire collectivement les trois phrases : la 1re est au masculin singulier, la 2e au féminin singulier, ce qui correspond au travail effectué lors la séance précédente ; la 3e est au féminin pluriel. Faire remarquer le codage de cette phrase : pour certains mots, les pièces et les triangles ont été assemblés ; les triangles sont placés, sous la forme de chapeaux, au-dessus des pièces. Il s'agit du double codage pour marquer à la fois le féminin et le pluriel : il y a donc 2 marques simultanées. L'opposer au codage simple (1 marque) pratiqué jusque-là. Expliquer la façon de compter les marques (chacune d'elles compte) : il y a donc 9 marques écrites en tout dont 6 marques audibles (en jaune).

• Faire découvrir ensuite collectivement la 2e consigne. Reformuler ce qui est attendu : entourer la réponse correcte dans chaque cas. Demander de réaliser cette tâche individuellement, puis corriger collectivement en explicitant les réponses.

• Expliquer ensuite collectivement la 3e consigne : compléter les phrases en s'aidant du modèle présenté au début. Proposer une réflexion individuelle, puis par deux (ou par groupes).

3. Mutualisation (collectif)

À partir des productions des élèves, faire apparaitre les éléments suivants.

a. Seuls les noms et les adjectifs peuvent avoir un double codage relatif au féminin et au pluriel conjoints (voir la dernière phrase du tableau).

b. Les noms et les adjectifs au féminin pluriel ont :

– **des féminins qui s'entendent** car, au CE2, seuls ces cas-là sont étudiés, ce qui explique que le triangle soit systématiquement jaune ;

– **des pluriels qui ne s'entendent jamais** (ce qui explique la couleur blanche de la pièce) ;

– **la marque du pluriel qui est toujours -*s*** ; la marque du pluriel *-x* n'est jamais employée. Le double codage, au CE2, sera donc toujours (S).

c. Au féminin pluriel, les déterminants et les verbes (conjugués aux temps simples comme le futur dans cette phrase) **n'ont jamais de marques du féminin**. Ils ne peuvent indiquer que le nombre. Les verbes ne sont pas concernés par le féminin, pas plus au singulier qu'au pluriel. Les déterminants ne sont pas touchés non plus puisque les formes sont les mêmes au pluriel, qu'ils déterminent un féminin ou un masculin : ***ces** coureurs*, ***ces** coureuses*.

d. C'est toujours **le nom qui impose le genre et le nombre aux autres mots du groupe nominal** : *cour**euses*** transmet son nombre au déterminant (***ces***) et son genre et son nombre à l'adjectif (*américain**es***).

Ensuite, corriger les phrases à compléter et expliciter le codage.

La nag**euse** australie**nne** dépasse **cette** champio**nne**.

Les nag**euses** australien**nes** dépasse**nt** **ces** champion**nes**.

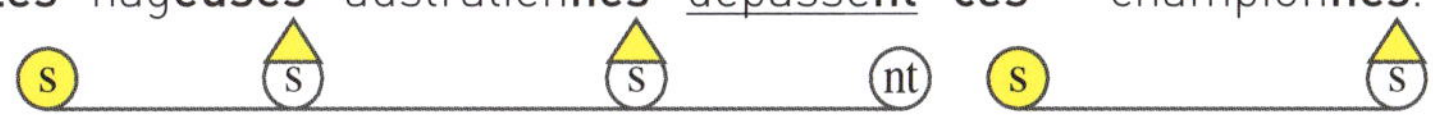

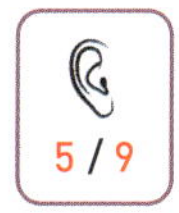

4. Institutionnalisation (collectif)

Distribuer la leçon, la projeter et commenter collectivement les points essentiels. SQ13. Doc. 2

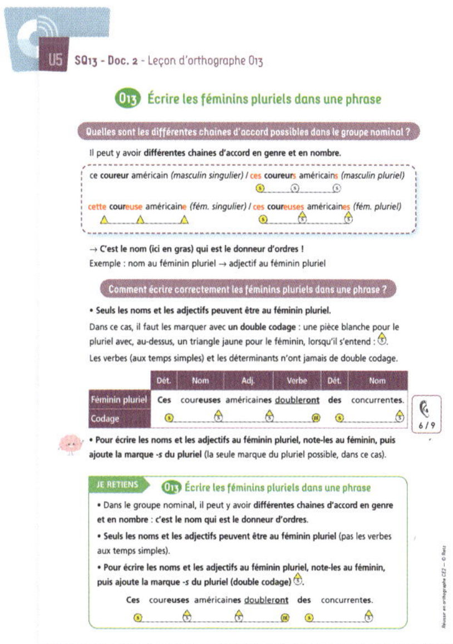

U5 **SQ13 - Doc. 2** - Leçon d'orthographe O13

O13 Écrire les féminins pluriels dans une phrase

Quelles sont les différentes chaines d'accord possibles dans le groupe nominal ?

Il peut y avoir **différentes chaines d'accord en genre et en nombre.**

ce **coureur** américain *(masculin singulier)* / ces **coureur**s américains *(masculin pluriel)*

cette **cour**euse américaine *(fém. singulier)* / ces **cour**euses américaines *(fém. pluriel)*

→ **C'est le nom (ici en gras) qui est le donneur d'ordres !**

Exemple : nom au féminin pluriel → adjectif au féminin pluriel

Comment écrire correctement les féminins pluriels dans une phrase ?

• **Seuls les noms et les adjectifs peuvent être au féminin pluriel.**

Dans ce cas, il faut les marquer avec **un double codage** : une pièce blanche pour le pluriel avec, au-dessus, un triangle jaune pour le féminin, lorsqu'il s'entend.

Les verbes (aux temps simples) et les déterminants n'ont jamais de double codage.

	Dét.	Nom	Adj.	Verbe	Dét.	Nom
Féminin pluriel	Ces	cour**euses**	américain**es**	doubler**ont**	des	concurren**tes**.
Codage						

6 / 9

• **Pour écrire les noms et les adjectifs au féminin pluriel, note-les au féminin, puis ajoute la marque -s du pluriel** (la seule marque du pluriel possible, dans ce cas).

JE RETIENS **O13 Écrire les féminins pluriels dans une phrase**

• Dans le groupe nominal, il peut y avoir **différentes chaines d'accord en genre et en nombre : c'est le nom qui est le donneur d'ordres.**

• **Seuls les noms et les adjectifs peuvent être au féminin pluriel** (pas les verbes aux temps simples).

• **Pour écrire les noms et les adjectifs au féminin pluriel, note-les au féminin, puis ajoute la marque -s du pluriel (double codage).**

Ces cour**euses** américain**es** doubler**ont** **des** concurren**tes**.

Réussir en orthographe CE2 — © Retz

5. Entrainement (individuel)

ACTIVITÉ – Jeu du piston : Vrai ou Faux ?

Objectif : comprendre si la phrase est juste ou fausse (être capable de restituer les apprentissages).

Consigne : « Reste assis si la phrase est juste. Lève-toi si la phrase est fausse. »

Phrases proposées (correction orale après chaque phrase avec explicitation et exemple à l'appui) :

1) Au féminin pluriel, les noms et les adjectifs se terminent toujours par -x. (Faux, par -s)

2) Dans les déterminants au féminin pluriel, le féminin ne s'entend pas. (Vrai)

3) Les verbes conjugués à un temps simple prennent la marque du féminin. (Faux)

4) C'est le nom qui donne le genre et le nombre de l'adjectif. (Vrai)

5) Au féminin pluriel, les noms et les adjectifs ont un pluriel qui s'entend. (Faux, il ne s'entend pas : pièce blanche.)

Les 3 rituels de la semaine 30 Dictées

(Voir *Présentation des rituels de l'unité* 5, p. 217)

• **Rituel Jour 2** (fiche de préparation et cahier de brouillon ou ardoise)
Préparation de la dictée (1re partie)
RITUELS U5. Dictée boomerang n° 4 - Préparation
RITUELS U5. Fiche de révision élève
RITUELS U5. Dictée boomerang n° 4 - Entrainement
RITUELS U5. Corrections des 5 dictées boomerang

• **Rituel Jour 3** (fiche de préparation et cahier de brouillon ou ardoise)
Préparation de la dictée (2e partie)

• **Rituel Jour 4** (cahier du jour)
Dictée boomerang n° 4
Différenciation RITUELS U5. Dictée boomerang n° 4 - Coup de pouce*

Remarques : - Laisser visible l'affiche récapitulant les codages, lors de la dictée du Jour 4.
- Rappel : il est possible de ne dicter que les trois premières phrases.

RITUEL JOUR 2 Préparation de la dictée (1re partie)

1. Distribuer la fiche de préparation et faire découvrir le texte de la dictée ; laisser les élèves s'exprimer à son sujet. RITUELS U5. Dictée boomerang n° 4 - Préparation

Une école anglaise

Les écoliers portent toujours des uniformes.
Les élèves rangent les affaires volumineuses dans des casiers.
La première leçon démarre ensuite. Pendant des heures entières,
les enfants font des activités intéressantes.

2. Réaliser les différents codages collectivement en suivant les indications précisées dans la 1re consigne. Faire coder les chaines d'accord des GN au masculin pluriel avec des pièces, celles des GN au féminin singulier avec des triangles et utiliser le double codage pour les GN au féminin pluriel. Coder aussi l'accord des verbes avec les sujets ; les verbes sont au présent, tantôt au singulier, tantôt au pluriel ((nt) : *portent*, *rangent* et (nt) : *font*). Rappeler les différents cas de formation du féminin à partir des mots de la dictée.

3. Faire étudier les mots invariables : demander aux élèves de prendre connaissance de la 2e consigne. La faire réaliser de manière autonome ou accompagnée à partir des mots invariables terminés par *-s : toujours/dans ; -t : pendant* ou autres cas : *ensuite*. Corriger, puis faire oraliser les lettres muettes collectivement.

4. Faire coller le corrigé de la dictée sur la fiche de révision pour préparer la dictée du Jour 4.

RITUEL JOUR 3 Préparation de la dictée (2e partie)

1. Amener les élèves à travailler sur les mots de la même famille et faire réaliser la 3e activité, puis la corriger (*école → écolier, scolaire, scolarité*).

2. Faire mémoriser l'orthographe de certains mots en identifiant leur point commun (4e consigne) : ici, les différentes valeurs des lettres *g* et *s*. Faire copier les termes en respectant les étapes indiquées.

3. Dicter des segments de la dictée contenant des accords, sur l'ardoise ou le cahier de brouillon, à corriger après chaque item (notamment, les GN au féminin pluriel, comme *les affaires volumineuses...*) pour préparer la dictée du lendemain.

4. Distribuer la fiche d'entrainement (si cela n'a pas été fait auparavant) **et la faire observer :** rappeler aux élèves la méthodologie à suivre pour réviser la dictée.

RITUELS U5. Dictée boomerang n° 4 - Entrainement

→ **Travail personnel** : faire réviser la dictée boomerang n° 4 pour le Jour 4, à partir de la fiche de révision et de celle d'entrainement.

RITUEL JOUR 4 Dictée boomerang n° 4

- Dicter les phrases et demander aux élèves de les coder.
- Mettre en place l'un des dispositifs de différenciation préconisés (voir p. 219).

Aide pour le niveau ** : fournir les mots *affaire (64 %), volumin(eux) (33 %), activité (54 %), intéressant (10 %).*

Aide pour le niveau Coup de pouce* : fournir un support spécifique.

- Corriger et valoriser les réussites.

Remarque : Les codages constituent une aide à la réflexion, seule l'orthographe des mots est à prendre en compte.

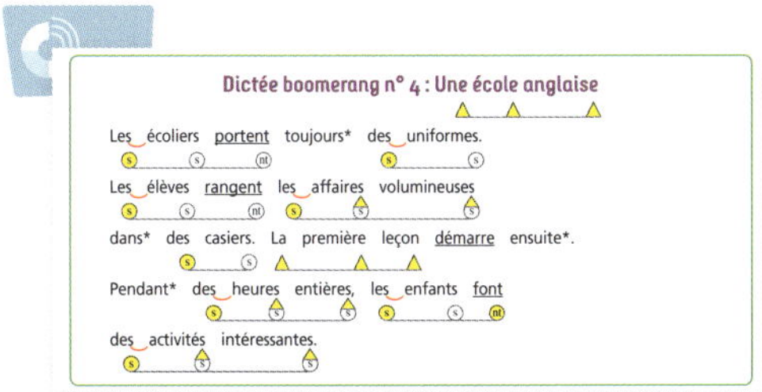
Dictée boomerang n° 4 : Une école anglaise

Les écoliers portent toujours* des uniformes.
Les élèves rangent les affaires volumineuses
dans* des casiers. La première leçon démarre ensuite*.
Pendant* des heures entières, les enfants font
des activités intéressantes.

Séance 2 | Écrire les féminins pluriels dans une phrase (2)

Objectifs

- S'entrainer à repérer et à gérer l'accord associé du genre et du nombre dans le GN.
- Transposer un GN du masculin singulier au féminin pluriel en passant par l'étape du féminin singulier et l'insérer dans une phrase.
- Réaliser le double codage du nombre (pièces) et du genre (triangles).

Documents

- Entrainement : *Magie à l'école* SQ13. Doc. 3 et sa correction SQ13. Doc. 3 bis ; *Pièces et triangles d'or* SQ13. Doc. 4 et sa correction SQ13. Doc. 4 bis
- Application : SQ13. Doc. 5 et sa correction SQ13. Doc. 5 bis

1. Rappel (alternance individuel/collectif)

Amener les élèves à se remémorer les éléments importants de la séance précédente : le double accord du féminin pluriel et le double codage par la marque (s) des noms et des adjectifs.

→ Expliciter l'objectif de la séance : écrire des groupes nominaux au féminin pluriel en passant par l'étape du féminin singulier.

2. Entrainement (alternance individuel/collectif)

ACTIVITÉ 1 – Magie à l'école ! SQ13. Doc. 3

Objectif : écrire le féminin singulier, puis le féminin pluriel des noms demandés.

Consigne : « Tu viens de recevoir des pouvoirs magiques : tu transformes chaque garçon en une fille, puis en dix ! Tu vas à l'école et tu testes tes pouvoirs. Pour réussir la transformation, tu dois réussir à écrire correctement chaque mot. »

Mise en situation : chaque élève reçoit sa fiche de magie. Il ou elle doit la compléter. Lors de la correction, chaque élève compte le nombre de transformations réussies. SQ13. Doc. 3 bis

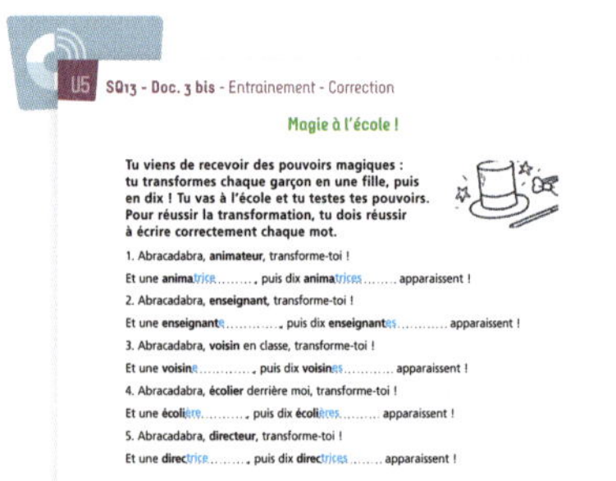
U5 SQ13 - Doc. 3 bis - Entrainement - Correction

Magie à l'école !

Tu viens de recevoir des pouvoirs magiques : tu transformes chaque garçon en une fille, puis en dix ! Tu vas à l'école et tu testes tes pouvoirs. Pour réussir la transformation, tu dois réussir à écrire correctement chaque mot.

1. Abracadabra, **animateur**, transforme-toi !
Et une **anima**trice........, puis dix **anima**trices........ apparaissent !
2. Abracadabra, **enseignant**, transforme-toi !
Et une **enseignant**e..........., puis dix **enseignant**es........... apparaissent !
3. Abracadabra, **voisin** en classe, transforme-toi !
Et une **voisin**e..........., puis dix **voisin**es........... apparaissent !
4. Abracadabra, **écolier** derrière moi, transforme-toi !
Et une **écoli**ère.........., puis dix **écoli**ères......... apparaissent !
5. Abracadabra, **directeur**, transforme-toi !
Et une **direc**trice........, puis dix **direc**trices....... apparaissent !

ACTIVITÉ 2 – Pièces et triangles d'or SQ13. Doc. 4

Objectif : savoir appliquer les règles orthographiques concernant la formation du féminin singulier (audible), puis la formation du féminin pluriel des noms et des adjectifs au sein d'une phrase, en utilisant des codages pour matérialiser ces accords.

Consigne : « Complète les deux phrases en fonction du genre et du nombre demandés. Puis, réalise les codages. »

Dispositif : faire réaliser l'activité sur la fiche, individuellement, puis la corriger collectivement. SQ13. Doc. 4 bis

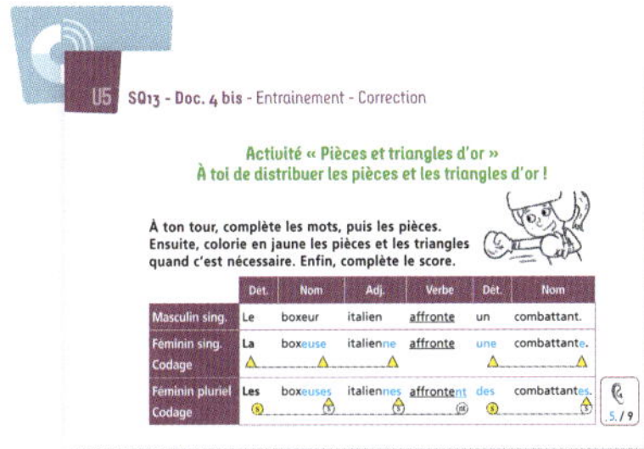
U5 SQ13 - Doc. 4 bis - Entrainement - Correction

Activité « Pièces et triangles d'or »
À toi de distribuer les pièces et les triangles d'or !

À ton tour, complète les mots, puis les pièces. Ensuite, colorie en jaune les pièces et les triangles quand c'est nécessaire. Enfin, complète le score.

	Dét.	Nom	Adj.	Verbe	Dét.	Nom
Masculin sing.	Le	boxeur	italien	affronte	un	combattant.
Féminin sing. Codage	La	boxeuse	italienne	affronte	une	combattante.
Féminin pluriel Codage	Les	boxeuses	italiennes	affrontent	des	combattantes.

.5./ 9

3. Application (individuel)

- Distribuer la fiche d'application SQ13. Doc. 5. Faire lire les trois consignes, puis les expliciter en cas de difficultés.
- Faire réaliser les trois activités individuellement, en suivant le scénario de différenciation préconisé (p. 12).
- En fonction du temps restant ou ultérieurement, corriger SQ13. Doc. 5 bis.

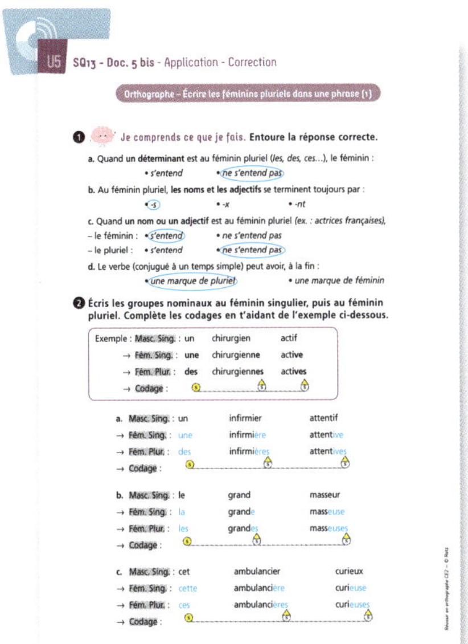
U5 SQ13 - Doc. 5 bis - Application - Correction

Orthographe – Écrire les féminins pluriels dans une phrase (1)

1 Je comprends ce que je fais. Entoure la réponse correcte.

a. Quand un déterminant est au féminin pluriel (*les, des, ces…*), le féminin :
• *s'entend* • *ne s'entend pas*

b. Au féminin pluriel, les noms et les adjectifs se terminent toujours par :
• *-s* • *-x* • *-nt*

c. Quand un nom ou un adjectif est au féminin pluriel (*ex. : actrices françaises*),
– le féminin : • *s'entend* • *ne s'entend pas*
– le pluriel : • *s'entend* • *ne s'entend pas*

d. Le verbe (conjugué à un temps simple) peut avoir, à la fin :
• *une marque de pluriel* • *une marque de féminin*

2 Écris les groupes nominaux au féminin singulier, puis au féminin pluriel. Complète les codages en t'aidant de l'exemple ci-dessous.

Exemple : Masc. Sing. : un chirurgien actif
→ Fém. Sing. : une chirurgienne active
→ Fém. Plur. : des chirurgiennes actives
→ Codage :

a. Masc. Sing. : un infirmier attentif
→ Fém. Sing. : une infirmière attentive
→ Fém. Plur. : des infirmières attentives
→ Codage :

b. Masc. Sing. : le grand masseur
→ Fém. Sing. : la grande masseuse
→ Fém. Plur. : les grandes masseuses
→ Codage :

c. Masc. Sing. : cet ambulancier curieux
→ Fém. Sing. : cette ambulancière curieuse
→ Fém. Plur. : ces ambulancières curieuses
→ Codage :

Réussir en orthographe CE2 – © Retz

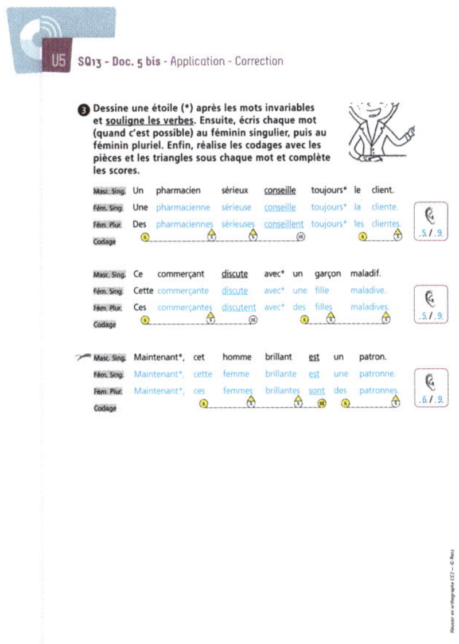
U5 SQ13 - Doc. 5 bis - Application - Correction

3 Dessine une étoile (*) après les mots invariables et souligne les verbes. Ensuite, écris chaque mot (quand c'est possible) au féminin singulier, puis au féminin pluriel. Enfin, réalise les codages avec les pièces et les triangles sous chaque mot et complète les scores.

Masc. Sing. Un pharmacien sérieux conseille toujours* le client.
Fém. Sing. Une pharmacienne sérieuse conseille toujours* la cliente.
Fém. Plur. Des pharmaciennes sérieuses conseillent toujours* les clientes.
Codage
.5./.9.

Masc. Sing. Ce commerçant discute avec* un garçon maladif.
Fém. Sing. Cette commerçante discute avec* une fille maladive.
Fém. Plur. Ces commerçantes discutent avec* des filles maladives.
Codage
.5./.9.

Masc. Sing. Maintenant*, cet homme brillant est un patron.
Fém. Sing. Maintenant*, cette femme brillante est une patronne.
Fém. Plur. Maintenant*, ces femmes brillantes sont des patronnes.
Codage
.6./.9.

Réussir en orthographe CE2 – © Retz

Les 3 rituels de la semaine 31 Dictées

(Voir *Présentation des rituels de l'unité* 5, p. 217)

- **Rituel Jour 2** (fiche de préparation et cahier de brouillon ou ardoise)

Préparation de la dictée (1re partie)

RITUELS U5. Dictée boomerang n° 5 - Préparation
RITUELS U5. Fiche de révision élève
RITUELS U5. Dictée boomerang n° 5 - Entrainement
RITUELS U5. Corrections des 5 dictées boomerang

- **Rituel Jour 3** (fiche de préparation et cahier de brouillon ou ardoise)

Préparation de la dictée (2e partie)

- **Rituel Jour 4** (cahier du jour)

Dictée boomerang n° 5

Différenciation RITUELS U5. Dictée boomerang n° 5 - Coup de pouce*

Remarques : - Laisser visible l'affiche récapitulant les codages, lors de la dictée du Jour 4.
- Rappel : il est possible de ne dicter que les trois premières phrases.

RITUEL JOUR 2 Préparation de la dictée (1re partie)

1. Distribuer la fiche de préparation et faire découvrir le texte de la dictée ; laisser les élèves s'exprimer à son sujet. RITUELS U5. Dictée boomerang n° 5 - Préparation

Enfin les vacances !

Les vacanciers adorent découvrir les plages françaises.
Sous le soleil, les enfants font des châteaux superbes.
Des familles entières aiment les promenades à la montagne.
Parfois, les personnes curieuses préfèrent les régions étrangères.

2. Réaliser les différents codages collectivement en suivant les indications précisées dans la 1re consigne. Faire coder les chaines d'accord des GN au masculin pluriel avec des pièces, celles des GN au féminin singulier avec des triangles et utiliser le double codage pour les GN au féminin pluriel. Coder aussi l'accord des verbes avec les sujets ; les verbes sont au présent, tantôt au singulier, tantôt au pluriel ((nt) : *adorent, aiment, préfèrent* et (nt) : *font*).

Rappeler les différents cas de formation du féminin à partir des mots de la dictée.

3. Faire étudier les mots invariables : demander aux élèves de prendre connaissance de la 2e consigne. La faire réaliser de manière autonome ou accompagnée à partir des mots invariables terminés par *-s : sous/parfois* ou autres cas : *à*. Corriger, puis faire oraliser les lettres muettes collectivement.

4. Faire coller le corrigé de la dictée sur la fiche de révision pour préparer la dictée du Jour 4.

RITUEL JOUR 3 Préparation de la dictée (2e partie)

1. Amener les élèves à travailler sur les mots de la même famille et faire réaliser la 3e activité, puis la corriger (*curieux → curieuse, curiosité, curieusement*).

2. Faire mémoriser l'orthographe de certains mots en identifiant leur point commun (4e consigne) **:** ici, les différentes valeurs de la lettre *g*. Faire copier les termes en respectant les étapes indiquées.

3. Dicter des segments de la dictée contenant des accords, sur l'ardoise ou le cahier de brouillon, à corriger après chaque item (notamment les quatre GN expansés au féminin pluriel : *les plages françaises*...) pour préparer la dictée du lendemain.

4. Distribuer la fiche d'entrainement (si cela n'a pas été fait auparavant) **et la faire observer :** rappeler aux élèves la méthodologie à suivre pour réviser la dictée.

RITUELS U5. Dictée boomerang n° 5 - Entrainement

→ **Travail personnel** : faire réviser la dictée boomerang n° 5 pour le Jour 4, à partir de la fiche de révision et de celle d'entrainement.

RITUEL JOUR 4 Dictée boomerang n° 5

- Dicter les phrases et demander aux élèves de les coder.
- Mettre en place l'un des dispositifs de différenciation préconisés (voir p. 219).

Aide pour le niveau ** : fournir les mots *vacancier (39 %), personne (76 %), étrang(er) (47 %)*

Aide pour le niveau Coup de pouce* : fournir un support spécifique.

- Corriger et valoriser les réussites.

Remarque : Les codages constituent une aide à la réflexion, seule l'orthographe des mots est à prendre en compte.

→ **Travail personnel :** relire les 5 dictées boomerang pour la semaine suivante. Les dictées discutées qui suivront reprendront les différents éléments étudiés au cours de l'année.

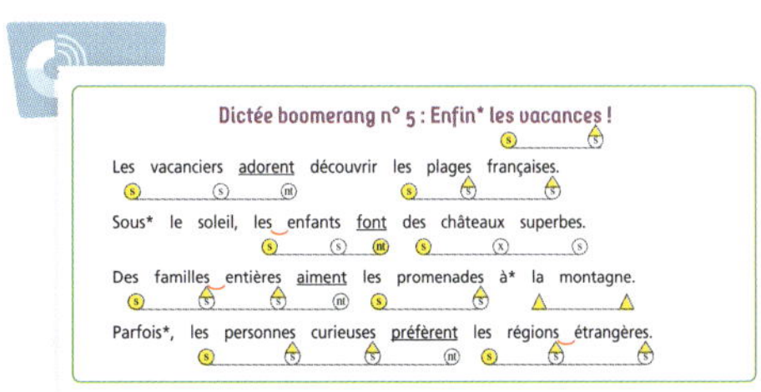
Dictée boomerang n° 5 : Enfin* les vacances !

Les vacanciers <u>adorent</u> découvrir les plages françaises.
Sous* le soleil, les enfants <u>font</u> des châteaux superbes.
Des familles entières <u>aiment</u> les promenades à* la montagne.
Parfois*, les personnes curieuses <u>préfèrent</u> les régions étrangères.

Séance 3 | Écrire les féminins pluriels dans une phrase (3)

Objectifs
- S'entrainer à repérer et à gérer l'accord associé du genre et du nombre dans le GN au sein d'une phrase.
- Transposer directement un GN du masculin singulier au féminin pluriel.
- Réaliser le double codage du nombre (pièces) et du genre (triangles).

Documents
- Entrainement : *Le domino des féminins pluriels* SQ13. Doc. 6 ; *Magie au zoo* SQ13. Doc. 7 et sa correction SQ13. Doc. 7 bis
- Application : SQ13. Doc. 8 et sa correction SQ13. Doc. 8 bis

1. Rappel (alternance individuel/collectif)

Amener les élèves à se remémorer les éléments importants de la séance : le double accord du féminin pluriel, le double codage par la marque (s) et la façon de transposer les GN du masculin singulier au féminin pluriel.

→ Expliciter l'objectif de la séance : s'entrainer à transposer directement les GN d'une phrase du masculin singulier au féminin pluriel, en réalisant l'accord du verbe.

2. Entrainement (groupe/individuel/collectif)

ACTIVITÉ 1 – Le domino des féminins pluriels SQ13. Doc. 6

Objectif : savoir faire correspondre une forme au masculin singulier d'un nom ou d'un adjectif à sa forme au féminin pluriel.

Consigne : « Associe chaque mot au masculin singulier (sur fond blanc) à sa forme au féminin pluriel (sur fond gris). Réalise une figure fermée avec 8 dominos. Attention ! Trois intrus se sont glissés dans le jeu, il faut les réunir au centre du jeu ». Faire expliciter et montrer un exemple sur les types de pièges à éviter (un mot qui ne serait qu'au féminin singulier, par exemple).

Dispositif : distribuer les pièces du domino préalablement découpées, face à l'envers (un jeu pour 3 à 4 élèves). Au signal, les élèves doivent associer les pièces du domino et réaliser une figure fermée. Limiter le jeu à 5 minutes. Vérifier le travail proposé et corriger.

U5 SQ13 - Doc. 6 - Entraînement

Le domino des féminins pluriels
1 jeu pour 3 à 4 élèves

danseurs	sportif
bonnes	danseur
équipière	combattant
sportives	équipier
équipières	combattant
danseuses	sportif
combattantes	marathonien
aviatrices	courageux
courageuses	bon
aviatrice	courageux
marathoniennes	aviateur

ACTIVITÉ 2 – Magie en plein zoo ! SQ13. Doc. 7

Objectif : écrire le féminin pluriel des noms demandés.

Consigne : « Tu viens de recevoir des pouvoirs magiques : tu transformes chaque homme en plusieurs femmes et chaque mâle en plusieurs femelles ! Tu te promènes au zoo et tu testes tes pouvoirs. Pour réussir la transformation, tu dois réussir à écrire correctement le féminin pluriel de chaque mot. »

Mise en situation : chaque élève reçoit sa fiche de magie. Il ou elle doit la compléter. Chaque élève doit compter le nombre de transformations réussies suite à la correction. SQ13. Doc. 7 bis

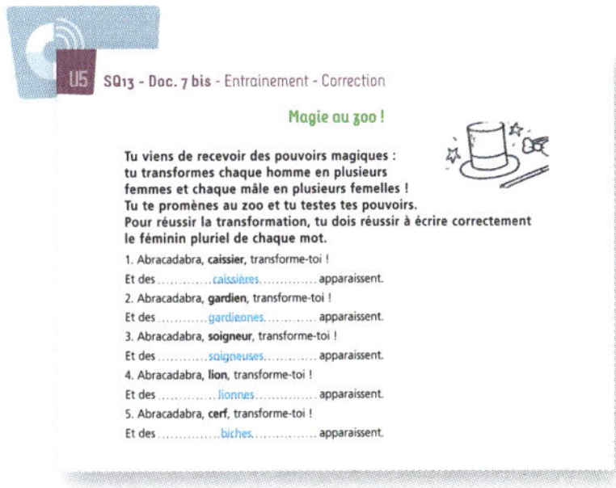
U5 SQ13 - Doc. 7 bis - Entraînement - Correction

Magie au zoo !

Tu viens de recevoir des pouvoirs magiques : tu transformes chaque homme en plusieurs femmes et chaque mâle en plusieurs femelles ! Tu te promènes au zoo et tu testes tes pouvoirs. Pour réussir la transformation, tu dois réussir à écrire correctement le féminin pluriel de chaque mot.

1. Abracadabra, **caissier**, transforme-toi !
Et des ....caissières............ apparaissent.
2. Abracadabra, **gardien**, transforme-toi !
Et des ....gardiennes............ apparaissent.
3. Abracadabra, **soigneur**, transforme-toi !
Et des ....soigneuses............ apparaissent.
4. Abracadabra, **lion**, transforme-toi !
Et des ....lionnes............ apparaissent.
5. Abracadabra, **cerf**, transforme-toi !
Et des ....biches............ apparaissent.

ACTIVITÉ 3 – Les triangles et pièces d'or

Objectif : écrire les GN de la phrase au féminin pluriel et coder les mots de la phrase.

Consigne : « Dessine une étoile après le mot invariable, souligne le verbe, écris les GN de la phrase directement au féminin pluriel, puis réalise le codage avec les pièces et les triangles. »

Mise en situation : l'activité est à réaliser collectivement au tableau. Attirer l'attention des élèves sur l'accord au pluriel du verbe avec le sujet.

Phrase à transformer et à coder :

Ce voyageur <u>observe</u> dehors* un mâle agressif.

Ces voyageuses <u>observent</u> dehors* des femelles agressives.

5 / 9

3. Application (individuel)

- Faire lire les consignes des exercices SQ13. Doc. 8, les expliciter en cas de difficultés.
- Faire réaliser les exercices 1 à 3 individuellement, en suivant le dispositif de différenciation préconisé (p. 12).
- Ensuite (ou le lendemain), lire la consigne de la *gamme d'écriture*. Attirer l'attention sur son fonctionnement : les élèves peuvent choisir des garçons ou des filles, mais ils doivent obligatoirement écrire les adjectifs au féminin pluriel, car il s'agit de décrire plusieurs personnes. Puis, demander à chaque élève de rédiger sa propre gamme d'écriture et de réaliser l'exercice de révision.
- Corriger en fonction du temps restant SQ13. Doc. 8 bis.
- Faire lire ultérieurement les gammes d'écriture par les élèves et faire deviner l'identité des personnes concernées par les descriptions.

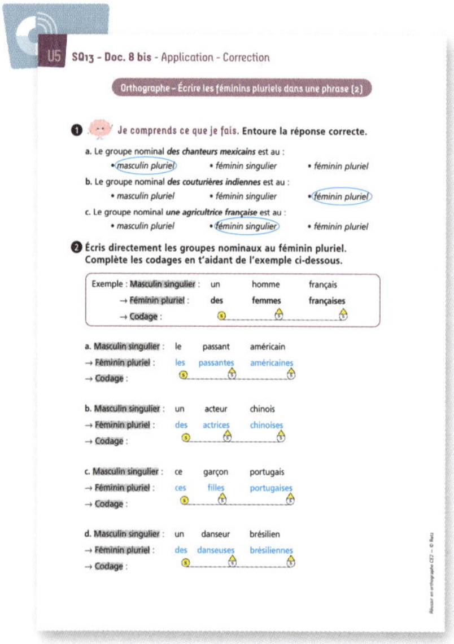

U5 SQ13 - Doc. 8 bis - Application - Correction

Orthographe – Écrire les féminins pluriels dans une phrase (2)

❶ Je comprends ce que je fais. **Entoure la réponse correcte.**

a. Le groupe nominal ***des chanteurs mexicains*** est au :
• *masculin pluriel* • *féminin singulier* • *féminin pluriel*

b. Le groupe nominal ***des couturières indiennes*** est au :
• *masculin pluriel* • *féminin singulier* • *féminin pluriel*

c. Le groupe nominal ***une agricultrice française*** est au :
• *masculin pluriel* • *féminin singulier* • *féminin pluriel*

❷ **Écris directement les groupes nominaux au féminin pluriel. Complète les codages en t'aidant de l'exemple ci-dessous.**

Exemple : Masculin singulier : un homme français
→ Féminin pluriel : des femmes françaises
→ Codage :

a. Masculin singulier : le passant américain
→ Féminin pluriel : les passantes américaines
→ Codage :

b. Masculin singulier : un acteur chinois
→ Féminin pluriel : des actrices chinoises
→ Codage :

c. Masculin singulier : ce garçon portugais
→ Féminin pluriel : ces filles portugaises
→ Codage :

d. Masculin singulier : un danseur brésilien
→ Féminin pluriel : des danseuses brésiliennes
→ Codage :

Réussir en orthographe CE2 — © Retz

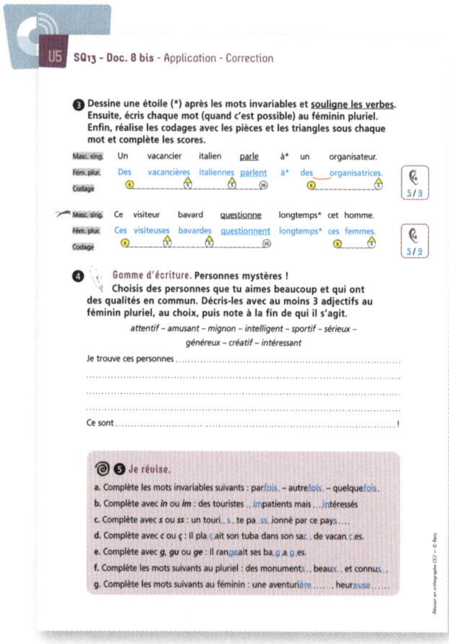

U5 SQ13 - Doc. 8 bis - Application - Correction

❸ **Dessine une étoile (*) après les mots invariables et souligne les verbes. Ensuite, écris chaque mot (quand c'est possible) au féminin pluriel. Enfin, réalise les codages avec les pièces et les triangles sous chaque mot et complète les scores.**

Masc. sing. Un vacancier italien parle à* un organisateur.
Fém. plur. Des vacancières italiennes parlent à* des organisatrices.
Codage 5 / 9

Masc. sing. Ce visiteur bavard questionne longtemps* cet homme.
Fém. plur. Ces visiteuses bavardes questionnent longtemps* ces femmes.
Codage 5 / 9

❹ Gamme d'écriture. **Personnes mystères !**
Choisis des personnes que tu aimes beaucoup et qui ont des qualités en commun. Décris-les avec au moins 3 adjectifs au féminin pluriel, au choix, puis note à la fin de qui il s'agit.

attentif – amusant – mignon – intelligent – sportif – sérieux – généreux – créatif – intéressant

Je trouve ces personnes ....
....
....
....
Ce sont .... !

❺ Je révise.
a. Complète les mots invariables suivants : parfois. – autrefois. – quelquefois.
b. Complète avec *in* ou *im* : des touristes ..impatients mais ...intéressés
c. Complète avec *s* ou *ss* : un touri..s..te pa.ss.ionné par ce pays....
d. Complète avec *c* ou *ç* : Il plaçait son tuba dans son sac.. de vacan.c.es.
e. Complète avec *g*, *gu* ou *ge* : Il rangeait ses ba.g.a.g.es.
f. Complète les mots suivants au pluriel : des monuments.. beaux.. et connus..
g. Complète les mots suivants au féminin : une aventurière...... heureuse.....

Réussir en orthographe CE2 — © Retz

Les 3 rituels de la semaine 32 Dictées

(Voir *Présentation des rituels de l'unité 5*, p. 217)

- **Rituel Jour 2** (cahier du jour)

Préparation de la dictée bilan finale : dictée discutée A

- **Rituel Jour 3** (cahier du jour)

Préparation de la dictée bilan finale : dictée discutée B

- **Rituel Jour 4** (cahier du jour)

Préparation de la dictée bilan finale : dictée discutée C

RITUELS U5. Dictées discutées A B C – Corrections

Remarques : • Laisser l'affiche contenant les codages correspondants disponible visuellement lors de la dictée.

• Expliquer aux élèves qu'il s'agit cette semaine de préparer la dictée bilan finale de la semaine suivante : ce sera une dictée récapitulative de tous les savoirs orthographiques travaillés pendant l'année de CE2. Ces dictées discutées ont pour objectif de la préparer en révisant différentes notions apprises.

RITUEL JOUR 2 Préparation de la dictée bilan : dictée discutée A

Il s'agit du dispositif de la dictée discutée qui a déjà été pratiquée dans les unités 2 et 4 (voir p. 168). Rappeler le fonctionnement aux élèves : se mettre d'accord sur des graphies communes en explicitant les choix orthographiques.

1. Dicter les deux premières phrases au pluriel. Faire utiliser de préférence un crayon gris ou un stylo effaçable. Préciser que chacune des phrases doit être écrite sur une seule ligne, en sautant une ligne entre les deux pour réaliser le codage ; la marge peut être utilisée.

> Au Brésil, pendant les carnavals, des ouvriers arrêtent les travaux.
> Les fillettes brésiliennes retrouvent la famille, avec les sœurs et les cousins.

2. Demander aux élèves de **réaliser les codages.**

3. Placés en binômes, ils doivent **comparer** les dictées individuelles, **discuter** de leurs choix orthographiques (graphies et codages) en s'appuyant sur les leçons et **verbaliser** les règles étudiées. Ils se mettent d'accord sur des graphies communes.

4. Corriger en explicitant les points qui ont présenté des difficultés. Faire réactiver les différentes règles : le **s** qui transcrit le son [z] entre deux voyelles : *Bré**s**il*, *bré**s**iliennes*, *cou**s**ins* et le son [s] à l'initiale : ***s**œurs* ; les pluriels irréguliers à réactiver : *les carnaval**s***, *les trav**aux*** ; le doublement de la consonne au féminin : *brésilie**nn**e*, ainsi que les chaines d'accord, notamment celle au féminin pluriel. Projeter la correction.

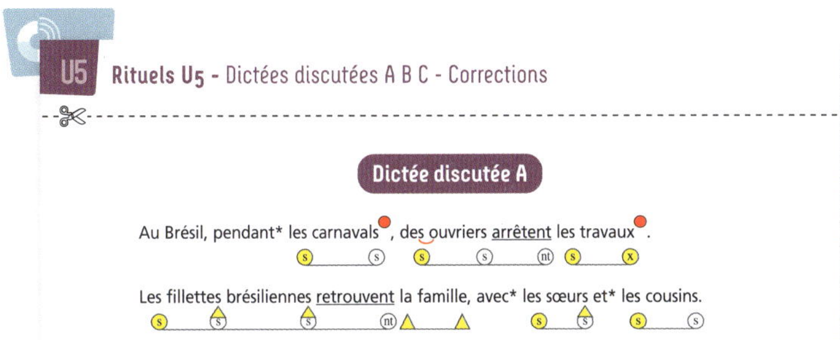

RITUEL JOUR 3 Préparation de la dictée bilan : dictée discutée B

- **Procéder de la même façon que lors du Jour 2** avec les deux phrases suivantes, en respectant les trois premières étapes :

> Les danseuses talentueuses portent des beaux bijoux.
> Des musiciens géniaux animeront les nombreuses fêtes, avec le tambour et la guitare.

• **Corriger** en explicitant les points qui ont présenté des difficultés. Faire réactiver les différentes règles : *m* devant *p* et *b* : *no**m**breuses*, *ta**m**bour* ; la formation du féminin : *dans**euse**s*, *talentu**euse**s*, *nombr**euse**s* ; différents cas de pluriels : *beau**x***, *bijou**x***, *géni**aux***, ainsi que les chaines d'accord, notamment les deux au féminin pluriel. Insister sur la 3e personne du pluriel au futur (audible) dans le verbe *animer**ont***. Projeter la correction.

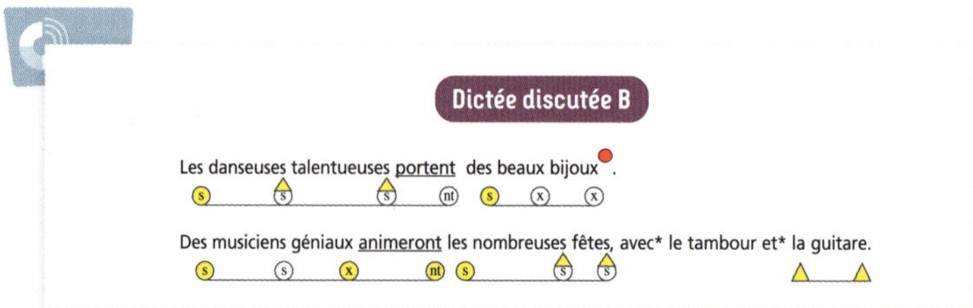

RITUEL JOUR 4 Préparation de la dictée bilan : dictée discutée C

• **Procéder de la même façon que lors du Jour 2** avec les phrases suivantes, en respectant les trois premières étapes. Écrire *Rio* au tableau et localiser la ville.

> Les passantes souriantes lanceront des sous. Les pigeons partiront partout. Autrefois, des actrices françaises posaient pour des journaux de Rio.

• **Corriger** en explicitant les points qui ont présenté des difficultés. Faire réactiver les règles : ***ss*** entre deux voyelles (*pa**ss**antes*) pour produire le son [s], un seul ***s*** pour le son [z] (*françai**s**es*, *po**s**aient*) ou pour le son [s] (***s**ouriantes*, ***s**ous*) ; pour le son [s], *c* + *e* (*lan**c**eront*, *actri**c**es*) mais *ç* + *a* (*fran**ç**aises*) ; pour le son [k], *c* (*a**c**trices*) ; *ge* devant *a* et *o* (*pi**ge**ons*) ; le cas audible du pluriel : *des journ**aux***. Réviser les mots invariables et signaler les deux temps simples utilisés : le futur (pluriel audible) et l'imparfait avec un pluriel qui ne s'entend pas (*posai**ent***). Corriger les chaines d'accord, notamment celles qui concernent le féminin pluriel. Projeter la correction.

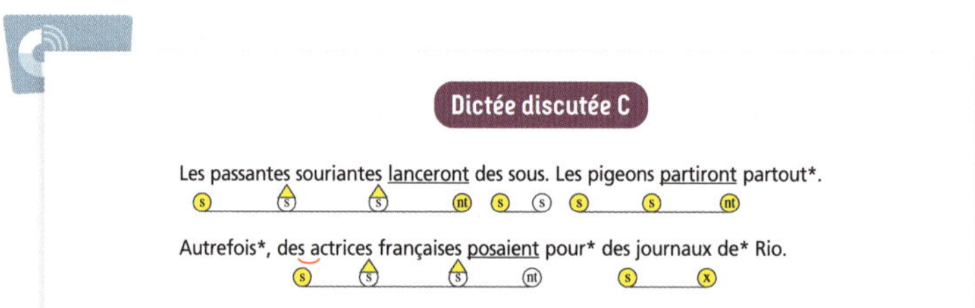

→ **Travail personnel :** faire relire les différentes fleurs et les 5 fiches récapitulatives de fin d'unité.

Préparation et passation du bilan n° 5

MISE AU POINT DIDACTIQUE ET PÉDAGOGIQUE

• **Le bilan des apprentissages sur les accords en genre ainsi qu'en genre et en nombre doit être précédé d'une phase de révision sur les différents aspects étudiés :**

– l'explicitation des règles avec le rappel des mots stars ✪ à l'appui ;

– la réalisation de courts exercices pour se remémorer ces règles et renforcer les automatismes.

Ces révisions peuvent être placées **juste avant** la réalisation du bilan ou être décalées dans le temps, en **amont** du bilan.

Il est conseillé d'avoir recours aux affiches produites lors des séquences ou aux leçons individuelles afin d'avoir un renfort visuel.

• Une fiche récapitulative des apprentissages de l'unité 5 est fournie : elle peut être donnée le **jour de l'évaluation**, mais il est souhaitable de la distribuer **avant l'évaluation** afin de préparer celle-ci : elle servira d'appui au travail personnel des élèves.

• **La dictée bilan finale** fait une synthèse de tous les éléments travaillés pendant l'année ; elle cumule donc les nouveaux apprentissages sur le genre et le double accord genre-nombre avec les savoirs précédents, aussi bien lexicaux (mots invariables, *an/am…, s/ss, c/ç, g/gu/ge*) que grammaticaux (les accords en nombre). Le texte est le même que celui de la dictée diagnostique de début d'année ; la comparaison entre les dictées initiale et finale permet de mesurer les progrès accomplis. Il est préférable de la faire passer en trois temps distincts, comme la méthode le préconise.

• **Concernant la correction de l'évaluation et de la dictée par l'enseignant(e), il parait plus pertinent de tenir compte avant tout de l'orthographe des mots plus que du codage lui-même :** en effet, celui-ci est un outil de repérage et d'aide à l'application des règles, mais il n'est pas une fin en soi.

Remarque : Il est souhaitable de photocopier la fiche récapitulative sur une feuille colorée, afin de lui donner un statut différent et pour signaler la fin d'une unité.

Documents

- Fiche récapitulative de l'unité 5 U5 BILAN. Fiche récapitulative
- Évaluation de l'unité 5 U5 BILAN. Fiche évaluation
- Correction de l'évaluation U5 BILAN. Fiche évaluation – Correction

1 I Préparation du bilan n° 5 (individuel/collectif, oral/écrit)

1. Rappel (oral, collectif)

• Faire rappeler la fonction du codage et ses différents éléments (étoiles, soulignement du verbe, pièces d'or, pièces blanches, triangles d'or, marques *-s, -x, -nt,* double codage avec triangles jaunes sur pièces blanches *-s*, chaines d'accord, feux rouges, arcs pour les liaisons).

• Distribuer la fiche récapitulative, la lire collectivement et la projeter simultanément U5 BILAN. Fiche récapitulative. Amener les élèves à rappeler les règles principales.

2. Entrainement (oral/écrit, individuel/groupe/collectif)

• Faire réaliser les trois activités suivantes :

ACTIVITÉ 1 – Le domino des féminins pluriels

Respecter les modalités exposées précédemment (SQ13, séance 3, p. 252).

Variante : à partir de noms notés au masculin singulier au tableau *(infirmier, enseignant…)*, demander aux élèves d'écrire sur l'ardoise ou le cahier de brouillon directement leur forme au féminin pluriel. Corriger.

ACTIVITÉ 2 – Des groupes nominaux à transformer

Faire écrire directement les groupes nominaux suivants au féminin pluriel (sur l'ardoise ou au brouillon), puis les corriger :

le promeneur parisien – un oncle joyeux – ce coiffeur actif.

ACTIVITÉ 3 – La phrase à transformer

Faire écrire collectivement au tableau les mots, quand c'est possible, au féminin singulier, puis au féminin pluriel avec le codage. Attirer l'attention des élèves sur l'accord du verbe au pluriel.

Le banquier rassurant appelle maintenant son client soucieux.

Remarque : Les révisions ne doivent pas dépasser 30 minutes, afin de laisser un temps convenable aux élèves pour découvrir et réaliser le bilan écrit, si celui-ci est fait dans la continuité des révisions.

2 I Passation du bilan n° 5 (individuel, écrit)

- Distribuer la fiche du bilan n° 5 aux élèves. U5 BILAN. Fiche évaluation
- Lire les consignes et les phrases, s'assurer de leur compréhension, puis faire réaliser le bilan individuellement.
- Projeter la correction, si besoin. U5 BILAN. Fiche évaluation – Correction

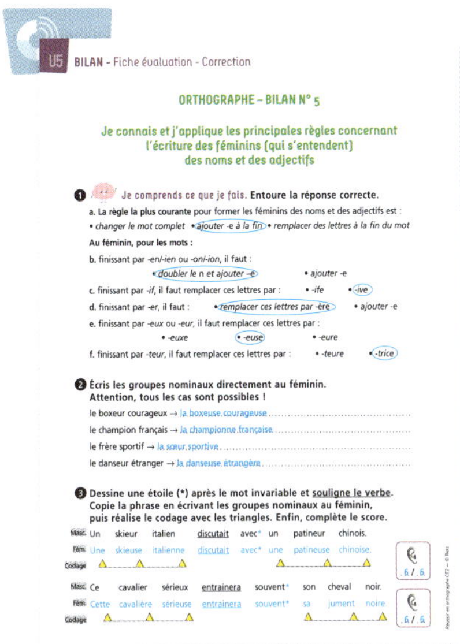

U5 BILAN - Fiche évaluation - Correction

ORTHOGRAPHE – BILAN N° 5

Je connais et j'applique les principales règles concernant l'écriture des féminins (qui s'entendent) des noms et des adjectifs

❶ Je comprends ce que je fais. **Entoure la réponse correcte.**

a. **La règle la plus courante** pour former les féminins des noms et des adjectifs est :
• *changer le mot complet* • *ajouter -e à la fin* • *remplacer des lettres à la fin du mot*

Au féminin, pour les mots :

b. finissant par *-en/-ien* ou *-on/-ion*, il faut :
• *doubler le n et ajouter -e* • *ajouter -e*

c. finissant par *-if*, il faut remplacer ces lettres par : • *-ife* • *-ive*

d. finissant par *-er*, il faut : • *remplacer ces lettres par -ère* • *ajouter -e*

e. finissant par *-eux* ou *-eur*, il faut remplacer ces lettres par :
• *-euxe* • *-euse* • *-eure*

f. finissant par *-teur*, il faut remplacer ces lettres par : • *-teure* • *-trice*

❷ **Écris les groupes nominaux directement au féminin. Attention, tous les cas sont possibles !**

le boxeur courageux → la boxeuse courageuse
le champion français → la championne française
le frère sportif → la sœur sportive
le danseur étranger → la danseuse étrangère

❸ **Dessine une étoile (*) après le mot invariable et souligne le verbe. Copie la phrase en écrivant les groupes nominaux au féminin, puis réalise le codage avec les triangles. Enfin, complète le score.**

Masc.	Un	skieur	italien	discutait	avec*	un	patineur	chinois.
Fém.	Une	skieuse	italienne	discutait	avec*	une	patineuse	chinoise.

6 / 6

Masc.	Ce	cavalier	sérieux	entrainera	souvent*	son	cheval	noir.
Fém.	Cette	cavalière	sérieuse	entrainera	souvent*	sa	jument	noire.

6 / 6

Réussir en orthographe CE2 — © Retz

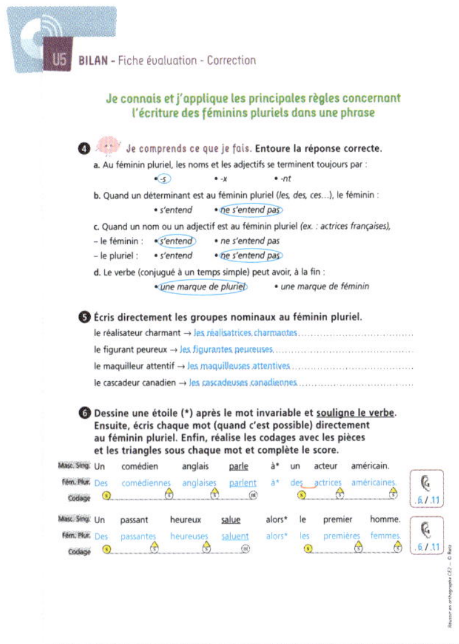

U5 BILAN - Fiche évaluation - Correction

Je connais et j'applique les principales règles concernant l'écriture des féminins pluriels dans une phrase

❹ Je comprends ce que je fais. **Entoure la réponse correcte.**

a. Au féminin pluriel, les noms et les adjectifs se terminent toujours par :
• *-s* • *-x* • *-nt*

b. Quand un déterminant est au féminin pluriel (*les, des, ces*…), le féminin :
• *s'entend* • *ne s'entend pas*

c. Quand un nom ou un adjectif est au féminin pluriel *(ex. : actrices françaises)*,
– le féminin : • *s'entend* • *ne s'entend pas*
– le pluriel : • *s'entend* • *ne s'entend pas*

d. Le verbe (conjugué à un temps simple) peut avoir, à la fin :
• *une marque de pluriel* • *une marque de féminin*

❺ **Écris directement les groupes nominaux au féminin pluriel.**

le réalisateur charmant → les réalisatrices charmantes
le figurant peureux → les figurantes peureuses
le maquilleur attentif → les maquilleuses attentives
le cascadeur canadien → les cascadeuses canadiennes

❻ **Dessine une étoile (*) après le mot invariable et souligne le verbe. Ensuite, écris chaque mot (quand c'est possible) directement au féminin pluriel. Enfin, réalise les codages avec les pièces et les triangles sous chaque mot et complète le score.**

Masc. Sing.	Un	comédien	anglais	parle	à*	un	acteur	américain.
Fém. Plur.	Des	comédiennes	anglaises	parlent	à*	des	actrices	américaines.

6 / 11

Masc. Sing.	Un	passant	heureux	salue	alors*	le	premier	homme.
Fém. Plur.	Des	passantes	heureuses	saluent	alors*	les	premières	femmes.

6 / 11

Réussir en orthographe CE2 — © Retz

Remarque : L'évaluation doit porter sur l'écriture des GN des phrases au féminin singulier ou au féminin pluriel plus que sur le codage lui-même, qui reste avant tout un outil réflexif.

Les 3 rituels de la semaine 33 Dictée bilan finale

(Voir *Présentation des rituels de l'unité* 5, p. 217)

- **Rituel Jour 2** (fiche)
Dictée bilan finale, 1re partie RITUELS U5. Dictée bilan finale

- **Rituel Jour 3** (fiche)
Dictée bilan finale, 2e partie RITUELS U5. Dictée bilan finale

- **Rituel Jour 4** (fiche)
Dictée bilan finale, 3e partie RITUELS U5. Dictée bilan finale
Correction : RITUELS U5. Dictée bilan finale - Correction

Remarques : - Préciser aux élèves que la dictée sera réalisée en trois temps et qu'elle correspond à celle qui a été faite en début d'année : après comparaison, elle permettra à chacun d'entre eux ainsi qu'à l'enseignant(e) de mesurer les progrès réalisés pendant l'année de CE2.
- Laisser l'affiche contenant les codages correspondants disponible visuellement lors de la dictée. Il faut cependant rappeler aux élèves que le codage est un outil réflexif qui permet une meilleure compréhension des mécanismes d'accord ; il n'est pas à prendre en compte en cas d'erreur.
- Concernant la différenciation, à l'enseignant(e) de choisir le procédé qui lui semble le plus pertinent pour mesurer le degré d'acquisition (même dictée pour tous les élèves ou différenciation à aménager).
- La correction peut être collective si l'enseignant(e) souhaite la projeter à l'issue de la dictée et amener les élèves à considérer les progrès accomplis depuis le début de l'année.

RITUEL JOUR 2 Dictée bilan finale, 1re partie

1. Lire les trois premières phrases, puis les dicter. Préciser que chaque phrase doit être écrite sur une nouvelle ligne.

> Une écolière brésilienne arrive dans ma classe, avec des beaux bijoux.
> Cette fillette vive donne des détails sur sa famille nombreuse.
> « Mes cousines danseuses gagnaient des sous avec des leçons. »

2. Demander aux élèves de se relire, puis de réaliser les codages.

RITUEL JOUR 3 Dictée bilan finale, 2e partie

Procéder de la même façon que lors du Jour 2 avec les quatre phrases suivantes :

« Pendant les carnavals, les ouvriers terminaient les travaux.
Alors, mes cousins jouaient de la guitare et du tambour.
Les pigeons volaient partout ! Les passants admiraient les musiciens géniaux. »

RITUEL JOUR 4 Dictée bilan finale, 3e partie

- **Procéder de la même façon que lors du Jour 2** avec les trois phrases suivantes :

« Au Brésil, mes grandes sœurs sont des actrices talentueuses.
Les journaux proposent parfois un article sur ces femmes souriantes.
Bientôt, les Françaises découvriront aussi ces charmantes étrangères. »

- Après la correction individuelle réalisée par l'enseignant(e), **les élèves pourront recevoir les deux dictées : celle du début et celle de la fin de l'année pour les comparer et mesurer les progrès individuels accomplis.**
- **Féliciter les élèves pour le chemin parcouru et leur indiquer qu'ils continueront de progresser les années suivantes.**

Remarque : La correction peut être éventuellement projetée.

Évaluation de la dictée bilan finale – Texte de la dictée finale

1re partie

Une écolière brésilienne **arrive** dans* ma classe, avec* des beaux bijoux.
Cette fillette vive **donne** des détails sur* sa famille nombreuse.
« Mes cousines danseuses **gagnaient** des sous avec* des leçons. »

2e partie

« Pendant* les carnavals, les ouvriers **terminaient** les travaux.
Alors*, mes cousins **jouaient** de la guitare et* du tambour.
Les pigeons **volaient** partout* ! Les passants **admiraient** les musiciens géniaux. »

3e partie

« Au Brésil, mes grandes sœurs **sont** des actrices talentueuses.
Les journaux **proposent** parfois* un article sur* ces femmes souriantes.
Bientôt*, les Françaises **découvriront** aussi* ces charmantes étrangères. »

Codes couleurs :
GN au masculin pluriel GN au féminin singulier GN au féminin pluriel

	Compétences à évaluer	Items dans la dictée selon les parties
Acquérir l'orthographe lexicale (unités 1 et 2)	Écrire des mots invariables.	1re partie : *dans, sur, avec* ; 2e partie : *pendant, alors, et, partout* ; 3e partie : *parfois, sur, bientôt, aussi.*
	Écrire *an/am, en/em, on/om, in/im*.	1re partie : *no**m**breuse, d**an**seuses, leç**on**s* ; 2e partie : *p**en**d**an**t, cous**in**s, ta**m**bour, pass**an**ts* ; 3e partie : *gr**an**des, tal**en**tueuses, souri**an**tes, Fr**an**çaises, charm**an**tes étr**an**gères.*
	Lire et écrire la lettre *s* : *s* ou *ss* ?	• ***s*** : son [z] entre deux voyelles : *bré**s**ilienne, nombreu**s**e, cou**s**ines, danseu**s**es* (1re partie) ; *cou**s**ins, mu**s**iciens* (2e partie) ; *Bré**s**il , talentueu**s**es, Françai**s**es* (3e partie) ; • son [s] : ***s*** avec consonne ou à l'initiale : ***s**a, dan**s**euses, **s**ous* (1re partie) ; ***s**œurs, **s**ouriantes* (3e partie) ; • son [s] : ***ss*** entre deux voyelles : *cla**ss**e* (1re partie) ; *pa**ss**ants* (2e partie) ; *au**ss**i* (3e partie).
	Lire et écrire la lettre *c* : *c* ou *ç* ?	• ***c*** : son [k] : *é**c**olière, **c**lasse, **c**ousines* (1re partie) ; ***c**arnavals, **c**ousins* (2e partie) ; *a**c**trices, arti**c**le* (3e partie) ; • ***c*** : son [s] : ***c**ette* (1re partie) ; *actri**c**es, **c**es* (3e partie) ; • ***ç*** : son [s] : *le**ç**ons* (1re partie) ; *Fran**ç**aises* (3e partie) ; • ***c*** avec ***h*** : son [ʃ] : ***ch**armantes* (3e partie).
	Lire et écrire la lettre *g* : *g, gu* ou *ge* ?	• ***g*** : son [g] : ***g**agnaient* (1re partie) ; ***g**randes* (3e partie) ; • ***g*** : son [ʒ] : ***g**éniaux* (2e partie) ; *étran**g**ères* (3e partie) ; • ***gu*** : son [g] : ***gu**itare* (2e partie) ; • ***ge*** : son [ʒ] : *pi**ge**ons* (2e partie) ; • ***g*** avec ***n*** : son [ɲ] : *ga**gn**aient* (1re partie).

	Compétences à évaluer	Items dans la dictée selon les parties
Acquérir l'orthographe grammaticale Les accords dans le GN (en genre et en nombre) et verbe/sujet (Unités 3, 4, 5)	Écrire les pluriels réguliers et irréguliers des noms et des adjectifs masculins, dont ceux finissant par - *eu*, *-au*, - *eau*, *-al*, *-ou*, *-ail*.	→ GN au masculin pluriel 1re partie : *des beau**x** bijou**x***, *des détail**s***, *des sou**s*** ; 2e partie : *les carnaval**s***, *les ouvrier**s***, *les trav**aux***, *mes cousin**s***, *les pigeon**s***, *les passant**s***, *les musicien**s** géni**aux*** ; 3e partie : *les journ**aux***.
	Réaliser l'accord sujet/verbe et connaitre les marques de la 3e personne du pluriel des verbes, selon les temps.	1re partie : elles gagnai**ent** ; 2e partie : ils terminai**ent**, jouai**ent**, volai**ent**, admirai**ent** ; 3e partie : elles s**ont**, ils propos**ent**, elles découvrir**ont**.
	Écrire les féminins singuliers (qui s'entendent) des noms et des adjectifs.	→ GN au féminin singulier 1re partie : *une écoli**ère** brésilie**nne***, *ma **classe***, *cette **fillette vive***, *sa **famille** nombr**euse*** ; 2e partie : *la **guitare***.
	Écrire les féminins pluriels dans une phrase.	→ GN au féminin pluriel 1re partie : *mes cousin**es** dans**euses***, *des **leçons*** ; 3e partie : *mes grand**es** **sœurs***, *des ac**trices** talent**ueuses***, *ces **femmes** souriant**es***, *les Française**s***, *ces charmant**es** étrang**ères***.

Remarque : Toutes les notions étudiées pendant l'année sont évaluées dans cette dictée.

Écrire *est/et*, *sont/son* – *a/à*, *ont/on* dans une phrase

MISE AU POINT DIDACTIQUE ET PÉDAGOGIQUE

Cette séquence a pour objectif de permettre aux élèves de **différencier certaines formes au présent des verbes *être* et *avoir* de leurs homophones**. Il est important qu'ils acquièrent cette compétence car chaque élément de ces quatre séries d'homophones est d'une extrême fréquence et occasionne des erreurs orthographiques majeures dans la mesure où il s'agit d'homophones (se prononçant de la même façon) mais non homographes (s'écrivant différemment).

Cependant, la notion d'homophonie n'est pas au programme du cycle 2, ni sur le plan lexical, ni au niveau grammatical. D'après les programmes de 2020, sa découverte est prévue au CM2. Il n'est donc pas utile de l'expliquer, ni même d'employer le terme.

La procédure de reconnaissance doit être simple et s'appuyer sur du connu, donc sur les verbes *être* et *avoir* dont les formes au présent ont été apprises, ainsi que celles à l'imparfait. Il s'agit dans cette séquence **de faire repérer les formes aux 3e personnes du présent des verbes *être* et *avoir*, en appliquant une procédure de substitution** : le remplacement d'une forme verbale au présent par une autre à l'imparfait qui conserve le sens initial de la phrase ; par exemple, *il* ***est*** *heureux* → *il* ***était*** *heureux* ; *elles* ***ont*** *de la chance* → *elles* ***avaient*** *de la chance*. Si la substitution ne fonctionne pas (si la phrase perd son sens), il faut alors écrire la seconde forme fournie.

Ce choix binaire est accessible à des élèves de CE2. Il ne s'agit donc ni de préciser les classes grammaticales de chacun des mots (les notions de déterminant possessif, préposition, conjonction de coordination sont toujours inconnues), ni d'alourdir la séquence en ajoutant des moyens d'identification pour chacun des homophones. Ces éléments seront détaillés et automatisés au CM2. C'est l'identification des formes verbales qui est placée au cœur de cette séquence destinée aux élèves de CE2.

Cette séquence « bonus » n'est pas incluse dans l'évaluation finale mais elle offre néanmoins aux élèves une base de réflexion pour mieux maitriser l'orthographe de ces homophones grammaticaux fréquents, qu'ils emploient constamment en production écrite. **Elle peut être placée à la période de l'année où l'enseignant(e) le souhaite, à partir du moment où les verbes *être* et *avoir* ont été étudiés au présent et à l'imparfait**, sans pour autant décaler la programmation habituelle des séances d'orthographe, car celles-ci sont accompagnées de rituels précis. **Ces deux séances seront donc à intercaler entre le J2 et le J4**. La leçon n'est pas numérotée pour permettre à l'enseignant(e) de l'insérer au moment qui lui semble le plus judicieux.

Prérequis :
Savoir conjuguer *être* et *avoir* au présent et à l'imparfait.

Séance 1 | Écrire *est/et, sont/son – a/à, ont/on* dans une phrase (1)

Objectifs
- Identifier les verbes *être* et *avoir* au présent et les distinguer de leurs homophones (*est/et, sont/son – a/à, ont/on*).
- Appliquer une procédure de substitution pour écrire correctement *est/et, sont/son – a/à, ont/on* dans une phrase.

Documents
- Recherche BONUS. Doc. 1
- Leçon BONUS. Doc. 2
- Entrainement : *Duel des faux jumeaux* BONUS. Doc. 3

1. Découverte/recherche (individuel, collectif, par 2)

→ Expliciter l'objectif de la séance : étudier l'orthographe de certaines paires de mots qui s'entendent de la même manière ou d'une manière proche[6], mais qui s'écrivent d'une façon différente. Il s'agit de comprendre et de réussir à écrire correctement ces mots qui sont très fréquents en s'aidant d'une procédure, d'une méthode.

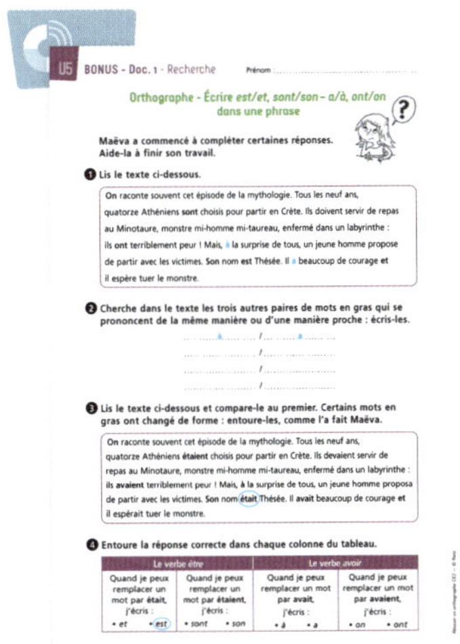
U5 BONUS - Doc. 1 - Recherche Prénom : ....

Orthographe - Écrire *est/et, sont/son – a/à, ont/on* dans une phrase

Maëva a commencé à compléter certaines réponses. Aide-la à finir son travail.

1 Lis le texte ci-dessous.

On raconte souvent cet épisode de la mythologie. Tous les neuf ans, quatorze Athéniens **sont** choisis pour partir en Crète. Ils doivent servir de repas au Minotaure, monstre mi-homme mi-taureau, enfermé dans un labyrinthe : ils **ont** terriblement peur ! Mais, à la surprise de tous, un jeune homme propose de partir avec les victimes. **Son** nom **est** Thésée. Il a beaucoup de courage **et** il espère tuer le monstre.

2 Cherche dans le texte les trois autres paires de mots en gras qui se prononcent de la même manière ou d'une manière proche : écris-les.

..........à.......... / ....a..........
.... / ....
.... / ....
.... / ....

3 Lis le texte ci-dessous et compare-le au premier. Certains mots en gras ont changé de forme : entoure-les, comme l'a fait Maëva.

On raconte souvent cet épisode de la mythologie. Tous les neuf ans, quatorze Athéniens **étaient** choisis pour partir en Crète. Ils devaient servir de repas au Minotaure, monstre mi-homme mi-taureau, enfermé dans un labyrinthe : ils **avaient** terriblement peur ! Mais, **à** la surprise de tous, un jeune homme proposa de partir avec les victimes. **Son** nom **était** Thésée. Il **avait** beaucoup de courage **et** il espérait tuer le monstre.

4 Entoure la réponse correcte dans chaque colonne du tableau.

Le verbe *être*		Le verbe *avoir*	
Quand je peux remplacer un mot par **était**, j'écris : • *et* • *est*	Quand je peux remplacer un mot par **étaient**, j'écris : • *sont* • *son*	Quand je peux remplacer un mot par **avait**, j'écris : • *à* • *a*	Quand je peux remplacer un mot par **avaient**, j'écris : • *on* • *ont*

• Distribuer la recherche BONUS. Doc. 1. La projeter simultanément.

• Lire collectivement les deux premières consignes ainsi que le premier texte. Faire reformuler l'histoire pour s'assurer de sa compréhension, puis amener les élèves à repérer les mots

6. Dans la plupart des régions, *et/est* se prononcent différemment : *et* avec un [e] fermé, *est* avec [ɛ] ouvert.

en gras. Ensuite, leur demander de réaliser cette tâche individuellement. Corriger collectivement.

• Faire découvrir la consigne et le texte de la 3e activité, puis la consigne de la 4e. Les expliquer et proposer, ensuite, aux élèves de mener la réflexion en binômes.

2. Mutualisation (collectif)

• À partir des productions des élèves, faire apparaitre certains éléments :

– **Certains mots se prononcent de la même façon mais s'écrivent ici différemment.** Ces termes sont très fréquents dans la langue et il faut, dans un premier temps, identifier les paires à ne pas confondre : *est/et, sont/son, a/à, ont/on*.

– Dans ces paires, on peut identifier **les formes des verbes *être* et *avoir*** qui ont été étudiées en conjugaison dans l'année : *il/elle est, ils/elles sont – il/elle a, ils/elles ont*.

– Il est possible de repérer les formes des verbes *être* et *avoir* car un verbe se conjugue à plusieurs temps. Si on peut **mettre une forme à l'imparfait et que le sens de la phrase est conservé**, il s'agit bien d'un verbe, ici ou *être* ou *avoir*.

*Ex. : Ils **ont** terriblement peur. → Ils **avaient** terriblement peur.*

– Si le remplacement n'est pas possible, il faut écrire la seconde forme proposée pour chaque paire de mots.

Ex. : ***Avait** la surprise de tous*, ne veut rien dire → il ne s'agit donc pas du verbe *avoir* mais de l'autre mot : ***À** la surprise de tous*. Donner des exemples pour chaque cas à partir des phrases du texte afin de faire comprendre cette procédure.

• Conclure en montrant que cette procédure fonctionne très bien mais rappeler qu'il faut systématiquement réfléchir au sens de la phrase après le remplacement du mot pour valider ou non l'orthographe de chaque terme.

3. Institutionnalisation (collectif)

Distribuer la leçon, la projeter, la lire et commenter collectivement les principaux points. BONUS. Doc. 2

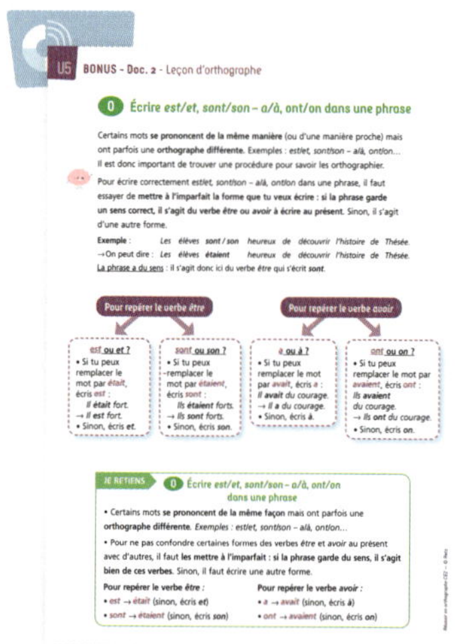
U5 BONUS - Doc. 2 - Leçon d'orthographe

0 Écrire *est/et, sont/son – a/à, ont/on* dans une phrase

Certains mots **se prononcent de la même manière** (ou d'une manière proche) mais ont parfois une **orthographe différente.** Exemples : *est/et, sont/son – a/à, ont/on*...
Il est donc important de trouver une procédure pour savoir les orthographier.

Pour écrire correctement *est/et, sont/son – a/à, ont/on* dans une phrase, il faut essayer de **mettre à l'imparfait la forme que tu veux écrire : si la phrase garde un sens correct, il s'agit du verbe *être* ou *avoir* à écrire au présent.** Sinon, il s'agit d'une autre forme.

Exemple : *Les élèves **sont / son** heureux de découvrir l'histoire de Thésée.*
→On peut dire : *Les élèves **étaient** heureux de découvrir l'histoire de Thésée.*
La phrase a du sens : il s'agit donc ici du verbe *être* qui s'écrit ***sont***.

Pour repérer le verbe *être*

est ou *et* ?
• Si tu peux remplacer le mot par *était*, écris *est* :
*Il **était** fort.*
→ *Il **est** fort.*
• Sinon, écris ***et***.

sont ou *son* ?
• Si tu peux remplacer le mot par *étaient*, écris *sont* :
*Ils **étaient** forts.*
→ *Ils **sont** forts.*
• Sinon, écris ***son***.

Pour repérer le verbe *avoir*

a ou *à* ?
• Si tu peux remplacer le mot par *avait*, écris *a* :
*Il **avait** du courage.*
→ *Il **a** du courage.*
• Sinon, écris ***à***.

ont ou *on* ?
• Si tu peux remplacer le mot par *avaient*, écris *ont* :
*Ils **avaient** du courage.*
→ *Ils **ont** du courage.*
• Sinon, écris ***on***.

JE RETIENS **0 Écrire *est/et, sont/son – a/à, ont/on* dans une phrase**

• Certains mots **se prononcent de la même façon** mais ont parfois une **orthographe différente.** *Exemples : est/et, sont/son – a/à, ont/on*...

• Pour ne pas confondre certaines formes des verbes *être* et *avoir* au présent avec d'autres, il faut **les mettre à l'imparfait : si la phrase garde du sens, il s'agit bien de ces verbes.** Sinon, il faut écrire une autre forme.

Pour repérer le verbe *être* :
• *est* → *était* (sinon, écris ***et***)
• *sont* → *étaient* (sinon, écris ***son***)

Pour repérer le verbe *avoir* :
• *a* → *avait* (sinon, écris ***à***)
• *ont* → *avaient* (sinon, écris ***on***)

4. Entrainement (individuel/collectif)

ACTIVITÉ 1 – Jeu du piston : Vrai ou Faux ?

Objectif : comprendre si la phrase est juste ou fausse (être capable de restituer les apprentissages).

Consigne : « Reste assis si la phrase est juste. Lève-toi si la phrase est fausse. »

Phrases proposées (correction orale après chaque phrase avec explicitation et exemple à l'appui) :

1) *Certains mots se prononcent de la même manière ou d'une manière proche mais ont une orthographe différente.* (Vrai)

2) *Le mot* ***et*** (à épeler) *peut être remplacé par* ***était***. (Faux, ce mot n'est pas une forme verbale du verbe *être*.)

3) *Le mot* ***a*** (à épeler) *peut être remplacé par* ***avait***. (Vrai)

4) *Le mot* ***son*** (à épeler) *peut être remplacé par* ***étaient***. (Faux, ce mot n'est pas une forme verbale du verbe *être*.)

5) *Le mot* ***ont*** (à épeler) *peut être remplacé par* ***avaient***. (Vrai)

ACTIVITÉ 2 – Duel des faux jumeaux BONUS. Doc. 3

Objectif : savoir utiliser une procédure de substitution pour choisir et orthographier correctement l'un des deux homophones proposés.

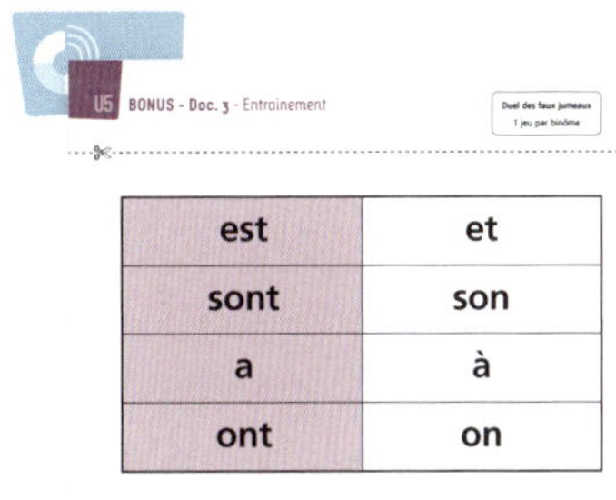
U5 BONUS - Doc. 3 - Entraînement

Duel des faux jumeaux
1 jeu par binôme

est	et
sont	son
a	à
ont	on

Consigne : « Attrape le plus rapidement possible l'étiquette qui convient pour écrire le mot indiqué. »

Déroulement : les élèves sont en binômes de niveau homogène, un jeu pour deux disposé devant eux, à leur faire découper préalablement. L'enseignant(e) dit une phrase à l'oral, indique clairement le mot concerné, puis répète la même phrase distinctement en laissant la procédure apparente (avec les possibilités écrites au tableau ou la leçon consultable pour les élèves). En cas de difficultés, noter au tableau la phrase incomplète. À un signal précis, après un temps de réflexion pour laisser les élèves effectuer mentalement la procédure de substitution, l'élève de chaque binôme doit attraper le plus rapidement possible l'étiquette qui correspond à la réponse correcte. L'élève qui a saisi en premier l'étiquette correcte marque un point. Corriger après chaque item. Attention : une étiquette touchée ne peut être changée. Le jeu démarre les mains derrière le dos.

Corpus :

- ***est* ou *et* ?** Le dinosaure ... un animal très ancien. Il pouvait être terrestre ... volant.
- ***sont* ou *son* ?** ... allure peut faire peur. Les T. Rex ... effrayants. Pourtant, ces animaux ... à la mode chez les enfants !
- ***a* ou *à* ?** Mon frère demande une figurine de dinosaure ... chaque anniversaire. Il en ... toute une collection !
- ***ont* ou *on* ?** Les dinosaures ... presque tous disparu il y a des millions d'années. ... adore voir des films sur eux ! ... trouve des restes fossilisés à différents endroits sur la planète.

Variante : faire réaliser l'activité sur l'ardoise, avec le mot à noter directement dessus. À un signal précis, les élèves doivent écrire la réponse qui convient et montrer l'ardoise.

Remarques : - Lors de la correction, faire oraliser collectivement la phrase avec la forme verbale à l'imparfait, pour bien faire comprendre si le sens convient ou non.
- Faire conserver les étiquettes pour la séance suivante.

Séance 2 | Écrire *est/et, sont/son – a/à, ont/on* dans une phrase (2)

Objectifs
- Identifier les verbes *être* et *avoir* au présent et les distinguer de leurs homophones (*est/et, sont/son – a/à, ont/on*).
- Appliquer une procédure de substitution pour écrire correctement *est/et, sont/son – a/à, ont/on* dans une phrase.

Documents
- Entrainement : *Duel des faux jumeaux* BONUS. Doc. 3 ; *Le bon choix* BONUS. Doc. 4 et sa correction BONUS. Doc. 4 bis
- Application BONUS. Doc. 5 et sa correction BONUS. Doc. 5 bis

1. Rappel (collectif)

Faire réactiver le contenu de la séance précédente, notamment l'orthographe des paires de mots et la procédure correspondante pour les différencier.

→ Expliciter l'objectif de la séance : il s'agit de s'entrainer à écrire correctement les mots *est/et, sont/son – a/à, ont/on* dans une phrase en s'aidant de la procédure qui convient.

Remarque : L'acquisition d'une procédure étant complexe pour certains élèves, celle-ci peut rester consultable pendant toute la durée de la séance (affiche ou leçon). Cette leçon sera revue, détaillée et automatisée au cours du CM2.

2. Entrainement (par 2, individuel, collectif)

ACTIVITÉ 1 – Duel des faux jumeaux BONUS. Doc. 3

Objectif : savoir utiliser une procédure de substitution pour choisir et orthographier correctement l'un des deux homophones proposés.

Consigne : « Attrape le plus rapidement possible l'étiquette qui convient pour écrire le mot indiqué. »

Déroulement : même déroulement que celui de la séance précédente (p. 267).

est	et
sont	son
a	à
ont	on

Corpus :

- ***est* ou *et* ?** Le dragon de Komodo ... présent en Indonésie. Il ... le lézard le plus grand du monde. Il parait grand ... lourd !
- ***sont* ou *son* ?** ... allure ressemble à celle d'un dinosaure. Ces dragons ... très dangereux !
- ***a* ou *à* ?** Grâce ... sa large mâchoire, il attaque ses proies par surprise. Il mord au ventre ou ... la gorge. En plus, il ... du venin dans sa salive !
- ***ont* ou *on* ?** Ces dragons ... une large queue qui peut assommer leurs proies. ... doit éviter de rencontrer un dragon de Komodo ! ... a besoin d'un guide qui le connait bien.

Variante : faire réaliser l'activité sur l'ardoise, avec le mot à noter directement dessus. À un signal précis, les élèves doivent écrire la réponse qui convient et montrer l'ardoise.

Remarques : - Pour aider les élèves à acquérir des automatismes, écrire les différentes substitutions possibles au tableau et les choix d'homophones restants.
- Lors de la correction, faire oraliser collectivement la phrase avec la forme verbale à l'imparfait, pour bien faire comprendre si le sens convient ou non.

ACTIVITÉ 2 – Le bon choix BONUS. Doc. 4

Objectif : savoir utiliser une procédure de substitution pour choisir et orthographier correctement l'un des deux homophones proposés.

Consigne : « Fais le bon choix pour chaque paire de mots en entourant les réponses correctes. »

Déroulement : distribuer le texte à lire collectivement. Expliquer les termes complexes (*voraces*, *féroces*) et le sens du texte. Individuellement, les élèves doivent entourer les réponses qui conviennent en s'appuyant sur la procédure exposée. Ensuite, proposer aux élèves de mener la réflexion en binômes. Corriger. BONUS. Doc. 4 bis

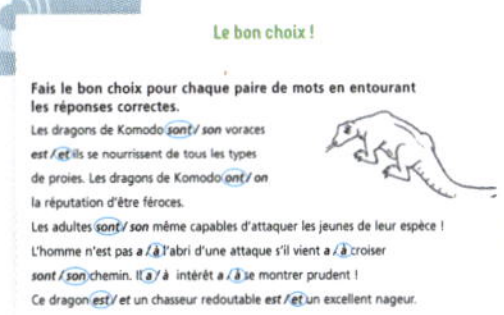
Le bon choix !

Fais le bon choix pour chaque paire de mots en entourant les réponses correctes.
Les dragons de Komodo sont / son voraces est / et ils se nourrissent de tous les types de proies. Les dragons de Komodo ont / on la réputation d'être féroces.
Les adultes sont / son même capables d'attaquer les jeunes de leur espèce !
L'homme n'est pas a / à l'abri d'une attaque s'il vient a / à croiser sont / son chemin. Il a / à intérêt a / à se montrer prudent !
Ce dragon est / et un chasseur redoutable est / et un excellent nageur.

3. Application (individuel)

• Distribuer la fiche d'application BONUS. Doc. 5. Faire lire les consignes des exercices 1 à 3, puis les expliciter en cas de difficultés. Lire les textes des exercices 2 et 3 à haute voix et en expliquer le sens ou les mots complexes, en fonction des demandes des élèves.

• Faire réaliser les exercices 1 à 3 individuellement, en suivant le scénario de différenciation préconisé (p. 12). Laisser une affiche consultable avec la procédure notée.

• Ensuite (ou le lendemain), lire la consigne de la *gamme d'écriture*. Puis, demander à chaque élève de rédiger sa propre gamme d'écriture et de réaliser le dessin correspondant aux éléments décrits.

• En fonction du temps restant ou ultérieurement, corriger BONUS. Doc. 5 bis. Faire lire les phrases de la gamme d'écriture par les élèves volontaires et valoriser les propositions.

U5 BONUS - Doc. 5 bis - Application - Correction

Orthographe - Écrire est/et, sont/son - a/à, ont/on dans une phrase

❶ Je comprends ce que je fais. **Entoure la réponse correcte.**

a. Entre **est** ou **et**, c'est le mot **est** qui est l'une des formes du verbe *être*.
• *Vrai* • *Faux*

b. Entre **sont** ou **son**, c'est le mot **son** qui est l'une des formes du verbe *être*.
• *Vrai* • *Faux*

c. Entre **ont** ou **on**, c'est le mot **on** qui est l'une des formes du verbe *avoir*.
• *Vrai* • *Faux*

d. Entre **a** ou **à**, c'est le mot **a** qui est l'une des formes du verbe *avoir*.
• *Vrai* • *Faux*

❷ **Des élèves de la classe de Maëva ont rédigé les descriptions d'un monstre. Complète-les avec les mots qui conviennent.**

• **est** ou **et** ? Le Monsterwolf habite au Canada. Sa peau ....est.... grise. Sa langue ....est.... très longue ....et.... elle ....est.... couverte de pustules. Son museau parait court ....et.... aplati. Il ....est.... toujours humide.

• **sont** ou **son** ? Ses yeux ....sont.... grands comme des œufs d'autruche. ....Son.... regard est impressionnant. ....Son.... haleine sent très mauvais. Ses dents ....sont.... tranchantes comme celles d'un dinosaure : elles ....sont.... terrifiantes ! Ses griffes ....sont.... crochues.

• **a** ou **à** ? Le monstre ...a... une grosse tête effrayante. Il ne ressemble ...à... aucun animal connu. ...À... côté de chaque oreille, il ...a... des cornes pointues qui peuvent passer ...à... travers du fer ! Il ...a... l'habitude de s'en servir, face à ses ennemis : il n' ...a... aucune pitié !

• **ont** ou **on** ? Au Canada, ...on.... a peur de ses hurlements. ....On.... a l'habitude de les entendre la nuit, quand il neige. Les habitants ....ont.... envie de s'enfermer chez eux : ils n' ....ont.... pas intérêt à sortir la nuit ! ....On.... l'appelle le Monsterwolf car ses cris ressemblent à ceux du loup.

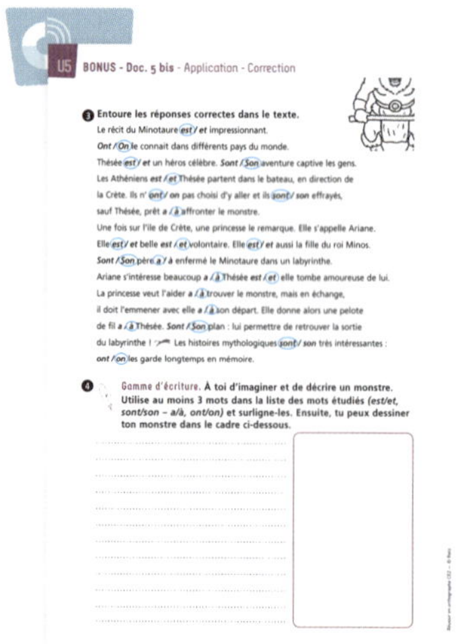
U5 BONUS - Doc. 5 bis - Application - Correction

❸ **Entoure les réponses correctes dans le texte.**

Le récit du Minotaure *est / et* impressionnant.
Ont / On le connait dans différents pays du monde.
Thésée *est / et* un héros célèbre. *Sont / Son* aventure captive les gens.
Les Athéniens *est / et* Thésée partent dans le bateau, en direction de la Crète. Ils n' *ont / on* pas choisi d'y aller et ils *sont / son* effrayés, sauf Thésée, prêt *a / à* affronter le monstre.
Une fois sur l'île de Crète, une princesse le remarque. Elle s'appelle Ariane.
Elle *est / et* belle *est / et* volontaire. Elle *est / et* aussi la fille du roi Minos.
Sont / Son père *a / à* enfermé le Minotaure dans un labyrinthe.
Ariane s'intéresse beaucoup *a / à* Thésée *est / et* elle tombe amoureuse de lui.
La princesse veut l'aider *a / à* trouver le monstre, mais en échange, il doit l'emmener avec elle *a / à* son départ. Elle donne alors une pelote de fil *a / à* Thésée. *Sont / Son* plan : lui permettre de retrouver la sortie du labyrinthe ! Les histoires mythologiques *sont / son* très intéressantes : *ont / on* les garde longtemps en mémoire.

❹ Gamme d'écriture. **À toi d'imaginer et de décrire un monstre. Utilise au moins 3 mots dans la liste des mots étudiés *(est/et, sont/son – a/à, ont/on)* et surligne-les. Ensuite, tu peux dessiner ton monstre dans le cadre ci-dessous.**

Production d'élève de CE2, avant correction :

Didactique de l'orthographe

BRISSAUD Catherine, COGIS Danièle, *Comment enseigner l'orthographe aujourd'hui ?* Hatier, 2011.

CÈBE Sylvie, MARTINET Catherine, PELGRIMS Greta, *Scriptum - Apprendre à écrire, copier et orthographier, CE1, CE2*, cycle 3, Retz, 2020.

COGIS Danièle, *Pour enseigner et apprendre l'orthographe*, Delagrave, 2005.

FAYOL Michel, JAFFRÉ Jean-Pierre, *L'orthographe*, PUF, 2014.

POTHIER Béatrice et Philippe, *Échelle d'acquisition en Orthographe Lexicale, ÉOLE – Pour l'école élémentaire du CP au CM2*, avec CD-Rom, Retz, 2020.

POTHIER Béatrice et Philippe, *Pour un apprentissage raisonné de l'orthographe syntaxique, du CP à la 5e*, Retz, 2008.

SANDON Jean-Michel, DURY Dominique, MICHEL Françoise, *L.É.O. Langue, écriture, orthographe, CE2-CM1*, Nathan, 1994.

Version électronique de *Manulex* : *Ortega, É., & Lété, B. (2010).* eManulex : Electronic version of Manulex and Manulex-infra databases : *http://www.manulex.org*

En rapport avec les neurosciences

DEHAENE Stanislas, *Apprendre ! Les talents du cerveau, le défi des machines*, Odile Jacob, 2018.

DEHAENE Stanislas, *L'école éclairée par la science*. Travaux du Conseil scientifique de l'éducation nationale, Odile Jacob, 2021.

FERRAND Ludovic, LÉTÉ Bernard, THÉVENOT Catherine, *Psychologie cognitive des apprentissages scolaires – Apprendre à lire, écrire, compter*, Dunod, 2018.

HOUDÉ Olivier, BORST Grégoire (dir.), *Le cerveau et les apprentissages*, collection « Les repères pédagogiques », Nathan, 2018.

Présentation des ressources numériques

Toutes les ressources nécessaires à la mise en œuvre des activités sont disponibles sur le site : **mes-ressources-pedagogiques.editions-retz.com**

• Naviguer

Cliquer sur la partie souhaitée pour accéder aux ressources associées.

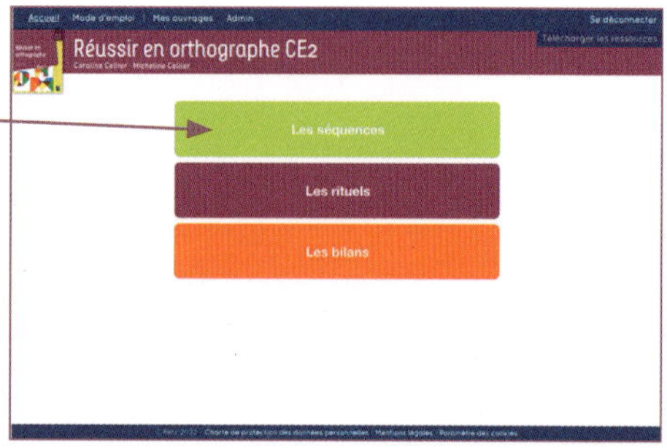

La partie sélectionnée s'affiche en bleu foncé.

Cliquer sur ces boutons pour accéder directement aux autres parties, sans repasser par l'écran d'accueil.

L'ensemble des ressources associées à la partie sélectionnée s'affiche dans la partie droite de l'écran.

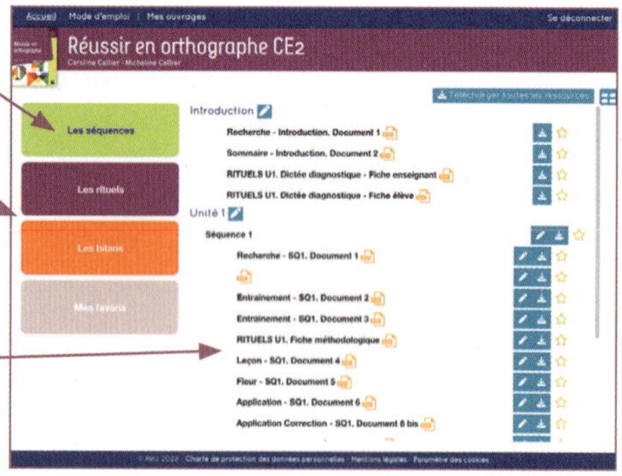

• Afficher les fichiers PDF

Cliquer sur le nom du document pour le visionner, l'imprimer ou le vidéoprojeter...

... le document s'affiche dans une nouvelle fenêtre :

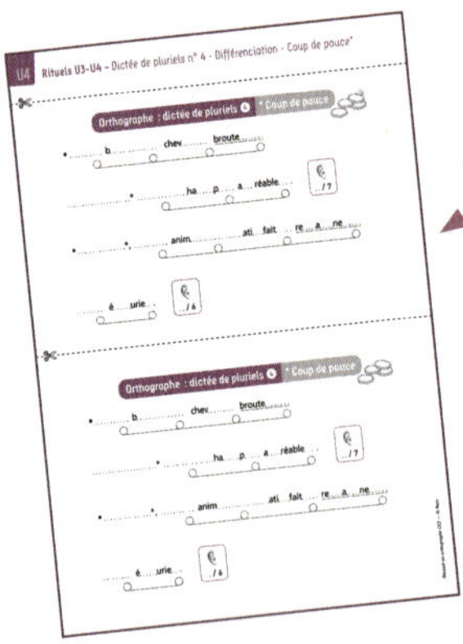

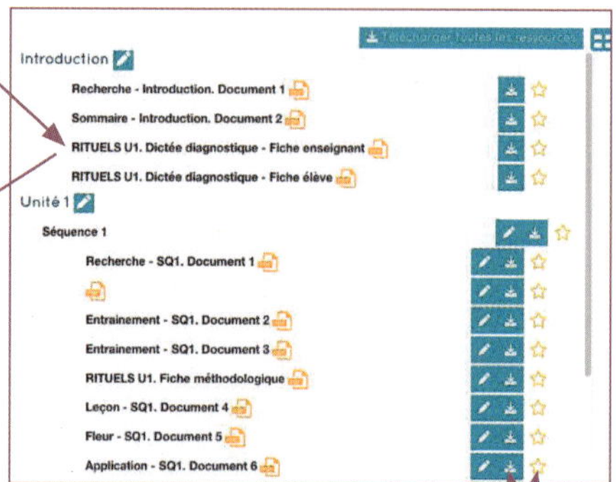

Cliquer sur la flèche pour télécharger le document ou sur l'étoile pour le mettre en favori.

N° de projet : 10248443
Achevé d'imprimer en France en juin 2022 sur les presses de l'imprimerie Chirat